MODERN WESTERN
POLITICAL
THOUGHT

西方近现代政治思想

高全喜 著

中国大百科全书出版社

图书在版编目（CIP）数据

西方近现代政治思想 / 高全喜著 . -- 北京：中国
大百科全书出版社，2023.4

ISBN 978-7-5202-1329-5

I . ①西… II . ①高… III . ①政治思想史—西方国家
IV . ① D091

中国国家版本馆 CIP 数据核字（2023）第 062423 号

出 版 人　刘祚臣
策 划 人　赵　易
责任编辑　赵春霞
责任印制　魏　婷
出版发行　中国大百科全书出版社
地　　址　北京市阜成门北大街 17 号　　邮政编码　100037
电　　话　010-88390767
网　　址　http://www.ecph.com.cn
印　　刷　中煤（北京）印务有限公司
开　　本　710 毫米 ×1000 毫米　1/16
印　　张　38.75
字　　数　432 千字
印　　次　2023 年 7 月第 1 版　2023 年 8 月第 2 次印刷
书　　号　ISBN 978-7-5202-1329-5
定　　价　138.00 元

目 录
Contents

序　言

经过大致一年的努力，这部《西方近现代政治思想》终于在赵易女士和诸位学生的积极参与下编撰完成，在此我要对这部书略作一点说明。

《西方近现代政治思想》是一个较为通俗的书名，它来自赵易女士的建议。作为出版社的资深编辑，她发现我这些年的学术思想，有一个基本特点，就是对于西方近现代政治思想有过较为深入的研究，因此，她建议我把自己数十年来有关西方政治思想家的论述集中编撰一下，试图呈现一个思想的理路。感谢她的提醒，我倒是有些遗忘了，自己三十年前开始的学术生涯，就是以研读西方政治思想起步的。这些年来，陆陆续续研读过很多思想家的著作，探究他们的理论问题，以回应自己的社会关切。通过编撰一部《西方近现代政治思想》来汇总一下自己三十年来的探索，从中梳理出一个自己关于西方政治思想的线路图并叠合自己的问题意识，尤其是在疫情防控期间，收集、整理和品味过往岁月的思想印痕及其深嵌其中的忧思，不失为一件甘苦自知的雅事。

这些文章几乎都以不同的方式发表过，它们或是我的专著中的某些章节，或是为每个主题会议专门撰写，或是某些讲座和演讲的修订成稿。按照赵易的规划，这些文章都以西方著名思想家为研究对象，编撰后所呈现的西方思想家竟有十八位之多，且都堪称伟大的思想家，自己多年的理论思考，居然是在这些思想家的肩上进行的，这是我始料未及的，也是颇感惭愧的。这些年来自己何其有福，与这些思想家的思想相伴为伍，受益匪浅。现在检点一下，本书大致有如下几个特征。

第一，书名中所谓的"西方近现代"主要指的是近现代的西方世界或西方历史，而非古典乃至中世纪的西方，也就是说，本书所梳理的乃是 16 世纪以降的西方政治思想和政治哲学，古典希腊罗马以及漫长中世纪的西方思想并不在本书的主题视野之内。为什么会如此，主要是我个人的理论旨趣或主旨意识，虽然我也对中西古代文明史和思想史有所兴趣，也曾写过一些零散的文章，但自己一辈子的理论关怀还是在近现代的中西思想史和制度史，在中国方面则是晚清以降的政治史和思想史，在西方也是 16 世纪以来的政治思想史，尤其是我称之为"早期现代"的近现代政治思想史。所以，本书"西方"具体含义在此只能是指近现代的西方，而不是古代和中世纪的西方，也不是当代乃至后现代的西方。在我看来，人类文明时至今日大致经历了三个重要的时期，第一个是古典轴心时代的文明及其思想，第二个便是古今转变的近现代转型时期，第三个便是未来的高新科技的新文明。对于轴心时代的文明和思想，我虽仰慕但能力不逮，初尝即止，但仍然感受到其淋漓尽致的生命元气，对于未来的高新科技文明及其对于现代秩序的颠覆，我心有余悸但依然保持莫名的敬畏，唯有对于近现代的转型时期，我给予了极大的理论关注并尽可能挖掘其深埋的哲学内蕴。这个时期的文明及其思想或许在西方世界已经完成，他们当今面临的主要是未来挑战及其返古开新的问题，但对于中国来说，这个过程远没有走完，还需要巨大的勇气甚至付出重大的牺牲以完成这个现代化或现代性的进程。伴随着这个进程的西方思想家以他们各自不同的思想理论参与和见证了西方自己的现代化（或现代性）进程，现在我们学习他们的理论，不失为一种必不可少的借鉴，伟大的思想总是照亮我们行程的一盏盏指路的明灯。这个西方不是外在于我们的，而是内嵌在我们自身之中的，只要我们走出传统农耕时代的文明，步入现代工商业乃至社会制度的文明，就要面对、吸收乃至接受这个所谓的西方文明的菁华，转化为我们自己完成近现代转型的力量机制。

第二，我从来没有撰写一部西方政治思想史或政治哲学史教科书的打算，这些年来自己对于西方政治思想乃至政治哲学的研究，主要是根据自己的研究兴趣以及研究主题进行的，对于众多思想家的研读也是为了从中汲取自己所需要的理论资源，并不是按照他们在思想史的地位以及他们思想的全貌予以客观梳理和把握的。所以，这部《西方近现代政治思想》就不属于客观公允的教科书体例，对于每个思想家的论述也是有所偏重，挂一漏万，也就是说，其中涉及的十八位思想家，关于他们的论述难免显示出我的理论偏好，也有些是由于不同的语境或体例要求所限，并不能完整揭示他们的思想理论之全貌。具体一点说，我对于某些思想家，例如格劳秀斯、休谟、黑格尔等人，文字体量就明显偏多，所选择的文章也偏多，而有些思想家，例如洛克、孟德斯鸠等人，文字就偏少，文章也稍短，显然，这并不等于说前者的思想理论就重大，后者就较为不重要。在此只能说，本书显示出我对于前几位思想家下过大功夫，从中挖掘出我感兴趣的一系列问题，并激发了我对于中国问题的相关研究，而其他几位思想家，包括我没有论及的其他思想家，我对于他们的思想理论用功甚少，他们的思想需要其他研究者大力挖掘。每一位堪称伟大的思想家都是一座金矿，呼唤着后来者予以费心采掘。我的这部《西方近现代政治思想》不是一本教科书，也不是一本学院版本的西方思想史论，而是一部三十年来个人挖掘西方思想金矿的理论笔记，记录着我的思想印记以及我感受到的近现代问题意识的刺激，而且是不同力量等级的思想激荡。

第三，既然是自己的读书笔记，涉及西方近现代思想，而这个时期的西方思想理论还未进展到学科建制化的程度，所以本书书名中的"政治思想"就不是现代规范意义上的，而是较为普泛的。我的理解是，这部《西方近现代政治思想》就其内容来看，主要是涉及西方近现代十八位思想家的理论研究，其中有三层含义是叠加在一起的，我认为这也是这个近现代或早期现代思想家们共同具有的时代特征。

第一层，这些思想家都关注其时代的政治环境，他们的理论都具有政治思想的现实问题意识，无论是主权、民族国家、财产权、市场经济，还是个人自由、自然权利、法治人权、民主政治，等等，这些问题都属于思想乃至思想史的论域，甚至是现代社会政治制度的核心内容。现代政治制度，尤其是现代法律制度，是这些思想家所集中讨论的问题。

第二层，这些思想家都不属于现实政治的描绘者或辩护者，每个人的思想都有自己的哲学根基和理想图景，都是言之有物，学有所宗，或者说，都有自己一套形而上学的哲学基础，而不是简单的时评政论，从中我们可以看到这些思想大家的理论规范以及深厚的思想寄托。由此可见，政治哲学的抽象性不是脱离时代政治的，而是对于思想问题的哲学概括和理论总结。

第三层，本书虽然不是标准的政治思想史或政治哲学史，但毕竟梳理、论述了十八位近现代的西方思想家，跨越五百年的人类文明，所以仍然具有史论的味道，可谓"我史"，即我的西方思想研究路径中的近现代路线图。三十年来，我就是这样一步步跋涉而来的，展示的也是我基于中国问题的西方思想借鉴，我认为要完成中国的古今转变的现代转型，必须借鉴西方思想乃至制度的经验教训，他山之玉，可以攻石。所以，本书也可以说是我的政治思想史。有时代、有思想、有历史，是本书的基本特征，至于称之为何也就不甚重要了，这部《西方近现代政治思想》若能包涵上述三个方面的内容，则大体契合我的心愿。

最后，需要说明的是，本书收集了我不同时期有关西方思想家们的文章数十篇，有长有短，有正规论文也有对话发言，其中针对的问题和语境也多有不同。三十年弹指一挥间，其中的大部分时间我沉浸在西方诸位大师的思想中流连徜徉，却从未忘却自己立足的大地。这是一片需要努力耕耘的土地，近十年来，自己的精力集中于此，筚路蓝缕，在荆棘丛中竟然发现了与西方思想大师共同关心的问题。这真是一份难得的惊喜，我感悟到人类的同情共感在历史和现实的场景中是无处不在的，在理性和逻辑的推演中也会时常迸发而出。我的这本书或许就是我自己的一个见证，还请读者朋友们予以耐心的体察和诚挚的指教。

（1530—1596）

博丹的国家主权思想

　　共和国是许多家庭及其公有物的合法政府或统治，这一政府拥有强有力的主权。

关于法国近代政治思想家让·博丹，国人不一定耳熟能详，但此公的主权学说云云，法政人士也许都能说出几句，不过他数百万字的皇皇巨著《共和国六书》直到今天尚没有汉译，不能不说是我国学术界的一大憾事。所幸的是中国政法大学的李卫海、钱俊文二君根据剑桥大学 H. 富兰克林教授的英文摘译本，几番寒暑，迻译了《主权论》，这本小册子虽然只是选摘了博丹巨著中的四章内容，但博氏最为璀璨的主权理论尽在其中，这个汉语文本的问世，也算是填补了一项空白。数年前我曾粗读过博丹此书，现今一册在手，来回翻阅，引发了我的诸多思绪。

今日世界，已经处于全球化的时代，中国正在追赶世界步伐，全面融入这一浩荡之潮流，四百年前的博丹提出的国家主权问题似乎已经过时，而且后主权理论在西方也早就不是新奇的东西，其实启蒙时期以降的自由主义和社会主义（共产主义）等理论，都没有把主权问题视为根本性的问题，甚至都是在破主权至上的旗号下展开各自的理论叙事并相互竞争的。从这个层面上看，《主权论》所倡导的义理对于我们并没有太多的现实意义，我们正在与国际社会一起超越主权时代。但是，这只是问题的一个方面，甚至还是相当虚假的方面。我们果真超越了主权政制，西方社会果真破除了主权体制，进入了后主权的全球化国际新秩序吗？为此，博丹的《主权论》是不是恰好为我们提供了一面镜子呢。

当然，博丹的书很难读，这是读过他著作的人首要的一个体会。我觉得这恰恰是件好事，因为在当今的中国理论话语中，想当然地使用或滥用"主权"一词的论者太多了。无论是赞同主权论的还是质疑主权论的，是侧重国内法之主权的还是侧重国际法之主权的，他们的所谓主权不外乎几条干巴巴的原则和界定，致使相互讨论乃至论争起来时均感无趣，甚至连使用者自己都怀疑一个涉及国家政制之经纬的核心概念会如此干瘪贫乏，空洞无物。

对照一下博丹有关主权的历史、政制和法律的恢宏、细致的论述，我们适才的痛感，不是主权观念的理论内容本就如此，而是我们的知识匮乏空泛，我们的思想懒惰无能，我们的主张僵硬教条。看来，只有扎扎实实地深入原典正学，追溯人类政制的历史根源，把握现实事务的机杼，才能厘清法政事务的一些内在脉络，知晓自己所持观点的立场，洞悉国是演变流转的轨迹。正确地阅读博丹《主权论》本身就是一个学习政制原理的智识上的挑战。我就中国语境下理解《主权论》所需要的三重视角，谈一点个人的体会。

一、历史的语境

我们阅读博丹，要置身于他那个时代，从 16 世纪法国的政制状况来理解作者揭橥的主权问题，这个历史的语境是我说的第一个视角。

西方的历史在古希腊、古罗马的城邦制之后经历了漫长的封建社会，12、13 世纪以降，在中世纪的中晚期，欧洲社会开始出现新的情况，各个民族国家的雏形在神圣罗马帝国的体制下逐渐显现出来，伴随着基督教神权与封建制王权的二元对峙这一大的主线，实际上又涌现出多种复杂的权力政治与思想意识的冲突与斗争。例如，基督教内部发生了新教改革，路德新教和加尔文新教席卷欧洲腹地，而天主教会的强势反弹则深化了教权与王权的结盟。至于各个王权国家乃至诸多邦国、公国等封建世俗权力之间，围绕着利益、权势、尊严和信念等也展开了剧烈的纷争。此外，罗马法的发现，古典思想的研读，人文主义的觉醒，市民意识的萌芽，等等，这些构成了博丹主权理论的社会与思想背景。尤其是当时的法国，正在经历着内战的骚乱，上述各种势力与观念的纠葛不但没有得到解决，反而日益加剧，致使传统的法兰西王国难以为继。

正是在这样一种天下大乱的时代处境下，让·博丹另辟蹊径，在各派思想观点的扭结中梳理出一个凸显政制主体意志的本质性主权理论，这个从古罗马帝制和法兰西国王的最高统治权挖掘出来的主权观念，被博丹打造为一个与民族国家结合在一起的政治符号，并赋予其"绝对与永久的"本质特性。

博丹不是一个人文主义的批评家，也不是一个政治浪漫派，他对时代有着异乎寻常的政治洞察力，他的主权理论暗合了 16 世纪以来的欧洲现实政治的演变逻辑，反映了当时的西方社会从中世纪的封建主义晚期到绝对主义的中央集权国家过渡之际的政制需要，甚至从某种意义上说，他的主权理论促进了这个专制君主制的现代国家的构建过程。

西方社会的近现代发展，并不是一步就跨入成熟的宪政民主的自由主义政治体制的，几乎在所有的欧洲大国，如英国、法国、德国等，都有一个特殊的历史时期，那就是绝对主义的王权专制时期（曾经作为英国殖民地的美国除外）。作为封建王国，面对罗马天主教会和神圣罗马皇帝，以及其他各种政治权力，如何构建各自的统治权力之最高的本质特性，就成为那个时代的政治课题。博丹发扬的这一脉理论，很敏锐地开发了王权的政制潜力，把国家与王权有机地捆绑在一起，从而拟制出一个国家主权的新观念。

从理论上看，博丹的《主权论》至少有三个方面的创新：

第一，通过考察罗马公法中的各种立法、行政与司法上的权力职能，以及中世纪君主的各种权能，梳理出一个涵括五项基本权力（任命官职、制定法律、宣战与媾和、听审权与赦免权）的主权体系，这个体系为未来一个现代国家的公权力奠定了类型学的基础。

第二，通过政制历史中各种形态的最高权能的分析，把有关君主制、贵族制和民主制三种政体下的分散的、偶然的和零乱的法律规定，转化为一个新型的君主主权，并把这个君主主权与民族国家这一新型的政治体结合在一起，从而为现代君主制的合法统治提供了一种历史的依据。

第三，从原则、本质和属性上阐释了主权的本性，首次系统地提出了"主权是国家所有的绝对的和永久的权力""主权不可分割"等著名的论断，并且据此对混合政体、罗马执政官、罗马人民、国王与法律，以及立法、司法、行政之间的关系等一系列问题，展开了具体的论述，从而确立了专制主义主权论的底色。

不错，博丹的主权论是君主专制主义的，也正因为此，他的理论引来了不少骂名，但我在此强调的是，我们要放在他那个时代的历史语境中来看待这个问题，至少有如下三个方面需要我们给予同情的理解。

第一，专制主义尤其是君主专制主义，并不是一个绝对的贬义词，与无政府主义和现代极权主义相比，基于法制基础上的君主专制不啻为一种优良的政体。至少在博丹的眼中，法国 16 世纪的君主专制，是有法可依的，而且在法律之上，他还指出了欧洲传统有自的神法、自然法等高级法对于王权专制的约束力，所以，西方思想脉络中的君主专制主义或绝对主义王权统治，并非中国语境中的无法无天或政制暴政，亦非汉娜·阿伦特所提出的现代极权主义。在博丹的语义中，专制主权与法律之治并没有根本性的抵牾，一个现代性的民族国家在政治体制上需要某种专属性的人格，而由血统、法律和历史形成的君主制在维系这个政治体的稳定、权威和光荣等方面与民主制和贵族制相比似乎具有更大的优越性。

第二，塑造现代民族国家的主权观念，是西方社会从古典城邦制经中世纪封建制到现代社会的必不可少的理论途径。博丹开发的绝对主权论与英国、荷兰，乃至美国等国家的政治思想家们提出的有限主权论不同，这里有着大陆国家的民族传统、政治文化以及地缘政治等多种因素在起作用。实际上博丹早年也曾有过自由主义的思想经历，提出过"有限的最高权力"概念，他为什么最终发生了理论转变，这个问题值得深思。主权观念既可以与专制王权结合在一起，也可以与自由共和结合在一起，既可以与国际法的世界秩序结合在一起，也可以与国内法的宪政秩序结合在一起，关键在于如何审慎地加以政治与法律的拟制。

历史的实践证明，英美两国的法政智慧看来要优越于法德两国。

第三，如果说历史的实践选择了法国的绝对主义君主制，而且成就了伟大的法兰西政治文明，那么博丹与之唱和的主权论就一定有其正确的道理，至少它从政治上凝聚起一个民族国家的人格化意志，为未来的立宪政治奠定了法理上的基础。固然法国的建国之路坎坷曲折，从君主主权到人民主权的转变，乃至人民主权本身的政治决断，都布满荆棘，谬误繁多，致使政治思想史中有众多论者提出了英美与法德两种主权形态和立宪政制的观点，并由此归咎于博丹，但公允地说，后继者负于博丹者多，而不是相反，因为政制历史的机运在于实践理性，博丹能够整合罗马公法和法兰西王权于彼时之政制圭臬，为什么后人就不能整合博丹主权论和英美政体于此时之宪政规范呢？

二、现代国际政治学视角

西方很多政治学者提出了后主权的理论，他们从政治、经济和科技等诸多方面论证了当今的世界已经进入一个全球化的新时代，国际秩序中的主权特性正在逐步褪色，一个无主权的世界社会即将到来。

对于这种论调，我们要从正反两个方面来看，应该承认，第二次世界大战以来的国际关系，尤其是近二十年来，随着高新科技、跨国经济乃至区域合作的发展演变，世界一体化的程度逐渐增强，全球治理的机制也在多方面扩展，传统国际秩序中的主权原则受到挑战，其绝对性在大大减弱。但是，也应该看到，当今世界还远不是一个后主权或去主权的时代，目前的国际政治格局、国防军事、经济贸易和法律体系还是以主权国家为轴心旋转的，尤其是美苏两极的对峙解体之后，国家间关系的主权特性非但没有消解，而且正在以新的形式出现，例如美国的新保守主义外交哲学，就是一种帝国外衣下的新主权理论。

当然，20、21 世纪的主权观念，与 16、17 世纪博丹肇始的构建民族国家时代的主权观念，在很多重大的问题上已经多有歧变，我们不可能也没有必要直接对应当今的国家间关系来解读博丹。四百年来，在西方的政治理论中，基于主权的国家学说几经嬗变，博丹流传下来的"细软"其实已经所剩无几，一方面可以说，经过历史的大浪淘沙，博丹主权论在构建现代民族国家的主体结构方面，有价值的东西，如国家主权的绝对性、统一性以及人格化等，已经各堪其用，重读博丹，不过是以现今的世界格局与未来演变来考察博氏理论之得失，指出其历史与学理的局限；另一方面，也可以说，博丹的现代意义远没有被挖掘出来，世人看到的只是博氏理论显明的方面，但其隐晦的方面并没有得到重视，重读博丹，不是浏览其菁华已尽的颓败，而是寻找在历史大转型时期构建新型政治体的能力，从世界帝国到民族国家的路径演变，主权观念的拟制需要非凡的智识创造力。

从大历史的视野看，博丹的国家主权观念生成演变不过五百年，在五千年来的世界政治文明史中是一个短小的片段，在古希腊罗马和中世纪的欧洲历史中，在中国三千年的王朝政制中，人类社会在没有主权和主权国家的体制下，曾经照样生活和存续，各自创造出发达的政治共同体和灿烂的古典文明。从这个意义上说，博丹主权论的意义是有限度的，并不意味着人类的政制历史一定是在博丹的主权论语境之下终结，而且早或晚于博丹主权论，中西方各种非主权的政治理论，如世界帝国论、永久和平论、共产主义论、乌托邦论、天下大同论，等等，描绘的人类社会的未来图景都与主权国家论相左，当今论者言及的后主权时代显然有这样一个古今大历史的叙事背景。上述认识无疑具有相当的价值，是今天重读博丹不可或缺的一种识见。它告诉我们，博丹不是唯一的，主权国家也不是永久的。

但是，我在此强调的是另外一个方面，即我们不能在仰望天空的时候，忘记了脚下的大地；在思考未来的终结图景时，遗失了眼下的现实处境。无论怎么说，当今世界的人们仍然还是生活在一个博丹描绘的主权政制的网络之中，国家依然是我们的政治肉身。我认为，现实主义是我们思考政治问题的一个基本的指针，博丹在当今的意义，在于他为我们考量内政与外交的政治关系提供了一种方法论的依据，那就是基于国家利益的现实原则。当然，在如何理解国家利益，尤其是处理个人自由与国家利益的关系这个核心问题方面，博丹的主权论未必原则上完全正确，或者说它仅仅卓有成效地论证了特定时代的特定问题，即 16 世纪法国王权的政体构建，但他的政治学方法却是开创性的。不同的国家和时代，在这个方法之下，可以构建各自的主权政制论，例如，英美国家就成功地塑造了自由、共和与分权的主权国家论，再如，德国近现代的规范主义宪法学、新老康德主义的普世主义共和政体，就不同程度地在规范主义和理想主义之下包含了国家利益的现实原则。

理想主义在道义上总是高高在上、永远正确的，没有理想主义，一个政治体的本性难免是败坏的，甚至是非正义的，但是，单纯抽象的理想主义是脆弱的。博丹的现实主义虽然在理论上是有局限的，但它是强有力的，可以有效地解决政治的非常困境。因此，在今天全球化的语境下重读博丹，它给予我们的挑战，就不是简单地用主权过时一句话或列举几个相关的例子就可以化约掉的，我们必须正视随处可见的国家权力这一现实力量，必须探讨用理想主义约束国家权力的宪政技艺。在这个问题上，我认为，博丹唯一，是错误的；没有博丹，也是错误的。博丹主权论的现实主义偏于一端，当今去主权的理想主义则偏于另一端，而中庸之道，或者说，理想主义与现实主义的审慎综合，才是一种成熟的政治智慧。实际上这种熔现实原则和理想原则于一炉的理论和实践，构成了西方千年以来的主流政治传统，致使西方文明在近现代走在了人类历史的前列，尤其是英美，它们的自由、共和、民主的主权国家建设堪称现代民族国家的典范。

第三个视角，也是更为重要的视角，就是如何在当今中国的现实语境下阅读博丹的《主权论》。现代中国无疑是一个主权国家，这是近代以来中国历史的一个基本成果，并已经具有国际法与国内法的证成，但是，何为主权？何为主权国家？这些攸关的问题在理论上并没有得到有效的论述。

从历史上看，主权是一个外来的"天降神物"，中国传统的王朝政制以及所谓的三统（政统、法统、学统）没有这个渊源，现代中国的主权是通过一场革命确立起来的。

在我看来，阅读博丹《主权论》的第一个教益，便是学习主权观念的保守性构建，重构传统政制与主权国家的建设性关系，博丹的大智慧体现在善于从罗马政制和法兰西王权的传统中塑造新型的君主主权。我们是否也可以创造性地转化我们的传统呢？这里显然存在着对于"革命"这一中介性手段的阐释和理解，关于革命，有社会革命与政治革命之区别，有英国光荣革命、法国大革命、美国立宪革命和俄国十月革命之不同，这些革命都与主权国家的构建有关。博丹的《主权论》并不意味着它与革命毫无关系，而是把政治革命裹藏在保守主义的构建上，法国卢梭以降所开辟的激进主义的社会整体革命的路径并不是博丹的真章，固然从君主主权到人民主权的绝对性本质的演变延续的是博丹的逻辑，但激进革命却不是博丹的主张。相比之下，英美的主权理论修正甚至颠覆了博丹主权观念的核心内容，但光荣革命和立宪革命的保守性却承继了博丹的衣钵。对于现代中国来说，我们迫切需要的乃是在坚持和修正博丹主权观念的前提下，实现一种保守主义的政体转换，由此沟通传统与国家的建设性关系。

主权是一种观念，更是一套政制技艺，关于主权国家的宪政体制，博丹在《主权论》一书中通过对于古典政制的权力分析，已经做了深入的论述。当然，博丹的君主专制主义的现代主权论在今天的中国以及世界各国，都已经不合时宜，我们需要学习的不是这个绝对主权论，而是其中的那一套政治制度。激进革命的人民主权论的最大弊端在于它用民主取代了君主，但也同时取代了宪政和法治，致使人民主权沦为一句空话。现代中国经过革命已经建立了人民主权的国家体制，但博丹构建的政治宪政主义也值得我们学习，尤其是现代中国受法国政治文化的影响很深，其中激进主义和浪漫主义的成分偏大，博丹一脉的保守主义却不被重视，实际上恰恰是保守主义的宪政体制往往更为成熟，更具有工具理性的意义。例如，博丹有关主权国家整体功能的界定，关于各项公权力的分类、定位以及历史演变的分析，对于政治与法律的关系的论述等，都是富有启发性的。从制度层面上看，博丹所主张的主权论隐含着两条路径，一条是绝对主义的集权之路，一条是相对主义的限权之路。所谓宪制国家应该是一个强大而有限度的主权国家，对此，博丹虽然没有给出直接的答案，但却是我们重新阅读他的《主权论》的一个基本的切入点。

前面所言都是在合理吸收博丹理论的正面教益的前提下展开的，并不等于我在理论观点上完全赞同博丹，更不等于认为博丹的学说就是完全正确的。在中国语境下阅读博丹的最大困难是如何恰如其分地区分两种不同的场景，一种是原本意义上的博丹主权论，一种是后世发挥的博丹主权论。

如果按照一切历史都是当代史的历史解释学原则来看博丹的主权论，则博丹理论的丰厚价值就所剩不多了，而现代中国的主权政制以及现实主义的权力原则已经非常浓厚了，因此，中国的自由主义者对于阅读博丹的著作不感兴趣，甚至十分反对博丹的专制王权理论及其在中国的思想传播。对此，我的观点略有不同。当然，我也认为自由共和政体与博丹的绝对主权是对立的，我也赞同对于现代中国来说，个人自由和权利保障以及法治民主是最为根本性的政制建设，博丹在这些方面的贡献几乎等于零。但是，我要强调指出的是，自由主义要克服自己的幼稚病和教条主义，必须正视主权问题和现实原则，应该学会与保守主义建立良性的合作关系。因为在相当长的历史时期内，自由主义的普世价值和世界宪政，都必须在主权国家的框架下，在现实主义的权力结构中实现。

在我看来，关键的问题不是回避主权体制和现实权力原则，而是对绝对主义的专制本性如何予以富有成效的驯化。自由政体固然是解决问题的一剂良药，但重新挖掘博丹保守主义的宪政内涵，也不失为另外一剂良药，而且在接续传统和根除疾病的功效方面，也许比自由主义更为恰切，或者说自由政制只有与保守主义结合起来才能真正地克服激进主义的政治狂潮。博丹的《主权论》恢宏高远，在此我只是简单勾勒了一下阅读它的三重视角，至于如何探囊取物、发现宝藏，还有待读者的慧眼。

（1583—1645）

　　遵守法律，是谓正义；正直者的良心赞成正义，谴责非正义。

格劳秀斯：漫长中世纪的破冰者

一、国际法权思想 [①]：构建现代世界的法权理论

雨果·格劳秀斯（Hugo Grotius）所处的 16、17 世纪，可谓西方历史的巨变时期。一般说到近现代政治与法律思想，我们自然会想到英国、法国、德国乃至美国，其实深究起来，上述诸国的法政思想基本上都是在文艺复兴之后逐渐生长和培育出来的。16、17 世

①　本文是根据 2008 年 4 月 13 日我在中国政法大学所作的主题讲演"格劳秀斯及其对于中国当今法政思想的意义"修改而成的，当时选择讲格劳秀斯这个题目，其来有自。2007 年我曾准备为中国社会科学院法学所的研究生开设一门选修课程，题目为"格劳秀斯、魏源以及战争与和平——巨变时代的法权、国家与世界"。在我看来，魏源所处的时代很类似格劳秀斯，它们都面临新旧政治社会的大转型，都基于自己的国家状况提出了崭新的思想。可惜的是，魏源的《海国图志》在当时的中国了无回应，即便在今天也还没有转化为我们思考中国法政问题的活的精神，但在日本朝野却产生了广泛的影响，激发了这个民族的思想转型和变法维新。追溯起来，早在 16 世纪，格劳秀斯有感于他那个时代的历史巨变，就提出了自己的"海国图志"，为他的祖国乃至此后的欧洲诸大国的崛起提供了强有力的理论依据，幸运的是，尽管格劳秀斯的个人命运并非腾达，但他的学说却哺育了一代西方近现代思想领域的巨人，并且转化为欧美各民族国家构建法政制度以及国际法秩序的思想资源。

纪主要是法国思想的世纪，18 世纪是英国思想的世纪，19 世纪则属于德国思想的世纪。相比之下，这些民族国家的思想意识形态已经处于欧洲近现代历史大变革的中期了，而在早期，在 15、16 世纪的欧洲，地中海沿岸的诸城市共和国以及意大利、西班牙、荷兰等邦国所经历的社会大转型以及思想家们的理论构建，则为我们开启了另外一种图景，它使我们看到在近现代历史巨变的发轫之际，法政思想家们是如何从内政外交、政法制度和财贸经济等诸多方面冲出旧世界的羁绊而涌现出一个崭新的思想时代的，这对于一直处于"三千年未有之变局"的中国来说，无疑具有重要的启发价值。

格劳秀斯是国际法的奠基者，从法学专业的角度来说，他开创了国际法这个新的法学学科，但是，他的思想深度和丰富性远远超越了单纯的国际法，而是融汇了 16、17 世纪欧洲巨变的社会历史内涵，呈现出一个伟大思想家的高度，或者说他的国际法学说本身就是一种思想性的法政哲学，是他那个时代各种思想观点的综合性精华之体现，正像 17 世纪法国的主权理论、18 世纪英国的政治思想和 19 世纪德国的道德哲学是各自时代的思想精华之代表一样。因此，我们研究格劳秀斯的法权思想就不能从狭隘的国际法专业的视角来考察，应该从人类历史古今之变的思想转型这个大格局，考量格劳秀斯思想构建的外部环境、内在动因和整体结构，以及应对社会巨变的相关性问题，探讨格劳秀斯所代表的那批杰出的 16、17 世纪欧洲思想家们是如何把时代问题转化为自己的理论问题的。具体一点说，我将集中论述三个方面的内容：第一，格劳秀斯法权思想的现实与理论背景；第二，格劳秀斯学说的三个主要内容以及内在的张力性结构关系；第三，格劳秀斯对于当今中国法政理论的意义。

1. 激荡的大时代与国际法的三个支脉

任何一位伟大的思想家都不可能脱离他的时代、社会、祖国与人民，对现实与理论的背景考察，是我们理解思想家思想生成与价值内蕴的一把钥匙。黑格尔所谓时代精神之体现，对于法政思想家们来说，尤其如此。格劳秀斯所处的时代是西方历史巨变的激荡之发轫时期，其生长的荷兰联省共和国属于欧洲近现代民族国家草创的第一波，当时面临的政治机缘与思想冲撞，或许只有从历史的大视野中才能看得分明和清晰。

与中国的历史与社会不同，西方的历史演变至今大致经历了三个阶段，一个是古典的城邦国家，一个是中世纪的封建社会，一个是近现代的民族国家。格劳秀斯的时代属于欧洲社会向第三个阶段转型之巨变时期的早期。这个时期的欧洲社会，其政治、经济、文化与古典城邦国家乃至中世纪封建制度都是大不相同的。

在古典时代，国家法权表现为单一的公民政治法权，大量的奴隶被排除在公民之外，由城邦公民组成的社会是一个个小型的政治体，政治（对外战争、公共生活和宗教活动等）成为社会的中心事务，尽管古典社会有王制、贵族制和民主制，乃至寡头制、僭主制、暴民统治等不同政制形态，但分立的城邦国家及其各自独立的政制与法制构成了古典世界的基本格局。对此，我们可以从柏拉图、亚里士多德、西塞罗等经典的古典作家那里发现这个总体特征。

中世纪封建社会就不同了，相对于有限的城邦国家的制度与思想，中世纪的西方社会已经有了"世界"的思想观念和政制构造，这一点与基督教有关。美国政治学家乔治·萨拜因在考察这个时期的政治思想史时发明了一个词语"世界社会"，用以表述人类社会有史以来的这个新型建构。不过，在漫长的中世纪，这个整全性的"世界社会"并没有圆满如斯的成就出来，一方面是世俗社会中的神权与王权的二元对峙，令人欣慰的是，从这种对峙中反而激发出并行不悖的教会法与封建法两大体系；另一方面则是神权内部正统与异端、王权内部国王与贵族之间生发的永不停息的冲突、斗争与妥协，这些伴随着法兰克王朝的解体和新教改革的兴起而共同转向一个新的世界，那就是现代社会（modern society）。

尽管关于现代社会及其起源，思想家们有着各种各样的阐释，但历史地看，经过13—15世纪意大利人文主义的激荡，现代社会的基本形态初步呈现，欧洲的政制格局与此前相比发生了很大的变化。世俗政治权力逐渐膨胀，教会的强势地位走向式微，民族—国家这个对于西方人属于全新的政治事物从历史的风尘中抖搂出来，神圣罗马帝国"既不神圣，也不罗马"，一个以民族—国家为主体的现代世界开始形成。

15、16世纪的欧洲在帝国的空皮囊之下，以诸多正在形成的各自独立的民族国家为主体，隐约浮现出两大政治格局：一个是以西班牙、葡萄牙为代表的与天主教势力相结合的权势集团，一个则是以荷兰、英国为代表的与新教相结合的权势集团，用德国思想家卡尔·施米特的话说，前者属于陆地政体，后者属于海洋政体。当然，上述诸国从事的不再是传统帝国的事业，而是民族国家的事业，它们都是在最大限度地争取自己的国家利益，构建各自的民族国家，从这个意义上说，它们都属于现代政治。

此外，两个权势集团也不是完全一体化的，而是在相互竞争甚至兴衰轮替中自发形成的，例如，葡萄牙就曾经一度是西班牙的附庸国，后来才逐渐独立出来；荷兰与英国的关系，既有共同对抗西班牙、葡萄牙等陆地政体的共同利益，也有争夺海权的国家利益冲突。值得注意的是，当时还有一个重要的欧洲国家——法国，这个国家的命运在 16 世纪前后曾经有过几次关键性的抉择，但由于王室的宗教信仰以及贵族利益的纠缠，致使它最终选择与天主教结盟，成为陆地国家，从而丧失了最好的机会。尽管这个陆地政体在路易十四王朝曾经一度成为欧洲乃至世界的政治与文明中心，但从历史的大尺度来看，它终究还是输给了以英美国家为代表的现代海洋政体。①

从上述宏观历史的视角来看格劳秀斯当时所在的荷兰联省共和国，就不难发现它与西班牙、葡萄牙围绕着海洋权展开的斗争所蕴

---

① 卡尔·施米特在其主题相近的两篇气势恢宏、视野独具的论文《陆地与海洋》《国家主权与自由海洋——现代国际法中陆地与海洋的冲突》中，提出了一系列富有创见的观点。在他看来，陆地与海洋的冲突是人类文明的一条子午线，尤其是近现代以来，人类政制围绕着陆地与海洋构成了两个对立的谱系，现代民族国家的开端以海洋的重新发现为转折点，由此塑造了陆地政权与海洋政权。从 16 世纪到 20 世纪，西方文明社会的政体制度、国家利益、宗教机构、殖民帝国、法律构造、自由贸易、军事斗争等，无不是围绕着陆权与海权的国家争雄，并最终以荷兰、英国和美国等海洋政体的胜利而告终。在长达四百年的陆海争斗中，各个民族国家的主权建构、法律拟制、军事贸易、公共政策等，都与如何面对海洋这个新的法权事务密切攸关，这里既有世界历史的意识又有空间革命的观念。"两种迥然不同的空间及陆地与海洋势必与两种完全不同的国际法秩序相吻合，一种是海洋的国际法，另外一种是陆地的国际法。……在通常所适用的国际法习惯和术语背后，存在着两种完全不同的国际法秩序，两种不可调和的、相互对立的法律观念的世界。"参见卡尔·施米特：《陆地与海洋——古今之"法"变》，林国基等译，第 76、77 页，华东师范大学出版社 2006 年版。

含的深刻意义。它们之间的冲突以及涉及各自国家的内政外交等方面的政制问题，不仅具有某种基于"国家理由"来构建新型政治体的现代意义，而且还开启出一种新型的国际关系，决定着上述两种不同的政体（陆地政体与海洋政体）之未来的格局以及现代世界的命运。如此巨变的时代对于伟大的思想家无疑是富有挑战性的，秉有深厚古典学养和严峻现实感怀的格劳秀斯，与当时欧洲的一批思想精英一样，敏锐而富有洞见地把握了各自时代的课题，从开放的现代视野审视法权、国家与世界的内涵，辨析海洋与陆地、战争与和平、正义与非正义的新型关系。

从理论渊源上说，格劳秀斯的法权思想是三个传统的赓续：一个是经过文艺复兴洗礼的古典希腊罗马思想，尤其是新近的罗马法思想，其中蕴涵的人文主义气息和自然法原则贯穿着格劳秀斯一生的理论追求；另一个是基督教神学思想，作为一个加尔文派新教徒，尽管他可以不尊崇天主教会的神谕教条，但他的著作中处处申言的《圣经》训诫，则是基督教思想家们古今一贯的精神寄托；第三个是中古以来的属于近代前启蒙时期的有关政制与法律的各派各家之思想，意大利的君主论、地中海沿岸各城市共和国的宪政论，还有后来盛极一时的契约论、主权论，以及欧洲早期的海商法、土地法、商贸协议，等等，这些新的思想和法规在格劳秀斯那里都有所体现。

当然，上述三个思想渊源和理论脉络对于当时的任何一位杰出思想家来说，都不是陌生的，它们是那个巨变时代的思想背景。关键的问题是如何把这些多元的乃至充满张力的思想融汇在自己身上，并由此加以理论的提升，构建出一个属于自己的思想体系，这才是格劳秀斯的独创性贡献，才是他成为一代思想大家的所在。

我们看到，格劳秀斯通过他的国际法为当时的欧洲人创建了一个全新的世界秩序的法权规则体系，这个以民族国家为构成单位的世界观念既不是古典城邦国家的分散系统，也不是中世纪的"世界社会"或帝国谱系，而是一个国家间相互争斗与合作的现代世界，这个世界秩序在他去世不久即因 1648 年《威斯特伐利亚和约》的签署而成为现实。①

针对这个世界体系，广阔无垠的自由海洋究竟意味着什么，这是格劳秀斯穷其一生所着重思考的一个问题，这个问题与他祖国的命运休戚相关。由于格劳秀斯把自由海洋囊括其中，通过他的海洋自由论，这个现代世界秩序的观念从而就在人类法权思想史上具有了巨大的历史意义，以及关涉荷兰乃至英国等海洋政体之兴衰的现实意义。作为自然世界的海洋和陆地，今天存在，古代也存在，但作为一种法权，尤其是海洋法权，则是经由格劳秀斯的首次创设才进入人类的视野，进入由他新创的国际法所构建的世界秩序之中。②

———————

① 希尔在《战争与和平法》的英文版导论中写道："结束三十年战争的《威斯特伐利亚和约》——该和约中的各项协议对欧洲而言已经具备了国际公法法典的形式——是一个伟大的进步的国际法原则的体现。这一国际法原则，是格劳秀斯第一次予以阐明的。"参见格劳秀斯：《战争与和平法》，何勤华等译，戴维·杰恩·希尔的英文版导论，上海人民出版社 2005 年版。

② 卡尔·施米特指出："当海洋这一根本能量在 16 世纪突然爆发后，其成果是如此深巨，以至于在很短的时间里它就席卷世界政治历史的舞台。与此同时，它也势必波及了这一时代的精神语言。""当法国、荷兰和英国开始反对西班牙和葡萄牙的海上霸权的垄断性诉求时，对于世界诸大洋的争夺已经激烈地在我们所关注的时间段即 16 世纪中叶展开了。由此开始了一个在陆地和海洋之间截然对立、在封闭与开放两极分化的空间秩序观念的发展过程。坚实的陆地成为国家的领土，而海洋则保持自由，也就是说独立于国家，不是国家领土。""荷兰人格劳秀斯由于其 1609 年匿名发（转下页）

从此以后，海洋与人类的关系就不再是单一的自然关系，而是加入了政治与法律的权利—权力关系，海洋与陆地、战争与和平、自由与奴役，以及与此相关的正义与利益、自然法则与国家强力等诸多问题，都伴随着格劳秀斯对于上述三种思想渊源的吸收、消化与继承性创新，而呈现出新的与众不同的意义，它们属于近现代的时代课题，格劳秀斯以及格劳秀斯学派因此而获得崇高的声誉。

格劳秀斯的国际法权思想主要有三部分内容，一是自然法，二是国际法，三是民商法，它们集中体现在他的三部著作《战争与和平法》《捕获法》与《海洋自由论》之中。作为一个伟大的思想家，格劳秀斯是有一个完整的法权理论的，上述三部分只是他的思想体系中的三个分支脉络。

由于当今学术研究的学科分殊化机制，对于格劳秀斯的思想理论，在国际学术界大致有三种不同的研究路径。

第一种是政治或法律思想史的论述，这个路径强调的是格劳秀斯的自然法学说，像美国学者乔治·萨拜因的《政治学说史》，德国政治思想家列奥·施特劳斯的《政治哲学史》等，基本上都是围绕着格劳秀斯的自然法理论来论述其在思想史中的历史地位，即便他们涉及格劳秀斯的国际法，也是从政治思想史的角度并且把它与自然法联系在一起来考量。

第二种是国际法的论述，这类研究强调的是格劳秀斯在国际法

（接上页）表的作品《海洋自由论》，从而成为倡导海上自由的第一个先行者。"参见卡尔·施米特：《陆地与海洋——古今之"法"变》，林国基等译，第49、76、82页，华东师范大学出版社2006年版。

的奠基地位，并着重从国际法的学科角度讨论格劳秀斯为国际法奠定的一些基本概念、基本原则和基本理论，格劳秀斯的海洋自由理论，以及格劳秀斯学派的成因、理论与影响。

第三种是有关法学理论的一般性论述，尤其是有关近现代民商法视域的格劳秀斯研究。格劳秀斯的思想很多来自罗马法，他的三部著作涉及相当广泛的民商法内容，他提出的有关契约、占有、共有财产、公共财产等理论，历来受到民商法学家的重视。

由此看来，关于格劳秀斯有三种理解，一种是思想史的理解，一种是国际法的理解，一种是民商法的理解，这三种理解分别表明了格劳秀斯学说所包含的三个领域以及考察他的三个维度。上述三个领域的问题在格劳秀斯那里浓缩为一个中心的问题，即构建一个新的现代世界的法权理论，并在未来的国际秩序中为他的祖国提供一个正当合理的法权地位。虽然格劳秀斯未必是一个民族主义者，他的生平经历表明或许他更像是一个世界主义者，但他认为这个世界必定是由民族—国家构成的，他的祖国可以一时不容于他，但他始终不弃他的祖国。[①]

---

① 关于格劳秀斯的身世与经历，参见戴维·杰恩·希尔的英文版导论，格劳秀斯：《战争与和平法》，何勤华等译，上海人民出版社 2005 年版。另参见 William Rattigan: Hugo Grotius Author(s), *Journal of the Society of Comparative Legislation*, New Series, Vol. 6, No.1, (1905), pp.68–81; Edward Dumbauld, The Life and Legal Writings of Hugo Grotius, Norman Oklahoma: University Oklahoma Press, 1969.

2. 自然法：现代世界秩序的理论基石

自然法思想在西方源远流长，可以追溯到古代的亚里士多德、斯多葛学派和西塞罗，中世纪神学思想家阿奎那也有关于自然法的思想，近现代以降的欧洲，自然法一直是一股强劲的思想传统。当然，与古代自然法相比，近现代自然法已经发生了实质性的变化，一方面自然法在保持理性自主性的同时，开始与个人权利的理念联系在一起；另一方面，自然法作为超越的普世法则，逐渐与政体构建、民族国家和世界秩序等制度形态联系在一起，可以说上述两个方面的内容是古代、中世纪的自然法思想所没有的，它们体现了自然法的现代性质。

由于西方社会的现代转型是一个广泛而持续的过程，自 13 世纪以来这个转型就已经开始，涉及欧洲几乎所有的国家。就自然法思想来说，在 16、17 乃至 18 世纪，一直处于不断丰富的扩展和激荡状态。如果细致探究的话，关于近现代的自然法理论大致有三种不同的发展路径：一种是英国的具有唯名论特性的自然法思想，以霍布斯、洛克、亚当·斯密等人为代表；另外一种是法国的具有唯实论特性的自然法思想，以伏尔泰、卢梭、百科全书派等为代表；第三种则是西班牙、荷兰等发源的自然法思想，这个路径的思想家比较复杂，有些类似法国的思想家，如荷兰哲学家斯宾诺莎的自然法思想就属于唯实论，另外有些则接近英国的思想家，如 15、16 世纪西班牙的一些法理学家。

作为荷兰的思想家，格劳秀斯的自然法思想同样比较复杂和丰富，一方面他深受法国笛卡儿、本国斯宾诺莎等人的理性主义影响，在哲学上属于欧洲理性主义思想传统，他的自然法具有明显的理性特征；另一方面，格劳秀斯又深受荷兰思想家爱拉斯谟等人的人文主义思想熏陶，加之以古典学养的陶冶和培育，他的自然法理论又具有一定的经验主义色彩。因此，正是基于上述多元一体的特征，使得他的自然法理论呈现出既不同于法国也不同于英国的独特性质（当然，英法两国的自然法理论的昌盛从时间上看都是在格劳秀斯之后的，从某种意义上说，它们又都分别受到了格劳秀斯自然法思想中的某些因素的影响）。或许可以说，他开辟了近现代欧洲自然法的一个新倾向，这个倾向对于德国法哲学的开创者普芬道夫等人产生了深刻的影响，并且在国际法以及现代世界秩序的理论构建方面占据了主导性的地位，成为近现代国际政治一系列原则、规则与和约的道义基础。[①]

处身于世界历史的巨变时期，目睹当时欧洲各种因利益、教义和权力而引发的一系列惨不忍睹的各国内部和国家间的战争，格劳秀斯感到有必要为现代新型的政治体——国家和国际秩序寻找一种稳固的法权基础。在他看来，这个基础便是理性的自然法，它超越于各种政治利益和教派利益之上，统治者和臣民之间所订立的政治契约是在自然法之下的，接受自然法的调摄和管制，因此，自然法

[①] 参见 Mary C. Segers: *Hugo Grotius and Secular Natural Law*, Columbia University dissertation, 1973; Charles S. Edwards: *Hugo Grotius, the Miracle of Holland*: A Study of Political and Legal Thought, Chicago: Nelson-Hall, 1982. 查尔斯·S. 爱德华兹（Charles S. Edwards）着重分析了格劳秀斯从中世纪阿奎那以降的欧洲近代自然法理论普遍存在的神性与人性二元主义的混乱状况中开启出来的理性主义的自然法学，认为这是对于欧洲传统自然法的一次重要的修正，对后世影响深远。

是现代世界的首要法则。在自然法之下，才有一个国家的意志法，意志法又包括两类：一类是国内法，它涉及主权原则，调整统治者与臣民的权利义务关系；一类是万民法，它调整国家之间的关系，属于国际法的范畴。

关于格劳秀斯的自然法思想有三个突出的特性，致使他的理论在同时期的诸多自然法理论中占据先导性的地位。

第一，格劳秀斯强调自然法的理性自明性，他有一段话曾经被广泛引用，他说："自然法思想就像 2＋2＝4，即使上帝也不能违背这样一个法则。"这一观点对当时还有相当权势的天主教神权学说提出了颠覆性的理解。按照西方中世纪的思想传统，上帝的权力是至高无上的，他可以改变世界的任何法则，但是格劳秀斯却把自然法置于与神法并列甚至高于神法的位置，这在很多人看来是难以接受的。"将自然法从与宗教权威纠缠在一起的状况中完全解脱出来，这一最后步骤并不是由（荷兰加尔文主义者）阿尔色修斯而是由更有哲学头脑的格劳秀斯完成的"。

第二，格劳秀斯对于自然法给予一种理性的几何学的证明，这表明他受到了当时实证科学的影响，通过原理、定理、推论、结论等几何方式阐释自然法原则的自明性和普遍性。这种来自笛卡儿、斯宾诺莎的哲学论证方式，通过格劳秀斯的扩展，对于霍布斯、普芬道夫的自然法思想均产生了巨大的影响。从思想史的理路来说，17 世纪属于理论"论证"的时代，法学、政治学与自然科学的交互融汇成为主要的方法论特征，人们普遍认为由伽利略、牛顿确立的自然科学在方法论上具有规范的意义。因此，自然法以及由此支撑的宪法、民法和国际法等成文法，可以像完美的几何学一样按照原理、定律、注释和推论等制定出来，它们属于理性的美德，可以为社会实践提供科学的指导方针。

第三，与笛卡儿把自然法则运用于知识论、斯宾诺莎把自然法则运用于伦理学不同，格劳秀斯集中把自然法则运用于人类的政治领域，尤其是运用于国际政治领域，自然法成为他的基于国家利益的现代世界秩序的理论基石。在此，格劳秀斯法权思想的经验主义特性凸显，与后来霍布斯把自然法运用于政治的绝对主权的国家学说不同，也与后来卢梭强调人民主权的激进主义社会契约论不同，格劳秀斯的国家学说属于一种中庸的政治理论。一方面他赞同主权理论，但是另一方面，他又不主张把主权置于高于自然法的绝对地位，而是把主权置于政体论的中介环节之中。具体地说，他认为主权存在于荷兰联省共和国的共治制度上，至于在国际法的层面，由于主权不具有绝对性的意义，因此，国家间的关系并不是围绕各自的国家主权这个枢纽展开的，而是系于自然法的正义本性之上的。

萨拜因曾经指出，16世纪西班牙哲学家和法学家苏亚雷斯与格劳秀斯有关自然法的观点具有内在的一致性，他们都认为自然法理应成为宪法乃至国际法的基础，一国之内的法律和国与国之间的法律应该受到自然法原则的制约。针对当时法国博丹的君主专制主义理论，荷兰阿尔色修斯的宪政理论、法国洛克的自然法和政府论、荷兰格劳秀斯的自然法和国际法学说，都是对博丹此类盛行一时的法国主权政制思想的矫正。

3. 国际法：构建现代世界秩序的法律体系

格劳秀斯一生思想的突出标志在于他创建了现代形态的国际法体系，国际法是他的理论中心，可以说《战争与和平法》《捕获法》与《海洋自由论》奠定了现代国际法的基础。对于格劳秀斯的国际法理论，我们不能单纯从专业国际法学的视角，而是要从更为广阔的政治思想史的视角来看待，或者说，格劳秀斯的国际法理论之创建，本身就具有政治思想史的意义。

（1）新的国际法秩序及其基本原则

自从人类出现政治社会，就有各自独立的政治体之间的相互关系，邦国之间的"国际法"早在古希腊、古罗马时期就存在，当时称之为"万民法"。不过，古典时代的国际法并没有形成完整的规则体系，它们或者伴随着城邦国家之间的持续不断的战争而隐约浮现，或者在罗马帝国军事强势的主导下成为帝国政制的附庸，古典世界并没有一套有关国家间规则秩序的有效体系以及相关理论。

中世纪以降，尽管曾经有法兰克王国一统天下，但查理曼大帝所建立的罗马式的和平并没有维系多久，此后的神圣罗马帝国只是一个空壳，西方世界进入一个民族国家的建构时代，这个时代很类似中国的春秋战国时期，其突出的一个特征就是战争频仍，残酷的内战与对外战争成为当时欧洲正在发育成长的各新兴民族国家的头等大事。

格劳秀斯生长于血腥的战争之中，目睹了三十年战争带给欧洲各国的巨大浩劫，为此，他试图寻求乃至构建一个处理国内外战争的基本原则，并由此为欧洲也就是当时的世界提供一个调整国家间关系的法律体系。戴维·杰恩·希尔在《战争与和平法》英文版导论中指出："格劳秀斯的这部杰作是相当高级和宏伟的——它是一个超越了无理的冲动、野蛮的习性的极富智慧的巨大成功。它的出版标志着主权国家历史上的一个新纪元，从此人类摆脱了难以驾驭的混乱状况和丧失理智的冲突。它创造了一个明确的原理体系，这个体系照亮了国家及其国民争取和平、达成谅解一致的道路。"

应该指出，格劳秀斯的伟大努力准确而恰当地反映了时代的需要，体现的乃是欧洲当时的时代精神或"法意"，这个法意表现为内政与外交两个方面，因此我们理解格劳秀斯的国际法思想就不能仅仅只有国际秩序一个维度，尽管这个维度是格劳秀斯最突出的贡献，而且还要有国内政制的维度，即格劳秀斯对于主权、政体以及国家利益的系统看法，或者说格劳秀斯创建他的国际法，为新的世界提供基本的法律规则之原则，也还有其基于自己的国家利益的考虑，这一点尤其体现在他的自由海洋权的理论中。

一方面，格劳秀斯试图寻求和构建一个基于普遍原则的正义的国际法律体系，这体现在他的有关自然法的思想之中。由于神圣罗马帝国其实早已解体，传统的天主教会也已经式微，它们都不可能为新兴的现代世界提供一个国际性的权威机制，也无法形成一个对各自争斗的各民族国家具有共同约束力的法律体系，因此，格劳秀斯感到必须寻求新的观念和原则，为这个新世界构建具有约束力的国际秩序之法理基础。在他看来，这个基础就是源远流长的自然法，自然法以及内在的正义原则是指导世界各国消弭战争、和平共处的基本原则，不唯如此，自然法也还是各国内部法政制度的基本原则，一个建立在自然法之正义原则基础之上的国家制度，才是合乎理性与人性的制度，才是抵御不义战争的内部屏障。[①]

另一方面，格劳秀斯所构建的国际法之基本原则，乃至作为它们基础的自然法，又并非绝对是普世性的，它们还有另外一个方面，即隐含的国家利益的考虑。从另外一个视角来看，格劳秀斯的国际法原则还埋伏着一个可以把自己的国家利益付诸其中的深层诉求，也许这并不是他自觉的考虑，但这个因素是存在的，在他所构建的新世界秩序中，他的国家或他所寄托的国家是占据有利地位的，是这个秩序的塑造者与获利者。这里即便有一个所谓的正义问题，但格劳秀斯并没有彻底考察他的国际法原则所遵循的正义是何种正义，

[①] 《格劳秀斯与当今的国际社会》一文中强调了格劳秀斯国际法理论这个方面的价值，这也是西方主流学界对于格劳秀斯的认识。在他们看来，格劳秀斯基于当时各民族国家之间的战争状况，提出了一个高于民族政制与国家理由的国际法秩序理论，并以这个理论的原则审视国家间的战争，以此判别何者是正义何者是非正义的战争。"格劳秀斯当然是他的时代之子，他同样地把各个国家的主权视为国际社会的一个基础。除此之外，他不可能有其他想法。但是，当某种强暴的势力将国家主权推向歧路的时候，他弃之如敝屣。他反对因实施国家主权时过了头而导致的唯我主义，在他看来，主权无非是抵御别人攻击的一种手段，而不是在自我实现中获取优势地位"。参见 H. Ch. G. J. van der Mandere: Grotius and International Society of To-day, *The American Political Science Review*, Vol. 19, No. 4, (Nov., 1925), p.800–808. C. Van Vollenhoven 的观点与 Mander 类似，他考察了格劳秀斯那个时代的状况，认为当时的教会，无论是罗马天主教还是新教，都没有能力为纷争的国家间战争提供一个解决纠纷的机制，而思想界，在格劳秀斯之前有马基雅维利，之后有霍布斯，主导性的理论是国家主权的至上性和自然状态的战争性，因此，格劳秀斯基于自然法的普世原则而提出的和平秩序理论为这个混乱的世界提供了一个科学的规范，具有划时代的意义。C. Van Vollenhoven:Grotius and the Study of Law Author(s), *The American Journal of International Law*, Vol. 19, No. 1, (Jan., 1925), pp.1–11.

他所捍卫的正义之战争是否真的是绝对的正义之战争。[①]这样一来，在格劳秀斯的国际法基本原则之中，就出现了二元张力性的关系，深刻把握这个张力的内在逻辑，是我们理解格劳秀斯思想的关键，也是我们理解西方现代世界秩序的本性之所在。

从历史上看，除了古典时期的万民法，在欧洲现代社会的早期，在13世纪到16世纪的法国、英国和西班牙，随着世界商业贸易的扩大，就出现了一批早期的海事法典，可以说"现代国际法这个新生儿是在商业的摇篮中来到人世"的。此外，教会委派协调处理世俗国家间媾和等使命的使节，以及一些国家驻外的外交官员，还有一批专职处理国家间新情况的应运而生的职业的国际法学家阶层，他们的各种报告、论述，等等，也从不同的侧面涉及新的世界格局中的战争、和平、贸易、契约、外交、使节，乃至国际法的原则、国家间的相互权利等内容。但是，这些著述总的来说都还是个别性的，针对不同专题加以论述的，并没有一个宏大的理论体系，也缺乏关于国际法原则的深层而系统的思考。格劳秀斯的伟大贡献在于他的三部著作系统地构建了一个有关新的现代世界秩序的法律体系。对于现代社会来说，格劳秀斯的这个国际法体系以及贯穿其中的诸原则，使当时的人们摆脱了现代民族国家草创时期的混乱朦胧，具有"创世纪"的意义。

具体地说，格劳秀斯在《战争与和平法》的三编宏论中，集中

---

① 关于格劳秀斯国际法理论的这个方面的意义，参见 Friedrich Meinecke: *Machiavellian: The Doctrine of Raison d'Etat and Its Place in Modern History*, translated by Douglas Scott, Yale, 1957, 卡尔·施米特的《陆地与海洋》《国家主权与自由海洋——现代国际法中陆地与海洋的冲突》两篇文章。

论述了国家间战争之合法性的正义问题。在他看来，人世间的战争虽然是无处不在的，但其中至为根本的是有一个公共的战争与私人的战争的区别，基于主权的国家之间的战争才有所谓合法性的问题。

那么如何看待战争的合法性以及由此构建的国家间秩序呢？格劳秀斯认为，战争的发生原因唯有与财产权、个人权利以及其他所有权的法权保障有关时，战争的正义性才凸显出来。因此，格劳秀斯并不是一味地反对所有的战争，而是反对非正义的战争，正义的战争不但是人世间所需要的，而且是世界和平的支撑。格劳秀斯的国际法就是试图为这个世界的战争与和平构建一个系于正义的法律规则体系。为此，他一方面考察和论述了国际法的诸多要素，诸如主权的本性与具体表现、国家的构造、所有权的义务、王室继承权的规则、受契约保护的权利、国家间有关机制的权利与义务、战争的理由、各种军事条约以及效力和解释等，这些构成了未来国际法作为一门法律科学的主体内容；另一方面，他又从法权原则的高度区分了自然法、民商法、习惯法、万民法之间的异同，认为有关处理国家间关系的国际法只能从自然法中寻求最终的依据，民商法只是适用于和平时期，习惯法属于变化的由社会演化出来的法律，万民法包含着以同意为基础的来自历史实践的调整部族关系的法律机制，但是这些法律形态自身不可能构成现代意义上的国际法，也不可能成为国际法的核心原则，它们固然可以作为现代国际法的诸多渊源，从制度、技术和程序规则等方面补益国际法，但国际法的基本原则的支点在于自然法的现代转型，即作为永恒的系于人性和理性的维护人类基本权利的自然法则，它们在国家间的秩序构建中既派生出战争的法则，又孕育出和平的法则，其关键在于"正义"，正义是格劳秀斯衡量战争与否的法权尺度。[①]

在《捕获法》这部早年的作品中，格劳秀斯更为具体细致地论述了国际法的基本原则，为他后来的里程碑著作《战争与和平法》打下了牢固的基础，在该书的第二章《序言，包括九项规则与十三项法律》中，格劳秀斯已经勾勒出一个有关现代国际法的系统性的基本原则。在此，他首先区分了两种国际法，即初级和次级国际法，然后由此演绎出一整套国际法的基本法则和法律，它们包括作为自然法的初级国际法，如规则1、2、3，法律1、2，法律3、4，法律5、6，以及作为实证性的、程序性的次级国际法，如规则4、5、6、7、8，法律7—13。前者包括诸如"神意体现即为法""公益所体现之人类共同同意即为法""每个人所作的意思表示就是关于他的法律""不得伤害他人""不得侵占他人已占有的东西""恶行必纠""善行必偿"等；后者包括诸如"国家所示意志即为所有公民之整体的法律""国家所示意志即为个体的众公民间关系之法律""执政官所表示的本人意志，即为整个公民体之法律""所有国家所表示的意志，即为关于所有国家之法律""除通过司法程序外，任何公民均不得寻求实施自己权利来针对他人""非经司法程序，任何国家或公民不得寻求对其他国家或公民行使其权利"等。上述九项规则与十三项法律可以说是年轻的格劳秀斯对于国际法的系统性原则表述，它

---

① 戴维·杰恩·希尔（David Jayne Hill）在格劳秀斯《战争与和平法》出版三百周年的纪念文章中指出，格劳秀斯之所以被视为现代国际法的缔造者，其原因在于他试图创建一个国际法的普遍原则，即法理学的一般原则，这个原则的基础在于伦理，这个伦理对于他来说，不是"权宜"，而是"正义"。David Jayne Hill: The Commemoration of Grotius, *The American Journal of International Law*, Vol. 19, No. 1, (Jan., 1925), pp.118-122.

们构成了《捕获法》其他章节的依据。格劳秀斯有关战争、捕获、惩罚、补救，以及围绕着具体案件的大量论述，不过是这些抽象的规则、法律的适用和说明。

当然，从精微的思想演变的角度来看，二十年后格劳秀斯的《战争与和平法》所提炼出来的有关国际法的基本原则与《捕获法》相比，有了一些变化，例如，神学自然法被基于人类理性的现代自然法所取代，关于两种国际法的分类也不再有了，代之以实证的国际法，而且现实主义的内蕴越来越强烈，神学玄辨的东西越来越少。但就整体来看，格劳秀斯的思想并没有多少实质性的改变，其为现代社会提供一个有关国家间法律规则的原则性思想体系的理论前后大体是一致的。从某种意义上说，格劳秀斯的思想演变并非理论自身的变化，而是本文前所言及的，他的理论本身就包含的普世主义与国家利益、理想主义与现实主义的二元张力，这个张力恰恰是现代国际法的内在本性。随着神学自然法的消退，现代自然法所支撑的国际法体系并不是从天上掉下来的，而是民族国家时代的产物，那个时代的"法意"便是二元对峙的融汇，格劳秀斯以其思想的系统性和丰富性，一方面使得这个有关现代世界秩序的法律构建更为丰厚，另一方面也使得其内在的张力更加凸显，这个特征集中表现在格劳秀斯有关海洋自由权的理论上面。

（2）《海洋自由论》及其思想张力

倡导自由的海洋法权，这是格劳秀斯国际法思想的一个关键理论。所谓现代国际秩序的一个突出特征就是海洋作为一种法权进入了现代世界。格劳秀斯敏锐地发现了这个新契机，并且把维护自己

（荷兰）国家利益的诉求有效地纳入构建一个普世性的国际新法律秩序之中。

1609 年春天在荷兰莱顿匿名出版的《海洋自由论》是格劳秀斯最早发表的作品，它的面世有一段曲折的故事，因为这部著作实际上是他当时为一个著名的官司而写的辩护词的一部分（第十二章），这份完整的辩护词，格劳秀斯生前并没有发表，直到 1868 年才以《捕获法》为名出版。

作为写作缘由的这段公案涉及荷兰与葡萄牙（当时归属西班牙）的海上争端，荷兰的东印度公司在新加坡海峡捕获了葡萄牙的凯瑟琳号商船，该商船装载了价值惊人的贸易品，荷兰的东印度公司将这些价值总额相当于三百万荷兰盾的货物（这个数目略低于当时英格兰政府的平均岁入）收归己有，这样就引发了一场国际争端，即荷兰在东印度的远海上捕获葡萄牙商船是否合法。东印度公司为此委托格劳秀斯为这一行为辩护，格劳秀斯抓住这一契机借题发挥，纵横捭阖，引经据典，写下了洋洋二十余万言，详尽阐发了他的国际法学说，尤其是自由海洋的理论。

基于多种需要，《捕获法》是一部较为芜杂的作品，其中既有格劳秀斯推出的高度抽象、视野磅礴的国际法诸原则，又有围绕着凯瑟琳事件所进行的烦琐细致的事实分析，还有基于荷兰的国家利益而作的海洋自由权的辩护。相比之下，单独出版的第十二章《海洋自由论》则主体明确，短小精悍，意蕴深刻，首次从现代世界的新原则出发，创建了一个充满朝气的现代海洋的自由法权理论，因此甫一问世，就受到国际法政学界的瞩目。

尽管《海洋自由论》的理论主旨是为荷兰的捕获行为辩护，证明捕获凯瑟琳号商船是一桩属于正义战争中的正义行为，[①]但是，格劳秀斯在著述中远远超越了这份司法辩护词的具体目的，而是开辟了一个有关海洋法权的新视域。在他看来，广阔的海洋是自由的王国，是对现代民族国家开放的自由领地，在那里，并没有主权，以及与主权相关的为主权国家统辖的独占性的所有权、航海权和贸易权。在没有主权的海洋，个人或国家的行为是自由开放的。在此，格劳秀斯实际上创立了一个有关贸易与航海自由的一般性权利原则，《海洋自由论》其实是一部现代民族国家的自由权利宣言。

就具体的论述来看，格劳秀斯在《海洋自由论》集中在有关海洋自由的所有权、航海权和贸易权三个方面加以论证，为此他采用了大量的古典罗马法的文献和基督教神学教义，并独创性地提出了一些新的观点，赋予一些重要的法学概念以新的内涵。

例如，关于航海权问题，格劳秀斯细致考察了有关航海的法权理论，认为海洋（外海）属于自由流动的世界，广阔无垠的海洋不能成为某一国的附属物，根据国际法，任何人都可以自由航海到任何地方，葡萄牙人独占海洋或航海权是不正当的，他们无权以发现者或凭借教皇的赠予独占航海权。在此，格劳秀斯通过援引古典希腊、罗马的文献，强调指出了基于自然法的自由航海权，此外，他还辨析了有关海洋、海滨、海滩、港口等概念的含义，以及它们在

① 按照格劳秀斯确立的国际法以及自然法诸原则，上帝赋予人自我保护和自我保存的权利，在此基础上恶行必须受到惩罚，善行必须受到奖赏，葡萄牙曾经对于荷兰联省共和国及其商业利益犯下了确凿的恶行，那么荷兰东印度公司在一场反对葡萄牙的正义战争中捕获凯瑟琳，并将货物视为捕获的战利品，这属于合法性的奖励，因此并没有破坏国际法的原则。

海洋法权中适用的范围和界限。

再如，关于所有权这个关键问题，格劳修斯认为海洋法权中的所有权不能简单等同于陆地罗马法意义上的所有权，因为海洋的本性是自由的，无主权的，据此，法国、西班牙等陆地国家从罗马法推演出来的对海洋所有权的认识是错误的，海洋并不能因为这些国家的先占或航海就成为它们的所有物。格劳修斯认为，在自由的海洋，任何人和国家都可以自由追求自己的权利，海洋不允许被任何人或国家占有。在此，格劳秀斯提出了一个富有创见的观点，即公共财产和共有财产的区分，罗马法中的公共财产和公共利益属于一个国家的人民所有，在这个政治体内，全体人民可以分享这个公共财产，如修建铁路、公路等公共设施，等等。格劳秀斯认为海洋不属于这类公共财产，不能为某个国家所有（即便是作为公共财产），海洋这类东西就像空气一样，在格劳秀斯看来属于共有财产，它属于全人类，是自由的，无主权的，向所有人开放的，共有（community）财产与公共（public）财产有着本质性的不同。

格劳秀斯以其雄辩的理论和丰厚的学养，通过细致的概念和事实的辨析，对古典文献的清晰与从容的驾驭，为那个时代构建了一个自由的海洋法权。从历史的视角看，自罗马法以来，海洋还是第一次如此具有了法权的意义，并且成为现代新的世界秩序的一个中心内容，如果说罗马法以及大陆—罗马法的继受表述的乃是一个陆地世界或陆地政体的话，那么格劳秀斯开辟出来的海洋法以及自由的海洋法权，表述的乃是一个海洋世界或海洋政体的开始，这无疑具有划时代的意义。海洋无主权，这是否意味着现代新世界的绝对开放呢？从一个方面来说是这样的，格劳秀斯的《海洋自由论》以及其他的著述竭力论辩的便是这样一个自由海洋的观念，为此，他专门对苏格兰法理学家威廉姆·威尔伍德的观点提出了反驳，尽管威尔伍德并不认为外海属于排他性的国家所有权，只是认为海洋能够被占有，但格劳秀斯仍然认为威尔伍德的观点是一种非自由海洋的代表观点，并在"附录"中给予了系统的驳斥。但是，值得注意的是，格劳秀斯的自由海洋的观点又隐含着一种对于海洋的国家"野心"，也就是说，他对于自由海洋的辩护是出于维护荷兰东印度公司的利益乃至当时海洋国家的殖民帝国的利益，从某种意义上说，自由海洋的国际法属于海洋国家向外扩张的国际法，格劳秀斯所主张的海洋无主权理论，背后还隐含着自己的国家利益诉求。他为什么主张海洋无主权，其实未必就意味着海洋绝对的无主权，而是因为当时他的祖国荷兰是面向海洋的新兴国家，与西班牙、葡萄牙处于海洋霸权的争夺之中，格劳秀斯的理论恰恰是为他的国家乃至整个欧洲国家的对外殖民扩张提供法理的基础，这无疑是格劳秀斯海洋自由学说的一个内在悖论。①

---

① 参见林国华：《〈大海不识主权者——自由海洋〉的国际法意义及其理论前提》（未刊稿），林文按照格劳秀斯的法权逻辑为"海洋"的非主权性或自由本性作了有力的辩护，指出西方思想史中的"国家理由"与"万民法"的内在对立以及思想家们对于将海洋纳入"自然状态"（敌友政治）的误读。我认为该文只是考察了格劳秀斯思想的一个方面，而没有重视其另外一个方面，即隐含在"自由海洋"背后的"国家理由"的法权诉求。在这个问题上，也许梅尼克是对的，他说："在很多方面，与'国家理由'争斗的万民法或者国际法所付出的只不过是西西弗斯的苦力罢了。"参见林国华论文的注释引文，Friedrich Meinecke: *Machiavellian: The Doctrine of Raison d'Etat and Its Place in Modern History*, translated by Douglas Scott, Yale, 1957, p.208。由此，为什么格劳秀斯的著述对于马基雅维利只字未提，以及其与主教黎塞留的暧昧关系，也就好理解了，或许格劳秀斯并非完全（转下页）

其实，对于格劳秀斯的自由海洋理论，如果放在当时 16 世纪到 17 世纪的欧洲各主要国家既相互争夺又共同对外殖民的背景下来考察，是不难理解的。它们关于海洋的争夺，同时也是新的世界秩序中关于主权地位的争夺，格劳秀斯代表的海洋国家以海洋无主权的理论抗拒西班牙等陆地国家对于海洋的独占性霸权，但是，当海洋

<hr/>

（接上页）认为海洋作为新的法权主体就是非政治的，非主权性的，"自由海洋"对于格劳秀斯来说还有另外一层含义，那就是海洋是向所有的国家，尤其是他的祖国自由敞开的，国家理由与万民法是可以协调在一起的。我们应该看到，荷兰、英国、美国等海洋国家的幸运或他们的政治智慧就在于他们总是能够把自己的国家利益诉求付诸普世性的价值或法权，总是把现实主义与理想主义结合在一起，创建一种主导性的"现实的理想主义"（realistic idealism）。对此，卡尔·施米特有着清醒的认识，他在讨论格劳秀斯"海洋自由论"引发的国际法的论争时指出："人们不应该被关于海洋的'自由性'或'封闭性'这样的书名所迷惑。……从世界历史的角度来考察的话，它不再与那些地方性的或区域性的北海问题、东海问题或者英吉利海峡问题相关，而是与行星视角下的陆地与海洋、坚实的陆地与世界诸大洋之间的世界性决断相关联。"这个决断对于法国来说是退守陆地，而对于英国则是参与海洋，控制海洋，"从 16、17 世纪开始，英国才在其政治的整体性存在中选择了以海洋为基础的世界秩序，以对抗欧洲大陆。""在通行的国际法教科书的描绘里，这种冲突（陆地与海洋的战争与和平观念——引者注）的强度之所以被掩盖起来，是因为人们把国际法区分为'一般的'国际法和'特殊的'国际法。事实上，根本不是什么'特殊的国际法'，恰恰相反，那种所谓的'特殊的'国际法正是英国以自由的海洋为根基的世界霸权诉求的最高表述，以至于成功地使得英国的海战方式成为普遍认可的国际法规则。"当然，我认为，卡尔·施米特关于国际法的政治决断论无疑是偏颇的，他严重忽视了康德主义的世界和平秩序理论的价值，但是，他的观点对于我们如何认识国家主权、国际秩序以及海洋法权乃至未来的外层空间法，都是有助益的，它们从另外一个极端为我们展示了自由的海洋法权的阴影部分。参见卡尔·施米特：《陆地与海洋——古今之"法"变》，林国基等译，第 83、84、94 页，华东师范大学出版社 2006 年版。

国家内部面临海洋利益的争夺时，海洋无主权的理论就未必普遍适用了，因此，英格兰的约翰·塞尔登才会提出一个"海洋封闭论"，其背后的理论支撑乃是英国对于海洋的独占性霸权的诉求。[1] 所以，关于海洋的主权有无之论争，应该从更为广阔的世界历史的视角来看，格劳秀斯的海洋自由观与他提出的整套国际法理论一样，都不是抽象的天外来客，而是他那个时代和国家的理论表述，是时代精神的体现或"法意"，格劳秀斯的伟大之处在于他既能洞悉时代与国家的呼唤，又能超越它们的束缚，在一个巨变的时代构建起一个系统的法权理论，把战争与和平、国家与世界、正义与非正义、普世原则和独占利益等对立矛盾的东西高妙地整合在一起。

4. 民商法：国际法视野下的新阐释

格劳秀斯学说的第三部分内容是民商法，或者说，格劳秀斯在集中论述他的自然法、国际法、海洋法理论时，并非有意地对于当时的民商法给予了很多富有创见的阐释，因此受到民法、商法等专业法学史家的关注。我们知道，格劳秀斯的时代并不是今天的部门法各自为政的学术科层化时代，当时的罗马法、普通法、教会法等各类法学既自成一体又交汇融合，加之以格劳秀斯的志向乃在于创建一门新的国际法理论，因此，民法、商法和教会法等诸多法学就

---

[1] 参见《捕获法》英译本序关于有关《海洋自由论》引发的国际论战的注释，该著虽然没有在任何地方涉及荷兰与英国海洋政策的冲突，但该著坚持的原则实际上对于英国的政策产生了不利，因此，受到了诸如威尔沃德、塞尔登等英国学者的猛烈攻击。格劳秀斯：《捕获法》，张乃根等译，上海人民出版社2006年版，英文本序，第8页。

成为他论证自己观点的概念武库。在格劳秀斯的三部重要论著中，他大量使用了民商法的概念，并通过对于这些概念的法理辨析，有效地捍卫和维护了自己的系统观点，从某种意义上说，他的国际法理论是建立在扎实的民商法等欧洲传统法学的基础之上的，格劳秀斯从传统民商法、自然法乃至教会神学那里提炼出一门新兴的国际法学。不过，从另外一个方面来看，正是因为格劳秀斯开辟的国际法的新视野，使得他对于民商法的一系列概念和观点的使用，丰富乃至拓展了这些概念、观点的含义，深化或者改变了传统民商法的理论路径和适用范围。

例如，关于财产权问题，这无疑是罗马法的一个核心问题，格劳秀斯从海洋法的观点注入了对于这个民法概念的新理解，他通过考察所有权、公共物、共有物、无主物，以及先占、占有、时效等民法学概念的含义、适用范围、权界等问题，对于财产权提出了一些不同于民法学家的观点。此外，格劳秀斯还通过分析财产权保护在国际法中的地位、效力、范围等，丰富了财产权的传统民法理论，他不止一次地论述了发动战争的理由与人身和财产的保护，论述了在何种情况下国际法可以用臣民的财产来偿还主权债，论述了破坏敌国及剥夺其财产的权利，等等。再如，关于契约问题，也是一个民商法的重要问题，格劳秀斯也同样给予了深刻的研究和讨论，具体论述了与此相关的允诺、誓约、条约和约定等罗马法学的概念，并且把这些问题富有创见地纳入他的国际法学的体系构建之中。总的来说，格劳秀斯的思想有着一个民商法的理论路径，民商法构成了他的国际法理论体系的一个组成部分，与传统民法学家不同的是，格劳秀斯的民商法不仅是用于构建他的国际法学的辅助理论，而且他的很多民商法观点契合新兴的海洋国家及其新兴市民阶级对于财产权、人身权、贸易权、航海权的法权诉求。

二、财产权理论

传统上，格劳秀斯的名字是与现代自然法学派联系在一起的，他作为国际法奠基者的名声倒是相对较晚的事情。无论是霍布斯和洛克，还是普芬道夫，他们在论述自然状态、自然法与自然权利时都会着重地提及格劳秀斯，这也正是研究者把格劳秀斯确立为现代自然法学派之先驱的思想史理由。换言之，格劳秀斯是中世纪思想向现代世界转换的关键人物。

尽管在如何看待格劳秀斯的思想史地位等问题上仍然存在分歧，但格劳秀斯著作的编者、法国新教哲学家巴贝拉克对格劳秀斯的一个评论至今非常著名，它在相当程度上已成为人们的基本共识，即"他是漫长中世纪的破冰者"[1]。然而，真正的难题恰恰是，格劳秀斯究竟在何种意义上占据着这个关键的位置，他对现代自然法的奠基仅仅是体现在他对主观权利的提倡吗？或者说，主权权利究竟是一种什么样的权利，它的具体形态是什么？要回答这些问题，我们就

---

[1] 参见 Barbeyrac: *Historical and Critical Account of the Science of Morality*，转引自 J. B. Schneewind, *The invention of autonomy: a history of modern moral philosophy*, Cambridge University Press, 1998, p.66. 此外，有关格劳秀斯的理论位置，尤其是他与现代自然法的关系，亦可参见 Richard Tuck, The modern theory of natural law, in *The Languages of Political Theory in Early-Modern Europe*, ed., by Anthony Pagden, Cambridge University Press, 1987, pp.99–199, 以及施尼温德（Schneewind）一书的第四章。

不能再像以往的研究那样，仅仅关注格劳秀斯对现代自然法理论的贡献，而是要推进到他对财产权的考察。事实上，格劳秀斯的财产权理论，才是他的自然法思想的要害所在，或者说，财产权理论是他的自然法思想的深入体现。

格劳秀斯作为早期现代的思想家，他的一个最重要的特性就是把古典和中世纪的自然法思想转变为一种以私人财产权为中心的主观权利。由此，他为整个早期现代的思想开辟了一个新的路径，一条以财产生活方式为核心的自由之路，并最终在洛克那里结出硕果。因此，本部分试图集中关注格劳秀斯的财产权理论的核心内容，以期从财产权的角度揭示现代社会及其思想根基的隐秘脉络。

1. 早期现代的财产权问题

早期现代既是一个时代界定问题，也是一个思想史问题，它的要旨乃是指向西方文明所展现的古今之变，以及由此带来的现代政法秩序的构建与确立过程。[①]个人主义的兴起是这一古今之变的一个中心内容。现代社会之所以不同于古典社会和封建社会，一个最主要的方面就是个人成为社会历史的主体，以及个人在政治法律制度上所禀有的主体权利资格构成了法权秩序的核心。可以说，现代社会的一系列政治、经济、文化等诸多内容，都与个人作为权利的主体密切相关。自然法这个在西方有着源远流长的思想传统中，这种

---

① 参见高全喜：《何种政治？谁之现代性？》，新星出版社 2007 年版；刘小枫选编：《施特劳斯与古今之争》，华东师范大学出版社 2010 年版；哈贝马斯：《现代性——两个传统的回顾》，曹卫东译，上海人民出版社 2002 年版；泰勒：《现代性的三个隐忧》，程炼译，中央编译出版社 2001 年版。

个人主义表现为从客观的自然法向主观性的个人权利的转型，^①在这个转型中，私人财产权的确立是其核心内容。私人财产权不仅是早期现代自然法思想中的关键所在，而且它也与其他的时代问题，诸如国家主权的确立，道德正义的基础以及世界秩序的形成等相关联。所以，从早期现代的自然法思想到早期现代的财产权问题，是有着一个直接的逻辑深化的过程，或者说，它们本身就是同一个内容。

（1）早期现代财产权的三种表现

现在的问题在于，早期现代的财产权问题，究竟是怎样的呢？或者说，作为现代社会起源的财产权问题，在早期现代这样一个特殊的历史时期，又是如何呈现出来的呢？在我看来，早期现代的财产权问题表现在如下三个方面，或者说，在从自然法向财产权问题的历史转换过程中，财产权问题集中表现在如下三个方面。

第一，古典或者封建社会的公有物或一般意义上的公共所有权，如何转化为"我的"或"你的"所有权，也就是说，如何从一种共同占有的权利变成一种由个人主体所占有的主观权利。这里通过"你的"财产与"我的"财产、个人财产与社会财产的区别，关涉主体权利资格的问题，涉及一个从公共所有到个人所有的转换问

---

① 相关论述可参见施特劳斯：《自然权利与历史》，彭刚译，三联书店2006年版；麦克法兰：《英国个人主义的起源》，商务印书馆2008年版；Richard Tuck, *Natural rights theories: their origin and development*, Cambridge University Press: 1979; Brian Tierney, *The Idea of Natural Rights: Studies on Natural Rights, Natural Law and Church Law 1150–1625*, Atlanta: Emory University Scholars Press, 1997.

题。我们知道，关于财产的占有，这并不是现代社会才兴起的，早在古典社会，比如在罗马法中，在中世纪的日耳曼法中，都有占有与占有物的法律规定。但是，这个占有的主体，在古典罗马法中，或者是人民，或者是家父；在日耳曼法中，也只是分封的贵族才是财产的主体。与此相比，个人作为占有的主体，或者说一种私人的占有权，是早期现代才产生出来的。由此所形成的那种占有权的法权本性，构成了财产权精确的内涵与外延，借此在占有者之间，在个人与他人、个人与社会之间形成明确的法权规定。这样一种法权关系是早期现代自然法向财产权的演变中逐渐清晰和明确化的，最终，个人作为一种权利主体，奠定了现代社会的基础。何以个人能够成为财产的占有者呢？这里就涉及主体的行为，涉及占有、支配等一系列问题，涉及占有的对象、占有者与对象之间的关系，这些都属于财产权的制度演化这一现代思想的发生学谱系，是早期现代的思想家们所共同面对的一个根本问题。

第二，上述这种现代性的个人财产权，其道德基础或正义性是如何构建起来的，也就是说，如何从这样一种个人对于财产的占有权中生发出一种正当性的占有或者占有的道德性。因为古典的财产公有，中世纪分封制的财产关系，它们的道德基础、正义性是来源于古典城邦国家的政治哲学和封建制的法律架构；而现代的私人财产权，在破除了古典和封建财产权的法源关系后，就必须面对这一正当性问题。在古典城邦国家的财产权中，这种正当性来自共同的社会政治联系，对此，亚里士多德目的论的义务论、西塞罗的共和国的公共利益、阿奎那的上帝赋予理论都可以为这种共同占有提供相关的道德基础。早期现代的私人财产权所确立的主体，及其占有权，其道德性和正当性又是由什么来支撑的呢？凭什么个人就能占有或支配其所有物、支配其自身呢？这种财产权的道德基础问题，也是早期现代的财产权所要面临的关键问题，是那个时代诸多思想家们共同面临和需要加以解决的内在问题。

第三，这种从共同占有向私人占有的转换，不仅是一种观念，还是一种权利结构和制度安排。那么，这个法权机制究竟是什么呢？又是如何培育出来的呢？这里就不仅关涉私人财产权中所推演出的一个全新的现代民法体系，或者更准确地说，现代民法的一些基本原则，而且与早期现代的资本主义市场经济社会的现实发育密切相关。这个问题也是早期现代的思想家们，尤其是法学家们所需要面对和解决的难题。从理论上这就涉及对于古代罗马法的重新解释，以及对于日耳曼法的重新解释。我们看到，关于现代社会的契约理论、合同理论甚至信托理论，等等，都是从这样一个新型的私人财产权原则衍生出来的。这里的核心问题是关于"一致同意"的合议问题，基于同意的私人财产权，属于一种新的权利机制，其有别于古典社会和封建社会，它们的财产权的基础不是一致同意的原则，并不需要以合议作为前提。

总之，上述三个方面，即从公共财产转化为私人财产，从应得的正义转换为个人的交换正义，从财产的等级式分封到同意的法权机制，构成了早期现代有关财产权理论的问题意识。格劳秀斯，像其他早期现代的思想家一样，在处理财产权问题时都会面临这三个方面的挑战，并给出了创造性的回应。

（2）早期现代财产权转变的思想资源

应该指出，应对上述三个方面的问题，早期现代的思想家们实际上所能调用的思想资源是极其丰富的，从某种意义上说，它们并不是通过古典或封建的财产权理论本身直接推演出来的，而是另有更为广阔的思想史背景。

首先，在思想史的演变中，早期现代正面临着从实体论神学向意志论神学、从亚里士多德的目的论哲学向经验主义的转变。这个方面涉及的是早期现代的财产权问题的哲学或神学基础，就前面所探讨的三个财产权问题而言，它们都以一种哲学、神学的早期现代转型为前提。没有这种转型，早期现代财产权问题的转型也难以发生。从大的方面来说，在早期现代的思想脉络中，确实存在着这样一种转变，比如，在经院神学领域，唯名论向唯实论的神学展开了挑战，阿奎那所代表的唯实论神学被奥卡姆所代表的唯名论的神学取代。也就是说，在早期现代这样一个过程中，神学问题从实体论向意志论，从目的论向契约论发生着一种转化。[1]而在哲学领域，也存在着一个亚里士多德的哲学向反亚里士多德哲学的转变，一种基于经验主义的实验科学日益凸显。上述两个方面的思想史演变都逐渐地体现出一种个人主体论哲学的倾向，并确立起个体的主体性地位。在欧陆，笛卡儿的哲学是一种主体哲学，一种由反思的自我所确立的认识论哲学；在英国经验论那里，从培根等人开始，也有一种自我主体的确立过程。这些都为私人财产权中权利主体的确立奠

---

[1]　参见林国基：《神义论语境中的社会契约论传统》，上海三联书店2005年版。

定了哲学和神学基础。

其次，在法权哲学中，或者更确切地说，在自然法的思想传统中，正如前文所论述，早期现代的自然法存在着一个从目的论、义务论向权利论的转变，它集中体现为对于"占有"和"支配"的强调。也就是说，传统自然法在财产问题上，所采取的是强调应得、平等和共同拥有等法权特性，比如，在亚里士多德思想中，三种正义的讨论其实都以应得之物这一概念为主导，而交换正义只起补充作用；与此相关的是财产或财富为社会所共同分享或平等分享。这意味着，社会中的每个成员都享有这个社会的财富；应得所体现的是一种义务，而社会财富有义务惠及所有人。这种自然法保障的是一种应得的道德正义，而在现代早期，情况发生了重要变化，个人开始成为支配者和占有者，他对所有物的自主支配、自由占有，以及占有正义和交换正义构成了财产理论的主要内容。

可以说，对支配权利的强调是早期现代财产权问题的一个关键。对于这一点，早在西班牙神学自然法那里就已有论述。格劳秀斯则更加突出地强调了这一点。他区分了众人的财产与私人的财产，指出支配在私人财产中的特性和位置。与此相关，"法人"这个在罗马法中曾经被拟制出来的主体，其实质内容也发生了重大变化。在传统思想中，法人是一种普遍性的法权规定，罗马的国家、国库都是一种法人，家父也是一种法人，但这种法人是一个集合体。例如家父，其所表示的是一个群体性的单元。由于早期现代所发生的神学、哲学思想的演变，以及义务论向权利论的转变，法人便逐渐浓缩为具有独立意志的个人。个人或"我"与"你"变成了占有和支配的主体。当然，随着这种思想的进一步演变，法人的内容又有了扩展，像公司等一些集合性的存在也是法人，但这种法人是以参与者的意思自治、合议为基础的，也就是说，它是以契约、一致同意为基础的。这种法人虽然包含了更加丰富的内容，也不是单纯的个人或私人，但它与古典形态的法人概念截然有别。比如在家父法人那里，其中包含的每个参与者之间并不存在合议和一致同意，而这一点却是后世法人概念不可或缺的要素。即便格奥尔格·耶利内克等人认为国家就是一种法人，但这种法人仍然是以个人的独立自治和一致同意为基础的，这既不同于古典罗马家父式的法人，也不同于封建法中非平等的、分封制的财产权主体。我们知道，封建法不是建立在平等的交换正义和一致同意上，各个主体之间也不存在平等，因此，必然缺乏个人意思自治的独立性及其法权安排。在这个意义上，早期现代私人财产权的重要贡献就在于它确立了一个以个人自主性为核心的主观权利。与此相关的一系列现代财产权形态，都是以这样一种个人之间的平等契约、一致同意为前提的。所以说，现代的财产权机制为现代的市民社会、商品经济，以及现代社会的经济、法律和政治制度奠定了基础。

由于财产权问题在早期现代中的核心性地位，我们看到，早期现代的众多经典思想家，几乎都涉及了财产权问题，或者说都形成了具有特色的财产权理论，其中，格劳秀斯又具有极其重要的意义。鉴于此，我们有必要把他的思想放到那个时代一般问题的语境中，特别是放到他与其他思想家的关联中加以探讨，这样才能全面而真实地理解格劳秀斯。

（3）早期现代财产权理论的三个阶段

在早期现代的财产权理论谱系中大致有两个路径，一个是英国普通法的路径，另外一个则是自然法的路径，这两个路径是有重大区别的。财产权的普通法路径有着自成一体的演进特征，与自然法的理性主义并没有太多关联，它们那里有一套精致的基于实践理性的司法技艺，在土地保有、使用、转让等方面，构成了英国社会对于日渐凸显的私人财产权的法律保障。至于源远流长的普通法的财产权制度是否存在一个早期现代的重大转型，以及这个转型的表现形态是什么等问题，则需要另外的专门探讨，不过有一点是清楚的，即普通法的财产权问题遵循的是保守改良的演进路径，在一种看似不变的形式下隐含着重大的变化，这种演进主义与自然法的近代转型方式有所不同。

这里探讨的财产权问题，是以自然法为轴心的，在此我们应该认识到，这种关于早期现代的财产权演变，涉及的并不是现代社会发轫之时的全方位的财产权问题，而只是其中非常重要的以自然法为轴心建立起来的财产权架构早期现代以自然法为轴心建立起来的财产权理论，并不是完全一致的，甚至从某种意义上说，关于财产权问题从一开始就包含着一系列巨大的理论分歧，诸多早期现代的经典思想家在财产权的三个主要问题方面都有着不同的见解。大致说来，作为思想史的脉络，古典时代的亚里士多德哲学、重新发现的罗马法和封建时代的经院神学，它们贯穿于思想家们对于早期现代社会的制度演进的讨论之中，相互碰撞与融汇，形成了早期现代财产权问题的三个主要阶段，或者说三种主要的理论形态。

第一阶段：西班牙学派

第一个阶段是西班牙神学自然法中的财产权理论。西班牙自然法学派的财产权理论构成了早期现代财产权问题的出发点，其最主要的特征是确立了一种财产权的现代性质。为什么这么说呢？西班牙学派的理论基本上是把阿奎那经院神学中的实体性和亚里士多德的目的论结合在一起的产物，他们面临着当时的时代问题，试图从财产权问题上开辟出个体自主性的新起点。在西班牙学派那里，阿奎那关于神的实体性和亚里士多德的普遍目的论落实为一种法人占有的主体资格权利，但是，这样一种主体的财产权，又还没有被完全的主观化，也就是说，尽管它并没有完全被赋予一种私人或个人的自主性，但毕竟开辟出了一种转向个人自主性的可能路径。所以，它们既是古典时代的终结，也是早期现代的开始。就此而言，作为普鲁士法典编纂的领袖之一的苏亚雷斯对财产权、占有、支配、法人等方面的论述，都具有相当的代表性，他提出了一些新的关于财产权的观念，至于如何赋予这些观念更加具有现代意义的实质内容，则是由后来的思想家们来完成的。[①]

第二阶段：格劳秀斯

格劳秀斯的思想理论可谓早期现代的第二个阶段，格劳秀斯的财产权理论一方面继承了西班牙学派的思想谱系，另一方面又有完全的创新。从大的方面来看，格劳秀斯的财产权理论，是处于西班

---

① 关于西班牙学派，参见 Richard Tuck, *Natural rights theories: their origin and development, Cambridge: 1979;* Brian Tierney, *The Idea of Natural Rights: Studies on Natural Rights, Natural Law and Church Law 1150-1625,* Atlanta: Emory University Scholars Press, 1997。

牙学派的自然法思想脉络之中的。也就是说，格劳秀斯的财产权理论，首先是一种自然法思想，不是来自普通法，也不是来自教会法，更不是来自封建法，属于自然法财产权的理论路径。格劳秀斯分享了西班牙学派中的一些基本观念，例如占有、支配、转让、权利、法人等观念，但并未满足于此，格劳秀斯进一步丰富和发展了西班牙学派的自然法的财产权理论。

格劳秀斯的创新在于，他把西班牙学派中一些潜在的主观权利要素彻底化了，转换为一种基于主观权利的财产权理论，改变了西班牙学派财产权理论的义务论特征，并且在如下两个方面做了进一步的推进。

第一个方面是通过对占有、支配的新论述而区分了完备权利与非完备权利的概念，从而把西班牙学派乃至古典自然法中财产的私人性和公共性问题明确化了。其中，通过强调完备权利，格劳秀斯把私人财产权落实得更为具体。

第二个方面，他引进了一个一致同意的核心概念，从而为私人财产权的法权机制找到了一个新的基础，并以此构建了一整套民法学说的基本原则。

这套建立在同意、意思自治基础上的民法学说，为现代社会的整个民法体系奠定了一种不同于古典罗马法原则的基础。虽然在古典罗马法中也有物权、债权、交换等一系列内容，但格劳秀斯导入了同意、意思自治，从而使得现代的物权理论与古典罗马法有了形态上的完全不同。

此外，格劳秀斯的第三个方面的贡献在于，他的财产权理论确立了一种新的道德哲学，即通过对西班牙学派的神学背景乃至亚里士多德正义学说之演进主义的考察，格劳秀斯的理性自然法为现代财产权理论提供了一个基于个人自主性的正当性的支撑和道德来源。

总之，格劳秀斯从西班牙学派出发，构建了一个自成一体的思想堡垒，在早期现代财产权理论第二阶段占据中心位置。

围绕着格劳秀斯的财产权理论，在第二阶段还有一些与格劳秀斯相关的思想家，他们的论述与格劳秀斯非常密切，总括起来大致有两个方面：一个是一致发展的方面，一个是反对批判的方面，但它们都是格劳秀斯思想的衍生物，共同构成了第二阶段财产权理论的基本内容。

与格劳秀斯保持一致性的思想谱系，以普芬道夫、布莱克斯通为代表。普芬道夫是格劳秀斯财产权理论乃至整个格劳秀斯自然法思想、主权理论、国际法思想的最主要的继承者和发扬者。在格劳秀斯之后，他做出了重大贡献，成为格劳秀斯在欧洲大陆思想的代言人。

就财产权问题来看，普芬道夫与格劳秀斯在总原则上是一脉相承的，但这种承接还是有一些值得注意的变化。如果进一步探讨的话，普芬道夫是把格劳秀斯私人财产权的排他性这一方面做了进一步的发挥，而忽视了私人财产权的包容性。可以说，普芬道夫的私人财产权理论与近代资本主义极端化密切相关。有关二者思想关联的研究，论者往往只看到他们之间的一致性而忽视了区别，特别是格劳秀斯并没有像普芬道夫那样如此彻底地把私人财产权转化为一个绝对排他性的财产权理论。在格劳秀斯那里，还包含着相当程度的财产权的包容性因素，而正是这个因素使他与西班牙学派、古典传统思想有着密切的联系。这一点在布莱克斯通那里也有体现。

布莱克斯通是一个值得注意的英国思想家，他虽然属于普通法的思想谱系，但布莱克斯通对于格劳秀斯财产权的排他性问题也给予了非常的强调，并以此来融汇他对英国法的司法主义解释。不过，这种解释也存在问题，即一方面他确实对现代私人财产权的个人自主性、私人占有性有了充分的论述，但他也与普芬道夫一样，忽视了格劳秀斯关于包容性权利、社会平等权利、应得、财产权之必要限度的论述。

普芬道夫和布莱克斯通对格劳秀斯思想的阐释都没有很好地注意私人财产权的限度问题，没有注意到后来被称作连带主义的因素，而这个因素在格劳秀斯那里也是非常重要的一部分，正是它有效地节制了个人占有的极端化潮流。

在格劳秀斯时代，还有一种反对、批判格劳秀斯财产权理论的声音，其代表人物有英国思想界的菲尔默、赛尔登等人。菲尔默在他的著作中对格劳秀斯提出了尖锐的批评，他认为，格劳秀斯对于个人财产权的这种强调违背了上帝的法则，因为财产是上帝的所有物，而又直接赋予亚当，从亚当那里又延伸出君权论推演出的君主对于财产的独占权。[①]格劳秀斯确立的个人财产权对菲尔默所主张的君主的占有权构成了一种挑战。与此相关，菲尔默又把矛头指向了格劳秀斯财产权理论的自然法基础，他否认早期现代自然法的思想

---

① 菲尔默指责说："依据自然法，万物起初是共有的，但他（格劳秀斯）却又教导说，在财产权被引入后，共用万物是违背自然法的。他这样做不仅使得自然法是可变的（他说过上帝也无法改变自然法），而且使得自然法自相矛盾。"见 Robert Filmer, *Patriarcha and other Political Works, Ed.* Peter Laslett, Oxford: Basil Blackwell, 1949, p.274.

传统，转而强调君主权、财产权的专制性与绝对性，以及由此衍生出来的一系列问题。

菲尔默对格劳秀斯财产权的批判主要体现在两方面：一方面，他否认格劳秀斯财产权理论中确立的个人的自主性、独立性及其对君主绝对权利的否定；另一方面，他批判格劳秀斯所发扬的早期现代的自然法传统，而正是菲尔默的这个观点，引起了洛克的理论应对。洛克作为早期现代思想谱系中的核心思想家，他首先面对菲尔默对格劳秀斯的批判，在《政府论》中把矛头指向菲尔默的君主论和神学观，一方面捍卫自然法的传统，另一方面捍卫私人财产权这一主观权利。

此外，格劳秀斯财产权理论的另一个反对者是赛尔登，他的反对与菲尔默有重大不同，他是在自然法思想谱系内反对格劳秀斯的，这与普芬道夫的发扬形成了鲜明对照。也就是说，赛尔登反对的是格劳秀斯有关排他性财产权的理论，他强调的是共同财产的法权问题，而这又与赛尔登关注英国的海洋利益直接相关。他在《海洋封闭论》中的许多论述，比如对占有、支配、共有、管辖等一系列概念的阐释，都可以从这一点获得充分的理解。

因此，格劳秀斯作为第二阶段的代表人物，他创造出一个新型的、丰富的、极具多元张力的财产权理论，构成了早期现代财产权的重要形态，而与此相关，他的财产权理论又引起一系列争论，其中既有发扬，又有否定。无论是赞同还是反对，不同思想家由于不同的理论渊源、不同的时代问题、不同的国家利益而选择了不同的方向，但都是以格劳秀斯的财产权思想为轴心而展开的，从而使得这一时期呈现出非常丰富多彩的理论画面。

第三阶段：洛克

第三个阶段的代表人物是洛克，洛克是现代财产权理论最重要的代表人物，也可以说是早期现代最重要的思想家。关于现代的财产权理论，既有权利论，又有意志论，既有洛克的财产权理论，又有格劳秀斯的财产权理论，而洛克在财产权理论方面的重要性，甚至比格劳秀斯还要突出。因为格劳秀斯的财产权理论只是处于过渡阶段，虽然作为第二阶段的中枢人物，格劳秀斯提出了很多创造性的观念，但应该指出，现代财产权理论的关键环节在格劳秀斯那里并没有得到完全准确的界定，在内在方面还有很多困难和张力。也正是因此，围绕格劳秀斯才产生了许多不同的理论面向，而洛克可以说是格劳秀斯思想在财产权理论方面的最后完成，是一种经典化的硕果。①同样我们需要指出，所谓洛克对格劳秀斯的完成又并不是单纯的继承，而是一种创新形式的发展和推进，是在更高层面上对格劳秀斯思想的超越。他的财产权理论是早期现代最完整和最经典的财产权理论。如果把格劳秀斯与洛克放在一起对比，许多问题将会变得更加的清晰。

2. 财产权理论的核心内容

（1）财产权的三组核心概念

格劳秀斯一生的著作虽多，但代表性著作主要如下：第一部是关于荷兰法的论述，主要探讨了荷兰法的历史状况，是一部较为纯

---

① James Tully, *A discourse on property: Locke and his adversaries*, Cambridge university Press: 1980.

粹的法学理论著作。但他最有影响的是下面两部著作:《捕获法》和《战争与和平法》。《海洋自由论》本来是《捕获法》的第十二章,是他最早发表的作品。格劳秀斯的财产权理论和他的几组核心概念,主要分散在上述著作中,较为集中的内容主要在《捕获法》。[①] 此外,在《战争法》的第一篇和第二篇中也有过非常专门的论述。[②] 我们先集中分析一下格劳秀斯财产权理论中最核心的几组概念:第一组概念是占有、支配两个概念;第二组是纯粹权利与非纯粹权利,又可称之为完整权利与非完整权利;第三组是排他性权利与包容性权利。我认为这三组概念是格劳秀斯财产权理论的支撑性概念,格劳秀斯对于它们的论述决定了财产权理论的独创性。

第一组概念:占有和支配

应该指出,占有、支配在古典的财产权理论中都有论述,比如罗马法。但格劳秀斯与罗马法乃至与西班牙学派的论述有重大不同。在他那里,特别是在《战争与和平法》的第一章,他对权利问题的论述就具有了早期现代的思想印痕。他对于"占有"与"所有"做了区分,而这种区分又导致他强调"占有"中的"支配"的意义。他强调的是权利体现着个人的能力,而这种能力与特权、自由相关,也就是说,他把权利理解为个人自己拥有的一种主观能力,它指向的是个人的意志自由及其特殊的法权规定。所以,古典的占有物权,通过支配变成了个人禀有的法权意义上的一种特权,这种特权是与

---

① 参见格劳秀斯:《捕获法》,张乃根等译,上海人民出版社 2006 年版。

② 参见 Hugo Groutius, *The rights of war and peace*, ed. By Richard Tuck, Liberty Fund, 2005.

个人的主观能力、自由意志等内容直接相关。

正是这种主观权利构成了众人的物权与个人特有的物权之间的区别。所以在他的书中，他首先明确权利的两种形态——众人的权利和"我"的权利。在众人的权利中，并没有支配的意涵，只有在"我"的权利中，在个人特有的权利中，这种支配的主观能力才凸显出来。这样，财产权的主观性质也就随之明朗了。公共所有的财产权是相互平等的群体共同拥有的一种财富，而在法权上，它并不突出支配。但是，私人的财产为私人所有，这里的支配意义就非常明确了。前者与应得的正义相关联，在此可以联系到亚里士多德的正义学说；而基于个人支配的权利与应得的正义是不同的，它强调的是交换正义，即个人能够管辖自己的财产，并按照自己的意志去支配它。只有特定的个人有能力支配财产，不受其他方面的制约，这才是私人财产权。正是在这个意义上，他才能够把这种财产权用到社会中，才能区分"你的"和"我的"。在"我"支配范围外的财产有两种状况，一种是他人的，那就形成了"我的"与"你的"之间的区分；另一种是公共的、群体的、社会共有的，那就形成了"我的"与"公共财产"，或者说国家财产之间的区分。上述两组概念具有非常重要的意义，格劳秀斯对此有过非常精确的论述，奠定了早期现代私人财产权的基础。

第二组概念：完备（纯粹）权利与非完备（非纯粹）权利

完备（纯粹）权利是指个人的支配能力获得完全和充分的体现，个人的特权与所支配物是完全一致的。在纯粹权利那里，它表现为一种排他性的财产权。也就是说，它可以排除其他人或社会的侵入，是不能与其他人共享的，由特定个体专属和专有的权利。而在此外，还有一种不充分的、可以与别人共享的财产权，在此个人支配性并不是唯一的，这就是不纯粹的权利。

依据这个原则，格劳秀斯对一些基本的权利范畴又做了具体界定。在他看来，个人的自我保存的权利、个人的生命权利，属于完备的、纯粹的权利。一个人的生命要持续下去，这是一种纯粹权利，不容侵犯。当一个人生命受到威胁时，他去掠夺和反抗其他人，这也是一种纯粹的、充分的自然权利。满足人基本生存的必需品，也属于这种纯粹权利的支配范围。人占有一块土地，占有一处房屋，如果是为了基本需求，就是排他性的。

但是，除此之外，还有一些其他的、非排他性的权利，一些可以共享的权利。例如，格劳秀斯反对奢侈、浪费的生活，当然，他应该也会反对所谓的现代资本主义的功利观，反对那种创造无穷尽的剩余价值的欲望，在他看来，它们都不属于纯粹的权利。

第三组概念：排他性权利与包容性权利

排他性权利与纯粹权利相关，而包容性权利与非纯粹权利相关。鉴于前面有关两组概念的界定与分析，第三组概念的含义也就明朗清晰了。

在格劳秀斯上述三种概念中，有一个重要的例子被很多研究者一再使用，即格劳秀斯转述西塞罗关于剧场座位的例子。[1]格劳秀斯

---

① 格劳秀斯：《战争法权与和平法权》："全能的上帝在创世的时候，以及在大洪水之后，给予了人类对低位世界之物的占有（Dominion）。所有东西（如查士丁所言）起初都是共有的，整个世界是一项遗产。此后，每个人使用自己需要的东西，消耗那些需要被消耗的东西。这种所有人共有的使用法权在那个时候起到了财产的作用，因为没有人可以正当地夺走（转下页）

曾经指出，个人财产权就像剧场里的座位，这个座位属于某人专有，那么，其他人是不能坐的。关于这个例子，包含着几层意义。一般研究认为，这个例子表明了格劳秀斯私人财产权理论的排他性和个人的绝对性。就直接层面来看，这个例子确实具有这方面的意义，这个座位确实意味着对这个空间的排他性占有，不允许其他人的侵入和分享。以此构建的整个现代早期的财产权理论对于后来的资本主义财产权理论产生了重大影响。

这个例子却又衍生出一些值得认真对待的问题，当这个座位虽然在法权上属于某人所有，但如果这个人还没有到，其他人先到，是不是可以占有这个位置呢？还有另外的问题，假如这个人在整个演出中都没有到，是不是这个座位可以由其他人占据呢？格劳秀斯对此并没有具体论述。如果按照教条的私人财产权的理论来说，这两种情况都是不允许的。这个位置属于某人所有，它无论在时间上还是功能上，都为这个人专有，而排斥其他人。但是，这样一种解释未必就完全符合格劳秀斯的理论。因为这里包含两个问题，第一个方面是关于财产的先占问题。当然，在这个例子中，已经设定了这个位置被某人所占有，其他后来的人，即便是比持票者先到，也不能占据。但是，原先的占有者对这个位置的占有权利究竟是从何而来的？是继承还是先占？还是凭着能力而占有？这个例子中并没有给出明确说明。所以这个例子并不典型。

（接上页）他人首先得到的东西。正如西塞罗的类似表述所阐明的：虽然剧院对所有进入剧院的人来说是共有的，但是任何人所坐的那个座位就是他自己的。"（IBP, 421;. 2.2.1）

　　与此相关，格劳秀斯在他的书中还有其他的例子，例如关于一片土地的私有化问题。在这里，就产生了一个早期现代思想家都共同面对的元问题，或者说，一个前政治社会的原始状态问题，而关键的环节是这个原始状态如何转化为现代文明社会。这种先占理论一方面解决了问题，而另一方面也使问题更加复杂了。这种先占是一种前文明社会的先占，还是文明社会中的先占？如果是前文明中的先占，这种占有以什么维系？如果它靠的是自然暴力，那么，在这种暴力中如何能产生一种文明社会的法权？如果是文明社会确立之后的先占，则又面临着一个作为对象的占有物是否充分存在的问题，这种占有物的本性是什么？[①]因此，这里没有解决一个从原初社会到现代社会的转化问题，没有阐明占有、占有者、占有物之法权的机制问题。从这个意义上说，这个例子并不是经典的。

　　从第二个方面来说，也许这个占有者并没有来，而其他的人是不是可以占有这个位置？这就涉及财产的有效性使用问题，或者说，占有权的限度问题。如果占有者的效果是无助于财产的有效使用，无助于社会的共同利益，那么，这种占有的正当性、合法性何在？在这个问题上，格劳秀斯指出，人对食品的占有，是以满足基本需要为标准的。而超出这种需要的更多的占有，并不具有私人财产权意义上的绝对性。把这个原则放到这个例子上来，如果占有者并没有实际占有这个位置，那么这个空置就是一种浪费，是对私人财产

---

① 事实上，这些问题恰恰构成了财产权理论的核心内容，所有的关键都集中在如何将公有的东西划归专有。对此，施特劳斯在论述洛克的财产权理论时已经明确指出。参见施特劳斯：《自然权利与历史》，彭刚译，三联书店2006年版，239—241页。

权本身的颠覆，则其正当性也会受到挑战。从包容性的财产权理论来说，其他人可以占有这个位置。总的来说，这个例子固然很好地体现了格劳秀斯私人财产权理论的基本特点，但它并不足以反映格劳秀斯财产权更加丰富和深入的内容。以这个例子作为格劳秀斯财产权的经典表述，并把它绝对化，这既不符合格劳秀斯思想的完整性，也不符合早期现代思想家们在财产权问题上看法的多元趋势。

在格劳秀斯的思想中，这三组概念是彼此相关的。他正是在此种相关性中把握到一种中庸之道。一方面，他强调支配，强调纯粹的、排他性的权利，这体现了个人主观权利在早期现代的基本底色；另一方面，他又为其确立了一些限度，他对共同占有、非纯粹权利和包容性权利的铺陈和阐述，并不只是辅助性的，而是其财产权理论的另一个支点。

（2）财产的法律概念

早期现代的思想家虽然对财产权都有过相关论述，有些亦非常深入，但相比之下，格劳秀斯的独特之处在于，他最为系统地构建了一个体系化的、丰富的财产权理论。虽然格劳秀斯的财产权理论与当时的民法学家尤其是那些罗马法注释者的民法学家相比，还不够精致，但作为思想家来说，他的财产权理论是相当系统的。而那些罗马法的民法学家，他们只是法学家，很少上升到思想的层面。普通法关于财产权理论虽然也有一套学说，普通法的职业法律人对财产权也都有非常系统的论述，但它们更多地体现为判例汇编，与罗马法的法条解释显然不同，两种形态都是法律专家关于财产权的论述。

在思想家那里，可以说格劳秀斯的理论是最系统的。何以如此说？因为我们看到，在格劳秀斯三部代表性的著作中，格劳秀斯既是一个思想家，也是一个民法学家。他对一系列与财产权相关的民法学概念，例如他对公有物、所有物、物权、财产、占有、实效、合同、契约、承诺、债权、补偿等一系列基本的概念和基本的民法关系，都有过专门论述。这些论述一方面具有民法学家的专业性特征，另一方面也具有思想家的分析视角，所探讨的问题大都可以追溯到他关于私人财产权、自然法、海洋法、国际法的基本原则和制度设计，从这个意义上看，格劳秀斯凸显了这些民法学概念的政治—法权意义。

我们分析一下几组相关的民法学概念及其相互关联的法权意义。第一组是他对共有物、公有物与私人占有物这三个法律概念的区分。格劳秀斯认为，共有物是为每一个人共同所有的财产，这集中体现在他的海洋法中，像大海、空气、流水等物品都属于共有物。按照这一概念，后来法学中所涉及的极地、深海资源和外层空间都可以纳入格劳秀斯的框架之中。也就是说，它们是向地球上的所有人类共同敞开的、自由的开放财产。关于公有物，它是在一种文明社会或政治社会之中为每一个社会成员所共同享有的财产。比如矿山、铁路、公共设施、国库中的财产、战争的收益、税收等，它们是一种公共性的财产，这些财产只有这个政治共同体中的公民才能享有，外邦人、奴隶等非公民都不具有享有的资格。公有物的理论基础是亚里士多德意义上的"应得的正义"，是一种公民平等的法权资格下的共同所有。这样的公共财产，强调的是义务论的财产权。第三类是私有财产，是为个人专有的排他性的私人权利，它是一种权利论的财产形态，关于这些内容，上面已有论述。

第二组概念是建立在私人财产权基础上的契约、合同、债、转让、使用、信用和履行，它们基本上属于私人财产权原则下交换正义的范畴。其中，最核心的是一致同意的合议原则。格劳秀斯认为一份契约之所以有效是基于同意，同意的前提是法人资格上的平等和意思自主性。一旦承诺，就必须履行，这种信用原则与其财产权密切相关。如果一份契约不被履行的话，实际上也破坏了当事人在其中表达的意志。当然，这会牵涉到更复杂的问题，比如财产减损、有因无因论、欺诈问题、赔偿问题等，格劳秀斯都有相关论述。通过回答这些问题，他实际上建立了现代民法的理论根基，涉及物权、债权，以及现代社会中的虚拟财产权等内容，尤其是把他的这些论述放到国际法、海洋法、国际商法等后来日益发达的学科体系专属化的背景下来考察的话，就更凸显格劳秀斯财产权理论对现代民商法学乃至国际法学的开拓性意义。

第三组概念是私人财产权问题中关涉的纯粹性与非纯粹性、包容性与排他性，以及权利、正义、美德等观念，这些观念在现代成熟的民商法体系中被逐渐淡化甚至排斥了，但它们是格劳秀斯理论体系的思想前提。在现代学科分类齐备、法律技术高度发达之后，财产权的一些基本原则反而隐匿了。在我看来，如果没有格劳秀斯所奠定的这些基本原则及其精神，那么，现代的民法学说就只能是没有灵魂而僵死的存在。格劳秀斯构建出一套新的财产权的道德观、正义观和社会观，他的道德观强调的是，人对自己能力的自主支配最终是有边界的，其社会性乃至超验性的背景不能消失。由此可见，格劳秀斯的理论一方面继承了基督新教意志论的精神传统，同时又分享着亚里士多德交换正义与分配正义的理论内涵。格劳秀斯除了强调个人的主观性的纯粹权利，也没有忽视财产的社会性，这就为人类共同体涂上了连带主义的色彩，而在实质上，这既是对共同利益及其实际功效的考量，也是对个人自主性、个体欲望的设限。

（3）财产权理论的哲学基础

格劳秀斯财产权理论的哲学基础，值得单独讨论。我曾指出，格劳秀斯的自然法思想与当时的唯理论哲学一脉相承，另外还涉及亚里士多德哲学和经院神学。财产权理论为什么非要探讨其哲学基础呢？这一方面是因为财产权理论在格劳秀斯的整个思想中具有重要地位，另一方面也是因为早期现代的财产权理论的形成，恰恰是共同面临着哲学思想的现代转型。

现代早期开辟的是一个政教分离的现代社会，不同于传统的教权国家和神权社会，早期现代是从以往的神学和神权体系中走出来的新型社会。因此，哲学取代神学就变成了早期现代财产权理论最重要的支撑。整个现代社会就是一个去神学的世俗社会，在去神学之后，现代哲学就代替了神学而成为现代社会的理论基础。如果探讨现代社会的财产权而不探讨其哲学基础，那就难以真正理解现代社会。在这一意义上，哲学如何从神学中脱颖而出，就颇为值得关注了。

一个与此相关的重要问题，是如何看待哲学和神学所共同具有的形而上学基础，即实体化问题。在早期现代思想中，这种实体化因素并没有彻底刨除。虽然反亚里士多德、反阿奎那、确立个体主体性是早期现代的思想潮流，但这种个人主体性仍然是一种实体化的主体性，它不可避免地分享着形而上学的特性。直到更为晚近的现代时期，才开始彻底的反形而上学，而反形而上学潮流一旦成为主导，现代社会思想就迅速分崩离析，滑向了后现代主义。可以毫不夸张地说，现代的财产权理论及其物权、债权等理论都已沦落为一系列法条指导的技术化操作，这在根本上与上述反实体化、反形而上学的思想潮流密切关联。相比之下，这种情况在早期现代还没有明确地表现出来。这样说来，早期现代反倒是私人财产权的黄金时代。一方面，它破除了古典形而上学和实体性神学的主导，凸显个人的主体性，但同时，这种主体性又没有过度发育而至分崩离析，它仍然保有实体性的意义。就此而言，可以称之为一种"反亚里士多德的亚里士多德主义"。一旦这个阶段走到洛克甚至黑格尔之后，完全体系化、专业化的财产权理论就丧失了哲学的根基。美国学者詹姆斯·戈德雷的《现代合同理论的哲学起源》一书就非常精辟地讨论过这个问题。尽管此书并不是围绕着格劳秀斯展开的，但在其讨论的脉络中，我们可以看到一些富有启发性的内容。[①]

回到我们的问题，格劳秀斯私人财产权理论的哲学基础是什么？我认为，它是一种理性主义的主体哲学，或是一种反亚里士多德的亚里士多德主义。我们看到，在他的私人财产权理论中，个人对财产的占有，不是一种强力主义，而是有着理性主义哲学作为指导的。从思想史的路径上看，这一哲学从笛卡儿、斯宾诺莎到格劳秀斯是一脉相承的。就财产权问题而言，它继承了亚里士多德和阿

---

① 参见詹姆斯·戈德雷：《现代合同理论的哲学起源》，张家勇译，法律出版社 2006 年版。

奎那主义中的四因学说（目的因、形式因、质料因和动力因）。也就是说，在财产权的问题上，有一个原因理论，它最终表现为一种一致同意的原则，从而达到一种规范意义上的权利论，这是格劳秀斯财产权理论的核心内容。具体来说，在以前的财产权理论中，强调的是一种义务论，缺乏主体性的同意，仅有规范意义，但没有主体意义；只有目的因和质料因，而缺乏自主性的形式因。作为被占有的对象，它是一种质料，实体性的占有是一种目的，但质料和目的的结合虽然可以体现为古典财产权理论中的理性和共同利益，但这种共同利益不是主体性基础上的一致同意，缺乏平等的合议。

格劳秀斯的突出贡献就在于把同意原则上升为一种理性的主体性。这样，一致同意作为形式理性就构成了财产权的哲学基础。以此为基础，它就能有效地为财产的转让、诺言的履行、损害的补偿等法律问题提供一种道理。事实上，这种形式因是以理性的正义和同意的自主性为依据，它具有规范意义，并且是一种自我遵守的、自我主动接纳的规范，而不是强迫，这就排除了后来的缺乏哲学基础的财产权理论或债权合同理论中的弊端。比如，后者就无法说明为什么要进行等价赔偿。这不仅仅是一种利益的衡量，因为关于衡量双方利益的尺度，现代合同和产权理论缺乏一个共同的标准，无法达到对利益数量的一致认同。而只有还原到理性自主性的高度，形成一种理性上的同意机制，才能够得到说明。《现代合同理论的哲学起源》分别以合同为例指出了这一点。[①]

---

① 詹姆斯·戈德雷：《现代合同理论的哲学起源》，张家勇译，法律出版社2006年版，第96、98页。

3. 财产权思想史中的格劳秀斯与洛克

对格劳秀斯的私人财产权理论，我们已经做了较全面的论述，考虑到晚近以来西方法律与政治思想史中的研究状况，我们发现一个经久不息的学术热点，即学术界围绕着早期现代的财产权问题，展开了一轮又一轮重大的思想争论，尽管看上去这些争论主要聚焦于洛克的财产权理论，[①]但在一些重大的理论问题上必然要上溯到格劳秀斯。

总的来说，关于早期现代的财产权问题，尤其是洛克的财产权理论，晚近以来引起了极大的关注，大致有四条主要的研究路径和两次重要争论，它们在相当程度上都涉及格劳秀斯。

（1）四条研究路径

第一条是传统主流的政治思想史研究路径，属于以自由主义为主导的论证。这派理论的代表人物是美国学者乔治·霍兰·萨拜因。他们认为，早期现代的财产权问题大致有一个主导的线索，即伴随着现代社会的建立，一个以私人财产权、市场经济和资本主义制度

---

① 有关洛克的财产权思想，研究资料极其丰富。参见施特劳斯：《自然权利与历史》，彭刚译，三联书店 2006 年版；彼得·拉斯莱特：《洛克〈政府论〉导论》，冯克利译，三联书店 2007 年版；John Dunn, *the political thought of Locke*, Cambridge university Press: 1969; Richard Tuck, *Natural rights theories: their origin and development*, Cambridge university Press: 1979; James Tully, *A discourse on property: Locke and his adversaries*, Cambridge university Press: 1980; J. G. A. Pocock, *Virtue, commerce, and history*, Cambridge university Press: 1985; J. G. A. Pocock, *Politics, language and time*, University of Chicago Press: 1989.

为核心的财产权理论是早期现代思想的主线。在这条主线下，格劳秀斯首先确立了私人财产权的基本原则。[1] 其中个人自主性的尤其是排他性的财产权利居于主导位置。而在洛克那里，这种个人性的财产权得到进一步强化，洛克成为资产阶级的代言人，他的财产权理论为整个资本主义和财产私有制奠定了基础。格劳秀斯尤其是洛克奠定了现代资本主义自由经济的法律、政治乃至现代民法的基础。格劳秀斯是重要的开启者，洛克是集大成者和完成者。此后，西方几百年的私人财产权理论都是以此为基的进一步延伸，本质上没有什么新的东西。

与此相关或对立的还有其他两条路径，这两条路径在思想价值的取向上都与自由主义相反，但在结论上又略有类似，那就是激进左派和保守主义右派的路径。激进左派以加拿大政治学者麦克弗森为代表，认为格劳秀斯和洛克是近代资本主义私人财产权理论的代表作家，用麦克弗森的话来说，格劳秀斯是占有式个人主义的代表人物。[2] 但同时，他认为排他性的私人财产权理论是洛克从格劳秀斯、普芬道夫那里继承而来的。可以说，格劳秀斯、普芬道夫、洛克是占有式资本主义的理论梯队。

与激进左派不同的保守主义右派是以施特劳斯为代表的观点。在《自然权利与历史》中，他认为洛克是把古典自然法转化为个人权利的代表人物，在此，格劳秀斯和洛克是一脉相承的，他们皆是

---

① 参见乔治·萨拜因：《政治学说史》，邓正来译，上海人民出版社2008年版。

② 参见 C. B. Macpherson, *the political theory of possessive individualism: Hobbes to Locke,* Oxford: 1962.

现代资本主义的始作俑者。[①]左右两派对洛克和格劳秀斯的理论定位是一致的，甚至与自由派也是一致的，三者的分歧则在于：对于格劳秀斯到洛克的私人财产权理论，自由派是赞成的，而左右两派则是明确反对的。左派认为这是一种历史必然性的过渡阶段，未来的共产主义将会扬弃私人财产权制度，从而建立起一个新的、面向所有人的公有制；右派也不认同私人财产权，它们把希望指向古典社会，企图通过对现代性的质疑恢复一种古典的美德，强调一种古典自然法对现代自然权利的矫正。

第四条路径是以共和主义为主要标志的剑桥学派。剑桥学派基于思想史的语境分析，对格劳秀斯尤其是洛克的私人财产权理论给予了全新的阐释，颠覆了前面三派对于格劳秀斯、洛克财产权理论的共同认识和基本观点。首先他们对思想史研究中有关早期现代思想的主流看法提出了质疑，认为在早期现代，尤其是在洛克的思想中并不存在那种绝对排他的、极端的私人财产权理论，恰恰相反，共和主义的、包容性的、有着神学前提的财产权理论才是实际上的思想史真相。在他们看来，在早期现代有两种关于私人财产权理论的路径，一种是绝对排他性的，代表人物却不是洛克，而是格劳秀斯和普芬道夫，而洛克则是包容性的，其个人主体性是相对性的，这恰好是共和主义的财产权理论路径的典型。[②]这就是说，长期以

---

① 参见施特劳斯：《自然权利与历史》，彭刚译，三联书店 2006 年版。

② 参见 John Dunn, *the political thought of Locke*, Cambridge: 1969; Richard Tuck, *Natural rights theories: their origin and development*, Cambridge: 1979; James Tully, *A discourse on property: Locke and his adversaries*, Cambridge: 1980.

来主流思想对洛克的看法都是错误的，他们想还洛克一个本来面目。由于剑桥学派具有扎实的文本研究和语境分析，因而他们的结论产生了重大影响，目前业已成为学术界有关早期现代财产权问题研究的一种主导思想。但是，剑桥学派的论述也引起了其他学派的严重质疑，施特劳斯学派和传统的自由主义学派也在继续捍卫自己的观点，继而又引发了剑桥学派的某种分化，隐然分化为三种思想倾向的共和主义，即自由主义的、保守主义的和激进左派的，而语境分析则成为一种方法。

（2）两次论战：围绕剑桥学派展开

接下来我们再来分析一下两次著名的论战。第一次论战是围绕麦克弗森的占有式资本主义的基本观点展开的，由剑桥学派发起，特别是詹姆斯·塔利对麦克弗森的全面论战。他们主要围绕着洛克，但也涉及格劳秀斯。在这场论战中，麦克弗森的著作可以说把原先的左右派和自由主义学派共同具有的观点上升到一个新的高度，提出了占有式资本主义的理论，并对这个路径的资本主义在现代产生的问题给予了批判性解读，引起很大反响。正是基于这种立场，剑桥学派提出了针锋相对的不同论证；直接针对麦克弗森观点的挑战者主要是塔利，而麦克弗森的观点又得益于剑桥学派的代表人物约翰·邓恩和理查德·塔克。但塔利在相当程度上是吸收了邓恩和塔克的观点才开始批判麦克弗森的。① 所以，在探讨洛克的财产权理论

---

① 参见 James Tully, *A discourse on property: Locke and his adversaries*, Cambridge: 1980.

以及剑桥学派的观念时，我们需要把这三个人物都纳入进来统一考察，而不是仅仅针对这场论战本身。

第二场论战主要是施特劳斯学派对于剑桥学派的反击。随着剑桥学派的崛起并成为现代思想史的主流，施特劳斯学派也提出了新的质疑，其代表人物是美国政治学者迈克尔·扎科特。他对格劳秀斯、洛克等人的思想提出了不同于剑桥学派的认识。他的观点一方面是捍卫原有观点，同时又有新的阐述。与麦克弗森、自由主义派的观点有所不同，他更加强调共和主义在这个问题上的独特理解，强调格劳秀斯和洛克的共和主义面向。[①]

需要提及的是，关于这一理论，还有三个主要的人物。一个以丹麦学者努德·哈孔森为代表，主要基于苏格兰启蒙思想。一个是普通法宪政主义小詹姆斯·R. 斯托纳的研究，虽然没有过多涉及格劳秀斯，但对早期现代的自然法思想做出了一些基于普通法路径的新思考。[②]此外还有英国学者约翰·菲尼斯，某种意义上说，他可以算是剑桥学派，他的自然法思想也涉及格劳秀斯和洛克的财产权问题。[③]

综上所述，我们可以看出，早期现代财产权问题，尤其是洛克的财产权问题，他们所涉及的排斥性权利与包容性权利、财产权的

---

① 参见迈克尔·扎科特：《自然权利与新共和主义》，王崇兴译，吉林出版集团有限责任公司 2008 年版。
② 参见小詹姆斯·R. 斯托纳：《普通法与自由主义理论》，姚中秋译，北京大学出版社 2005 年版。
③ 参见约翰·菲尼斯：《自然法与自然权利》，董娇娇译，中国政法大学出版社 2005 年版。

神学基础、道德哲学正当性以及社会连带主义和个人绝对自主性等方面的问题，都是我们研究格劳秀斯财产权理论中无法回避的。

（3）格劳秀斯财产理论小结

在对财产权思想史研究中的格劳秀斯与洛克做了一番简单勾勒之后，回到格劳秀斯的财产权理论，我认为有必要给出一个总结。

第一，我们应该首先明白，早期现代的财产权问题是一个有别于古典社会和中世纪封建社会的新型法权关系，其核心是建立在个体式的现代公民的基础之上，区别于古典罗马法中的国家或家父等实体性法人单位，也不同于封建日耳曼法的分封制封臣关系。

现代社会的个人从本质上说是一个独立自主的、拥有着完备人格的存在，自由支配自己的所有，实现自己的需求，是现代财产权的基本属性。从这个意义上说，早期现代的财产权作为一种法权与个人的自主本性直接相关，或者说它从法权意义上构建了个人的自主本性。故而，我们在上述各派的相关研究中，可以清楚地看到他们共同分享或承认着这一基本事实，尽管在如何评价他们的观点上有分歧，但在确立自主性的、主观性的个人权利这一点上，并没有多大疑义。他们的分歧关键在于如何看待自主法权的限度。也就是说，在确立了个人主观财产权的法权属性之后，还存在着对它的另一维度的考察，即这样一种完备性的、独立自主的个人权利是否在内涵和外延方面都是绝对无限的。在我看来，对此问题的看法导致了剑桥学派与其他学派的不同。

剑桥学派强调的是在这种完备性的主观权利之下，还有另外一种与它相关的限制性条件，认为主观权利不单纯是排斥性的权利，还有包容性的权利，这种包容性的权利在洛克乃至格劳秀斯那里都占有重要地位，尤其是在洛克那里。在这个问题上，我认为剑桥学派是针对现代资本主义乃至当前资本主义的极端化扩张状态，转而凸显这样一种包容性的权利，具有一定的现实意义，但又显得有些矫枉过正，以至于片面强化了这一点，而忽视了现代社会的法权制度及其思想史演变过程，忽视了排他性主观权利在早期现代这个特定的历史转折时期所具有的重大意义。从这个方面来说，剑桥学派所标榜的语境论其实是令人质疑的，它的语境论很难说是早期现代客观的语境论，它有当代社会的预设在其中。所以，他们对早期现代思想家及其理论观点的判断和把握，可能具有某种细节的真实，但从大势和结构上来说，反而有所失真。他们没有看到早期现代的排他性的财产权是整个现代社会演变发展的基础和最内在的动力。如果说包容性财产权如他们所说在洛克那里占有如此重要位置，那么，就很难理解洛克、格劳秀斯何以能够超越、突破古典社会和封建社会的藩篱，而开辟出现代社会的法权基础。所以，有关财产权的法权本性，我认为，在早期现代那里占据主导性的乃是排他性的财产权，而包容性的财产权只是一种补充性的权利。

第二，关于早期现代财产权的道德基础问题，这也是晚近思想家们争论的焦点。在这个问题上，我认为，剑桥学派所揭示的基督神学对于早期现代财产权的价值支撑作用是非常深刻的，也是符合早期现代这个特殊转折时期的历史状况的。相比之下，无论是施特劳斯学派还是传统自由主义的观点都显得有些浅薄。在早期现代这个特殊时期，财产权问题的凸显尽管以前述个人主义的自主本性为基础，但这种个人主义在当时不是赤裸裸的个人至上，不像现代自由主义所揭示的方法论的个人主义，更不同于马克思所说的那种绝对自私自利的、以榨取剩余价值为目的的现代资本家角色，当然也不是施特劳斯所指责的那种从古典自然法到现代自然权利演变的并最终导致现代虚无主义的个人主义。

在早期现代，这种个人主义是一种分享着神性的个人主义，是上帝所创造的一种现代人。从这个意义上来说，早期现代思想家眼界中的个人是作为上帝财产的个人，是上帝按照自己的形象所创造的、分享着神性的存在。可以说，正是神与人的关系、神之关照下人与人的关系，在财产权问题上被平行转嫁到人的法权关系中，人与财产以及通过财产与他人的关系，都勾连着上帝与人的关系。显然，人在支配自己所有物的法权关系中，以及进而在通过物所发生的一系列现代民商法意义上的法权关系中，都是建立在这样一种神学的价值基础之上，都必须最终以邓恩所特别探讨的神学价值为支撑。正是这样一种关系，使得早期现代的财产权有别于罗马法及其一系列民法原则，因为罗马法中没有神学这条贯穿始终的主线。

早期现代思想家尽管从形式与理性上吸收了罗马法的思想，乃至与古典自然法密切相关，但现代自然法是以基督教神学这样一种新的神性价值为基础的。正是在这个意义上，早期现代的思想特别重视西班牙学派和阿奎那的思想。所以，在探讨财产权的道德基础时，人为什么能自由地占有和支配财产，其正当性和内在价值，就如同神为何创造人一样，有着神学的本质在其中。对此，施特劳斯学派尤其是主流的自由主义和马克思左派，他们对于现代财产权的个人主义的认识，都是忽视了个体主义的神学根基。他们对现代资本主义的一系列论述，无论是认同或批判，都是以此为前提的，就是把人仅仅是视为抽象的、绝对的、欲望主导的、追求利益最大化的个人；而没有看到早期现代的个人主义并不是这样一个绝对的、与上帝无关的个人。从这个意义上，我们就能理解在洛克、格劳秀斯等人那里，为什么神学占有重要地位。他们都或多或少地属于新教的传统。但像前面指出的，他们虽然分享着新教意志论的早期现代的精神，但这批思想家，尤其是欧陆的思想家，他们在形式上又接受了实体论的经院神学，并由此与古典自然法、亚里士多德哲学结合起来，因此他们又不完全是新教的神父或教会的法学家，而是职业的思想家、外交家、政治家。

在这个问题上，我认为，剑桥学派对财产权神学渊源的挖掘，有助于我们真实理解早期现代的财产权脉络。当然我们也该看到，这种神学的纽带在现代社会，尤其是经在过启蒙运动和无神论思潮、革命变革的现代社会，已经被斩断了，所以才会出现一系列现代性问题。

第三，关于早期现代的财产权之哲学基础，这一点尤其体现在自然法与财产权的关系上，这种理性自然法是早期现代的基本特性，对于私人财产权构成了一个形式因。关于这方面的内容，上述各派皆无讨论，相比之下，倒是法律学术史的研究则对此给予了高度重视，他们从法律学说史的角度发现，早期现代的财产权思想经历着一个古今之转型，其背后是一种新的哲学原则的确立，即通过确立个人一致同意的机制，现代的民商法学说的意思自治原则才得以建立起来。对此，我在前面已经论及。

第四，晚近以来的诸多研究和争论都涉及洛克与格劳秀斯的关系，但二者到底有多少异同，却没有得到深入讨论，不是把后者与前者勾连起来，就是将他们对立起来，少有考察二者之间复杂而深入的关系。在我看来，二者的关系大致包括两个方面。

一是，二者对于私人财产权的个人主义根基这一现代性质有着一致认同，由此而言，从格劳秀斯到洛克是一脉相承的，也正是因此，他们构成了早期现代财产权的主导思想。而且二者都同样把神学作为财产权的基础，也正是在此意义上，他们关于私人财产权的理论中，都有排斥性权利与包容性权利的区分，而且都把排斥性权利放在主导地位，兼顾后者，由此为前者设定约束。所以，我不赞同有些学者把格劳秀斯的思想认定为排斥性权利构成的单一理论，并把普芬道夫与此联系起来，视为与洛克相对立的理论线索。如果说在普芬道夫那里，个人的排他性权利占有主导地位，即凸显了现代资本主义的绝对的个人性，那么在格劳秀斯那里却并非如此，后者与洛克的一致性比他与普芬道夫的一致性无论如何都要多一些，尽管普芬道夫是作为格劳秀斯的传人载于思想史的。

二是，也应该看到，尽管二者有着很大的一致性，但区别亦不可忽视，其要点在于，格劳秀斯对于财产权的关注，尤其是对私人权利的关注是在一个国际秩序的背景之下展开的，即海洋法和古典意义上的国际法。他的理论具有非常广阔的世界秩序的意义，而且在此背景下，他的重心又在于一个政治社会如何为私人财产权提供正当保证，由此，他才讨论战争与和平、海洋权属性、国家间利益关系等问题。正是在此基础上，他又涉及契约、信托等一系列民商法内容，并由此构建了较为完备的财产权理论。所以，他对财产权内在的排他性与包容性，神学个人主义的革命性并未过多关注。相比之下，洛克的理论基本没有国际法与世界秩序的语境和预设，也未以此构建一个国际法秩序的理论努力，洛克的关注更多的是英国革命前后的个人权利，以及个人权利对于社会构建的意义，因此，他的时代主题和格劳秀斯有所不同。洛克理论针对的是当时的英国社会，他无意去构建一个和平主导的国际秩序，并为此提供一个个人主义的财产权的支撑谱系，洛克念兹在兹的是一个理想的政治与道德社会，所以，他对个人财产权中的神学价值更为关注，《政府论》即是一例。洛克很少阐发财产权中的诸多民商法细节，他只有财产权的抽象理论，而无具体民事制度与民商法体系。由此可见，两者前后相继，都把财产权问题视为现代社会之重大枢纽，但格劳秀斯国际法背景下的现代社会与洛克光荣革命背景下的现代社会依然有所不同，私人财产权在洛克那里有着神学个人主义的革命性，而在格劳秀斯那里则是国际秩序背景下的建构式努力。[①]

三、政治理论

一般而言，我们总是习惯把格劳秀斯视为国际法与海洋法理论的开端，当然，也重视他的财产法理论，也是一个自然法的思想家。这些的确都是他的思想的主要组成部分，但是我们也必须指出，他同时也是一个早期现代的政治理论家，他的上述诸多理论组成部分都可以从政治的层面加以考察，都可以归结为一种政治理论。换言

---

① 关于洛克与格劳秀斯，分别参见高全喜的两篇文章：《政治宪政主义与司法宪政主义》《格劳秀斯与他的时代：自然法、海洋法权与国际法秩序》，见《从非常政治到日常政治：论现时代的政治及其他》，高全喜著，中国法制出版社2009年版。

之，政治理论，尤其是早期现代的国家理论构成了格劳秀斯思想的一条主线，前述的不同的理论线索都与他对于早期现代的时代问题的考察相关联，同时，时代问题也包括两个方面，即现实与理论。就前者而言，他试图建构一个国家法的权利秩序，他依旧必须面对时代所遗留下来的国家关怀，即他的理论中有着很深的基于荷兰联省共和国的现实考察，正像马基雅维利、霍布斯等思想家背后有他们所属时代的国家问题意识一样，格劳秀斯也是如此。当然，他的国家意识并非我们现代人所理解的民族国家确立之后认同的国家，早期现代的国家发生于《威斯特伐利亚和约》前后，真正成熟的现代国家并未建立，欧洲还是一个神圣罗马帝国的外壳包裹着的诸多王国组成的多元秩序。就荷兰而言，它也不是现代意义上的荷兰，因此，早期现代的国家问题是非常复杂的。格劳秀斯一生中虽然屡遭祖国遗弃，但他的理论依然没有摆脱对于国家的纠结。《战争与和平法》的国家意识如果还不是很明显的话，那么他的《捕获法》等都有着非常突出的国家意识。另一方面，就理论而言，早期现代的重大问题意识是民族国家的兴起，为其提供理论上的支撑是当时的思想家所共同面对的问题。古今思想的转换，尤其是中世纪封建制之后的转换，国家问题是一个最为突出的问题，是他们思考的焦点。无论是直接的探讨主权问题，还是其他问题，都无法回避以现代民族国家兴起为源头的政治理论，所以，格劳秀斯思想中有着一个非常突出的国家理论的面向。

1. 早期现代的国家问题

从人类政治思想史角度而言，在早期现代思想中国家问题是个突出的问题。如何构建一个有别于古典城邦、中世纪政权神权对峙而二分体制的新型政治体便成为核心。马基雅维利之所以被视为早期现代思想的第一人，关键在于他的《君主论》和对于罗马帝国考察中隐含的国家思考，而博丹和霍布斯则共同将此问题作为主要问题各自构建出了一套新的国家理论。

从理论谱系而言，现代早期的国家问题大致分为三个阶段，即三种理论形态，考察格劳秀斯的政治理论，就是把格劳秀斯放置于此脉络中给予研究。

早期的思考是一种生成论的思考，与 19、20 世纪的国家理论的不同在于前者处于历史转折时期，那时的思想家处于时代变革的焦点，他们不是对于国家政治结构的平面分析，不是对国家与政治、法律、经济等结构性关系、道德性关系的分析，而是主要关注国家作为新的政治体的产生问题。即便涉及国家的内在结构、法权关系、道德义务等相关问题，但也是以新政治体作为核心来思考。而不是后来的那种将国家作为一种巨人来思考。所以，国家作为现代的新的政治体，它如何产生是早期现代的关注点，比如它的结构、权力、各自关系等便成为中心问题，甚至贯穿了三个阶段的始终，并由此区别于 20 世纪的理论。那么，在此总的问题之下又包含着三个阶段的不同的处理，即它在不同思想家那里表现了不同的理论形态。

（1）帝国向王权国家转型时期：国家学说的发轫

第一个阶段可以说是一种帝国向王权国家转型时期国家学说的发轫，此时的理论家关注的问题是一种帝国秩序，无论是神圣罗马帝国还是基督教一统的神权世俗化的帝国，乃至古典的罗马帝国，它们在转向现代社会之时是如何从中诞生一种新的国家形态的，而且这种新的国家形态又与当时的君主制政治结构密切相关。在此，我们可以看到，基本有两个趋势，一种是从神学、经院神学世俗化的层面所推演出的早期王权国家的绝对性。比如，贵族对于自己领地的所有权在此前却是一种私权，其如何转换为一种公权，一种国家内在的结构因素？私权是一种独占的权利，国王无法干涉，但是当他的私权逐步公权化之后，他此前曾独占的土地的买卖、转换便受到了约束。即此前封建所规定的私权受到了新的挑战，由此，王权的属性也随之改变。这涉及现代国家的兴起。

但丁看到了这一点，但他主张回到曾有的帝国形态，试图保持一种统一的形态避免现实的分崩离析。而相反，民族国家的产生则是将结构化予以坐实。这是一种怀旧的浪漫主义的路径。但同时，也有另一种路数在遵循现实发展的前提下，逐步将现代国家的结构坐实。由此而言，君主的专有权的逐渐绝对化为现代国家的产生提供了基础，也就是"主权"的拟制产生。

（2）从自然状态创建全新政治体：以霍布斯为代表

第二个阶段基本以霍布斯为代表，强调的是从一个无的"自然状态"创建出一个全新的"政治体"，他对于此前的制度资源不太理会。他认为，固有的教会法、封建法等传统资源都无法为新政治体奠定绝对牢靠的基础。这样一种生成论的阐释更为抽象，也更具备神学与哲学的两重超验性。所以，才可以说利维坦是一个"人造机器"。而所谓的哲学超验性指的是契约意义上的一致同意，并由此和神学的创始论合二为一。因为单纯的契约论无法提供实在的国家内容，它必须具备特定的伦理和道德等内涵，它无法等同于商业组织。可以看出，此种路径与上述第一阶段的路径截然不同。在此阶段所强调的是，国家主权权威的确立，以及由此相伴随的是一种建构"新人"的过程，即现代公民的产生（《论公民》）。可以看到，新人的构建涉及责任、义务、道德伦理等诸多问题，其与此前的属于城邦的"公民"，帝国的"公民"有着重大不同。而这一点在第一阶段的处理就不太明显。比如，马基雅维利、博丹等对于新公民如何产生、有何德性都很少论述。因为，这种新人所涉及的不仅仅是形式意义上的拟制，而是一种身体与灵魂双重意义上的"创造"。

（3）国家理论的完成期：以洛克为代表

第三个阶段以洛克的《政府论》为代表。这一阶段关于国家问题的思考可以说是早期现代的最后一个阶段，是早期现代政治理论的完成期。它所关注的问题不再单纯限于国家的构建、国家主权权威内在的根源，它强调的是对于这种权威的法权上的限制问题，这种权威的边界何在，这就牵涉到国家主权的内在结构和对它的限制。但是这种限制究竟是一种能力上的限制，还是一种功能上的限制，或是一种结构上的限制，就需要对国家主权的内在结构进行探讨，因此，政府论就成为国家理论的主要研究对象。第三阶段的研究，是从国家到政府，从主权向其内在结构的转型，这里涉及了国家与公民的权利义务关系问题。所以，以洛克为代表的这一阶段的政治理论的一个突出特征就是对博丹、霍布斯构建的主权理论，从结构和功能上给予分析。与此相关，与国家主权相关的个人主权，二者之间的权利义务关系就受到了广泛重视。这里出现了公民的服从、权威的确立、政府职能的确立以及相互制衡、公民权利与义务直至公民不服从的抵抗权、甚至革命权——重新构建新的国家或政府，这些问题构成该阶段的理论中心。

总的来说，国家问题在早期现代的三阶段中所表现的形态、讨论的重心是很不同的。尽管洛克在《政府论》中仍然有一个现代的新的国家的主权权威、法权关系的预设，即便是革命权、抵抗权重新构建新的国家，这种重新构建仍然不同于神义论和契约论。洛克对于革命权的论述，与他关于国家的构建过程的论述在逻辑起点上是不同的。在后来通过革命建立的国家，与从自然状态诞生的国家，其中的公民主体是不一样的。洛克也说过要回到自然状态，而社会是无法回到这种状态的，这也是洛克思想中的一个悖论。

2. 荷兰共和国的时代背景

从形态而言，格劳秀斯不是早期现代的三个阶段中的代表思想家，换言之，他的政治理论在这一脉络中并非特别突出，并不是代表人物。所以，还不能把他作为某一阶段的代表，与马基雅维利、霍布斯、博丹等相比要逊色一点。他的理论基本上体现为一种专制与共和双重色彩交汇的主权观。考察格劳秀斯的政治思想，必须考察他所属时代的荷兰共和国的背景。

（1）多元政治体的荷兰：新生的国家主权力量

荷兰联省共和国在早期现代现实语境中是具有独特的形态和地位的，具有某种代表性。原因在于，荷兰不同于同时代的西班牙，乃至英国、法国，这些国家是单一王权主导下的国家，在这些国家中，历史中盛行的王权专制论意义上的政治论和主权论与荷兰的形态是不同的。在 17 世纪，曾有一个绝对专制主义时代，其理论化的表述即是王权专制论，对于专制的理解，相关论述颇多，王权专制论的理论代表是博丹、霍布斯的主权论。

由于荷兰是一个联省的自治共和国，其组成部分是多元的，比如自治市等内容构成。这种政治体与单一的王权政治体是不同的，但必须指出，荷兰的共和因素又与希腊、罗马等时代的共和城邦国家不太相同，与早期现代的地中海自治城市也不相同，因此，格劳秀斯的问题与马基雅维利的问题也就有所不同。

就理论而言，格劳秀斯的政治思想中表现了两个相互对峙的因素在主权论下的一个融合，其中突出了荷兰联省共和国的特殊性，在此表现出荷兰是一个迅速崛起的历史时空的主体，甚至带有某种民族国家的痕迹，代表了某种新生的主权力量。在马基雅维利那里则没有表现出主权的重要性，因为当时的意大利各个自治市无法等同于荷兰，它们只是一些私权意义上的分封地，背后没有一种新的国家因素。不过，格劳秀斯的时代，这些主权国家问题只是呈现出一些端倪，并未构成主导的时代问题。

与此相关，荷兰联省共和国与后来法国的绝对君主国在政治主权的结构上也就有所不同，这种独特性确立了格劳秀斯独特的政治理论和特殊的主权论。尽管如此，格劳秀斯和荷兰共和国毕竟又处在一个新的时代潮头，即陆地向海洋时代的转换。荷兰作为欧陆新的政治体，最先感受到了海洋对于政治的挑战和重要性。曾有学者论述，法国在面对海洋问题时，由于诸多因素而丢失了掌控海洋的机会，成为纯粹内陆的传统国家。荷兰与西班牙、英国最先感受到新时代的动力冲击，即如何面对海洋——一种新的政治空间和新的政治领地，格劳秀斯的政治理论便是对此问题的回应。由此，联省共和国与海洋空间的双重独特性，使得格劳秀斯构建出了一种独特的政治与主权理论。

（2）专制与共和下的主权理论

格劳秀斯在理论内容方面的独特性，即专制与共和双重特性相互交汇的政治主权理论。格劳秀斯由于分享了早期现代的主权理论，而且承认主权的优先性，也即是承认了其背后荷兰国家与其他国家争夺海洋利益之争的超越个人的优先性，这就与欧陆思想中的"国家理由"联系了起来。

格劳秀斯曾谈到国家理由，谈到国家理由在海洋纠纷中的支撑作用，比如《捕获法》。可以说，他不是在为东印度公司辩护，而是为荷兰国家辩护。他的辩护词及其思想资源都与这一国家政治体在其理论中的重要地位密切相关，因此很多学者都把格劳秀斯视为早期国家专制主义理论的代表。

如何理解国家专制主义？在思想史中，曾有论述说在现代国家中自由是古典的而专制是现代的，我们也可以以此来表述格劳秀斯的某些看法。所谓自由，指的是自由民的自由，是一种特权下的自由，一种不平等结构秩序中的自由。比如，日耳曼的习惯法就有所表述。随着早期现代国家的生成，此种自由却逐渐被取代，依附于土地的自由民变成了君主的臣民或者资本占有意义上的个人。由此，古典的自由逐渐稀薄。而专制则指的是普遍性法律体系下的、与最高政治权威直接相关的、派生于主权的支配依附关系，但它不是一种特权，而是一种大家都在平等意义上的专制，但同时也确立了新的国家管制下的自由，即法律保障意义上的自由。

回到格劳秀斯的问题格上来，主权这个概念在早期现代思想家那里，是与专制君主的权威联系在一起的，但这种专制权威在博丹与霍布斯那里，则在君权独占的同时给予了臣民以生存、财产、安全意义上的保障，逐渐变成了普遍性的主观权利，它们都是与现代专制联系在一起的。所以，格劳秀斯的主权论具有上述这种原初的含义，在《战争与和平法》中，他多次谈到私人财产权，其保障需要一个外在的国家性权力作为前提。他的主权国家理论与前述的财产权是联系在一起的，他的专制主义倾向便有了复杂的内涵。基于前述两个背景以及对于专制的早期现代的特殊理解，在格劳秀斯的主权论中，有一个非常突出的特性，即他对主权赋予了一种可分割性。"可分"是什么意思呢？与霍布斯、博丹的绝对主权论相比，格劳秀斯的可分的主权并不是指基于个人主义的可分，而是共和政体要素中的共和主义的可分。关于主权的结构在早期现代中有两个维度的看法，一个是后来被洛克、卢梭所重点论述的个人主义的限定性的论述，这种论述以个人作为一种主权单元，而不是以国家作为主权单元；而关于主权可分的另一个路径是共和主义的。共和主义虽然也讲公民美德，但它并未强调与国家主权对峙的公民个人的主权性。它所强调的"可分"是以社会的等级、身份对国家单一主权进行制约。

格劳秀斯的国家和主权理论是在当时荷兰联省共和国的政治构成的基础上形成的。由于荷兰国家形态中阶级构成的独特性，工商业者阶层在其中占有重要地位，土地贵族阶层则只占据次要地位，格劳秀斯的可分主权，便表现为此二者的混合。在他看来，荷兰这样一个主权国家，其主权的主体性正是体现在这样一种阶级分权和各个联合体的相互制衡和联系之中，而不是在一个单一的、绝对的主体上，主权的力量在于分享主权的各个联合体的关系之中。这种独特的主权论与当时荷兰国家的阶级结构与经济状况相关。

荷兰作为一个工商业共和国，并不像英国那样海洋权利专属国家，而是向全体工商业者共同开放。因此，荷兰作为国家，仅仅是这些工商业者之间的协调者，而不是一种专属权力的控制力量。英国拥有强大的海军，国家的海洋活动高于工商业者的海洋活动。荷兰国家的力量不强，却有一个强大的工商阶层，这虽然使得它能同英国、西班牙相对抗，但这种对抗却不能长久，这也是后来其分崩离析的原因。因此，在格劳秀斯那里，虽然有国家理由的某些因素，但并没能发展出一套国家理由学说。

我们看到，这样一种国家主权和共和色彩相结合的可分的主权理论，与后来勃起的美国的共和主权理论是有重大不同的。美利坚合众国的国家权力是由自由而独立的州所限制性的授予的，美国的联邦制度是一个在授予范围内强有力的主权体，是国家主权（授予的）、州主权（构成的）、个人主权（天赋的）以特殊的、反向授权的逻辑所构成的。这使得美国的国家形态既是专制的、强大的，又是自由的。而格劳秀斯基于荷兰当时政治现实而阐发的主权论，其专制、共和两个层次的关系却含混不清，他的主权具有一种黏合性，但却不甚紧密。因此，格劳秀斯并没有解决主权的实质性的定位问题：主权的根本究竟是在国家、联合省，还是个人？荷兰当时的现实并没有提供给他一个富有生命力的理论起点。因此，他没有解决现代国家构成的法权理论，无论是他的国家主权的政治理论，还是荷兰联省共和国，在历史上都是很短暂的。总的说来，荷兰并没有像法、德那样成为日益强大的民族国家，而格劳秀斯的可分性的主权理论也就失去了现实的参照系，其政治理论也就不可能成为早期现代国家学说的经典代表。

由于前述专制与共和的混合与联系的独特表述，格劳秀斯涉及了现代政治理论中的一些核心问题，但并没有给出经典性的解答，比如权威与自由、个人与国家、民主与共和、制宪权与行宪权等早期现代政治理论中的重大问题。他没有产生出有关个人自由的政治理论，尽管有关于个人自由的财产理论，他没有关于国家政权的专制主义论述，也没有国家宪政主义的经典论述，但他的理论中确实涉及了这些问题。他是一个宪政主义者、法治主义者、个人主义者，这些说法都有道理，但他并没有形成一套理论，他对于共和政体理论也没有给出经典论述，他面对的不是国家构建的内部法权问题，其主权理论的贡献在于国际领域中。

（3）国际政治朝向

若将格劳秀斯的主权理论放到海洋法和国际法中来审视，他的思想则是非常丰富的。他认为现代国际秩序是以主权国家为单元建立起来的，强调国际法中主权国家的自主性，强调海洋秩序中主权国家的重要性，这些都为他去世后的《威斯特伐利亚和约》奠定了基础。

此外，在他的政治理论中，还有一个帝国问题、殖民问题以及对于政治文明的看法。在早期现代的思想家中，格劳秀斯是较早的、具有代表性的涉及殖民主义与帝国主义以及相关联的国家秩序问题的思想家。在同时代的思想家中，像在霍布斯、博丹等人那里，这个问题并不凸显，至于马基雅维利时代的意大利思想家们倒是面临过这些问题，但由于海洋、北美、印度这些新的政治视野没有展开，因此他们即使论述到这些问题，其语境和理论基础还是延续着古典的罗马帝国、基督教宗教战争背景下的理论谱系，商业资本主义、贸易资本主义形态的帝国主义问题并未凸显。格劳秀斯与他们的重大不同在于由于海洋这个政治空间的出现使得欧洲社会面临着构建一个新的世界的背景诉求，而且随着现代市民经济的进步，一种新的商业形态，诸如东印度公司、海洋贸易网络的新经济形态的出现，格劳秀斯在他那个时代最敏锐地感受到了由此所带来的关于以欧洲为中心的世界秩序下的殖民主义与帝国主义问题。因此，他的这些理论既不同于以神权为基础的世界理论，也不同于罗马帝国的世界理论以及相关联的战争与和平问题。

　　在此我们只是关注两个问题，一个是关于政治文明的看法，一个是关于欧洲中心主义下的世界秩序的看法。关于文明，在格劳秀斯那里，基本上是延续着西方传统的文明进化论。我曾在《休谟的政治哲学》中谈到一种文明政体，我认为休谟的政体学说是两个层次的分类政体论，他首先区分了文明政体与非文明政体，在此下又进行了区分，但这种区分是建立在前一个文明与非文明区分的前提下的。按照这种理论方法来说，虽然格劳秀斯并没有作出明确的关于文明与非文明的区分，但他确实认识到了关于文明的历史演变，且把当时他所处的欧洲文明视为一种普世的政治文明来看待，在此有一个文明政治与非文明政治的区别。这种区别又与建立在基督教上的文明区分不同，它不是以基督教为基础而建立的那种异教文明与基督教文明，但它也并不完全排斥这一点。

如前所述，早期现代文明有神学背景，但又不是神权政治。在格劳秀斯关于文明政治的看法中，又包含了三种要素，这三种要素构成他所谓普遍主义的文明政治。一是基督教的文明，有神权政治的意义在其中，以此区别开了基督教文明与希腊罗马的异教文明，特别是区分开了伊斯兰、印度等所谓野蛮文明。二是商业文明，即基于海洋开发之后的新型的欧洲商业文明，它与非商业文明相对，这就使得他的这种文明与封建制的文明不同。三是欧洲中心主义的文明，他所谓的文明世界仅仅只是欧洲，他所建立的和平的未来国际秩序是在欧洲主权国家范围内所构建的普世秩序。这便使得格劳秀斯的文明政治论有了两个面相，一个是普遍主义的，诉求建立一个普遍的国际法权秩序，这个秩序是建立在平等自由的国家基础上的；但另一个在于它还是欧洲中心的，在面对非欧洲的殖民领域时，其国际法设立的法权关系实际上是没有的、缺位的。

他关于捕获权及其他海洋权的论述中探讨的仅仅是法国、英国等欧洲国家之间的法权关系，但东印度群岛、非洲人的法权关系，格劳秀斯并没有承认他们的法权地位。虽然他也承认他们的信仰、习俗、法律也享有正当性，但讨论到涉及正义、利益的法权关系时，他没有考虑到他们对海洋、土地的占有的权利，此外，他还承认某种奴隶制的合法性。

当然，格劳秀斯所秉持的是一种并不完全的欧洲中心主义，这就使得学界对于格劳秀斯关于殖民主义和帝国主义的理论有两种不同的看法，一种认为格劳秀斯是一个世界和平的捍卫者，属于现代世界主义的倡导者，也有人认为他的理论背后有着很深的殖民主义和帝国主义的印迹。

在格劳秀斯的思想中，商业文明占据重要的位置，但早期现代的商业并不仅仅是一种经济和贸易问题，而是具有相当大的政治意义，即便在今天商业也与政治密切相关。现代学者伊斯特凡·洪特在《贸易的猜忌——历史视野下的国际竞争与民族国家》也承袭了此种思路，论证了商业在西方中心主义的国家秩序构建中的推动作用，这种思想的早期推动者可以追溯到苏格兰启蒙思想，亚当·斯密和大卫·休谟对此主题都有过深入的研究和论述。可以说，格劳秀斯比较早地涉及了商业帝国主义和文明政体论问题。应该指出，格劳秀斯二元可分的主权理论重在关注于国际秩序的构建，这是同时代其他思想家们所没有的，因此其具有开创性的重要意义。

格劳秀斯国家理论中的专制与共和等几个方面的因素构成了其政治理论的主要内容，相比之下，虽然他并未占据早期现代政治思想史中的首要位置，但他却是把私人财产权、自然法等因素与国家的有限主权联系在一起，并为他的国际海洋法奠定了深厚的理论基础，由此形成了早期现代三个思想主流中的一个伟大的调和中道的自由主义传统，既不同于现实主义，也不同于理想主义，我称之为"理想的现实主义"，这个传统与后来日渐厚重的"保守的自由主义"一脉相承。

四、格劳秀斯为什么是伟大的思想家

说到早期现代，我们自然会想到一些重要思想家，像马基雅维利、格劳秀斯、博丹、霍布斯、普芬道夫。这批生于16、17世纪的伟大思想家，他们所面对的社会是一个天下大变的时代，面临着同样的是西方语境下的古今中外之争。古今之变可以说是现代社会的转型，中外之辨可以说是欧洲与非欧洲的对勘，而在其中，古今之争可以说是最核心的问题，当然，这个问题在他们的手中逐渐解决之后，其所内含的中外之争也还是存在着的。关于欧洲与非欧洲文明秩序的关系问题，也许在当时的思想家那里并没有凸显出来，但是由他们塑造出来的欧洲中心主义的古今之变，在未来的世界进程中，其所呈现出来的欧洲与欧洲之外，所具有的意义更加凸显出来。

1. 构建现代政治基本理论的经典思想家

因此我们有必要从早期现代思想中的地位与作用来谈谈格劳秀斯。格劳秀斯是一个伟大的思想家，在这个伟大的思想家的名称之下，他又被称为现代国际法之父，是现代国际秩序理论的奠定者。与此同时，他还是一个重要的自然法学者，是一个法学家、政治学家、外交家。格劳秀斯的意义是多方面的。

我认为，格劳秀斯是早期现代思想的一个经典型的代表作家。他构建了一套有关现代政治的基本理论，或者说，格劳秀斯的政治与法律思想，构成了西方思想史中从古典到现代社会转型过程中有关现代政治社会的法权结构理论。

格劳秀斯的法权思想在早期现代这样的一个框架内，可以说是达到了一种现代经典的体系性的高度。这是什么意思呢？我们知道，西方的思想理论大致经历了两个谱系性的成熟形态，一个是古典思想的谱系，在柏拉图和亚里士多德，尤其是亚里士多德那里达到了一种体系性的完成，它代表着古典思想的集大成。另一个是现代思想，现代思想就其学科划分来说，又经历了不同的阶段，20 世纪以来的西方现代思想，可以说是一个学科分殊的时代，各个学科已经发育完成，基本学科框架已经确定下来，由此所形成的经济学、政治学、社会学等学科分野基本划定。现代西方思想是在这样一个框架下所展开的，从某种意义上来说，已经形成了森严壁垒的学术分科体系。百科全书式的思想人物，在当今已经日渐稀少，甚至不可能产生。

在早期现代思想中，以及从 15 世纪到 19 世纪的思想中，学术分殊并没有完成，或者处在相互融汇的发育时期。这个时代任何一个大思想家，都是百科全书式的人物，他们思想的创造性不受学科的限制，而正是这些原创性的思想，开创了一个个不同的学科门类。从这个意义上来说，有别于 20 世纪的西方现代思想，这个时代是一个伟大的综合时代，经济学、物理学、数学、政治学、历史学等相关的学科，经过伟大思想家们之手而创生出来，就这个意义上来说，格劳秀斯也属于这一类经典型的思想家。

格劳秀斯的思想很难用 20 世纪学科分殊的理论来加以限定。虽然我们可以把他说成国际法这一学科的创立者，但是，这样一个学科的创立者所具有的意义，与这个学科在 20 世纪所具有的内涵是有很大不同的。因为格劳秀斯的国际法，完全不同于 20 世纪的国际法。与其说是他创造了国际法这样一个新的学科，不如说是他在创立这个学科的同时就终结了他的思想，因为他的思想远非国际法可以概括的。现代的国际法一方面接受了他的思想，视他的思想为国际法的基础，但我们也该看到，现代国际法也彻底丢弃了格劳秀斯，因为他所处理的早期现代的国际秩序的问题，已经被现代国际法所遗忘。我们看到很多伟大的早期现代的思想家，都面临着同样的命运。一方面他们创立了现代的不同学科体系，作为奠基人屹立于这些学科大厦的根基上，但是我们又看到这些学科实际上把这些伟大的早期思想家放逐出去了。这些伟大思想家的原创思想在现代学科分野的有限领域内已经难以得到富有生机的发展。当然这是由于时代与问题意识的转变所导致的。

回到格劳秀斯，我们可以说，格劳秀斯作为国际法的奠基者，这并不是他最崇高的历史地位。在我看来，他的历史地位在于，他通过国际法这样的一个新型的法权规则，而构建了一个现代社会的法权制度的框架理论。这个法权制度的框架理论，恰恰是早期现代这样一个历史转变时期所迫切需要的规则体系。通过这样一种法权框架，有效梳理了当时欧洲的战争与和平，国家之间的纷争，国家主权与私人财产权，海洋与陆地等一系列时代攸关问题，为未来的现代政治框架和国际秩序，奠定了富有生命力的理论基础。

2. 对中国的启发性意义

首先，我认为格劳秀斯所处的巨变时代与我们国家自鸦片战争以来甚至直到今天所处的时代，具有法权—政治逻辑的同构性。尽管相隔四百年，我们中国面临的问题从宏大的世界历史的角度来看，与格劳秀斯当年并没有实质性的差别，都是一个面对新的现代世界的开放、融入与参与构建的问题，因此，当我们思考自己的国家建构、文明秩序、内政外交、战争与和平等重大问题时，要有格劳秀斯那样的胸怀和视野，要有格劳秀斯那样构建新的世界秩序的理论诉求，要有一种基于自然法的法权意识，要有格劳秀斯那样的把国家利益与普世价值融会贯通的理论勇气。

其次，就具体的法权体系来看，格劳秀斯通过应对自由海洋的时代问题，构建了他的国际法体系，并进而为欧洲乃至当时的世界秩序奠定了一个法律理论的框架。对于我们来说，不仅有海洋问题，还有全球化问题，有后发国家的优势与劣势问题，因为我们所面对的世界格局毕竟不同于格劳秀斯当时的时代格局，我们需要的是格劳秀斯那样的大智慧。在这个重大问题上，德国宪法学家卡尔·施米特对于源自格劳秀斯一脉的世界历史的政体论，对于我们是富有教益的。在他看来，西方历史上主要有两大政体：一个是陆地政体，它以罗马法为支撑，以欧陆国家为主导；另一个是海洋政体，以海洋法为支撑，以英美国家为主导。两种截然对立的政体在历史的对决中，最终以海洋政体的胜利为结束，海洋政体以及海洋文明成为人类文明的主流。值得注意的是，卡尔·施米特把海洋法、普通法、代议制民主、自由贸易、市场资本主义等都纳入海洋政体的宏大结构之中了。

通过格劳秀斯—施米特的视野，我们应该审慎思考中国的未来。16、17世纪的法国，一半陆地，一半海洋，法国选择了陆地政体，因此在历史的大格局中最终输给了英美。中国也是一半陆地，一半海洋，我们的古人从来不重视海洋。鸦片战争后，我们才开始觉醒，意识到海洋的无穷威力，但一百多年来中国人对于海洋的法权诉求一直是被动的。今天，在新的历史转型时期，我们是否能够自觉地从海洋政体的视角思考中国的未来至关重要，对此，格劳秀斯的思想无疑是有启发价值的。

最后，从思想史的角度看，格劳秀斯法权理论的一个基本特征就是体现着一种"现实的理想主义"（realistic idealism）的政治哲学，这一点在格劳秀斯思想的内在二元张力的论述中得到集中的展示，这恰恰是格劳秀斯对于我们具有启发性的思想动因所在。说起来，现实的理想主义在西方的思想史中是一个主流的传统，15 世纪以降，格劳秀斯、休谟、黑格尔以及 20 世纪的诸多国际战略家都服膺这个思想传统，在有关世界秩序的构建、内政外交战略的实践中，现实的理想主义有效地保持着自由价值、国际秩序与国家利益之间的平衡，为一个新兴国家的崛起提供了一整套有关法权—政治、国内—国际的理论辩护。今日中国，在历史巨变的时代，合理地汲取格劳秀斯开辟出来的这种隐藏于国际法权背后的政治哲学，显然具有重大的理论和现实的意义。

（1632—1704）

没有义务的地方，就没有权利。

洛克的现代政治叙事

　　洛克的政治思想无论从何种意义上说，都深远地影响着现代政治，关于洛克思想的课题研究，一直主导着 19、20 世纪的英美政治思想史。只是晚近以来，随着剑桥学派的共和主义、施特劳斯学派的现代性问题，以及麦克弗森的马克思主义左派的兴盛，使得洛克思想的研究发生了歧变，洛克不是不再成为英国政治思想的焦点，就是被赋予了另外一种意义。总之，传统思想史上的洛克的定位遭到了质疑，主流自由主义理论版本中的洛克变得模糊起来。[①] 从多元

---

① 西方关于洛克研究的资料浩如烟海，参见施特劳斯：《自然权利与历史》，彭刚译，三联书店 2006 年版；彼得·拉斯莱特：《洛克〈政府论〉导论》，冯克利译，三联书店 2007 年版；H. T. Dickinson, *Liberty and Property: Political Ideology in Eighteenth Century Britain*, London, 1977; John Dunn, *The Political Thought of Locke*, Cambridge, 1969; C. B. Macpherson, *The Political of Theory of Possessive Individualism*: Hobbes to Locke, Oxford, 1962; Richard Tuck, *Natural Rights Theories: Their Origin and Development*, Cambridge, 1979; James Tully, *A Discourse on Property: John Locke and his Adversaries*, Cambridge, 1980; N.Wood, *John Locke and Agrarian Capitalism*, California, 1984; J. G. A. Pocock, *Virtue, Commerce, and History*, Cambridge, 1985; J. G. A. Pocock, *Politics, Language and Time*, London, Methuen, 1972.

思想研究的角度看，上述变化具有丰富的学术内涵，本来自由主义图谱中的洛克就有很多教条主义的成分，而且一切历史说到底都是当代史，思想史也不例外。剑桥学派以共和主义、施特劳斯学派以现代性，以及麦克弗森以"占有性的个人主义"来质疑、颠覆教条主义化的洛克思想阐释，当然具有推进和丰富学术研究的价值和意义。在西方乃至世界的现代政治演变到今天这样一种复杂、歧变和矛盾的状况下，显然死抱着洛克政治思想的教条是无济于事的，上述三派开辟的新的政治思想路径无疑是富有启发性的，甚至是卓有洞见的。

其实，从自由主义的理路来看，英美政治之定于一尊的洛克思想阐释就是片面的、教条的和不符合历史实际情况的，也是不符合自由主义应对现实挑战的审慎和中庸的建设性原则的。应该指出，英美思想或者说依据前述的经验主义的英美的现代政治（非施特劳斯意义上的现代政治），就其英国思想的发端来看，显然绝非定于洛克之一尊。在洛克之前有霍布斯的主权国家论，同时代有激进共和主义诸家思想，此后有大卫·休谟、亚当·斯密的苏格兰启蒙思想，此外还有纵贯其中的延续千年的普通法传统。至于对美国建国之思想影响，也非洛克独家，普通法的司法制度、加尔文新教、罗马共和主义、苏格兰启蒙思想，以及法国启蒙运动，等等，这些都共同与洛克为代表的思想流派共同成为美利坚民族的建国思想之渊源。①

---

① 关于美国立国之思想基础的研究文献汗牛充栋，一般说来，主流的观点认为美国的开国元勋们受到了洛克一脉的政府契约论、自然权利观念和法国天赋人权的启蒙思想的重大影响，此外，英国清教徒新教伦理，布莱克斯通解释的英国普通法司法理念，也发挥了重要的作用，上述三种思想观念构成影响美国立国的主要思想内容。上述主流观点，近年来受到（转下页）

因此，在强调洛克思想重要性的同时，为了应对今日世界秩序中的来自各种因素的强有力挑战，自由主义的政治思想视角应该更为开阔，并在现代政治之宏大的视野下来审视当今思想谱系中各派对于洛克理论的挖掘、阐释与对话。我们在此集中讨论麦克弗森有关洛克思想的现代性解读。

一、洛克与现代资本主义的关系

现代政治与现代资本主义的兴起、发育和危机等问题密切相关，因此，在厘清现代政治的叙事问题之前，要搞清楚现代资本主义的问题。虽然施特劳斯对于这个问题并没有给予特别的关注，他的现代政治之现代性问题纯粹是政治哲学意义上的，但是，其他关注现代性的思想流派，尤其是西方马克思主义之左派理论，以及新共和主义和资本主义问题的研究者，他们是非常关心的，而这就不可避免地与洛克的政治思想发生关系，或者说对于洛克的现代政治叙事存在着一种现代资本主义的解读或对话。在这个问题阈中，麦克弗

（接上页）了挑战，有论者认为，古典的和近世的共和主义思想，苏格兰启蒙思想，等等，也在美国立国者那里发挥了重大的作用，甚至取代了洛克一脉的主导地位。有关基本的文献，参阅：Douglas Adair, *Tame and the Founding Fathers*, Ed. T.Colbourn, New York: W. W. Norton, 1974; B.Bailyn, *The Ideological Origins of the American Revolution*, Harvard University Press 1967; J. G. A. Pocock, *Politics, Language and Time*, London, Methuen, 1972; G. S. Wood, *The Creation of the American Republic. 1776–1787*, New York: Norton, 1972; Thomas L.Pangle, *The Spirit of Modern Republicanism: The Moral Vision of the American Founders and the Philosophy of Locke*, Chicago: University of Chicago Press, 1988.

森提出的以洛克政治思想为代表的"占有性的个人主义"的概念以及一套市民阶级的资本主义发生学就产生了很大的影响，成为阐释现代资本主义的一种马克思理论谱系下的新锐观点，对于传统自由主义有关现代资本主义的叙事构成了强有力的冲击。①

从某种意义上说，麦克弗森挖掘的这个基于洛克的现代资本主义的起源学说，也与施特劳斯有关洛克现代政治的叙事左右呼应，都涉及一个现代社会的本性问题，都以现代社会与古典社会的分野甚至本质性对立为理论基础，都把现代社会的现代性问题视为洛克发端的资本主义内在克服不了的困境，都在这个现代政治社会之外搞出一个新型的理想图景。施特劳斯是回归古典政治的隐秘教诲，麦克弗森则是承继马克思主义的共产主义。那么，究竟麦克弗森所揭示的洛克的占有性个人主义具有多大的真实性，麦克弗森理解的资本主义属于何种意义上的资本主义，洛克理论在现代资本主义的兴起中占据怎样的位置，如何看待现代资本主义，如何在现代资本主义的语境下理解洛克的政治与社会思想？等等，这一系列问题值得研究。本文不可能全面应对这些问题，而是试图在现代政治之是否存在一个现代性问题这个维度下，审视一下洛克与现代资本主义的关系。

---

① 参见 C. B. Macpherson, *The Political of Theory of Passessive Individualism: Hobbes to Locke*, Oxford: Clarendon Press, 1962; Richard Tuck, *Natural Rights Theories: Their Origin and Development,* Cambridge university Press, 1979; James Tully, *A Discourse on Property: John Locke and his Adversaries*, Cambridge university Press, 1980; N.Wood, *John Locke and Agrarian Capitalism*, University Of California Press, 1984; J. G. A. Pocock, *Virtue, Commerce, and History*, Cambridge university Press, 1985.

1. 划时代的财产权学说

　　麦克弗森关于占有性个人主义的分析首先从霍布斯开始，在他看来，霍布斯开启了有关现代资本主义的个人主义本性之源头。过去的古典学说大多从道德与神意等方面来探讨社会政治的起源，霍布斯则是从人的本性，即基于心理学分析的人性来挖掘国家与政治的实质。按照麦克弗森的分析，霍布斯的基于自然状态下的个人本性实际上就是新兴资产阶级的占有性本性。在形成社会以及国家的过程中，霍布斯坚持认为，人的本性是独立的、反社会的、反道德的，人进入社会关系纯粹是为了自私的目的，即所有人都追求合理地扩大他们的效用（Utility）。占有性个人主义是霍布斯思想中最真实的内容。但是，霍布斯的个人主义是抽象的、自然主义的，缺乏现实社会的内容，或者说掩盖了资本主义的市场社会的本性，为此，麦克弗森进一步考察了英国内战时期的平等派政治理论和共和主义思想家詹姆士·哈林顿的土地权理论。

　　17 世纪激进的平等派是占有性个人主义的发展，他们把个人获得的自由归结于个人在社会中占有物的作用，因此自然也就把资本主义时代充分的市场社会作为前提条件，他们认为个人作为自身的唯一所有者，只有在市场关系中才是自由的。但矛盾的是，平等派的个人主义是不彻底的，他们把基督教社会伦理——抽象的人的平等自然权利与资本主义的市场社会掺合在一起。相比之下，激进的共和主义者哈林顿对于资本主义市场社会的认识就明确得多，他不仅把社会各个阶级内部的个人行为归因于人的占有性动机和积累性动机，而且集中地描述了 17 世纪英国占有性市场社会的总体特征，把财产（其中最重要的是地产）看作是政府的基础，认为国家权力是"财产的自然产物"，国家的性质、政府的形式是由财产在社会各个阶级中的分配情况，即"产权的均衡"决定的。[①]

在麦克弗森看来，占有性个人主义理论的集大成者是洛克，与霍布斯对于占有性个人主义的心理本性的发生学分析不同，也与哈林顿单纯从社会和历史的经验角度揭示竞争性市场社会的占有性个人主义之本性分析不同，洛克创制了一套十分精密的私人财产权理论，并由此主导性地论证了现代资本主义的占有性个人主义的政治社会本性，可以说，洛克的财产权学说在英国乃至西方政治思想史上乃是划时代的。

洛克给自然状态下的定义是："人们在自然法的范围内，按照他们认为合适的办法，决定他们的行动和处理他们的财产和人身，而毋需得到任何人的许可或听命于任何人的意志。"可以说，洛克的自然状态实际上是"某种形式的人际关系；它的存在（当它存在时），不牵涉处于其中的人的政治经验；而且它可以存在于包括当前在内的人类历史的任何阶段。"或者说，是由纯粹自然属性的人所构成的一种关系状态。在自然状态中人是自由的，人人可以根据理性计算决定自己的行动。人与人之间又是平等的，任何人都不享有多于他人的权力。在自然状态中，自然法即人类的理性教导着遵从理性的全人类："人们既然都是平等和独立的，任何人就不得侵害他人的生命、健康、自由或财产。"人的生命、自由和财产是自然法为人类规

---

① 参见 C. B. Macpherson, *The Political of Theory of Passessive Individualism: Hobbes to Locke*, Oxford: Clarendon Press, 1962.

定的基本权利，是不可转让、不可剥夺的自然权利。之所以如此规定，其根据是"上帝扎根在人类心中和镂刻在他的天性上的最根本和最强烈的要求，就是保存自己的要求，这就是每一个人具有支配万物以维持个人生存与供给个人使用的权利的基础。"

财产权利是人的自然权利中最基本的权利，其他权利都是以财产权利为基础。即使是生命权利，即安全，说到底也不过是保障个人财产不受侵犯的权利。洛克对财产权利的强调是近现代历史上所有论证私有财产权利合理性的思想家中最彻底的一位。正如麦克弗森所指出的，洛克做得太过分了，他竟然把有限的占有权变成了无限的占有权，"洛克的惊人成就就是把财产权利建立在自然权利和自然法基础之上，然后把所有对财产权利的限制从自然法中清除出去。"由此可见，洛克的理论为现代资本主义的兴起和发展，为其根本性的私人所有制度提供了最好的理论支撑。①

---

① 参见 C. B. Macpherson, *The Political of Theory of Passessive Individualism: Hobbes to Locke*, Oxford: Clarendon Press, 1962；另参见洛克：《政府论》，商务印书馆 1997 年版；陈绕：《拥有性个人主义与自由主义民主——C. B. 麦克弗森的政治思想》，载《上海交通大学学报（社会科学版）》，2004 年第 12 期。在麦克弗森看来，洛克的财产权理论为正在兴起的自由资本主义市场经济中出现的个人行为完成了一次道德上的革命，"消除了那些过去阻碍着不受限制的资本主义占有的道德困境"。他认为："理性行为的本质就是私人占有土地以及土地上的物品，为了自己生活的最大便利而投入他的劳动以获得最大的产出。就上帝之法或理性法则所规定的道德而言，勤劳的劳动和占有行为是合理的。"由此，占有性个人主义成为 17—20 世纪资本主义社会和自由民主社会的道德基础。按照麦克弗森的分析，洛克代表的占有性个人主义，其基本内容如下：（1）不受他人意志左右的自由使一个人成为真正的人；（2）不受他人意志左右的自由意味着，除了为自己利益而自愿与他人交往以外，不存在与他人的任何关系；（3）个人从本质上是他自己的身体和禀赋的利用者，与社会无关；（4）尽管个人不（转下页）

2. 麦克弗森占有性个人主义的解读

按照麦克弗森的解读，洛克的占有性个人主义开启了现代资本主义的一种新形态，或者说，洛克的"占有"（possession）理论或私人财产权理论，为现代资本主义提供了合法性的道德基础，在洛克之前的社会理论，尤其是财产权理论，并不具有现代资本主义的性质。为什么占有在现代资本主义那里占据如此重要的地位呢？在麦克弗森看来，洛克的占有是一种完全新型的不同于以前任何一种对占有对象的占有，这种占有或更准确地说占有性的个人主义——私人财产权——是与资本主义社会的市场本性或掠夺本性密切相关的。①在古典社会，也有占的法律理论和政治理论，如罗马法，就从民法的角度细致规定了占有与占有物的学说，②但是，洛克的占有权理论不同于罗马法，属于资本主义的法权政治理论，这个占有是阶级性的占有，是对于自然物和人的劳动的全面占有，并具有了法权的政治哲学意义。

从麦克弗森的论述中，首先，我们可以看到马克思对于资产阶级财产权理论的批判性分析的理论依据，对于资本主义占有性质的

（接上页）能出售他自身所拥有的一切，但他可以出售他的劳动能力；（5）人类社会是由一系列市场关系构成的；（6）既然不受他人意志左右的自由使一个人成为真正的人，那么，只有当为了确保他人享有同样的自由，个人才可以受制于相应的义务和规则；（7）政治社会是人类为了保护个人对自己的人身和物品的财产权利，以及维持个人之间有序的交换关系而设计的。

① 参见 C. B. Macpherson, *The Political of Theory of Passessive Individualism: Hobbes to Locke*, Oxford, 1962.

② 参见 [古罗马] 优士丁尼：《法学阶梯》，徐国栋译，中国政法大学出版社2005年版；周枏：《罗马法原论》，商务印书馆1994年版。

论断，从马克思到麦克弗森是一脉相承的。我们知道，关于财产权理论，在马克思之前大致存在着两种法律理论和三种政治理论的路径：关于法律理论，一个是大陆—罗马法的理论，一个是英国普通法的理论；①关于政治理论，一个是洛克的占有理论，一个是黑格尔的人格理论，一个是休谟的理论。②

马克思的财产权理论完全是政治批判性的，他把洛克与黑格尔的理论汇合在一起，并视为资产阶级财产权理论而加以否定性批判，并由此提出了一个公有制的共产主义理论，或曰审美的反劳动异化的人性复归理论。③麦克弗森对于洛克占有理论的分析明显接受了马克思的理论预设，属于现代马克思主义的左派学说。④不过，麦克弗森并没有完全按照马克思的逻辑一路走下来进入剩余劳动价值学说的政治经济学，而是深入追溯洛克的政治哲学的根源，提出了一个占有性个人主义的解释，这对于现代资本主义的研究，无疑是一个新的视角，从而有别于商业贸易的资本主义、殖民掠夺的资本主义、

---

① 关于普通法的土地保有权的有关论述，参见梅因：《古代法》，沈景一译，商务印书馆 1959 年版；李红海：《普通法的历史解读——从梅特兰开始》，清华大学出版社 2003 年版；F. Pollock, F. W. Maitland, The History of English Law before the time of Edward Ⅰ, Cambridge University, 1968.

② 参见高全喜：《休谟的财产权理论》，载《北大法律评论》200 年第 5 卷第 2 辑，此外参见高全喜：《休谟的政治哲学》第三章；罗伯特·诺齐克：《无政府、国家与乌托邦》，何怀宏等译，中国社会科学出版社 1991 年版；J. Waldron, *The Right to Private Property*, Oxford University Press 1988; K. Haakonssen, The Science of a Legislator, Cambridge University 1981; James Tully, *A Discourse on Property: John Locke and his Adversaries*, Cambridge, 1980.

③ 参见马克思：《1844 年经济学—哲学手稿》《对黑格尔辩证法和一般哲学的批判》《共产党宣言》《哥达纲领批判》《政治经济学批判大纲》。

④ 参见乔万尼·萨托利：《民主新论》，冯克利、阎克文译，东方出版社 1993 年版。

货币资本的资本主义等有关资本主义本性解释的各派理论。

应该承认，麦克弗森有关洛克占有性个人主义的分析和挖掘是有独特眼光的，确实，占有性的个人主义在洛克的现代政治思想中占据一个重要位置，私人财产权不仅是洛克政治与法律思想的一个关键点，是他的政治契约论的一个基石，而且也是整个现代资本主义大厦的一个奠基石。其实，不仅洛克，我们知道其他诸多近现代的自由主义政治思想家，如休谟、康德、黑格尔等，都把私人财产权视为现代社会或资本主义社会的一个根本性的支撑点，而且，就法权或法律制度来看，私人财产权的司法保障，也是英国普通法乃至大陆法的传统。

对此，休谟曾明确指出："没有人能够怀疑，划定财产、稳定财物占有的协议，是确立人类社会的一切条件中最必要的条件。"[1]"关于稳定财物占有的规则的确立对人类社会不但是有用的，而且甚至于是绝对必需的。"[2]哈耶克在他的《大卫·休谟的法哲学与政治哲学》一文中认为："休谟在《人性论》有关'论正义与财产权的起源'的那个章节中，对'人为设立正义规则的方式'的论述，是他在这个领域中所做的最重要的贡献。"[3]由此可见，私人财产权利的占有、转让和交换的自由权利的法的本性，是一个现代政治社会的基础，相比之下，洛克的占有性的私人财产权在理论上表述得不但最为超前，而且最为直接和彻底。可以说，现代资本主义社会的生产、

---

[1] 休谟：《人性论》（下），关文运译，商务印书馆 2004 年版，第 532 页。
[2] 同上书，第 542 页。
[3] F. A. Hayek: *Studies in Philosophy, Politics and Economics*, Routledge and Kegan 1967, pp.106–121.

消费和交换，它的贸易、资本和全球性的扩展，都是在自由占有的法律制度基础之上建立起来的，没有自由的私人占有权，就没有商业、贸易和资本的现代资本主义。

因此，对于麦克弗森的洛克解读的质疑，并不在有关占有理论的重要性上，甚至不在占有性个人主义的现代资本主义定位上，而在于如何看待占有，即从本性上如何理解和阐释占有或私人财产权，而这关系着如何理解和确认现代资本主义，如何理解现代政治和现代社会，如何理解现代的资本主义法权和正当性等关键问题，这才是我与麦克弗森的最大分歧。

二、占有的自由法权性质

在麦克弗森看来，洛克版本的占有性个人主义从本性上说是基于人的无限欲望，最终走向"榨取性"的、少数人掠夺多数人的恶的资本主义[1]，而这是与其自由民主的平等理念相矛盾的。这是洛克的占有性个人主义与当代资本主义的最本质性冲突。为此，麦克弗森主张诉求公有制的社会主义，显然，他的这一分析结论十分接近马克思对资本主义社会的剥削实质的解剖，只不过马克思运用的是政治经济学分析方法，而麦克弗森则运用了政治分析方法。不过，对于如何实现公有制，如何克服哈耶克等人所揭示的政治奴役性质，

---

[1]　麦克弗森说："占有性市场社会使人与人之间充斥着竞争性和侵略性关系。"参见 C. B. Macpherson, *The Political of Theory of Possessive Individualism: Hobbes to Locke*, Oxford, p.271, 1962.

麦克弗森并未给出任何现实性的应对。

我们认为，麦克弗森只是揭示了洛克占有理论的一个方面的意义，洛克的占有理论的更为深层的一个方面，却在麦克弗森的视野之外，即占有具有的自由的法权性质。按照洛克的理论，基于个人占有的私人财产权集中表现了人的一种自由本性的法律权利，并且具有政治哲学的意义，即每个人不仅是通过契约获得了政治权利，而且更根本的是通过对于财产的私人占有的资格权利而获得了自由，自由等权利不仅是政治契约的结果，而且是占有的结果。正是通过占有或私人财产权，这个现代政治或现代资本主义才得以发生，整个现代财富和法律之双重的动力机制和保障机制才得以存在，因此，市民社会和政治社会之双重的现代社会才能够现实地出现。

对此，意大利裔美国保守主义政治理论家乔万尼·萨托利写道："我早已强调过，把作为经济制度的放任主义和作为政治制度的自由主义区别开来是必要的。……自由主义就是通过宪政国家而对个人政治自由和个人自由予以法律保护的理论和实践。……自由主义相信人类每一个人的价值，并且把他们理解为个人，这一点是显而易见的。但是即使所谓抽象的个人概念被弃之不用，不管这种个人是'占有性的'还是'社会性的'，是创造社会的还是被社会创造的，自由主义仍屹然不动。……许多人可能正在要求一种后自由主义的民主以取代自由主义，却没有意识到他们所要求的只是早已被自由主义取代的前自由主义的民主。"①

---

① 参见乔万尼·萨托利：《民主新论》，冯克利、阎克文译，东方出版社 1993 年版。

所以，洛克的现代政治社会与其说是占有性的资本主义，不如说是自由法权的资本主义，是个人的人格自由权利得以实现的资本主义，这个资本主义才是现代资本主义，尤其是早期发育与成长时期的真实写照。对于这个资本主义，洛克是充满信心的，并没有麦克弗森所推演出来的那种导致与自由民主社会相对立的榨取性资本主义的政治逻辑，更没有马克思所揭露的吃人的本性和最终走向毁灭的或为另一个财产制度所取代的逻辑，也没有蕴含科耶夫、施特劳斯所指陈的现代性之虚无主义恶果。这个自由资本主义总的来说是英美政治思想家们的叙事图景，不仅洛克，其他的思想谱系，如苏格兰思想的社会理论，也都对于这个社会有着与洛克大致相同的认识和论述。由此可见，麦克弗森阐释的洛克的占有性个人主义，并不是洛克思想的核心特性，也不是现代资本主义的核心特性，"占有"与自由相结合的资本主义或一个法治秩序和市场经济交汇互动的自由资本主义，才是现代资本主义的核心特性。

三、现代资本主义的未来问题

科耶夫主奴法权之辩证的思想，施特劳斯现代政治之现代性的思想，麦克弗森占有性个人主义的思想，这三种有关现代政治和现代资本主义的叙事，都属于宏大的叙事或以宏大叙事为依据，因此，都必然触及现代的起源和终结，在麦克弗森的洛克解读的语境之下，就是资本主义的未来问题。可以说，不仅麦克弗森，而且当前诸多的左派政治思想，都特别关注于现代资本主义的未来问题，或者说都以他们所理解的马克思对于资本主义的终极性批判为理论预设。

在我看来，麦克弗森有关洛克的占有性个人主义之阐述正像科耶夫有关黑格尔现象学主奴关系的阐述一样，有着一个关于现代政治和现代资本主义未来的理论预设。那么，究竟如何看待资本主义的起源、发展演变乃至未来命运呢？在洛克的思想中，或者在英美的古典自由主义政治思想家们那里是如何看待资本主义未来命运的呢？

可以说，英美的古典政治思想家并不特别关注这个问题，即便是像洛克这样一个具有现代政治叙事的思想家，也没有炮制出一个贯穿古今、穷彻天地、有始有终的历史主义和资本主义的兴衰史。因此，关于资本主义的未来尤其是资本主义的终结和消亡，并不是洛克一脉理论的逻辑基础，它们属于前述的有限度的历史主义。资本主义是演进性的，虽然可能包含着一定的进步主义的味道，但这个历史进步主义是相对的和不可知的，并没有必然的绝对性和终极性。相比之下，他们更为关注资本主义一般形态中的基本原理、内部构造和动力机制，例如洛克的财产权理论、政府论和政治经济学，为我们建立了一个现代资本主义形态的政治与经济乃至思想意识的基本框架和主要内容，并没有对于这个资本主义社会总体性的未来设想和总危机的预言。至于苏格兰思想则更是经验主义、演进论和有限历史主义的，正像前面分析的，他们对于资本主义的论述，也没有未来之危机或消亡方面的内容。①

---

① 也许有论者会说上述英美思想家属于资本主义早期的思想家，因此对于资本主义本性的认识是乐观性的，他们对于资本主义内在矛盾和未来之毁灭性的本性之认识并没有19、20世纪乃至今天的思想家们那样深刻。这个观点或许有一定道理，但是，从理论上看，一个时代有一个时代的理论，对于当今资本主义的论述以及资本主义之毁灭本性的认识，可以（转下页）

当然，不重视资本主义的未来问题，并不等于洛克等英美思想家对于现代资本主义没有批评，不等于他们对于现代社会的痼疾视而不见。英美的政治思想家对于现代社会的分析，对于今后资本主义演变的分析，对于未来世界形势的论述，采取的大多是一种现实主义的改良策略，节制、中庸和审慎，并不是把人类社会存在的所有问题统统归纳到现代性的箩筐中，寻求一揽子完美的解决方案，或通过一场革命，在死火里重生。

从理论上说，关于现代资本主义之 20 世纪乃至 21 世纪的新形态和面临的危机问题，我们没有理由要求早期的思想家们提供预言性的解答，这样的诉求只能在宏大叙事的政治神学那里去寻找。可惜而可喜的是，英美思想家们大多不是这类的思想家，因此，他们的现代政治和现代资本主义的理论叙事，如果说有的话，那也是非常节制的，非常经验主义和常识性的，他们最多是一个睿智的历史老人，绝不是现代社会的先知或祭司。施特劳斯和麦克弗森对于洛克思想的解读，虽然不无新意，虽然在很多方面深化了洛克的思想，但并非没有歪曲，没有演绎，没有"六经注我"，没有把洛克置入自己的窠臼之中。

（接上页）见仁见智。不过，对于本文来说，关于资本主义之未来毁灭性的本性之言说，主要的是西方社会发展演化到今天这个阶段的他人之问题意识，而非我们国家和社会之本己的迫切问题，我们没有必要把他人之问题视为自己之问题。

四、现代政治的现代性问题

我在前面初步讨论了西方思想领域有关现代政治的三种叙事模式，尤其论述了关于现代政治之现代性问题。在我看来，西方当今政治哲学领域有关现代性问题具有代表性的两种叙事版本——施特劳斯的保守主义叙事和科耶夫现象学解读的激进主义叙事，它们所指出的现代政治之现代性问题，并不是绝对客观的也不是普遍有效的，与此相对的，还有另外不同的基于英美政治思想中的对立版本，即普通法的法治主义政治和苏格兰思想的政治论述。此外，关于洛克的政治思想，麦克弗森的占有性个人主义的解读也可以归类到西方马克思主义的左派现代性批判之叙事模式之列，而这种解读与洛克之自由资本主义的传统解读也是对立的。

总的来说，上述三种有关现代政治之左、右两个谱系的宏大叙事版本，只能说是一种独断性的思想观念，其揭示的现代性问题有一个真伪之辨，或者说，它们的问题，在英美为主体的现代政治思想以及现代政治实践中，更多地表现出言不及义的虚假性，从某种意义上是一个伪问题，至少只是指出了现代英美政治的一个方面，但绝不是全部，更不是现代政治的本性，虽然对于欧洲大陆的现代政治来说，这种说辞可能相关性要大一些。

英国普通法的法治主义和宪政主义理论、苏格兰思想的政治经济学和法律哲学以及洛克主义的自由资本主义理论，或许比上述三种现代政治叙事更为有效地揭示了现代政治。尤其是现代英美政治的本性，虽然它们并没有搞出一个所谓的现代性问题，但并不等于它们无视、忽视和回避现代政治所导致的严重的政治的、社会的、经济的等诸多方面的问题，只是它们不是用或从来没有想到用什么现代性来指陈这个问题，并诉求通过消除现代性并进而消除现代政治的方式来一劳永逸地解决上述问题。在它们看来，现代社会诸多问题的出现是正常的，从来就没有一个纯粹完美的政治，也没有导致绝对虚无主义的政治，古典政治如此，现代政治也是如此。政治只是一种维持社会秩序的底线制度设置，政治既不可能担负一个救世主的创建美丽新世界的职能，也不可能将社会彻底投入绝对黑暗的深渊。因此，现代社会出现的各种新的和老的问题，只能在政治的基础上，一步步、一个个地寻求改良性的解决，旧的问题解决了，新的或后继的问题肯定又会出现，有些甚至就不可能从根本性上解决。政治就是这样一个乏味、妥协、枯燥和程序性的工作。政治是散文，不是诗歌，没有开始和终结，只要人类社会群体存在下去，政治的这种烦琐和事务性的工作机制就会继续下去。

从英美政治家的视角来看，施特劳斯和科耶夫之流的现代政治之现代性的叙事，他们闻所未闻，实际上他们也没有真正面对面地进行过有效的对话，我们看到的只是双方对于对方的有关政治观念的回避。普通法和苏格兰思想以及洛克显然不可能应对今天两派学者的现代性观点，至于当今的上述英美政治思想和法律思想的后继者也似乎没有抵御左、右两派现代政治之现代性问题的挑战之意愿；同样，后两派似乎也在他们的理论构建中有意回避前述英美传统思想中两大渊源，最多只是拿洛克文本做一番发挥，至于洛克思想的歧义性他们也不愿给予更多的关注。总之，从学术思想的语境来说，他们各自在自己的场域中自我设限，或许他们根本就没有任何共同的语言，确实他们无论从学科分野还是从立场分野来说，都完全是两码事。因此，单纯就学术来看，本文确实是一桩冒险的事情，或许在学术上不会有什么价值，因为我是把两种不可能进行比较的东西硬性地放置在一起了，把可能是不搭界的东西强扭在一起了。但是，我为什么要这样做呢？在此我想做一个交代，即本文的立意与针对性在于现代化之下的中国语境。

从西方和中国现代政治的背景来说，当前所谓的现代性问题，其对于中国现代社会的建设所起到的负面作用是显而易见的。在此，我们也承认西方左、右两派的现代政治之现代性叙事在西方的制度环境和思想语境下有着它们的一定的合理性甚至必然性，尤其是在学术领域也不失为一类富有创新的思想体系。同样，我们也不否认这套思想的中国传播者，他们调用西方的现代性思想，沿袭他们解剖现代政治的视角，来指陈中国现代政治之发育、生长的诸多问题，从一个批判的侧面对于建设中的中国现代政治之道也不无裨益之功。但是，我们应该清醒地意识到，现代性之政治叙事从实质上说是消解性的，是充满毒素的罂粟花，它们没有建设，只是批判，没有改良，只是否定，其历史的虚无主义和政治浪漫派，只能使本来就步履艰难的中国现代政治走向更加危险的境地。所以，我们认为，关于现代政治之现代性的真伪问题，不是一个单纯的知识问题或学术问题，而是一个有关现代政治的价值判断问题，是一个关涉中国向何处去的理论问题。因此，对于中国现代政治思想来说，关键的不是鹦鹉学舌地把西方的现代性思想理论搬运到中国，而是回到人家发育现代政治的优良传统之中，把真正的现代政治的普遍经验学习到手。学习英美建设现代政治的真智慧，而不是法德反现代政治的伪问题，这也是我讨论洛克的初衷之所在。

（1689—1755）

自由不是无限制的自由，自由是一种能做法律许可的任何事的权力。

孟德斯鸠的政治法思想

在政治思想史中，孟德斯鸠的《论法的精神》可谓划时代的作品，他对于政治法以及政体的性质与原则等重大的宪法政治问题，首次给予了深入的论述，作为一位自由主义的思想家，孟德斯鸠的政治法理论具有重要的意义，在政治思想史上孟德斯鸠可以说是第一位熔铸了英国与法国两种法律品格于一体的大家。不过，在论述孟德斯鸠之前，本文先要从马基雅维利、博丹的思想开始说起。

施特劳斯几经转变最终把马基雅维利视为现代思想的开创者，[①]确实如此，马氏的《君主论》和《论李维罗马史》使现代民族国家在理论上第一次具有了独立自存的主体意义，由此"国家理由"成为君主国家实施政治统治的依据。但是，马基雅维利的国家理由并没有解决国家政治的合法性问题，反而把国家成员与国家法律的矛

① 这方面的资料，参见施特劳斯：《关于马基雅维利的思考》，申彤译，译林出版社 2003 年版；《霍布斯的政治哲学》，申彤译，译林出版社 2001 年版；《自然权利与历史》，彭刚译，三联书店 2006 年版。另外，关于马基雅维利的论述，还可参见：J. G. A. Pocock, *The Machiavellian Moment, Princeton*, Princeton University Press, 1975; Friedrich Meinecke, Machiavellism, *The Doctrine of Raison d`Etat and Its Place in Modern History*, London, 1957.

盾对立凸显出来。由于国家有其自身的功能与目的，可以在特定情境中不受法律与道德的制约，那么中古以来，维系社会存续的特别是由基督教确立的道德戒律、法律规范和礼仪制度便受到了国家理由的挑战。为此，马氏也落得了"罪恶导师""权术大师"的千古骂名。

其实，马基雅维利彰显国家理由的意图远非一种帝王师的心迹所能涵盖，他虽然处于16世纪意大利邦国林立时期的穷乡僻壤，但却先知般地洞悉了未来欧洲民族国家的汹涌大潮。他皓首穷经、殚精竭思的《君主论》《论李维罗马史》等著作，看上去是为他的佛罗伦萨君主美第奇家族献策进言，但包藏的用心却是在为欧洲新生的民族国家鸣锣开路。

首先，马氏的理论为现代国家奠定了政治实体的理论基础。我们知道，现代国家从本性上大不同于古代的城邦国家，它虽然是一种政治共同体，但这个现代政治共同体的内在依据在他之前并没有获得政治哲学的论证，其统治权威的基础、自身的长远利益等缺乏有效的说明。马基雅维利的国家理由却把国家从中世纪的神权政治中解脱出来，揭示了它的世俗性、中立性与自身目的性的国家特征。

其次，马基雅维利的学说虽然为后世所诟病，但他有关政治无道德的论述，却在揭示政治与道德的二元分离这一重大的政治法学问题上，不但开启了这个领域长达500余年理论论争的滥觞，而且凸显了"特殊情境"这一政治法学的关键问题阈，从而对后世有关非常政治与日常政治的二元政治观以及宪法政治的机缘论等，都产生了重大的影响。

博丹的国家主权理论可以说是马基雅维利学说在法国的嫡传，

这位生活于 17 世纪法国王朝专制国家下的思想家，有感于当时的欧洲民族国家的形势，为了给法国王权的国家统治提供一种理论的辩护，不失时机地提出"国家主权"的命题。在他看来，国家不但具有马基雅维利意义上的自身目的和功能，而且具有政治上的合法性，主权意味着最高的统治权威，是一种拟制的法律权力。显然，国家主权的法律拟制不属于一般的法律条文，无论是大陆—罗马法系的私法，还是中古以来的市民法乃至教会法，等等，都与国家主权的法律本性不同。主权法是一种政治法或国家法，它揭示了国家这样一个政治实体在世俗世界的最高统治权，博丹认为国家主权具有三个重要性质：一是绝对性，二是永恒性，三是不可分割和转让性。

应该指出，博丹的主权理论在法律思想史上是意义深远的，它接续马基雅维利进一步开辟了一种国家政治法的新时代。

首先，博丹的主权理论有别于当时的罗马公法体系，不但赋予了民族国家这样一个全新的政治实体以政治上的合法性，而且把它提升到最高的世俗权威的地位，这是在此之前的任何理论家，包括亚里士多德所从来没有做过的。

其次，博丹把马基雅维利的国家理由转化为国家主权，从而实现了现代国家从政治向法律的转型，不同于古代城邦的现代国家由此具有了法权上的意义，国家不再仅仅是一个政治实体，同时还是一个法律实体，具有了法律上的拟制性格。

最后，古典的罗马公法经过博丹国家主权理论的改造而获得了新的意义，本来文艺复兴以来欧洲国家对于罗马法的发现与继受就不是单纯的照搬和复制，而是一种在新的社会环境下的转型与维新。如果说罗马私法有效地与 16 世纪以来的欧洲市民阶级的经济活动联

系在一起从而焕发了新机，并且开辟了影响深远的大陆—罗马谱系
的话，那么罗马公法则在其凋敝之后，经过天主教的大公主义，特
别是现代民族国家的主权理论以及后来的宪政理论的改造与洗礼，
同样也获得了生机，在其中，马基雅维利、博丹、孟德斯鸠、黑格
尔的政治国家理论，可以说是最重要的一环。

18 世纪孟德斯鸠的法律理论是在上述的理论背景以及他那个启
蒙时代的政治、经济、文化的现实土壤中孕育而生的。

孟德斯鸠的思想首先容纳与综合了在他之前的欧洲政治与法律
领域各派的理论观点，不仅包含有意大利、法国，乃至古罗马的公
法思想，还包括了英国的政体理论，不仅包括了罗马私法意义上的
各种法律观点，还吸收了普通法的大量内容，不仅包括了政府理论、
国家学说，还包括了民法、商法、税法、刑法等大量的内容，总之，
《论法的精神》一书可谓那个时代的法律百科全书。

其次，在我看来，孟德斯鸠最关键的贡献还不在上述的综合性
特征，而在于他的前瞻性，可以说虽然作为法国的早期启蒙思想家，
但孟德斯鸠有关政治、法律与社会的理论，在深刻性方面甚至超越
了他的时代，其对于政治本性的认识，对于法律精神的把握，要高
于后来的绝大多数欧洲的启蒙思想家。

孟德斯鸠在《论法的精神》第一卷的开篇，就指出了法的本性
问题，并进而把"政治法"视为他的法律理论的中心内容，置于重
要的地位。在他看来，"法是由事物的性质产生出来的必然关系"。[①]
人类一旦有了社会，为了避免国家与国家之间、个人与个人之间的

---

① 孟德斯鸠：《论法的精神》，张雁深译，商务印书馆 1963 年版，第 1 页。

战争状态，便要遵循人世间的法则，"社会是应该加以维持的；作为社会的生活者，人类在治者与被治者的关系上是有法律的，这就是政治法。此外，人类在一切公民间的关系上也有法律，就是民法。"①所谓的"政治国家"在于社会力量的构成与组合，不同的统治方式组成了人类政治社会的不同政体，孟德斯鸠在书中着重考察了不同的政体形式。在我看来，《论法的精神》最大的理论贡献是从政治法的角度揭示了不同的政治国家（孟德斯鸠称之为政体）的性质与原则。

仔细研读孟德斯鸠的作品就会发现，他划分政体的依据实际上有两个：一个是古代亚里士多德以来传统上沿袭的标准，即根据统治者人数的多少而区分为君主政体、民主政体和贵族政体等三种典型的形态；另外一个便是根据法律在政治社会中的作用以及功能而区分为君主政体、共和政体和专制政体等三种形态。应该指出，孟德斯鸠对于后一种划分标准是十分重视的，在《论法的精神》中他所着重考察研究的就是"直接从政体的性质产生出来的""基本法律"，以及"同政体的原则有关的法律"，②它们构成了所谓政治法的基本内容。

孟德斯鸠有关政体划分的两个标准在政治思想史上是意义重大的，它从形式和本质两个不同的方面揭示了政治国家的特征。第一层标准指出了国家政体的外在形式，第二层标准则揭示了国家政体的内在实质，在其中法律的作用是极其关键的，后一种标准比前一

---

① 孟德斯鸠：《论法的精神》，张雁深译，商务印书馆1963年版，第5页。
② 同上书，第8、19页。

种标准更为根本，一个国家的性质并非系于统治权是在一个人、几个人或大多数人手中，而在于统治者是否根据法律实施统治，也就是说关键在于法治的程度。

由此观之，政体实际上只有两种：一是专制政体，一是非专制的政体，如果从法治或专制的程度之不同来看，又可区分为自由（君主或共和）政体、开明专制政体、绝对专制政体、野蛮政体等不同的制度形态。^①孟德斯鸠在书中从不同的角度分别讨论了上述各种政体的社会、经济、贸易、法制、文明、官吏、税收等诸多情况。

孟德斯鸠基于上述认识，对于各种政体的性质以及原则，特别是由此产生的不同法律做了深入的社会学分析和理性主义剖析，其中有两个重要的观点为后人所看重，成为现代政治与法律思想的重要理论渊源。一个是有关政府的三权分立原则，这个分权制衡的政府（国家）理论进一步完善了洛克的政府理论，并对于美国的宪政联邦共和国产生了积极的影响。另外一个是有关自由的学说，孟德斯鸠提出的法律与自由的关系理论对于西方自由主义的政治理论是意义重大的，它开启了自由理论的一个有别于古典古代政治理论的新维度，并且构成了现代法治主义的主流。^②

我想强调指出的是，孟德斯鸠有关法之精神的理论，固然吸

---

① 关于政体的二阶划分问题，参见高全喜：《休谟的政治哲学》第五章的有关论述。

② 关于孟德斯鸠的分权思想和自由理论，已经为人们所熟知，本文不再赘述，有关研究资料，参见M. J. C. 维尔：《宪政与分权》，苏力译，三联书店1997年版；M. L. Levin, *The Political Doctrine of Montesquieu's Esprit des lois: Its Classical Background*, New York, 1936. *The Rule of Law: Ideal of Ideology*, Edited by Allan C. Hutchinson, Carswell, 1987.

收了自然法、民商法以及普通法的诸多内容，但其理论立足点在于政治法，或者说他对于政治国家的法律本性的认识。在他看来，一种政体是否实施法治，在何种情况下实施法治，实施法治到何种程度，这些问题构成了政治法的基本内容。所谓政体的性质与原则的区别，只不过是在统治与被统治之关系的机制方面的不同，而它们都属于政治法调整的内容。

孟德斯鸠认为："政体的性质是构成政体的东西；而政体的原则是使政体行动的东西。一个是政体本身的构造；一个是使政体运动的人类的情感。"[①]政体的性质体现在上述的双层划分标准，法治是关键；关于政体的原则，孟德斯鸠又根据不同的政体性质提出了共和政体的品德（包括民主政体的平等和贵族政体的节制）、君主政体的荣誉和专制政体的恐怖三种原则，这些原则加上上述的法治与否的政体性质，一起构成了一个社会政治关系的运行机制。由此可见，孟德斯鸠对于法的精神的理解从根本性上说是政治法意义上的，国家政体在他的理论中取决于政治法，显然，他的法治主义不是私法意义上的规则之治，而是公法意义上的规则之治，[②]或者说是政治法的法治主义。

在政体或国家问题上，孟德斯鸠属于理性主义政治哲学的谱系，不属于英国经验主义的谱系。政治上的法律关系在他看来，不是从

---

① 孟德斯鸠：《论法的精神》，张雁深译，商务印书馆1963年版，第19页。

② 关于法治主义的私法之治、公法之治，以及私法的公法之治或普通法的法治国问题，参见高全喜：《法律秩序与自由正义——哈耶克的法律与宪政思想》第二章、第三章的有关论述，以及哈耶克的《法律、立法与自由》、J. N. Gray, Hayek on Liberty, Third edition, Routledge, 1998.

民法规则中自发地产生出来的，而是理性建构出来的，尽管自然法、民商法等法律对于一个社会的秩序建立是重要的，但在政治领域，即在统治与被统治的关系方面，政体的构成基于政治法。政治法塑造了一个国家的政治秩序，并进而对于社会的其他领域，诸如经济、贸易、习俗、教育、军事、文化等方方面面产生重大的影响，《论法的精神》的相当一部分篇幅，便是在首先确立了政体性质和原则之后对于后来所谓"市民社会"的综合分析。

我们看到，孟德斯鸠虽然在理论上还没有提出政治国家与市民社会两分的概念，但他的法律理论的内容实际上是按照这样一个框架展开的。这种分析显然有别于英国 17、18 世纪的法律理论，开辟了法德政治与法律思想的路径，黑格尔的《法哲学原理》的理论框架无疑是孟德斯鸠的进一步发展，并且构成了一个严密、系统的有关政治国家与市民社会的法律思想体系。

孟德斯鸠之所以强调政治法，并且也吸收了民商法、自然法的内容，这既与当时他所处的法国社会的现实环境有着密切的关系，也与孟德斯鸠积极地接受英国社会的成熟经验有关。作为一个自由主义倾向的思想家，虽然他必须正视法国路易十四时代专制政治的现实，但他同样也为英国光荣革命的成功欢欣鼓舞，希望法国能够学习英国的经验。正是上述两种观点的思想对接与碰撞，才造就了孟德斯鸠政治法的法治主义，才从法国社会的土壤中生长出一种自由主义性质的政治法学，而不是后来卢梭式的人民主权专制的左派政治法学或德国施米特式的国家主义决断论的右派政治法学。在我看来，自由主义的政治法学是孟德斯鸠留给后人的宝贵遗产，而这一精神财富在黑格尔晚年的法哲学理论中得到了进一步的发展，黑格尔的国家法理论是孟德斯鸠政治法思想的嫡传，或许这一脉自由主义的政治法—国家法理论对于幸运的英美国家并不重要，但它们对于我们现时代的法治主义国家建设，特别是我国的宪法政治，具有至关重要的理论指导意义。

（1694—1746）

智慧意味着以最佳的方式追求最高的目标。

　　苏格兰启蒙运动在思想领域的真正自觉是由弗兰西斯·哈奇森开启的，哈奇森的道德哲学在苏格兰启蒙运动中具有创始之功。为什么要在道德领域而不是在政治和经济领域掀起一场思想的革新，并赋予道德情感以如此关键的地位，这是我们研究哈奇森需要直面的问题，另外，哈奇森的感性主义美德伦理学为苏格兰思想开创了新的道路。

一、问题意识

　　哈奇森的父亲是长老教会的牧师，按照那时子承父业的传统，哈奇森此后的人生大致是成为一位长老教会的牧师。当时的苏格兰启蒙运动初露端倪，宗教派别之间的相互冲突与斗争虽已不是那么激烈和残酷，但也存在着有关信仰的门户之见。为了保持苏格兰长老教会的主导地位，他们对于天主教信徒和圣公会信徒的思想传播还是谨小慎微、严防紧守。与父辈长老教会的严谨信仰不同，哈奇森早在儿童时期就对旧式加尔文主义的严苛教条和天命预定论有所怀疑，而对自由宽松的思想追求和各种新知识保持浓厚的兴趣。年轻的哈奇森先是在学校学习神学和法学，这个时期他多少感受到欧洲和英格兰传来的新信息和新知识，并开始思考苏格兰今后走什么道路，因此，与父亲持有的正宗长老教的宗教观点有分歧。面对英国社会与思想的冲击，苏格兰如何寻找一条融汇英格兰之长的道路，哈奇森有着强烈的感受。

真正改变并确立了哈奇森基本思想的还是他于 1711 年进入格拉斯哥大学的求学时期。格拉斯哥是苏格兰西部最大的城市，早在中世纪就是苏格兰的商贸中心。在哈奇森读书的时代，格拉斯哥不仅是苏格兰经济最发达的城市，伴随着贸易开发和欧洲一些贸易港口以及英格兰的商贸密切联系，它也是苏格兰早先具有现代商业氛围、商贸人士云集、呈现商品竞争力的地区。在格拉斯哥大学，哈奇森虽然学的是神学，但他对当时的各种学科知识都有广泛的兴趣，努力学习了法律、数学、化学等多种新的知识。值得庆幸的是，当时的格拉斯哥大学正处于教育改革时期，学校的教授聘任逐渐脱离教会的控制，而是由市议会任命。新任校长修订了大学课程内容，增加了历史学、植物学、医学、法律等新的课程，并聘任了许多专业教授，这样就打破了旧式加尔文派神学在教育界的垄断地位。格拉斯哥大学、爱丁堡大学等这些苏格兰知名大学的教育改革，也是苏格兰启蒙运动的一部分。年轻的哈奇森深受这些改革的影响。

哈奇森所学的神学硕士课程，当时老师教授的主要还是加尔文宗神学思想，无论是耶稣在福音书的教导，还是苏格兰长老教会之父诺克斯的教义手册，宣传的都是有关天使与魔鬼以及信仰与拯救的内容，贯穿着感性的想象和预定的和谐，等等。对于这套司空见惯的加尔文新教的神学说教，哈奇森并不满足。恰好当时大学新聘任了一位神学教授，叫罗伯特·西蒙森，他直接挑战加尔文旧式神学教条，给学生们以理性的方法论，教会学生用理性之光来审视神学问题。

西蒙森的观点显然受到英格兰思想的影响，例如洛克、牛顿的理性怀疑论都通过教授之口传授过，此外，法国的启蒙思想，还有荷兰、西班牙等各种人文主义和理性主义的思想，都在课程中有所传授。当然，对于大学和教会的极端保守派来说，西蒙森的观点太过激进，很容易导致自然神论，理性的批判锋芒消弭了教会倡导的道德戒律的严肃性和权威性，因此他们对此严加抵制；但毕竟当时的苏格兰思想领域已经十分宽松，各种观念的传播还是得到了缓慢的推广。

对于哈奇森来说，西蒙森的观点他未必完全接受，但是这位教授带来的理性批判还是非常具有启发意义的，他帮着哈奇森打开了被教条主义禁锢的闸门，由此年轻的哈奇森可以自由地思考，聚焦自己关注的问题。在哈奇森看来，西蒙森对于传统教会的批判太激进了，苏格兰的思想改革不需要那种革命的理性批判主义，而是要在传统的维持改良中建立一种新的道德哲学，尤其是建立在道德情感上，而不是理性逻辑上。这一点，显然又显示出哈奇森无法摆脱加尔文教的影响。换言之，他的思想基础并不是理性主义神学，而是富于感性的基督新教，但这个新教需要改革，需要与时代、与现实生活、与格拉斯哥的商业社会相互结合，而不能重复老一套的天使、魔鬼、地狱、天堂，以及宇宙秩序和个人救赎的陈词滥调。

在格拉斯哥大学的求学生涯对于哈奇森至关重要，在那里他获得了新的理性分析能力，学到了现代意义上的新知识，感受到这个城市生机勃勃的商业进取精神，并且确立了今后人生的规划，即为自己的时代和社会创造一种新的思想。

这个新思想究竟是什么呢？哈奇森不再满足于格拉斯哥一隅之地，他开始游学欧洲和英格兰，在此后的多年时间里，他到过瑞士，去过巴黎和爱尔兰的都柏林，还在牛津大学学习一年。在此期间，他不再局限于神学，而是在新思想和新知识的发源地，广泛涉猎与学习法律、科学等知识，与当时的欧洲和英国知识精英有过深入的交往，也广泛了解与接触新教改革的各种探索思想。总之，他逐渐强化了他的问题意识，系统化了他的思想观点。1729 年，哈奇森回到了苏格兰，在格拉斯哥大学担任哲学教授，1730 年任道德哲学系系主任，传授他的独创一格的美德伦理学。

由于哈奇森的道德哲学、宗教神学与加尔文新教有着密切的关系，加上家族的传统，以及苏格兰思想的保守气质，他成了当时的一道奇观。那就是，他既是大学正式聘任的伦理学教授，在课堂为学生教授道德、法理学和政府管理学，又是长老教会的牧师，晚上在教堂为信徒讲授《圣经》，传道授业，传播福音。这种一身二任的情况，也不是哈奇森一人所独有的。在当时的苏格兰，有些人具有这种双重身份，例如，哲学家亚当·弗格森、托马斯·里德。他们也许是受到哈奇森的影响，都既是大学教授，又是教会的牧师。

应该指出，哈奇森把大学教学与教会布道结合起来，与他的问题意识有关。他虽然广泛接受了欧洲和英国的新思想、新知识，对于理性并不排斥，也深受英国、欧洲沿海城市和苏格兰的新兴市民生活之鼓舞，赞同工商文明与法治秩序，但是，这些新事物并不是他萦绕于怀的核心问题，真正使他关注的还是心灵的问题，即基督新教的心灵救赎问题。只不过，传统的加尔文正宗神学已经严重脱离了社会生活，旧式的神学教义已经不能说服广大信众，尤其是商人大众。所以，如何改革新教的刻板说教，为新时代和新市民提供一种富有活力的道德哲学，而且是与新教精神相契合的新道德，就成为哈奇森的思想使命。他重回苏格兰，在格拉斯哥大学担任教职，并且不离牧师职守，所诉求的就是这样的思想氛围。

经过哈奇森多年的努力营造，在苏格兰，在格拉斯哥大学，以他为中心，确实形成了一个思想冶炼的舞台。在此他不但建立了自己的系统化的美德伦理学，创造了具有开启意义的苏格兰道德哲学，而且培养了一大批学生。他们不但传播他的思想，还进一步发展和推进了他的思想，丰富和发扬光大了苏格兰的启蒙思想，例如他的学生亚当·斯密就是一个典范。

二、美德伦理学

从现代狭义道德学的视角看，道德与伦理有所区别，前者多指向人的内心，后者多与人的行为有关，这种划分表现出现代学科的精密性。但是，这种划分也是相对的，因为人的内心与行为都与规范性的德性要求有关。此外，还需要特别指出的，在现代道德伦理的划分之前，或在早期的现代思想史中，道德与伦理是没有多少区别的，都属于道德哲学的领域。对于哈奇森这样一位现代道德哲学的创建者来说，他的道德学既是一种道德哲学，又是一种伦理学，由于他格外强调基于情感的美德标准，因此又可以称为美德理论学。

总的来说，哈奇森的思想以其关注人的道德性，尤其是试图为现代社会建立一种奠基于情感美德的伦理标准或规范而称著于世。他的道德思想开启了苏格兰道德哲学之路。

哈奇森所处的苏格兰新时代，需要一种不同于传统加尔文教的新道德，以此规范或指导日渐兴起的市民阶级以及经济社会的外部行为与内心修养。他感觉这是苏格兰当时问题意识的中心点，也是他的使命所在。

1. 思想的谱系：霍布斯、沙夫茨伯里伯爵

如何创建这种他期盼的新道德哲学呢？

他在周遭的思想世界绕了一圈，与当时的知识精英交流之后，还是回到了英国的经验主义。在他心目中，英国以沙夫茨伯里伯爵为代表的情感主义道德理论，最具有启发价值，而且为他的思想创造提供了一种广阔的可能性。与此相关，当时影响巨大的英国思想家霍布斯则成为他的理论对手，霍布斯的人性自私的道德哲学，激发了他的批判锋芒。他把从沙夫茨伯里伯爵那里接受的情感仁爱学说，提升到一个新的高度，在对霍布斯自私天性的批判中，建立起一套纯粹仁爱的情感美德理论。

在英国经验主义的思想传统中，其实一直有着两股不同的思想源流，一股是关于人性天然自私的人性理论，一股则是关于人性天然仁慈的人性理论，前者的代表是霍布斯，后者的代表则是沙夫茨伯里伯爵。当然，这两股思想的中心议题不是各自建立一套道德哲学，而是为了他们的政治思想，即为英国的革命提供一套人性论的

理论论证。

生活于英国内战时期的霍布斯,为了构建一个适合于英国的利维坦,他关于人性的理论就预设了一种丛林状态下的人性自私论。在他看来,人的本性天然是自私的,自保和自利是人的本性,人为了安全和保命,基于利益的计算和权衡,就在相互之间订立了一个契约,并把它交给第三方,即一个绝对的国家来把握,从而建立起一个集权主义的国家体制,这就是利维坦。霍布斯的政治契约论以及人的自私自利论,在政治思想界影响很大,对于法国乃至世界的现代民族国家之主权建构,都具有重大的影响。

不过,这里有一个要点需要指出,在英国思想中,这种人性自私的利益论,又与当时兴起的自然权利论相互结合起来。这个线索可以追溯到荷兰思想家格劳秀斯以及西班牙学派,还有欧洲意大利、法国等兴起的自然权利论,把自然私利转化为一种自然权利,从而为英国革命提供一种个人权利论的辩护,这是早期现代思想的一个流变。由此,从霍布斯那里开启了一种现代的个人主义,也是言之成理的。

与上述的人性自私或人性恶的经验主义不同,另外一股思想潮流,便是关于人性善的天然仁慈和仁爱的思想,这个思想早在文艺复兴的人文主义那里就有相关论述,但在英国,则是沙夫茨伯里伯爵最具代表性。当然,沙夫茨伯里伯爵是英国的著名贵族,也是积极参与英国光荣革命的辉格派政治领袖,洛克就曾受到他的赏识,担任过他的国务秘书。

沙夫茨伯里伯爵不赞同英格兰甚至欧洲思想家们对于人性自私的流行观点,在他看来,人的天然本性是仁爱和宽厚的,爱他人、爱朋友、爱亲人友朋，爱其他认识的或不认识的所有人，是人的基本情感，所谓中国宋人张载的"民吾同胞，物吾与也"，人生来就具有仁爱辞让的情怀。所以，仁爱之心是人的最为根本性的情感，不是用理性就能计算的，不是能用利益得失来考量的，而是天然的，朴素的，也是最为普遍的，为每一个人所秉有。显然，沙夫茨伯里伯爵的观点与霍布斯的人与人的恐惧与敌对关系、人性本恶的自私情感是截然对立的，他开创了英国经验论的另外一个仁爱的情感主义道德哲学传统，在英国也是影响巨大。

值得特别指出的是，沙夫茨伯里伯爵主要是一位政治家，他领导的辉格党人积极参与英国革命，实现了光荣的改良革命，促成了保守主义性质的政治改制，实现了君主立宪制。这场典范性质的英国革命，其思想源泉并不是霍布斯之流的人性自私论，以及功利主义的利益计算，而主要是这股仁爱温良的道德哲学的性善论。当然，沙夫茨伯里伯爵的道德哲学只是其人生事业的一部分，他推进的英国革命主要还是在政治领域，他的道德思想对于英国政治变革乃至政治思想的影响，还是被思想史严重忽视了，理论家们并没有把它们之间的密切关联打通，把握到这股仁爱的情感道德哲学对于光荣革命的理论哺育的意义。

相比之下，思想家们更愿意把他的学生和秘书洛克视为英国革命的理论代言人，以洛克的政治思想来捍卫和辩护英国革命的正当性。当然这一看法也没有错误，洛克的理论为这场伟大的政治变革予以辩护，并给予正当性证成。但是，洛克在吸收英国经验主义的时候，并没有完全接受沙夫茨伯里伯爵的仁爱道德哲学，他在认识论、方法论和知识论等方面投入大量的精力从事写作和理论创造，而在道德哲学方面，并没有接续沙夫茨伯里伯爵的仁慈仁爱的学说，也无意从人性善的视角开创出一套现代政治论。他在与霍布斯的思想斗争中，把人性自私的理论转化为一种自然权利论和社会契约论，从而构建一个现代版的自由主义思想谱系，通过个人天赋享有的生命权、财产权、言论权和政治权利，为现代的自由宪政国家，即他规划的政府论或君主立宪制，提供思想理论基础。洛克的这个理论道路是具有普遍性的，他一方面接受了霍布斯的个人主义，但又没有指向国家主义专制，而是实现了一个保障个人权利的宪政国家，在这个国家，人民仍然具有反抗暴政的自由权利。这就为现代自由主义的实践和理论两个方面开辟了道路。

毋庸置疑，洛克在思想理论上取得了巨大的成功，沿着英国光荣革命的轨迹，凸显了一条影响深远的自由主义之路，但是，这个洛克之路也遮蔽或遗漏了革命时期的一些其他思想的发育和生长，他的老师沙夫茨伯里伯爵的情感主义仁爱道德思想，以及它们对于英国革命实践的关系，就随着这一代政治人物的退场而消隐下去，没有巍然壮大。不过，值得庆幸的是，时隔半个世纪之后，在苏格兰思想启蒙的发育中，沙夫茨伯里伯爵的情感主义仁爱学说却被哈奇森重新拾起，并得到进一步的挖掘和发展，成为苏格兰道德哲学的一个强有力的源头，促进了整个苏格兰道德哲学的发扬光大，由此开辟了一条不同于英格兰政治思想中的个人权利论的情感主义自由主义新谱系。苏格兰沿着霍布斯、洛克的思想故事，又发展出一个哈奇森、休谟和斯密的思想故事，两个故事前后相继，都属于英美自由主义的大传统，但在源流上又有着很大的不同。

2. 基于纯粹情感的美德伦理学

哈奇森发现了沙夫茨伯里伯爵的道德思想，但并没有照搬，而是沿着这个独特的情感主义道德之路，结合苏格兰社会的现实情况，予以理论上的提升，或在吸收沙夫茨伯里伯爵仁爱友善的道德思想的基础上，创造了一套自己的基于纯粹情感的美德伦理学。

第一，哈奇森接受了沙夫茨伯里伯爵等人的道德思想，把人在社会生活中的核心问题放到人的感性情感上，尤其是放到人的仁爱和助人为乐的情感上。由此，他在自己的一系列著作中，系统化地分析和研究了人的各种情感形态，用现代学科的标准来说，他构建了一套情感主义的心理学，每个人的各种心理状态，诸如利他的快乐、利己的偏好，还有痛苦、忧虑、欢乐、愉快、幸福、自豪、高尚、骄傲、文雅、荣誉之心、恐惧之忧，等等，都成为他的道德哲学的主要分析对象。总之，关于人的感情形态或心灵的情感样态及其性质与程度等内涵外延的分析，就成为他的道德哲学或伦理学的主要内容。这些，在他的《道德哲学体系》《论美与德性观念的根源》中都有专门的研究与讨论，这是哈奇森对于沙夫茨伯里伯爵等英格兰情感仁爱思想的系统化和专业化深入阐述，表明他作为大学教授的理论构造能力，不同于政治家们的思想散论。

哈奇森的这一思想定位具有思想史的坐标意义，他扭转了英格兰思想中的从个人私利到个人权利的权利论路径，扭转了洛克的知性理论路径，而把道德思想的中心转为情感本身，尤其是转为道德感上面，这样就开启了苏格兰思想的情感主义，激发了休谟和斯密的道德哲学。哈奇森继承了沙夫茨伯里伯爵的传统，创造了苏格兰道德理论的新领域，也由此使苏格兰的道德哲学有别于大陆唯理主义的道德哲学，诸如普芬道夫、斯宾诺莎、孔迪亚克、拉美特利、狄德罗等法国百科全书派的道德哲学思想。

第二，哈奇森凸显了独创的纯粹第六感官的美德伦理学。沙夫茨伯里伯爵及其他的英格兰和欧洲情感主义道德学家虽然把情感，尤其是仁爱、助人为乐的快乐感视为社会交往和人性的基本性质，但他们都有一个理论上的缺陷，那就是没有解决如下问题：为什么仁爱的快乐情感、利他的情感是最为重要的情感，高于、优越于自私和利己的情感呢？也就是说，这些人性善的利他主义的道德学家，都还是从一般的情感论来理解仁爱、利他和为人友善的快乐，并没有从理论根基上展现利他助人所秉有的快乐情感的优先性和先验性。如果只是把仁爱助人的快乐视为与其他的快乐同类性质的快乐，那么沙夫茨伯里伯爵所倡导的友爱、利他、仁慈的道德哲学，就难以与利己自私的道德哲学作出本质性的分野。因为，利己主义也可以论证说利己、自私、自保和自爱也是一种能够引发心灵快乐的情感，也是能够成为人的行为规范的德性导引，而且在一个世俗的社会，在一个人与人相互防备和避免侵犯的社会，自爱、利己和自私也没有什么缺德的地方。固然，鼓吹利他与仁爱、助人为乐、慈善友爱是一种高贵的德行，而且基督教也一直鼓励这些美好的道德，甚至视为宗教戒律，但它们也只是具有相对的意义，对于孤立自处的个人来说，仁爱利他的快乐感并不具有绝对的优先性。

所以，在自私利己与仁爱利他的情感主义比较分析中，道德学家们拿不出强有力的理论佐证支撑后者的优先性，最后只能是归于个人的偏好与社会的倡导。面对这种情况，哈奇森就显示出他的思想理论的创造性来。在他看来，既然利己主义与利他主义、自私自爱与仁爱廉耻的纷争不能由社会效益来解决，也不能归为相对主义的偏好选择，那么就要回到情感的原点上。他试图从情感的起源上，从非宗教戒律的道德本性中，揭示一种纯粹、绝对的利他主义和仁爱慈善的心理基础，他称之为纯粹的道德观能，又被视为人的道德第六感官。这种纯粹道德观能发生的仁爱利他的情感，是哈奇森独创的有别于沙夫茨伯里伯爵等道德学家的新道德哲学的出发点。

哈奇森认为，人的情感高于人的理性，情感决定了人的行为方式以及人格的性质，社会上的各种道德规范、行为标准、德行操守，乃至一个社会的文化品质、文明高低，人群的素养、美好时尚和礼仪风范，等等，都与人的情感有关，都取决于人的情感心态的道德选择。问题在于这些情感是如何产生的呢？当然不是理性计算，而是由于这些情感给人带来的感性快乐，与人的心理感受情况有关。美好的东西，助人利他的事情，仁爱慈善的行为，必然会给人带来很大的快乐，这是一种使人向往的非常享受的愉快和欢乐。相反，那些自私自利的考量，损人利己的行为，恐惧担忧的心理，妒忌怨恨的言行，等等，就不会给人带来心灵的愉快和欢乐，只会带来痛苦和忧愁的情感感受。正是因为上述有关情感快乐与否的发生原因，所以，在一个正常的社会，一个美好的社会，一个良善的社会，必然是仁爱慈善、助人为乐的德行遍布的社会，必然是一个人人举止合宜、爱心丰沛的美好社会。因为这样的利他主义、助人为乐和慈善嘉德非常符合人的情感本性，与人的本质密切相关。

为了进一步论证他的道德学说，哈奇森在此提出了一个著名的第六感官的主张。他指出，人的各种感性感受、感知体会均来自每个人的自然感官，例如，人对于冷暖寒热的感觉来自人的身体的感受，人对于明暗色彩的感觉来自视觉的感受，也就是说，任何一种感知，都与人的一定的感官功能有关。在这里，人的一些道德情感的认识和感受，也多与这些感官功能结合起来，人们对于一些道德德性的认识和定位，也多与人的这些自然感知联系在一起。这样的结果就会导致一些相对主义的困惑，也会导致一些自然主义的被动性，所以，就很难在社会生活中，在人的自我觉察中，确定那些美好的道德、那些纯粹的美德、那些给人更高尚快乐的道德品行的凸显。通过他的研究，哈奇森认为存在着一种特别的不同于人的日常五种感官的新感觉官能，他称之为纯粹的美德官能，也称之为第六感觉的感知功能，这种官能是纯粹的有关美德的官能，它可以感受到人的纯粹的道德品行，那些仁爱、慈善、利他、良知、尊严、优美和宽容等社会行为中的各种美德，都可以通过这个第六感官使人感受出来，并给人带来真正纯粹的道德上的快乐和愉悦。

这样一来，通过人的道德感觉，通过每个人都秉有的特殊感官，人就可以从众说纷纭的各种道德观念中提升出来，发育、培养和施展人的价值，实现人的尊严和美德，走一条弘扬美德的道路，为此，人也可以感受到这些美德给自己带来的心灵上的超越于自然感性的快乐、愉悦和美好的享受。哈奇森也发现，尽管有时候，这些纯粹的美德嘉行可能与人的一些自然本性相冲突，使人感到一定的痛苦和不愉快，但是，从作为一个人的价值和尊严，乃至作为社会成员的责任和信仰神的成员的角度来看，这些美德都是必要的，也是最终会给每个人带来持久和纯粹高尚的欢乐和愉悦的。

沿着这个情感美德说，哈奇森特别强调人性情感的判断力问题。

在他看来，每个人都有独特而纯粹的道德情感，第六感官是普遍存在的，但是，为什么在社会生活中它并没有凸显，并没有为人们广泛接受并得到普遍施行呢？因为人缺乏对于道德情感的判断力。哈奇森认为，在社会生活中人心往往被各种迷雾和尘埃所遮蔽，各种自然的欲念冲动，各种蛊惑人心的观念看法，各种利益考量和他人意见，等等，使得人的道德和审美感知能力大为弱化、丧失了道德情感的判断力，分不清哪些是真正的道德，哪些是虚伪的道德，哪些是真正美好的事物，哪些是丑陋不堪的东西，哪些带来真正的快乐，哪些带来虚假的快乐，由此，明辨是非、分清真伪的道德判断力就是非常重要的。哈奇森的主要著作对于情感的各种样态、性质，以及这些情感的道德程度、相互之间的关系，尤其是道德情感与非道德情感之间的分野，给予了细致、周密而系统化的分析与研究，从而确立了他的基于纯粹道德情感的美德学说。

第三，哈奇森道德哲学的张力性关系。哈奇森发挥了沙夫茨伯里伯爵一脉的道德主义，把利他仁爱等心理的快乐视为道德美德的主要来源，有别于霍布斯等人的自私自利的道德哲学，为了论证其思想的坚实根基，哈奇森创造性地提出了一个纯粹道德感官的观点。但是，通观哈奇森的道德哲学，尤其他的美德论，也存在着多个层次的张力关系，为了回应苏格兰社会变迁的诉求，哈奇森作为道德理论的开创者，一方面提出了一系列新思想，另外一方面也留下诸多难以解决的问题。

其一，对于纯粹道德情感，如果是一种新官能，那就属于心理生物学的领域，对此，哈奇森没有也不愿意从生物学中给予论证，说明这个第六感官究竟是什么。所以，他就在思想史上留下了一个假设，并没有给出科学意义上的论证。看来，哈奇森试图从超验性方面对他的纯粹道德感给出论证，这显然与他的基督新教的神学背景有关，他力图说明这些纯粹高尚的道德情感与基督教的神学教义相关，来自彼岸世界或对于神的信仰，但他又并不认为自己的道德哲学是一种神学，而强调它们是人的道德，贯注于人世间的世俗生活。如此一来，道德情感究竟来自哪里，其最终的根源何在，就成为一个公案。既不源自自然生物学，也不源自宗教神学，那个纯粹利他、仁爱、良善的道德情感是什么呢？这就成为哈奇森的一个理论困难。

其二，哈奇森的道德哲学不是规范主义的道德戒律，而是强调诸多美德能够给予个人带来感性情感的快乐，换言之，评判道德之性质、高低和优劣的依据是感性快乐。哈奇森认为美好的道德，或诸美德能够为人带来高水平的快乐和愉悦，使人获得生活的幸福感。然而，一涉及幸福、苦乐等心理样态，就不能摆脱现实社会的世俗标准，很多人感到的幸福和快乐，往往与社会的物质欲望满足、人际交往的感受、大众时尚和文化认同等非纯粹道德情感的内容密切相关。这样，哈奇森的道德哲学就又包含了很多幸福、功利和社会公益等方面的内容，甚至也有理论家指出，他的理论对此后的功利主义多有影响，甚至哈奇森就是一位功利主义的道德哲学家。但是，就哈奇森提出的纯粹美德论，显然是要超越世俗社会的偏见，以及功利意见的缠绕，他的道德理想是促进真正的仁爱、良善和利他等有关人性的尊严、高尚、优美和崇高之品质的提高，过多纠结于人的感性欲望和世俗幸福，就与他倡导的美德哲学的初衷相违。

其三，哈奇森不满足于基督教神学，不只在教会担任长老会牧师，而是要积极参与社会，投入苏格兰市民社会的丰富生活，为正在发育的工商社会提供一套道德理论。所以，哈奇森积极参与了苏格兰启蒙运动，在大学教书育人，参与教育改革，传播新思想，组织教授协会，鼓励工商业掌握新知识，倡导文明社会，约束政府的权力，规范政治的专制，提倡文雅高尚的生活方式。

总之，他的美德伦理不是象牙之塔的修行，而是服务于社会，为经济生活提供道德标准，为法律治理提供道德依据，为一个自由的社会树立助人为乐的仁爱美德，从而提升每个人的人性尊严，助益人的审美情操和高尚品行。在他看来，一个自由社会、商业社会和法治社会，应该是一个道德高尚的人性尊严和价值获得褒扬的社会。但是，这样的美德社会究竟在追求商业利益和个人幸福的苏格兰现代社会中，如何能够获得广泛认同，应者云集，而不是曲高和寡、追求者稀少呢？这就成为一个现实的问题。纯粹道德与商业利益的矛盾、个人私利与公共福祉的矛盾、个人主义与社群主义的矛盾、利他仁爱与利己自我的矛盾，等等，这些被后来思想家们视为现代性社会的深层矛盾，显然在哈奇森的道德哲学中，都富有张力地呈现出来。哈奇森只是感觉到了，并没有给出解决的方案，但在他的后继者中，在苏格兰道德思想家诸如休谟、斯密和弗格森那里，却是完全尖锐地展示出来，这些后继者需要在哈奇森的思想基础上，超越哈奇森，给出新的理论解答。

三、苏格兰道德哲学第一人

诚如前言，哈奇森作为苏格兰道德哲学的第一人，他的纯粹美德理论吸收英国经验主义思想传统中的仁爱利他学派，在苏格兰创造性地建立了一门道德学，这个贡献是巨大的，影响也是深远的。他的思想虽然主要是以英格兰经验主义哲学为主干，此外还吸收了欧洲的启蒙思想以及基督新教的道德思想，具有巨大的综合性。但是，也正像前文已经指出的，哈奇森只是开启了一扇闸门，为苏格兰道德哲学注入了一股强有力的理论源流，并没有彻底解决资本主义早期时代的道德证成或理论辩护问题，由此就势必为后继者留下很大的理论发展空间，苏格兰道德哲学在休谟和斯密那里，获得了长足的发展，他们的思想显然离不开哈奇森的滋养。

1. 建立以情感主义为根基的道德哲学体系

哈奇森对于苏格兰思想的最大和突出的影响，是为苏格兰思想界提供了一个情感主义的道德哲学根基。应该说，关于英格兰的经验主义，苏格兰思想家们并不陌生，但是，把经验主义从知识论、观念论甚至方法论的问题，转换为一个道德价值的情感问题，并且赋予人的感性情感以中心的地位，以此建立道德哲学的系统理论，这是哈奇森继承沙夫茨伯里伯爵的观点而独创出来的，这种情感高于理性、以情感驾驭理性的道德学说，对于苏格兰思想的影响是巨大的，虽然此后的休谟和斯密未必赞同他的纯粹情感美德论，但把情感视为道德哲学的中心位置，并提出情感不是理性的奴隶，而是相反，理性才是情感的奴隶的论断，这不能不说其根源来自哈奇森的道德情感论。

在人的道德生活中，在有关人的价值与尊严，乃至人的行为规则、个人自由和公共权力的约束等问题上，情感的作用高于理性，是情感而非理性，决定了人的道德性质，赋予了道德伦理的取向，从而决定了一个人的道德水准和一个社会的文明程度，这些情感主义的道德观，是哈奇森开启的，并为苏格兰思想家们广泛汲取和接受。但是，在如何看待情感，情感的性质、内容和分类，以及情感的层级划分、高低程度以及与德性的关系等问题上，苏格兰思想家们相互之间又有着很大的理论分歧，至少，很多人并不赞同哈奇森的第六感官的纯粹美德理论，也不认为绝对的利他仁爱、助人行善是情感主义道德的核心内容，而是把理论的重心转向其他的情感上，例如，诸如同情心、自利感、合宜性，甚至激情与利益等源自个人主义的情感，它们在道德哲学中的地位和重要性并不比纯粹的利他和仁爱情感低劣，甚至比哈奇森鼓吹的利他助人的美德、慈善仁爱的高尚情感更加有助于理解人的道德本性，理解现代人的行为规范。

我们看到，苏格兰道德哲学在哈奇森之后，沿着哈奇森的情感主义路径，就有了一个重大的转向，即理论家们把道德情感的重心放到了有关自私、自利、同情感、共通感、仁爱心与合宜性，以及利益的激情、骄傲与勇敢、荣誉与赞赏、文雅和艳羡等情感上，试图在人们秉有的这些自然情感中，寻找、开发和培育人的道德价值和美好德性。这些思想家聚焦分析的情感内容，很多是不入哈奇森法眼的，他认为这些自然情感少有纯粹道德的价值，不能划归美德伦理的范围，但在后来的思想家们看来，哈奇森的纯粹情感把道德的门槛设置得过于高大，过于纯粹，以至于曲高和寡，难以与大众心理结合，也与真正的情感主义的道德价值，与深藏在自私与同情的共通感中的道德本性，并不契合。于是，他们转向情感心理的内部，在诸如利益的激情、同情心和共通感、情感合宜性、文雅情趣等方面深入剖析和挖掘，建立起一个不同于哈奇森纯粹美德论的道德哲学，从而为日渐兴起的工商资本主义市民生活建立起一种文明雅致的道德规范。

2. 美德应具有社会功能和效用

哈奇森的道德哲学虽然立意高远、追求审美和崇高，但他并不是为了个人一己的悟道明志，独自灵修，而是面向大众，面向社会，其中有一个积极性的社会内容。也就是说，哈奇森倡导的高调伦理，是为了向新的市民大众指明一条走向高尚道德的路径，由此，他格外注重其美德的社会功能和效用。在他看来，一个社会不能没有道德标准，没有美德规范，一个处处谋求私人利益、自顾自利的社会，不是一个好社会，霍布斯描绘的丛林状态、人与人相互敌对的状态，不可能是一个人的社会，只能是一个动物的社会。一个人世间的社会，不能放纵人的自私情欲，满足各种低级的欲望，而是要彰显人的尊严和价值，维系人的良善本性，由此，利他仁爱、互助合作、慈善宽厚、助人为乐、美仪格调、高尚崇高，等等，这些好的德行就不可或缺，而且它们也是人的快乐幸福的源泉，他的道德哲学主要是依据这些良善本性而建立起来的。

为什么要如此倡导美德，不是像传教士那样传播福音，而是为了建立美好社会。在哈奇森看来，他所处的苏格兰社会，正在一个变革的当口，新的生产和生活方式开始出现，与此相应，有了商品经济，有了贸易往来，有了法律规定，有了政府治理，有了商人经济，有了娱乐和奢侈行业，有了发财和牟利的机会，这些都是过去苏格兰的农业生活所没有的，也是过去的传统道德所没有遇见过的，这是一个真实客观的社会。他的道德哲学不能无视这些新事物，但又不能盲从这些新事物，于是，要为这个社会提供一种保持人格价值和人性尊严的道德规范，提高这个社会的道德水准，培育其文明优雅的品质。为此，他找到了一种利他和仁爱、助人为乐、良善交往的情感美德学说。他认为，这种情感美德可以为经济社会提供道德依据，可以为法律规定提供人性标准，可以为政府治理提供限制条件，总之，他的道德哲学是一个商品社会、法治社会和自由社会的道德基础。

哈奇森的这种道德社会观显然对于苏格兰启蒙思想的影响也是巨大的，他的后继者都没有遗忘他的这个道德天性，都把道德与社会结合在一起，都试图为苏格兰社会，为日渐发展的资本主义市民社会，为正在兴起的法治社会，为一种不同于农业文明的现代商业文明，提供道德哲学的正当性论证。休谟的同情与仁爱的道德理论，斯密的道德情感论和国民财富论，还有弗格森的文明演进论，这些道德与文明理论，虽然对于何为道德、道德的发生机制以及商业文明的利弊、节俭与奢侈生活的作用等问题的看法，与哈奇森的理论以及相互之间的理论有着这样那样的分歧，但在关注道德的社会性，在试图通过道德促进一种美好、自由和文明的社会生活方面，却是非常一致的。

由于强调道德与社会的密切关系，哈奇森开启的苏格兰道德哲学，就不是孤立的个人心灵修炼，像宗教修道院那样的灵修，也不是传统中国儒家的心性之学，即仅仅关注于私人小群体之间的私德之学，而是面向社会的公共道德学，是讲究公共利益的公学，像中国儒家所谓的内圣外王之学。但需要指出的是，苏格兰道德哲学的外王之道，已经不是农业社会的外王之道，或从属于内圣的傍依君王权力的道德说教，而是面向现代工商社会的、法治和宪政的公共道德，因为苏格兰道德哲学是以英国光荣革命的政治制度为前提的，是在个人主义、个人权利论和社会契约论转型为情感社会论的道德哲学。所以，苏格兰思想与中国的儒家道德哲学有着本质性的分歧，这些新的内容，在哈奇森那里还只是初现端倪，而到了休谟和斯密以及弗格森那里，他们所展示的社会性就具有了非常丰富的拓展，发展出了国民财富论、法治政府论以及商业文明论、历史演化论等诸多内容。这些都与哈奇森的道德哲学有关，都受到他的重要影响。

3. 多重张力，多元影响

哈奇森道德哲学的情感理论和社会理论，重在对苏格兰思想的总体性影响，此后的苏格兰思想家们无不受惠于这些内容。但是，由于哈奇森思想的复杂性和多重张力，他的道德哲学如果具体到对于苏格兰思想的影响，大致又可以表现在三个方面。

其一，对于斯密和休谟的情感道德学的影响，这一点最为显著。斯密作为他的学生，其道德思想受其重要影响自不必说，他们两人的师生关系以及思想关联可谓一段佳话，至于休谟的情感理论，也不能不说与哈奇森有密切的相同之处，虽然两人关于道德价值的性质在看法上分歧很大，休谟的不可知论及其非宗教信仰，也令哈奇森非常不满，在休谟聘任爱丁堡大学教授之事上，他参与杯葛阻止，难免让休谟耿耿于怀。但是，无论怎么说，休谟道德哲学对于情感的强调，对于树立情感高于理性的苏格兰道德学共识，以及关于私利与利他、同情和共通感、想象力与判断力，快乐与幸福及其利益感，斯密道德哲学的同情观、情感的合宜性、情感的道德性与自然正义，利益与德性的关系，美德的性质考量，等等，都与哈奇森的思想密切相关，他们两人的道德哲学都留下了哈奇森思想的深刻印迹，可以说，苏格兰道德哲学因为他们三个人的学说而著称于世，形成一个富有创造性的苏格兰学派。

其二，哈奇森的道德哲学具有很显著的保守特征，他反对激进主义的革命道德，对于传统道德非常重视，尤其是对于苏格兰传统的已经被逐渐遗弃的传统文化、生活风俗、审美情趣、文学诗歌和英雄传奇，等等，都保持着高度的憧憬和尊重，他的美德伦理学有一些内容是从苏格兰传统中提炼出来的。所以，哈奇森的这种怀旧思想对于弗格森所代表的文明学说，对于苏格兰不盲目赞同融入英格兰文化而保持自己的苏格兰文化，有着很大的启发和指导意义。所以，哈奇森道德哲学的文化怀旧主义、对于苏格兰古朴情感的崇尚，对此后的历史文明演进论，甚至文化保守主义有着深刻的影响，这一点也是不能忽视的，虽然哈奇森自己未必有着这么强烈的苏格兰情结，但其启发和导向却是绵延不断的。苏格兰与英格兰的合并，在文化上一直没有彻底解决，在苏格兰一直存在着一个文明认同与多元张力的难题。

其三，由于哈奇森的思想具有道德快乐的内容，他把美德与其导致的心理的快乐、愉悦视为重要的标准，因此，有关幸福、福祉和利益的满足等内容也就不能排除出他的道德哲学，他的纯粹美德启示并不纯粹，正是由于此，休谟思想中的功利内容、道德的有用性、功利性，也被追溯到哈奇森的思想中，认为他们是英美功利主义的一条线索。无论是否符合哈奇森的原意，哈奇森有关幸福的快乐等心理伦理学的观点，对于19世纪英国的功利主义道德哲学产生了很大的影响，詹姆斯·穆勒作为出生于苏格兰的英国功利主义思想家，他曾经深受哈奇森道德哲学的影响，他的儿子著名的约翰·穆勒更是著作等身、名声在外，父子两人作为苏格兰籍的英国功利主义重要的思想家，他们理论的一个来源便是哈奇森及其休谟的道德哲学，这一点也是确实的，由此可见，哈奇森对于后来的英国功利主义道德伦理学，也是影响巨大的。为什么会如此，这主要是因为哈奇森思想内在的张力，作为一种新理论的开创者，势必涉及多个方面、多个层次，它们之间未必自洽，其中的某些甚至是相互对立的思想因素影响了后来的继承者，这种情况在思想史中也是常见的事情，它们至少表明了哈奇森道德哲学的生命力和理论蕴含的丰富性。

（1711—1776）

遇到有承认自己错误的机会，我是最为愿意抓住的，我认为这样一种回到真理和理性的精神，比具有最正确无误的判断还要光荣。

休谟：产业革命时代的思想巨子

一、文明社会论

苏格兰道德哲学不同于一般教科书上的道德哲学，在于它有一个广阔的现代社会背景，或者说，它旨在为现代的工商业社会提供一个道德哲学的基础。不唯如此，它还有一套文明社会论，在它看来，英国革命后的现代社会既是一个商业社会，也是一个文明社会，所以，它的道德哲学也是在为这个现代文明社会提供道德基础。应该指出，这个从政治到经贸再到文明的思想传统，是苏格兰启蒙思想家们的共同传统，从哈奇森、弗莱彻、卡姆斯、罗伯逊等人那里就体现出来，其中最有代表性的思想家则是休谟、斯密和弗格森。相比之下，关于从道德哲学到文明社会的演进关系的论述，休谟更具有思想的辩护性意义，即从早期现代资本主义社会蓬勃发展的视野，对于现代文明有着乐观主义的认识和推崇。

文明社会理论也属于休谟道德哲学的一部分，一个道德的系于利益的激情的商业社会，也是一个法治的文明社会，这是休谟道德思想的组成部分，也是其道德哲学的应有之义。[①]

从洛克的政治社会到休谟的商业社会，其中围绕着人为道德与正义制度的生成。那么休谟是如何完成从商业社会到文明社会的演进，探讨与此相关的道德哲学与政治哲学问题的呢？

应该指出，苏格兰启蒙思想在如下两个方面，呈现出与前后大致同时代的其他思想流派（诸如英格兰自然权利论、欧洲理性主义和法国启蒙思想）大不相同的思想特征。第一个方面是情感主义，第二个方面是历史主义，两者叠加起来就成为苏格兰所继承的英国经验主义的主要内容，或者说，英格兰经验主义经过苏格兰思想的继承与发展，就从偏重于认识论、方法论的经验主义实验科学，转化为一种偏重于情感心理和历史叙事的经验主义社会科学。

为什么苏格兰思想如此看重感情和历史两个方面的内容，在于它们反对欧洲理性主义的决定论，遵奉以感性经验事实为依据来思考社会问题。情感世界和历史世界无疑是最具感性内容的世界，它们当然成为苏格兰道德哲学和文明社会论的主要内容。休谟的思想理论无疑也具有这个经验主义的特征。进一步说，休谟的思想理论对于苏格兰启蒙思想还格外具有开创性的意义，是他较为完备地提出了一个融汇情感主义和历史主义于一体的文明社会论，并试图揭示其内涵的文明道德价值。

1. 文明社会的历史演进

在休谟看来，商业社会也是一个文明社会，对此，他主要是从

---

① 参见高全喜：《休谟的政治哲学》，北京大学出版社 2004 年版。

历史主义的视角展开讨论。休谟的这种历史视角，斯密和弗格森在论述他们的文明社会观时也有论述，他们都有相关的著述和论文，对待相关问题也都采取着历史主义的方法论，可以说，历史主义是苏格兰思想的基本特征。

休谟关注历史，尤其是英国史，作为一个大历史学家，他晚年大部分时间花在撰写英国史上面，这部多卷集的英国史给他带来了极高的声誉，这部英国史也是一部名著，跻身于史学经典的序列。休谟英国史中的思想观点，表达的有点类似托利党人的史观，与辉格党人的史观有所不同，但休谟也明确说过他并不是托利党人，他的历史观有着苏格兰思想的特征；反过来他的英国史也会影响他的道德哲学，尤其是他的文明社会思想。

作为一个具有历史观的史学家同时又是哲学家的苏格兰启蒙思想的代表性人物，休谟在一系列论文，诸如论政治可以分解为一门科学、论政府的首要原则、论政府的起源、英国政府是倾向于绝对君主制还是共和制、论公民自由、论技艺和科学的兴起与发展、论民族性、论原始契约、论新教继承、完美共和国的观念等，确实提出了一种历史主义的文明社会理论。或者说，他立足于现代商业社会的道德哲学，除了情感主义的视野之外，还有历史主义的视野，这个视野使他对于现代工商社会的认识具有了文明史的意义，即工商社会也是一个文明社会。总之，工商社会也好，文明社会也罢，它们都需要一种道德哲学的证成，即它们都是一种具有道德属性的社会形态。通观休谟的一系列著述，尤其是多篇论文，在论政治、历史和文学的论文集中，休谟大致从如下两个方面予以论述。

（1）社会历史形态论的雏形

在苏格兰启蒙思想家中，斯密在法学讲义中有专门的社会形态的历史理论，提出了人类历史演变的四阶段论，对于后世的历史学和经济史学影响巨大。此外，弗格森是最早提出文明史观的苏格兰思想家，他独具一格的文明社会史论，不但在英美学界引发热议，而且在德国思想界影响更是巨大，激发了德国后来的诸多历史学大家的思考。

有意思的是，休谟虽然写出了煌煌宏富的英国史，比斯密和弗格森更是一个专业的史学家，但他却并没有提出一套宏观的历史理论，揭示人类文明史的纵横经纬。尽管如此，休谟也不是毫无论述，而是在一系列论文中，涉及人类社会的历史形态论，尤其是集中在现代工商社会也是一种高级的文明社会之观点。据此可以说，休谟接受了斯密的社会发展阶段论，大致提出了一个文明历史的初步演化史观，属于社会历史形态论的雏形。

根据米勒的归纳，休谟不仅像斯密那样提出一个人类历史四阶段论的历史演变，还重点关注了英国社会（包括苏格兰社会）的古今之变。他在著述中多次指出，现代的工商社会是从传统的封建社会演变而来的，商业社会的市场经济与自由贸易，不同于传统社会的农耕土地经济，从生产方式到生活品质，乃至社会财富和国家治理等多个方面，都有着巨大的变革，经历着古今之变的演进。例如，他曾经考察分析了人口增长问题，研究了财富的表现方式，劳动产品的商业化过程，手工业的机器化改良，商品贸易的形成和发展，对外贸易关税的顺逆差，还有与商业社会密切相关的货币流通、发钞、贵金属（黄金白银）、银行债券、货币信用、资本投资等诸多问题，他都有过深入的研究。此外，他还考察了市民和商人的生活方式，尤其是风尚习俗、审美趣味、爱情婚姻、宗教信仰、奢侈、简朴与文雅时尚，还有贪婪、自杀以及灵魂不朽等精神生活，等等。

在休谟的视野下，上述这些变化都指向一个重要的标志性时间，那就是古今之变，英国社会正在经历着一场古今之变的历史大变革，这个时间在休谟的思想中，其实又隐含着两个节点。一个是英格兰的光荣革命，即政治社会的变革，以洛克的理论为标志，这个时间节点非常重要，他的英国史便是从罗马入侵大不列颠开始而以光荣革命为终结，光荣革命意味着一个政治时代到此结束了。这个古今之变另外还有一个节点，那就是英国工商社会的时间之开始，其中英格兰与苏格兰的合并构成了大不列颠联合王国，意味着一个基于君主立宪制的现代国家之开始。这个时代乃是一个工商业社会的到来，休谟所处的时代，恰恰就在这个时间节点的坐标上，他的思想理论就是论证这个现代的工商业社会之历史进程，为之提出一套道德乃至文明意义上的辩护。所以，古今之变是休谟历史观的一个重要主题，至于历史阶段论之具体划分与形态特征，他虽有所论及，但并无多大兴趣。

（2）工商业社会是一个文明社会

休谟首先肯定现代商业社会的财富性质，他认为现代社会是一个工商业社会，创造与享受物质财富是这个社会的基本特性，并且赋予了利益的激情以道德的属性。在苏格兰思想中是休谟首次把文雅作为一个文明社会的基本属性提出来，他认为工商业社会是一个文雅社会，一个文明社会。本来，文雅一词是一个文艺性词汇，在情感主义视野下，它多与品位和趣味上的雅致和优美相关，一种文雅的生活指的是与粗糙、粗鲁、野蛮、低俗、贫困的生活相对立的生活，文质彬彬、优美、高尚，尤其涉及人们的衣食住行、行为举止等方面的品质。

休谟接受了这个含义，但给予了一种文明化的提高，在他看来，文雅不仅是一种生活的品位，衣食住行的优美化，还与社会形态相关。传统农耕社会的经济生活水准决定了其粗糙、低劣，甚至野蛮的生活，土地经济不可能提供大量的财富，农副产品和衣食住行难以摆脱粗陋低劣的特性。只有现代的工商业社会，商品贸易的自由经济，才释放了利益的激情，致使创造与享受财富成为一种社会风尚。奢侈品的生产导致制造业的精良，美轮美奂的生活方式，文化艺术的普及风行，这一切都使得文雅优美成为商业社会的主流风尚，成为公共生活、社交与娱乐的标准格调。这样一来，文雅就转化为文明，商业社会也就是一种文明社会，其文明程度要高于传统社会。休谟在论趣味、论人性的高贵与卑劣、论技艺的进步等文章中多次论述了这个方面的情形。

休谟论述奢侈的问题时，曾涉及奢侈与勤勉的关系。从文明社会的视角来看，休谟对于洛克的劳动观是有所修正的。洛克认为财产的私人占有权很关键，人通过劳动把人格注入对象物了，所以具有占有权利。洛克的这个思想对于黑格尔和马克思的经济学产生了重大的影响，直到今天的麦克弗森、哈贝马斯，都受到这种劳动人格对象化的影响。黑格尔的劳动异化说、青年马克思的劳动审美说，至今在思想界还是被广泛流传的。

　　相比之下，苏格兰启蒙思想就不赞同这种劳动异化说和美感说，而是看重奥派经济学的主观主义偏好理论。斯密和休谟都否认劳动有快感，有审美，认为劳动是一种痛苦的、被动的、粗鄙的活动，劳动难以导致文雅和文明。

　　他们认为人的活动有三种，一种是劳动，二是娱乐，三是闲暇，娱乐和闲暇在他们眼里，才是与文雅、奢侈、财富的享受相关的活动，因而与自由有关。休谟认为，奢侈可以导致勤勉，从勤勉到娱乐，尤其到闲暇，这是文明社会人的一种主观心理的偏好。问题在于，娱乐和闲暇并非无所事事，而是自由自发的活动，由此反而产生了财富的创造激情，促进了文明的发展。也就是说，文明社会不是来自苦不堪言的被迫劳动，而是来自人的娱乐偏好，尤其是来自人的闲暇时的自由创造。

　　在休谟看来，商业社会作为一种文明社会，或者一种发展到今天较为文明的社会形态，其文明的内涵，就不仅体现在优美的品位层面，也不仅体现为文雅的风气和时尚方面，更主要的还是体现在科学与文艺的思想与精神的自由充分的发展和繁荣上面，体现在科学与博雅的大学教育与人才培养的制度演进之中。这样一来，在苏格兰思想中，文化与文明的含义就开始有所区分，当然，它们还只是一种潜在的区分，这种区分在 19 世纪之后才逐渐成熟起来。在他们看来，文化多是指外在风格，文明则多是指内部机理，两者密切相关，相互重叠，但文明的意义更为重要，它偏重于制度的自生自发的演进。

2. 工商社会与文明进化

历史文明问题是人类的一个历久弥新的问题，就苏格兰的道德哲学来说，工商社会也是一种文明社会，这是当时思想家们普遍认同的观点。对于休谟来说，在文明社会这个问题上，他的独特贡献主要有三个方面：第一，特别强调现代的财富创造有助于文明社会，工商社会极大地促进了文明的进化；第二，文明社会又是一个法治昌明的社会，法治政府是文明社会的保障；第三，休谟提出了一种文明政体与野蛮政体之分野的新政体论，这个理论一直被思想理论界所忽视，在休谟看来，文明也是一种政体。我认为上述三点是休谟文明社会论在苏格兰启蒙思想相关问题中的独特理论贡献，研究休谟的学者列维斯顿指出：休谟把一整套历史演进中的发明，诸如语言、法律、艺术、宗教等，称之为道德世界。当人们对于道德世界的演进过程达到有所意识，并进而采取一些手段予以控制时，他们就进入了文明化的程度，因此就不仅仅是一个遵循一定的原则行动的事情。

在休谟看来，现代的文明不同于古代的文明，不是少数人的文明，而是社会所有人的文明，所以，现代文明需要一种物质财富的基础，要发育出一个财富创造与享受的商贸经济机制，这个机制无疑只能是现代的工商经济、市场经济与自由贸易，这是英国作为一个海洋国家最先开发和演进出来的制度形式。古典时代也是有文明的，但它们的文明不是所有人都能分享的，只有少数人，城邦奴隶主、封建国王、贵族阶级，他们才能享受古典社会的文明成果。历史进入到现代社会，文明不再是一种特权，文明作为一种生活方式，进入寻常市民百姓家，工商业群体、企业家、手工艺制作者、文化人、商人、律师、资本家、学校职员，等等，几乎所有现代工商社会的参与者，都可以分享这种现代文明的成果。

从社会经济史的角度看，光荣革命之后，英国已经初步完成了较为残酷的早期资本主义的原始积累过程，"几乎没有任何一个帝系或共和国政府最初不是建立在篡夺和反叛上的，而且其权利在最初还是极其可疑而不定的。只有时间使他们的权利趋于巩固，时间在人们心灵上逐渐地起了作用，使它顺从任何权威，并使那个权威显得正当和合理。没有什么东西能够超过习惯、使任何情绪对我们有一种更大的影响，或使我们的想像更为强烈地转向任何对象。"① 资本的野蛮积累并不妨碍整个社会走向文明。

休谟所处的 18 世纪，正好是一个生机勃勃的工商业经济大力发展的时期，也是科技、教育、文化、艺术蓬勃发展的时期，苏格兰的启蒙思想家们也感受到这种新时代的新气象。休谟在完成《人性论》的写作之后，把相当多的时间投入到参与这个苏格兰与英格兰合并过程中的各种经贸与文化的事务之中，游学伦敦和欧洲各国，结交法兰西各类思想家，参与东印度公司的事务，担任赴法大使赫特福德公爵的大使秘书，担任格拉斯哥市图书馆馆长，与斯密等人一起组建爱丁堡知识界的精英协会，等等。在这个纷纭变化的时期，他还写作了一系列论文，主题涉及当时英国、苏格兰和欧洲的各种政治、经济、政策、文化和文艺等多个方面，涉及经济学、人口学、货币、证券、股票、战争均势、外交、文学、历史等多个领域，并

---

① 休谟：《人性论》（下），关文运译，商务印书馆 2004 年版，第 597 页。

把这些论文编辑成册陆续出版，休谟的论述广受欢迎，为他赢得了世界性的声誉。

休谟的文明社会的演进论，就是在这个时期逐渐形成的。其有别于法国思想界的一个独特观点，就是提出了财富的创造、利益的激情，甚至奢侈风尚的功效，这些工商社会的成果，它们不但无害于文明社会，反而促进、培育和成就了文明社会，工商社会构成了现代文明社会的经济基础。

为什么工商社会能够为文明奠定基础，极大地促进文明社会的发展，休谟认为工商社会在社会财富的创造机制方面发生了一场经济学的革命，这个革命与政治上的光荣革命相辅相成，并驾齐驱。传统的封建社会，甚至追溯到古希腊罗马的城邦国家，那时的经济生产方式还是小农经济，以农耕土地的自给自足的农副产品为主体，商品贸易是外在的。因此，财富的生产是非常有限度的，无论是国家财富还是个人财富，都是低水平的，由此支撑的所谓文明程度也是很低的。君主和贵族小圈子里的宫廷文化，尽管富丽堂皇、奢侈浮华，但终究是依附性的，更多的农民和农奴制下的奴隶的生活水平是非常低劣和粗糙的，其文明程度与平民百姓的财富程度大体是一致的。这就限制了文明社会的扩展，更谈不上臣民对于文明成果的享受。

现代工商社会的一个革命，就是变革了土地农业制度，开辟出一个通过商品贸易创造财富的市场经济制度。商业社会的经济内容在此暂且不论，有一点对于文明社会的影响却是巨大和深远的，那就是追求财富的激情可以正当化地转化为一种个人能力上的竞争，并形成一种制度化的创新激励，从而实现财富创造的无限可能性。

这个财富创造的无限可能就为文明社会的文明内涵注入了强大的生命力，所谓现代文明的实质，就是创造与享受创造的无限生命力。

3. 财富激情

为什么现代的工商业社会有助于文明进化，休谟在有关财富和利益的激情的论述中，提出了一个财富的中介机制。也就是说，通过财富，现代文明社会才能得以存系，没有财富也就没有现代文明社会，当然也没有工商社会。这就是为什么苏格兰启蒙思想家，尤其是休谟和斯密如此关注财富问题的原因。

那么，究竟什么是苏格兰思想理论中的财富呢？对此需要有所辨析。财富不等于赚钱，犹太人很会赚钱，古代的高利贷者也很会赚钱，他们都与苏格兰理论家们的财富问题无关。在休谟和斯密眼里，财富问题是一个现代问题，它的关键点在于现代社会的产品生产是一种商品化的生产，通过日益细致的劳动分工和自由开放的市场贸易，实现劳动产品的交换与流通，财富就在这样一个生产、交换和流通的商品化的市场机制中实现出来。这样的社会就是商业社会，不同于农业社会，财富的激情是其旋转的中心。

问题的关键在于，商业社会的财富，不是固化在一定的物品上，对于当时盛行的重商主义和重农主义财富理论，休谟和斯密都不赞同，并分别提出了批评意见。总的来说，商业社会的财富机制是一个活动的形态，不能简单等同于重商主义系于黄金和白银的国内储备和贸易顺差，也不能等同于重农主义的农业产品的生产数量或土地使用效率。苏格兰思想家们更看重利益的激情，或者说，他们更看重在商品生产与交换过程中的情感心理机制。

对于休谟来说，那就是利益的激情，一种追求财富、创造财富与享受财富的情感心理，恰好市场机制为这种主观化的激情提供了无限度的可能性。而传统的封建土地经济，还有城邦国家的地中海贸易，都不像现代的工商业经济形态那样可以为利益的激情开辟无限度的空间与可能性，这个就是前文我说的有关财富创造与占有的稳定性预期和信用。这样一来，商业经济就使得财富的物化形态变得不再重要了，财富背后的创造财富、占有财富和享受财富的激情成为比财富本身更重要的东西。因为这种激情可以随时随地地兑现为财富的物化形态，无论这种物化是商品还是货币，是生活消费品、奢侈品、黄金白银，还是土地、牧场、工厂、实验车间，等等，其实这些都是次要的，关键在于这些都从属于主观的激情，围绕着激情的创造，可以生长出一系列财富的物化形态，并且能够相互等价交换。

衡量这种交换的标准不是固化的东西，诸如土地，或白银黄金，或者货币、证券等，而是活的创造力，由于财富的激情是无限度的，这种创造力也是无限度的，这才是文明的活力或生命力所在。工商业社会之所以能够取代传统社会，在于它把财富的创造力的限制和约束取消了，市场经济赋予财富生产和等价交换一个自由开放的制度，每一种新的产品都能够在这里通过交换而获得等价的认可，优胜劣汰，这是一个竞争的机制和制度。鼓励创新，创新能够获得财富的回报，丧失了创新，也就被淘汰，也就失去了财富回报。所以，财富只是一个商品社会的承载物，重要的是追求和创造财富的激情，以及生生不息的创造力，是它们支撑着现代工商社会的不断发展与繁荣，而且永不止境。关于这种财富创造与享受的激情，以及由此引发的一系列工商业社会的工艺科技改良和创新、奢侈勤勉的转化，还有市场经济延伸的银行、信用、货币等问题，除此之外，这个财富激情还有另外一层含义，那就是与文明社会的关系，培育工商业创新精神的财富激情，也有助于文明的进化。

从现代学术的视角看，休谟显然不是文化多元论者，他虽然尊重文化的多元发展，但从根本意义上说，他是一位文明的进步论者。也就是说，他相信文化要从属于文明，而文明有一个演进的过程，有一个从野蛮、粗糙，到文雅、文明的进步的发展过程。文明是有程度上的差别的，人类历史存在着一个从低级到高级的进步演变。

古今之变，从传统农耕社会到工商社会，就是这样一个演变和进步的过程，从粗野到文雅的文明演变也是这样一个从低到高的文明程度不断进步的过程。虽然休谟讲文明进步，讲工商社会是一种比农业社会要高级的文明，但他又不是线性的文明进步的一元论者，并不认为一定有一个单一线路的文明进步规划和方案，人类可以凭借理性知晓这个规划，按照这个规划设计自己的未来。由于他是认识上的不可知主义者，是情感主义的感知论者，因此，关于进步的路径、方案与规划，他并不认为有一个终极的目标和路线图，也不认为人类可以凭借理性认知这些不可知的东西。人只是按照感知与情感去触及未来，依据共通的利益以及对财富的激情，趋向某种未来，并且凭借着想象力和同情心来预测文明社会的进步，仅仅如此，决定人的行为的是情感或利益的激情，并不是理性。所以，后来的哈耶克所提出的人类社会的扩展秩序，以及自生自发的演进路径，还有默会的知识，显然都与休谟的情感主义的文明进化论有关，受到了休谟思想的很大启发。[1]

在休谟看来，为什么工商社会有助于文明的进步，在于财富的激情促使每一个人都能最大化地生出创造的激情和才智，从事各种工商业和文化艺术的创造，这样势必导致文明的进步，催生一个越来越文明的高级社会的到来。由于财富的创造是无限度的，享受这种创造的感性快乐也是无限度的，所以，文明演进的程度及其实现方式也是不可预知的。用哈耶克后来予以思想发挥的理论语言来描述，现代的文明社会是一个自生自发的扩展秩序，其动力机制在于财富激情的无限创造力。

4. 文明社会的自由与法治

现代社会的活力来自财富的激情，工商社会为财富的创造与享受提供了市场经济的扩展空间，但这一切又都系于现代人的自由与法治。所以，自由和法治就成为十分重要的东西，不但工商业社会需要自由与法治，文明社会也需要自由与法治。"人类的理性，在通过实践，以及通过至少在像商业和制造业这类较为庸俗的行业方面的应用，而获得提高和进步以前，要想改进法律、秩序、治安和纪律，并使之臻于完善，是绝对不可能的。"[2]我们在苏格兰启蒙思想家那里，每每都会读到他们相关的大量论述，休谟的思想理论也是如此。

英国是一个自由与法治传统最为悠久的国家。所谓自由贸易、

---

[1] 参见高全喜：《休谟的政治哲学》，北京大学出版社 2004 年版。
[2] 休谟：《休谟经济论文选》，陈玮译，商务印书馆 1984 年版，第 21—22 页。

海洋帝国、大不列颠精神，等等，都与自由与法治这两个要素密切相关。孟德斯鸠在《论法的精神》一书中，多次以赞赏的文字描述过英国的自由和法治，认为英国是一个政治自由和法治昌盛的国家，孟德斯鸠的观点很能代表当时欧洲思想界对于英国的看法。① 当然，作为大不列颠国一个独特部分的苏格兰，在启蒙思想家那里，虽然他们内心深处与英格兰的历史与政治传统多有缠扰，但从主导的精神品质来说，还是认同英国的法治与自由的，也把苏格兰纳入英国乃至英美的大历史谱系之中。他们对工商业社会的认识如此，对文明社会的认识也是如此，至少对休谟、斯密等代表人物是如此。休谟的人性论和英国史，斯密的民富论和道德情感论，采取的均是英国的视角，即英格兰与苏格兰合并之后的大不列颠的视角。苏格兰不过是北方不列颠，从文明的角度看，苏格兰虽然具有北方不列颠的独特性，但仍然是英美自由法治下的文明社会的一个组成部分。

关于英国的自由和法治，英格兰的思想家和法学家们都有充分的论述。代表者例如洛克，就结合光荣革命，从政治自由的立场上，雄辩地探讨过有关个人的天赋权利以及组建政府的权利，甚至合法反抗政府的权利。这种自由权利论为光荣革命的君主立宪制奠定了理论基础，其自由政治理论无出其右者。关于英国的法治问题，尤其是英国普通法的司法独立和司法裁判权，以及法治对于君主专制的约束，对于个人自由的保障，还有一套司法的技艺，这些论述均是大法官们如爱德华·科克的专长，对英国法治的辩护和阐发，也可谓影响深远，无出其右者。至于稍后的爱尔兰思想家埃德蒙·伯

---

① 孟德斯鸠：《论法的精神》，张雁深译，商务印书馆 1963 年版，第 19—26 页。

克，其对英国法治与自由的论述，也不过是英格兰上述诸人的翻版，坚守着他们的精神以反对法国大革命，彰显出一种保守主义的英国自由主义传统。

其实，仅就英格兰来说，法治和自由无所谓激进与保守之分野，它们一以贯之的不过是光荣革命后的英国政治上的自由与法治，英国革命不但没有破坏英国的传统自由与法治，反而进一步将这种自由与法治精神优良化了。这种论调直到19世英国纪功利主义的出现，才受到强有力的挑战。但对于18世纪的苏格兰启蒙思想家们，他们却面临着困难，即如何在继承英国自由与法治的前提下，又做出自己的新的思想贡献呢？对此，休谟和斯密就显示出卓越的思想理论的创造力。如果说埃德蒙·伯克的贡献是由于法国大革命的刺激而激发的，休谟和斯密的贡献则是由于苏格兰工商业社会的财富激情及其文明社会的制度需要而激发出来的。

（1）从政治自由到经济自由的转变

休谟接受和继承了洛克等英格兰思想家们的观点，也认同自由和法治的重要性。但是由于英国社会已经从光荣革命的紧迫时刻走出来，因此，他强调的不再是诸如财产权、人身自由权、言论自由和宗教信仰自由、政治参与等与国家构建有关的政治自由问题，而是如何在一个经济社会中维护自由的问题，或者说，是如何在一个商业社会实现创造与享受财富自由的问题。所以，他虽然也讲财产权问题，但不是以此对抗暴政，而是重在稳定性地占有财富。同样，他也重视法治，认为法治是现代工商社会和文明社会的基础，没有法治，也就没有个人的自由，没有创造财富和占有财富以及从事商品创造的保障。但是，他对于法治的理解不是重点在约束和限制政治权力的滥用方面，而是在于自由秩序的稳定和个人自由的边界上面。在多篇论文和英国史的论述中，他眼里的法治，是如何达成个人自由与政治权威的协调与平衡问题，是一种自由边界的规则问题，而不是对抗政治暴政的问题。

休谟与洛克由于所处时代的不同，对于自由与法治的理解是有所不同的。总的来说，一个是革命时代的自由与法治问题，问题意识是反抗暴政与构建政治的合法性；另外一个则是如何扩展经济自由，解决个人自由与政府权威的规则边界。一个采取的是自然权利论和社会契约论，另外一个则是情感主义和历史演进主义。

基于上述时代问题的不同，休谟对于自由与法治的看法，就转化为自由与权威的法治化规范问题上。他认为，在一个商业社会中，个人的自由无疑是十分重要的，没有自由的身份和自由地行为空间，尤其是没有自由的追求财富的激情，这个社会是缺乏生命力的，获取的自由也是没有保障的，难以稳定和持久占有的。所以，创造、占有、使用、支配财富和享受财富，以及在市民社会自由地活动，开拓任何谋利发财的空间和机会，是商业社会的基本性质。

休谟又认为，个人的自由又是有边界的，是在一定的社会秩序之下、在遵守政府权威的前提下，在法律约束下的自由，所以，政府是必要的，它们是现代工商业社会的政治前提。政府要有权威，法律要有约束力。所以，自由与权威、个人与政府，就处于一种对峙的关系，如何取得自由与权威的平衡协调关系，既要尊重和维护政府的权威和法律的约束力，又要保障个人的自由，扩展自由的空间，激发财富的创造，促进工商业的蓬勃发展，这是一个成熟的现

代社会的基本特征。休谟认为，这种平衡的标志就是法治，法治就
是既保护和拓展个人自由，又维系政府权威和行政施为的最好方式，
英国之所以取得如此耀眼的历史成就，一个主要的原因是其具有悠
久的法治传统。

（2）法治是自由与权威的调和剂

按照英格兰法律人的论述，英国的法治就是普通法的司法独立，
是法官依据判例法而不受君主制约的司法裁决，并以此保障臣民个
人的自由权利，这是英国普通法的传统。英国的自由主要是由这种
司法裁决的专属权而培育和加强的，最著名的论述是大法官爱德
华·科克与君主詹姆斯一世的对话。对于这个流传甚广的故事，休
谟并没有给予否认，他在《英国史》专门列有讨论英国法律的章节，
对于英国的法治传统多有析解与褒扬，认为英国普通法抵御了君主
的独断专制，保障了臣民自由，通过法律程序和法律技艺，维护专
属的司法裁判权，对于英国的文明演进居功甚伟。

但是，休谟并没有一味固守英国的法治传统，针对英国历史的
实际情况，尤其是光荣革命后延续到与苏格兰合并的时代，他在一
系列论文中，又对政府权威及其对于经济秩序的作用，提出了新的
看法。在此，他没有特别讨论英国的普通法，而是集中论述一般的
国家法律。这一点与斯密的法律观大体一致，虽然苏格兰实施的不
是普通法，但面对的自由与秩序的问题与英格兰却是一样的，那就
是，政府、政治权力和它们的权威是不可能忽视的，任何一种秩序，
尤其是经济和商业秩序，都离不开政府的管制，但握有政治权力的
政府，应该如何管制社会及其经济秩序呢？这就不能依据个人专制

性的权力和独断意志，而是要通过法律加以整合治理。法律是什么呢？法律主要是来自对社会自发秩序的承认、接受与汲取。因此，法治便是社会规则的权威性的统治，即法的统治。这里的法治，既有社会中的人的自由的最大化预期与正当性诉求，以及时间和传统的演进参与，又有政府权威的认可、接受，甚至转化为行政命令和法律规定的颁布实施。所以，法治必然是自由与权威的综合之融汇。在休谟看来，法治秩序之所以能够得到落实，法律规则能够为人们所遵守，是因为有政府权威的保障，自由是需要权威保障的，同样，权威也要符合自由之正义的标准。

正是在这个意义上，休谟认为自由是一种法治的预期，这就与把自由理解为反抗君主暴政的自然自然权利论不同，也与把法治理解为判例法的司法裁决的独立权不同，而是在承认政治权威的情况下，强调个人自由创造财富的预期不受政府权力的侵犯和限制。法治就是一种协调确认个人自由和政府权力的边界和规则，这个边界规则与其说是一种硬性的规定（法规和行政命令），不如说是一种预期，法治就是确保这种预期的稳定维系。由此，我们可以看出休谟的思想又回到情感主义的规则理论上来，因为正是这种预期，使得一种工商社会的制度得以自生自发地演进出来。没有预期的激发，一个社会可以有权威与自由的平衡稳定，但不会有商业社会与文明社会的突飞猛进的发展，不会鼓励创新与奢侈文雅的社会繁荣和科技精良。这也从另外一个方面解释了普通法的法治虽然源远流长，但为什么只有光荣革命后的古今之变，这个法治才促进了工商业社会和文明社会的发展演变。休谟认为仅仅有普通法是不够的，法治只有成为一种财富创造的预期，个人自由与文明发达才会结伴而至，这是拜工商业社会所致。

（3）政府的起源与责任政府

如何才能使得个人自由从政治领域转为经济领域，法治成为一种自由的预期呢？休谟认为，正确地理解政府的权威与责任是非常必要的，在此，他提出了一种不同于社会契约论的政府起源论，并首次提出了人类如何对待作为必要的恶的政府的观点。休谟的相关思想主要集中在他的《论政府的起源》《论政府的首要原则》《论议会的独立性》等几篇重要的论文中。

在上述论文中，休谟提出了一个著名的人性恶的假设，并由此认为政府也是一种必要的恶。[①]在人类的社会生活中，政府是必不可少的，说政府是恶的，这是欧洲启蒙思想的主要观点。从自然法和人类理想的角度来看，一个美好的乌托邦社会是不需要政府的。政府掌握权力，握有权柄，并大多实施专制统治，满足统治者的个人私欲或好大喜功的偏好。所以，在现实的人类社会中，政府和统治者大多是恶的，恶政或暴政，恶人或邪恶的专制独裁者，这样的黑暗统治在历史上比比皆是。

对此，休谟并没有完全像启蒙思想家们那样对政府予以彻底批判和排斥，主张革命性的否定和摧毁。在他看来，由于人的有限性，能力、情感和知识等方面的有限性，一个没有政府的社会，或有些人所主张的无政府的自由社会，是不可能达到的，结果甚至是更为糟糕的。所以，一定的政府是必要的，即便政府是恶的，也是必要

---

① 休谟：《人性论》（上），关文运译，商务印书馆 2004 年版，第 1—10 页。

的恶，这主要是由于人的自私自利的本性，甚至他还提出了要从假设人性恶的角度来考虑政府的性质，这样，必要的恶就是可以容忍的。所谓必要性，就是生活社会需要政府的管理，政府要有权威，通过权威之手管理社会，为社会提供必要的秩序，从而达到和平与有序的社会环境。

问题在于，政府的权威统治是如何产生的呢？休谟不赞同卢梭、霍布斯乃至洛克的社会契约论或政治契约论，认为它们只是一些理性的构想、逻辑的设计，并不具有历史的实际内容。休谟采取的还是历史经验主义，他考察了政府的起源，提出了政府以及政府权威的正当性与有效性的几种形式，诸如占领、征服、殖民、继承等。在他看来，虽然这些政府形式不具有自然权利论者所要求的绝对正当性与合法性，但它们还是具有一定的历史正当性与现实合理性的。换言之，这些政府体制一旦掌握了政权，统治了天下，那么如何实施政府统治，就不能还是采取打天下的暴力手段来坐天下，治理社会和管制臣民。上述政府不管是以什么方式建立的，不论是为了自己的统治持久性、稳定性、有效性，还是从臣民的幸福、社会的和平来说，都需要采取一种新的方式，那就是法治。依法治国是任何一个政府都必须采取的统治方式，也是维护权威和人民福祉的最必要方式。

这样一来，休谟认为，一个社会的主要问题，就从政府权威的起源、统治社会的方式，转变到法治问题上来，法治变成衡量一个政府是否正当性以及良善与邪恶的主要标准。一个政府很可能是比较权威专制的，但只要有法治，政府实施依法治国，那么这个政府就还是一个较为文明的政府，一个不太邪恶的政府。只有没有任何法治，君主独断专行、恣意妄为，才是一个邪恶的野蛮的政府。这样的政府，其统治不可能长久，肯定会被人民的革命所推翻。从这个意义上说，休谟并不反对英国的革命，但他并不主张革命，而是一种我们今天所称呼的保守的自由主义的改良。在当时他更偏向托利党人的观点，他并不认为查理一世的君主统治是一个完全没有法治的政府，所以，他要为查理一世之死掬一把同情之泪。他的《英国史》往往被视为表现了托利党的史观，与辉格党人的史观相对立。其实也并非如此，休谟在自传中就诉苦说他屡遭误解，其实他既不是托利党也不是辉格党，他就是他自己。

还是回到法治问题上来，究竟什么是法治呢？休谟指出，对于政府来说，法治就是要恪尽职守，法治就意味着责任政府。一个权威的有正当性的政府，不是如何管制臣民，而是约束自己的权力，通过法律明确政府以及政权的责任，其最大的责任就是造福臣民，为臣民谋求福祉。这样的政府才是良善的政府，才是善治，才能获得人民的拥护，实现持久的统治。法治对于臣民和社会来说，就是放松管制，还社会和人民以最大的自由，尤其是追求财富、言论表达和宗教信仰的自由，并通过法律和司法体制，保障人民的权利，使人民的合法追求获得政府的保护，让人民的自由与尊严获得最大限度的保障。所以，法治就是政府权威与人民自由的最好的调节器，一方面，法治使政府权威消除了暴虐和专横的性质，将其纳入为社会提供秩序、为臣民提供保障的责任范围之内。另外一方面，它也规范了个人的无法无天、私欲无度，将其纳入一种公共利益的规则之下，在合法的规则内充分发挥其各种激情，尤其是财富和文艺的激情。

总之，在休谟看来，一个法治昌明的社会，必定是一个工商业蓬勃发展的社会，也是一个文明昌盛的社会。因为在这个法治社会之下，政府的权威被限制在提供社会秩序和安全的范围内，君主和贵族特权不得侵犯和掠夺市民社会的权利，反而转化为一种尊崇的文明标志。这样就促进了一个商业社会的富足，同时也提升了商业社会的文明程度，致使工商社会演进为一个比农业社会更文明的社会。当时的英国，包括苏格兰，恰好正处于这个商业社会和文明社会的发展时期，休谟的思想与之密切相关，他特别注重商业财富和法治制度对于这个时期的英国和苏格兰所具有的基本性制度意义。

5. 休谟的文明政体论

文明政体是文明社会的核心，近代民族国家的崛起与中世纪神权政治的瓦解密切相关，商业的发展促进了市民社会的产生，继而为公民权利的兴起、人性世俗化等思想提供了土壤，这必然就诉求一种新理论，这种新理论将要为以市民社会为核心的民族国家做出全新的制度安排。

休谟对于文明社会的论述，除了上述从历史演变、工商业社会、财富激情和法治政府与个人自由等方面的观察与分析之外，还提出了一个关于文明政体的理论。这一理论极具创造性，对文明历史的演进提供了新的思路，即便在今天依然有启发意义，在此值得探讨。

苏格兰启蒙思想家的一个突出特征就是从历史的角度考察社会的本性，这与英格兰和欧洲思想家们对于历史的理解是不同的，他们关于人类历史形态演变的考察不像法国思想家们那样偏重于风俗与文化，而是偏重于经济动力和法律制度对于文明社会的塑造作用。

例如，斯密在《法学讲义》的演讲中就系统地论述了这个演变过程中的法律制度，考察了不同社会形态之下的政府体制与法律规则。①

休谟也是如此，他并不像法国的启蒙思想家那样，认为人们可以事先通过理性的计算而主动地建立起一种政治契约，由此组成一个国家或政府。在他看来，政府是一个逐渐形成的过程，伴随着文明的进步和商业的发展一步步地演化出来。"休谟的政府理论可以说是一种社会的进化论，一种哈耶克意义上的自生秩序论，在其中通过人为的正义德性的制度转换和历史演变，逐渐建立起一个以法律制度为核心的政体模式"。②

休谟全面地考察了人类从古至今的政体类型，并把法治程度的高低确立为文明与否的核心标准。休谟研究者尤金·F.米勒认为休谟至少刻画了存在于人类历史之中四种从野蛮到文明、前后相继的政体形式：第一种是野蛮的原始社会政体，在这种政体之中，文明的成分是很少的，充斥着完全的任意和野蛮；第二种是希腊、罗马政体，尽管存在少量的贸易，但不存在发达的工业社会，文明只是公民的文明；第三种是中世纪封建政体，虽然处于小农经济状态，但在基督教的影响下，国家统一的法律面前，人人平等的观念已经逐步渗透进人类精神世界里；第四种是近代，也即休谟所处时代的商业社会。③

---

① 高全喜：《政治宪法学视野下的"文明政体论"——从孟德斯鸠到休谟的政体论申说》，载《学术界》2016 年第 10 期。
② 高全喜：《休谟的政治哲学》，北京大学出版社 2004 年版，第 232 页。
③ Divid Miller, *Philosophy and Ideology in Hume's Political Thought*, Oxford University Press, 1981, p.122.

在这种政体演变史的前提下，休谟旗帜鲜明地反对各种社会契约论有关假想的原初自然状态的存在："同意甚至在很长时期内仍然很不完备，不能成为正规的行政管理的基础。……几乎所有现存的政府，或所有在历史上留有一些记录的政府，开始总是通过篡夺或征伐建立起来的，或者二者同时并用，它们并不自称是经过公平的同意或人民的自愿服从。"[①]所有社会契约论者都错失了一个最关键的问题，即从野蛮政体到文明政体转变的动力机制。休谟认为这个动力机制由经济和法律两方面构成。文明本质上是一种制度，关于文明与野蛮之间的区别，固然体现在生活状态、知识文化等多个方面，但从深层次上说还是政体、制度上的区别。

野蛮政体下的人类社会没有近代意义上的生产与商业行为，一切的生产和商业活动都是受自然环境制约的。而在文明政体中，人类可以克服自然环境的局限，通过商品交换和经贸往来，积累财富，完善制度，进而建立起一个文明的社会。野蛮政体下人类奉行丛林法则，赢者通吃；而在文明政体之中人类拥有了围绕分工、分配建立起来的正义规则，并在权威政府的法治下获得基本权利的保障。

因此，尽管休谟也像亚里士多德那样通过统治者人数而对文明政体内部进行区分，但这种划分之前，已经蕴含了野蛮和文明的分野。换句话说，野蛮与文明的区分，是一阶的政体区分，而文明政体内部的区分，是二阶的政体区分。两种区分之中，一阶的政体区分是本质的区分，是野蛮和文明的严格的分界线，二阶的政体区分是量上的区分，不具有本质上的差异，都属于文明政体。休谟认

---

① 休谟：《休谟政治论文选》，张若衡译，商务印书馆 2010 年版，第 122 页。

为："东方社会大多就是如此，它们不同于游牧、渔猎社会，已经具备了十分完善的政制，但并不是欧洲那样的文明政制，而是野蛮政制，其野蛮性质并不体现在生产方式、生活形态、风俗习惯等方面，而在于政制方面。尽管东方的野蛮社会在很多方面超越了原始社会的贫乏和低下，甚至在某些方面，如制作技艺和物质财富方面有时优于欧洲一些国家，但因为它们的政治制度的绝对暴力和专横性质，因此仍然可以称之为野蛮社会。"[1]专制的野蛮社会哪怕具有一些财富和技术上的优势，也无法改变其政体上的本质缺陷，在这种野蛮政体之中永远无法发展出一个充满活力和生机的，个人能追逐自己理想和财富的近现代文明社会。也无法真正建立起自己政府的合法性和正当性，从而会周期性地陷入动乱的旋涡之中。

总而言之，一个政府是否合法与正当，关键看它在统治过程中是否能够保持长久的稳定，并且满足人民的共同利益，看它最终能否走向法律规则之治，而不是依据统治者个人的独断意志进行统治。所以，政府的权威及其正当性依据并非来自起源上的神圣，而是在政府的持久延续，特别是在政府稳固地实施法治并走向立宪主义的过程中逐渐形成的，并在这个法治和立宪的过程中逐渐获得人民的认可和同意。用我们今天的话来说，就是看在历史进程中最终能否走向政治文明范畴下的法治和立宪主义。休谟的这种经过历史演化而逐步达成法治政府和立宪政府的道路，是一种历史主义的文明演进之道。[2]

---

[1] 高全喜：《休谟的政治哲学》，北京大学出版社2004年版，第239页。
[2] 高全喜：《政治宪法学视野下的"文明政体论"——从孟德斯鸠到休谟的政体论申说》，载《学术界》2016年第10期。

　　我感到在休谟、斯密他们的著作中实际上有两条线索，一条是写出来的显明的理论，另一条则是没有写出来的隐含的理论。写出来的大家都知道，政治经济学从总的方面来说就两个基本的问题，一个就是国民财富的性质与原因，这是斯密《国富论》的书名所直接指出的，其中，有关"看不见的手"的机制，有关劳动分工、生产、流通、交换、分配，等等，这些东西构成了斯密乃至休谟经济学的一条主线。但是，他们的经济学还有另外一条线索，即政治法学的建构。休谟和斯密都谈到立法家，谈到法律制度对于经济活动的决定性影响，所谓政治经济学之"政治"，其实质就是一个国家的政治与法律制度，国民财富的产生所必须依据的政治和法律制度，这是斯密、休谟政治经济学隐含的另外一条主线。这条主线是和前一条主线贯穿在一起的，但这条主线却被很多经济学家忽视了，他们只是谈国民财富的产生、发生的机制，而没有注意到这种机制必须建立在与它配套的一个法律制度和政治制度之上。例如财产权问题就不仅仅是一个经济学问题，还是一个法律问题，甚至涉及政府的体制问题。

　　我在多篇文章和演讲中曾经一再指出，我们不能说斯密的古典政治经济学只是论述了一个小政府，就认为他忽视了国家问题，国家问题是英美思想家们隐秘的主线，例如斯密《国富论》的下卷，殖民地问题就是一个国家问题，当然这个国家是放在国际社会的体系中来考察的，在当时英国就是一个帝国，这和现在的情况不一样。国家问题不一定仅是要放在国际体系中来讲，国内也有这个问题，它就是一个宪政制度下的国家问题。宪政国家与国外的丛林世界并不必然矛盾，我们看帝国的形态也是变化的，大英帝国是近代的国家版本，当代美国的新帝国则是另外一个版本，对于这个国家问题，我们不能忽视。

二、财产权理论

1. 财产权的三条路径

一说到政治经济学，大家首先会想到斯密，这很正常，但是我提醒读者不要忘了休谟。中国改革开放以来所引进的西方学术理论，经济学与法学一样，主要是现代学科分殊下的现代理论，但是我一直强调，我们现在处于一个转型时期，对应的是一个类似西方古典政治经济学框架下的历史时期。应该看到，现代经济学的各种理论，都是有前提的，这个前提就是现代的政治制度和法律制度。但我们现在还没有建立起一个成熟的制度，把那些东西拿过来以后，很多方面就会发现它们变形得非常厉害，所以制度环境是非常值得考虑的。我觉得现代中国的经济学研究要注意两个方面的问题，一个方面是需要研究现代经济学，它们属于一些学科分类非常精细的微观／宏观经济学，其中不乏模型、图表、数据等，但是同时我们还要研究政治经济学，就是社会经济秩序中的政治框架问题，属于宪法经济学问题，我们现在对这一块的研究相当不够。

到底什么是政治经济学呢？其实是应该说清楚的。古典政治经济学在休谟、斯密，特别是斯密那里，已经达到了很高的水准，被视为政治经济学的发源地，斯密在他的《国富论》中搞了一个政治经济学的体系。但是我感觉国内对于苏格兰古典政治经济学的理解是有偏差的，从英国古典政治经济学衍生出了三条路径：第一条路径是从斯密到李嘉图再到马克思，这是一条大家熟悉的路径；第二条路径是古典政治经济学到现代的制度经济学，一直到布坎南所谓的宪法经济学；第三条路径是主观主义的通往边际效用学说的路径，这就与休谟有关了。从休谟的政治经济学到奥地利学派，这是一条主观主义的路径，休谟强调财富的个人感觉，个人的偏好，他指出私人财产权的产生机制是从想象力开始的，他的财产权的法学理论有一个内在的心理机制问题。所以，谈到政治经济学，除了马克思的政治经济学外，还有另外两个路径。

关于财产权在西方有三个路径或三种财产权的理论形态是比较重要的：一是洛克自然权利学说的财产权理论，二是黑格尔的自由意志论的财产权理论，三是休谟的法律规则论的财产权理论。应该指出，自然权利、自由意志、法律规则三者之间是有不同含义的，它们尽管有着密切的关系，但本质上是有重大差别的，虽然它们都属于自由主义的理论谱系。休谟的规则论的财产权理论在西方过去也是没有得到足够的重视，只是到了现代重视边际效应的经济学派以及布坎南的宪法经济学，还有哈耶克有关财产权规则的理论兴起之后，才开始引起人们的广泛关注。规则论的财产权理论与其他两种经典的财产权理论有什么不同？为什么值得我们来研究呢？

首先，我们来看洛克、黑格尔、休谟这三种理论形态之间的共同性。上述三种关于财产权的政治法律理论都属于近现代市民阶级的理论诉求，这是它们的最大的共同点。自封建制度解体之后，西方社会进入的现代社会或者现代性社会，是既不同于古代城邦国家的一元化社会，也不同于中世纪神权与政权二元分立的社会形态，它是一种新的市民阶级或资本主义主导的社会形态，作为市民阶级的核心利益诉求，财产权理论体现的是一种市民阶级对于财富占有的理论诉求，或者说是把这种利益诉求转化为一种法权性的理论表述，在表达市民阶级的正当合法的利益诉求方面，三种理论是基本一致的。这三种理论不同于罗马法中的财产占有理论，虽然从它们的法学形式特征上看可能有很多的共同处，但是从精神实质来说，这三种理论体现的是市民阶级对于财富占有的一种正当性的法权诉求，与古代罗马人对于财产权的认识是大不相同的。与古代法权理论相比，近代社会的市民性质，这是上述三种财产权理论的共同点。

其次，我认为还有一个共同性就在于，上述三种理论都没有把私人财产权简单地视为一个属于私法领域或者部门法中的产权规定，而是都把它上升到了政治法的高度，都把它视为是现代社会的一个最核心的组织单元或细胞，就是说，他们都认为构成一个现代社会的基石就是私人财产权，即私人对于财产的稳定占有以及这种占有的正当性证成，这是构成现代社会的一个最核心的东西。假如没有这一基点，那么现代社会的经济秩序、政治秩序和生活秩序也就都无法建立起来。在这个意义上说，上述三种财产权理论，不论是权利论的、自由意志论的，还是规则论的，就已经超出了狭隘的民法中财产权范畴的划界，而具有了政治哲学的内涵。我觉得从大的方面来看，上述两点是近现代三种财产权理论的共同性特性。

三种财产权理论有什么不同呢？洛克的财产权理论当然是最著名的了，影响最为深远。首先，洛克认为人类对财产的占有是一种自然权利，作为一个人，天然地就具有对财产加以占有的权利，这个权利是先在的，不可剥夺的；其次，他认为人类对财产权的占有是人通过劳动就把自己的力量体现在对象物中了，这个物就变成了所有物，体现的是人劳动的价值，这个基于劳动的财产权论证是洛克思想的核心。需要指出的是，洛克自然权利论的基于劳动的财产权理论与马克思的劳动价值学说在本质性上是不同的，马克思的劳动价值学说抽象出了一个所谓的"劳动一般"，马克思把劳动变成一个实体性的东西，并且是从剩余劳动的角度对于资本主义的法权理论给予了全面的批评。洛克是一个经验主义哲学家，他并没有把劳动上升到一个实体性的"劳动一般"，更没有剩余劳动的概念，洛克认为劳动是一种没有办法且非常痛苦的事情，人只有付出了辛苦的劳动，才能够占有对象物。在他那里，劳动没有异化，也没有美学，是一项迫不得已的权利，它为人赢得法权上的保障，使人获得自由，但终究是一件无奈的事情。

黑格尔的财产权理论是一种自由意志论的法权理论。他认为，人占有一个物品，占有的不是物品本身，而是把人的人格附属上去了，人占有的是自己的人格，而不是外在的物品。这个人格在黑格尔看来就是自由意志，物品作为自由意志的对象而为人所占有，人在占有中实现了自己的自由意志，私人财产权从本质上说是一种自由权，即人通过人的活动或劳作，他占有或实现了人的自由，人只有在财产的占有中才能获得自由，没有对于财产的占有，也就没有人的自由，因此，私人财产权是人类社会中最基本的属于人的自由权。在黑格尔那里，市民社会也好，伦理国家也罢，都必须建立在这个个人自由的财产权的基础之上。笼统地看，黑格尔与洛克的思想有很大的相同性，但仔细看他们之间是有区别的，黑格尔的私人财产权理论，强调财产占有中的社会性。黑格尔认为，脱离社会的自然人是从来就没有的，也不存在什么自然权利，占有自然物是离不开一个社会基础的，私人财产权作为一种法权，只有作为一个社会中的人才能够获得，离开社会的自由人格是不存在的。脱离社会的所谓抽象的个人是不能占有物品的，即使占有了也是没有价值的，没有法权保障的，与动物的占有没有什么两样，所以，财产权的建立需要先有一个政治社会、政治国家的支持，作为市民社会的财产权脱离不了法权的伦理性质，看来，财产权在黑格尔的理论中体现的是一种市民社会与政治国家的辩证法。

2. 财产权与政治社会

下面我们看休谟的私人财产权理论。首先，休谟是反对洛克的自然权利论和政府契约论的。他认为，人对财产物的占有是需要依附于社会的，他与黑格尔一样不同意洛克的个人占有理论，也反对通过社会契约来构成一个政治社会或者一个政府。在私有财产权问题上，休谟强调指出人的财产关系脱离不了传统，脱离不了社会、家庭的联系，只有在这个社会性的过程中人对物的占有才具有实质性的意义，这是他与黑格尔相同而与洛克不同的地方。其次，休谟与洛克和黑格尔两人的不同之处在于，他认为，财产占有的正当性不是通过所谓的劳动获得的，占有关系也没有体现什么自由的人格，在他看来，占有只是一种法律的界定形式，是一种权界的划分规则，与劳动并没有本质性的关系，即便是不劳动地占有，例如继承关系，时间或空间的先占，等等，也都可以属于财产权的正当归属。因此，休谟并没有过多地论述或重视财产权的内容，而是强调财产权的规则形式，强调的是如何才能达到"稳定占有"。而一旦涉及稳定占有，显然就需要一个重要的前提，即需要一个社会的、政府的稳定，因为只有政府的存在才能够使得个人对财产稳定占有得到落实，或得到法律制度上的保障。

休谟在他的一系列著述中反复指出了人类社会得以存在的三个基本的正义规则：第一个是有关财产的稳定占有的规则，第二个是有关财产权的通过同意而得到转换的规则，第三个是承诺必须得到履行的诚信规则。其实这三个规则，第一个财产权规则是最基本的，后面的两个规则主要是从第一个规则中衍生出来的，这三个规则被休谟认为是构成一个社会最核心的原则。他认为，财产的占有不在于劳动和个人自由意志的体现，而在于占有财物是一种在法权中得到保护的稳定性占有的财产权，从占有的事实到财产权，这是人类历史上的一个标志性的推进，它意味着一个政治社会的产生。在休谟看来，稳定占有财物并不是人的自然权利所能保证的，洛克的所谓神学假设甚至通过人的参与劳动等理论，只是把占有限制在人的独立自主上，认为人能够凭着自己的先天权利而获得对物占有的持续性和稳定性，并由此证明其合法性，这在休谟看来是不可取的。休谟认为，人本身单纯依靠自然权利是不可能达到稳定占有的，即使一个自主的个人具有自然占有的正当性，他仍无法避免他人对于自己财产的攫取，因此要获得稳定的占有必须人为地设计出一套补救的办法，这样就从一个自然社会进入到了一个政治社会。所谓的财产权理论不可能是一种自然权利的权利理论，只能是一种政治社会的规则理论，因为稳定的占有只有通过规则、通过人为设计的措施而得到保证。

休谟一再强调，财产的占有是通过政治社会自发演进或由立法者制定的一套规则而得到稳定的保障，并转换成为一种财产权，这样这种占有才因为法律而不被其他人侵犯，至于占有本身是不是体现了劳动或者体现了自由的人格，这些并不重要，体现也好，不体现也罢，问题是这种占有是否能够在法权上成为你的合法所有，由你自由支配。如果要成为你的合法所有就必须有一个政治社会、一个国家、一个政府，它们使得这样的占有能够稳定而不被其他人侵犯。所以，休谟强调的是占有规则，不是这个物上体现了什么，而是这个物是通过一种什么规则而为人所占有的。有了规则，占有才会存在，如果没有了规则，这个占有也就不会成为你的所有。所以，休谟认为人对物的占有的财产权关系是一种人的关系，是一种道德关系，而不是一个自然关系。

实际上，我认为这里面存在着一个悖论，这个悖论是什么呢？一方面，政治社会要保障这样一个规则的实施，使得这个占有能够稳定地成为法权意义上的财产权；另一方面，政治社会是怎么产生的呢？它又是建立在财产权基础上的，财产权是一个政治社会最基本的构成前提。占有需要政治社会、政府、国家对这个占有予以承认，并由此确立财产权这个规则；但是，一个政治社会如果没有私人财产权的基础规则，就不可能正义地存在下去的，一个政府之所以不是一个强盗集团，在于这个政治社会存在着最基本的财产权规则。从逻辑上来说这是一个悖论。休谟不是一个在逻辑上非常缜密的思想家，读他的著作，有时候可能会发现很多的矛盾和悖论，但是休谟是一个经验主义的思想家，他提出了一个完全不同于洛克和黑格尔的政府起源理论，上述逻辑上的矛盾在他的经验论的论述中得到了有效的解决。

政府是怎么产生的呢？洛克有一套精细的契约论。在洛克看来，个人先天的就是一个自主性单元，他们相互之间通过订立契约而产生了政治社会，产生了政府和国家等政治与法律机构，这些机构的职责就在于通过权力来保护个人的诸多先天权利，其中包括财产权利，这番论证从逻辑上来说是很自洽的。但是，休谟指出，这个自洽的逻辑从来就没有存在过，世界上从来就没有任何一个政府是通过订立契约产生的。历史地看，政府是通过战争、掠夺、继承等五种方式产生的，因此，休谟对于洛克、霍布斯等人的契约论是持批评态度的，他说从来没有所谓先天的自然权利，也不存在人们相互之间通过订立契约来产生政府，说到底任何政府都是用枪杆子打出来的。在历史的演变过程中，强暴的政府逐渐从不正义转变为正义的、仁慈的。为了统治的稳定性和持久性，统治者逐渐开始讲究仁义，讲究荣誉，讲究正当性与合法性。政府的权威也罢，政府的起源也罢，休谟对此的经验主义论证，大致就是这样的一个论证过程。

3. 财产权的正当性问题

上面谈的是财产权与政治社会的关系，这只是休谟财产权理论的一个方面，下面还有另外一个方面，即如何理解财产权的正当性问题，也就是说休谟并不仅仅只是认为存在一个合法的政府就可以一劳永逸地解决私人财产权的正当性问题，仅仅通过政府的权力是不可能完全解决财产权问题的，休谟对于财产权的正当性论证还有另外一个方面。休谟一再指出，私人财产权是一个正义的制度，为什么它是一个正义的制度呢？实际上黑格尔和洛克也认为私人财产权是一个正义的制度。洛克的论证方式主要是从天赋权利、自然正义的角度来考虑的，这里既有神学的印记，也遵循着传统的自然法精神。黑格尔也是从一个庞大的形而上学的法学体系来展开财产权的正义性论证，先是抽象法，然后是市民法，最后是国家法，法律的表现形式体现了民族精神乃至绝对精神的演变，通过财产权体现人的自由意志，不仅如此，黑格尔认为，道德、艺术、宗教等也都是人类自由的体现。休谟与黑格尔、洛克的论证方式不同，关于私人占有财产之所以具有正当性，他试图从公共利益和个人利益的关系出发，提出了一个基于共同利益感的主观主义论证。

我们知道，休谟对于人性提出了三个预设，首先，自然资料的提供是相对匮乏的，这个预设不像洛克认为自然资料是相对丰富的，也不像霍布斯认为是非常缺乏的，其他的两个预设是，人本性上是自私自利的，但又不是绝对自私的，休谟认为人还有一些有限的同情。在上述有关人性论的前提下，休谟所代表的苏格兰思想家在论证财产权乃至政治社会的形成与合法性时，做出了一个巨大的理论贡献，他们有效地解决了公共利益与个人利益的关系问题，即认为个人追求私利能够促进公共利益的实现，这基本上是古典政治经济学的一个重要命题。这个命题说起来并不高尚，但在人类社会的实际生活当中却是普遍存在的。从曼德维尔到斯密、休谟，甚至现代经济学的公共选择学派，基本上都有这样一个假设，个人追求自己的私利，这在市民社会是没有错的，只要遵纪守法地追求就可以了。从道德上来说，可能会受到质疑，但也未必就全部有错，因为人不能仅仅靠着道德来生活，人首先要吃、穿、住。问题在于，这里面有一个转换，恰恰是在大家追求私利的过程中产生了一系列公益的事情，在追求私利的个人活动中一个莫名其妙的结果是，私利导致了公共利益。这种公共利益到底是怎么产生的，产生的机制是什么？经济学上的论证是，由于大家都追求个人利益的最大化，最后认识到，大家都需要公共产品，公共产品的生产可能会有助于个人私利的最大化扩展。例如，我们的生意都需要公路，假如大家都不去建设公路的话，可能所有人的生意都会受到不良影响。这个大账算清楚之后，人们就会觉得公益的事情反而更能够促进个人利益的实现。

那么，到底什么是公共利益？这一问题我觉得值得我们特别重视。休谟认为，所谓的公共利益可能有很多，但其中最主要的是确立一套普遍抽象的规则，建立一套行之有效的法律制度，所谓正义的制度说到底就是能够实现公共利益的制度，就是能够使个人利益在公共利益中获得协调扩展的制度。休谟认为，私人财产权是公共利益和私人利益的一个有效的平衡，只有确立了私人财产权，每个人都可以稳定占有属于自己的私人财产，作为私人利益的追求者，人们才能够诉求公共利益，并由此生成出一套经济秩序、法律秩序和政治秩序，这就是最大的公共利益。这个公共利益休谟不是通过理性来论证的，在私人财产权的利益问题上，休谟与边沁等人的偏重于理性计算的功利主义不同，他强调的是基于共同利益感的规则形式。一般说来，功利主义有两种，一种是内容的功利主义，一种是形式的功利主义。所谓内容的功利主义主要是指边沁他们那一套功利主义，由此导致后来的实用主义，每个人都追求利益的最大化，其最后的原则是最大多数人的最大幸福，蛋糕做得越大分给大家越多就越好，这是一个结果论的功利主义。但这个原则并不能保证这个最佳结果的实现。从某种意义上说，它是一种空想，因为它不注重规则，即便是一个大蛋糕，如果没有公正的分配规则，也无法保证上述原则的实现。形式的功利主义强调的是如何制定一套普遍抽象的规则，休谟认为提供一套正当行为规则，才是约束个人利益膨胀，促进公共利益的关键，财产权在他看来就是这类规则中最根本性的元规则，它是公共利益的实质所在。

（1723—1790）

> 我们在这个世界上辛苦劳作，来回奔波是为了什么？所有这些贪婪和欲望，所有这些对财富、权力和名声的追求，其目的到底何在呢？归根结底，是为了得到他人的爱和认同。

斯密：苏格兰道德哲学与现代经济学的开创者

一、《道德情感论》与《国民财富论》

亚当·斯密是苏格兰启蒙思想的重要人物，尤其在道德哲学和政治经济学方面，具有开创性的思想理论贡献，影响深远，他与大卫·休谟被思想史界视为苏格兰启蒙思想的双子星座。不过，人们对于斯密的认识，就像认识休谟一样，也有一个逐渐深入的过程，从把他视为一位现代经济学的开创者，到一位深刻的道德思想家，再到把他视为一位熔经济学、道德学、法理学和文明论于一炉的综合性的伟大思想家，也不是一步到位的。其中也有曲折，甚至有误读，但随着历史的变迁，在西方的学术界乃至公共知识领域，直到晚近三十年才有了一种重新理解斯密的道德哲学乃至经济学的呼声，并出现了众多研究性成果，从而使得我们能够穿越专业经济学的束缚，从文明演进的历史高度，理解他对早期资本主义的经济、政治、法律、道德与文明的具有前瞻性的看法。

斯密被视为现代经济学的创立者，但他自己并不是这样定位自己的，甚至可以说，创建一门新的经济学科，并非他的自我期许，而是无心插柳的附带成果。他与当时的苏格兰启蒙思想家们一样，主要面临和思考的乃是一个现代的英国社会，在工商经贸自由发展的情况下，国民财富的性质与原因及其如何正当化的道德问题，尤其是在现代工商业和市场经济的文明社会下，道德是如何形成的，或者说，一个国民财富创造与扩展的社会，是否存在着一种道德规范，以及这些道德是如何与财富的激情和市场经济的运行密切相关、相辅相成的，这是斯密终其一生所思考的大问题，也是文明社会进展到他那个时代所面临的首要问题。作为一位思想家，他深感要回应这些问题，他的几部主要著作——《国民财富论》（即国内众所周知的《国富论》）、《道德情感论》，以及法学讲义和其他演讲稿，都是围绕着上述问题思考的。作为一位严谨而审慎的思想家，斯密晚年的主要精力都用在了修订完善他的两部书稿上面，他四次修订《国民财富论》，七次修订《道德情感论》，直到去世都还没有完成。至于其他的几个演讲稿，他在去世前皆因不甚满意而付之炉火，好在他的学生留下了记录稿，后人才有幸可以看到。

我们探讨苏格兰的道德哲学，斯密当然是一个重镇，关于他的道德哲学思想，不仅体现在数易其稿的《道德情感论》一书中，还体现在《国民财富论》和其他演讲稿之中，所以，我也分两部分讲授斯密的道德哲学，一讲是道德情感论，另外一讲是国民财富论。当然，正像休谟一样，斯密的道德哲学也不是狭义的，而是一种苏格兰启蒙思想品质的道德哲学，其中包括了现代思想的基础原理，涉及政治、经济、社会、法律、历史与文明等多个方面和领域，具有为现代资本主义或市民社会确立道德正当性的理论意义。

作为一位严谨而审慎的思想家，斯密一生的著述并不弘富，说起来主要由三部分构成，一是《国富论》，一是《道德情感论》，还有就是法学讲义及其他小型作品。《国富论》和《道德情感论》最为出名，也得到他自己的认可，他晚年的主要精力都用在了修订、完善这两部书稿上，《国富论》修改了四次，《道德情感论》修改了七次，第七版还是在他去世后，由后人编辑出版的。至于其他作品，他并无意出版，因不甚满意而付之炉火，好在他的学生留下了记录稿，在他去世后，后人根据收集的各种文献，陆续编辑出版。为了弥补研究他的思想理论的缺憾，后人还编辑了斯密的通信集。这部通信集辑录了大量的他与同时代的学人及亲朋好友的通信，这对于研究他的思想非常重要，同样的情况也表现在休谟身上，休谟的两卷通信集，也有助于研究休谟乃至斯密和苏格兰启蒙思想家们的思想理论，因为其中记录了很多他们相互之间的文字交流。

本文主要是讲斯密的《道德情感论》这部著作，当然以这部著作为蓝本，这是斯密最为看重也最为用心的作品。这里要予以说明的是，斯密的道德思想集中体现在这部书中，但也不全部如此，对于他的道德思想，我们要有一个更为广阔的视野，他的经济学乃至法学讲义等，都是其道德思想的一部分，都是围绕着他的道德核心问题展开的。

谈到斯密的两部著作，有必要对于它们书名的中文翻译，做一个说明或梳理，这对于我们准确理解斯密的思想理论很有必要，否则这些中文译名的通俗化理解，会导致对于斯密思想的误读。

先说《道德情感论》，这部书的英文名字是 *The Theory of Moral Sentiment*，目前国内有多个译本出版，最早和流传最广的是商务印书馆 1997 年蒋自强等翻译的版本，名为《道德情操论》。近些年来又有多个译本，有译为《道德情操论》的，也有译为《道德情感论》的。据悉，浙江大学出版社启真馆正在筹备组织斯密全集的翻译，由罗卫东教授主持，他们准备把这部书翻译为《道德情感论》。我大致同意罗卫东的观点，应该说译为《道德情感论》比较准确，原因如下：第一，Sentiment 的英文含义主要指一种情感状态，并不具有太多的道德含义，用"情感"翻译这个英文词意比较符合原意，而"情操"在中文语义中已经非常道德化了，这样就把非道德性的其他情感状态排除掉了，与斯密的原意不太符合。第二，就斯密的道德思想来看，他并不是积极的道德理想主义者，他关注的很多情感都是前道德性的，道德情感的产生有一个发生、演进的心理过程，不是先天就有的。他与休谟一样，都属于情感主义，道德情感是通过想象力、同情心等机制激发出来的一种高级的情感，翻译为《道德情感论》，更准确地表述了斯密的思想。用道德情感比用道德情操，更为恰切地与英文词意和斯密思想相一致，但约定俗成，由于《道德情操论》已经为中国读者广泛接受，使用这个书名也无不可，但要理解这里的情操，其实具有丰富的含义，有道德性的情感，也有非道德性的或前道德性的情感，道德情感有一个发生演变的过程和机制。我使用《道德情感论》的书名，指的就是大家习以为常的《道德情操论》一书。

相比之下，斯密另外一部著作的译名问题更多，处理起来就比较麻烦，但正是鉴于此，更有必要予以澄清和说明。斯密这部书的英文名字是：*An Inquiry into the Nature and Causes of the Wealth of Nations*，斯密写于格拉斯哥大学和科尔卡迪的老家，1776 年出版第一版，此后陆续修订了四版。斯密作为格拉斯哥大学的道德学教授，他写此书，并不是完全在研究经济问题，而是其道德思考的一个副产品，因为他与休谟一样，要处理的是工商社会财富问题的道德性问题。所以，商品的生产、交换与流通，市场经济，以及政府与财富的关系，等等，就成为商业社会或早期资本主义的关键问题，斯密对此深入研究，形成了这部著作，出版之后获得意想不到的成功，成为经济学的一门经典著作，竟被视为现代政治经济学的开山之作。

此书对西方经济学产生了巨大的影响，大致有三个谱系，一个是对主流经济学的影响，另外一个对李嘉图、马克思等的影响，还有一个是对制度经济学（包括奥地利经济学）的影响。说到此书的中文翻译，最早和影响最大的是郭大力和王亚南在商务印书馆出版的译本，商务印书馆一直延用的是这个译本，主书名是《国富论》，副书名是《国民财富的性质和原因的研究》。按说，这个译本的副书名非常准确地翻译了斯密此书名的原义，如果为了书名的简洁扼要，也应该取名《民富论》或《国民财富论》，而不是《国富论》。所以，我认为把斯密此书名译为《国富论》，无论是就英文的原义还是依据斯密思想的原义，都是不准确的，甚至是错误的。

第一，wealth of nations，英文什么意思呢？《国富论》之国家，按照中文的意思，这里的国或国家，应该是 state，这个国家作为一种政治体制，才是《国富论》的主体；但是，它与斯密这里的 nations 在语义上是不适合的，nation 的意思是民族，它不是个人主义意义上的个体，而是国民的一种较为综合的表述，但又不是政治性的国家政权，不是利维坦。此外，在当时的英格兰和苏格兰，还没有后来盛行的民族主义之泛起，更没有德国思想界后来兴起的民族主义之共同体的含义。所以，斯密使用该词汇的意思是指国民群体，而且斯密并不是从法学和政治学来看待这个问题的，主要是从财富来看的，尤其是从社会财富来看的，而不是从私人的个体财富来看的，英文的 wealth 主要指的便是这种国民的社会性财富。所以，从上述两个词汇的英文含义来说，斯密的这部书的书名，显然不是汉语意义的国富论，或国家政权的财富总汇，而指的是国民财富的总和，这个总和的主体是社会共同体，不是国家，它是国民的一种松散的集合体，或者说，是运行在市场经济中的每个国民所拥有的一种社会财富的总和。所以，用国民财富，取代国家财富，以及个人财富，则更为准确地反映这个英文的含义。

第二，其实，这个问题斯密已经有明确的说明，他在书中以税赋为例指出，他所谓的国民财富，指的便是一个国家的年度总收入扣除国家税收之外的全部收益的总和。按照斯密的这个意思，国民财富不但不是国家税赋的总收入，反而是要把这个税赋减去之后的属于社会全体国民的经济收入的总和。他的这部书就是对这个社会经济总收入即国民财富的性质与原因的研究，实际上就是探讨市场经济中的商品生产、交换、流通与分配的基本内容和原理，揭示现代社会财富增长的秘密。因此，也就创立了一门新的现代经济学，因为他提出了前人没有发现的有关劳动分工、商品交换、贸易流通、货币金融以及政府职能等一系列现代经济学的基本原理。在此，中文意义上的国富论显然与他思想的本意差别甚大，甚至相反，国家如何创造财富，占有、管理和使用财富，这些根本不是他的研究内容，反而是他要予以祛除的东西，因为他的经济学是现代工商社会的经济学，是以自由市场经济为主导的。

综上所述，我建议用《国民财富论》作为斯密这部著作的译名，但是，由于郭大力、王亚南的翻译已经成为中文经典，商务印书馆长年累月地予以反复再版传播广泛，影响巨大，读书界很少有人提出质疑，只有罗卫东等学者发表过与之商榷的文字，但反应者寥寥。我认为，为了准确而正确地理解、研究和传播斯密的思想理论，有必要使用更契合斯密思想和英文原义的书名，故此，我一般都用《国民财富论》替代《国富论》。

二、德国思想界的"斯密问题"

在西方经济思想史研究中，对于斯密经济学的历史定位一直发生着变化，主流理论一般都认为斯密的国民财富论开辟了现代经济学，其主要贡献是劳动分工理论、自由市场理论和"看不见的手"的机制，而这些都基于一个前提预设，即理性人的假设，或者说，现代的自由市场经济需要假设参与者的个人是一个自利的理性人，在这样一个假设下，现代的市场经济秩序才能运行。这也是斯密《国民财富论》一书的基本假设，这个假设以及相关的自由市场原理，形成了后来的古典经济学、新古典经济学、效益均衡学派和芝加哥学派，等等，这些主流经济学都是在斯密的上述论说下发展演变出来的，二百年来一直是西方经济学的主流。

1. 狭义的"斯密问题"

二战之后，西方经济学有所分化，出现了凯恩斯与哈耶克关于福利国家的论战、奥地利经济学与古典经济学关于社会主义的论战，等等。在这个过程中，促使人们重新回到斯密等早期理论家的经典

作品，寻找思想灵感，斯密的《道德情感论》开始受到经济学家们
的重视。人们不再把此书视为一部与经济学无关的伦理学著作，而
是从道德情感的视角理解斯密的经济学和国民财富论，理解自由市
场经济和分工理论，尤其是理性人的假设。这样一来，就发现斯密
《国民财富论》的一些基本观点和经济学原理，受到他的《道德情感
论》的挑战，或者说，两部书的基本观点发生了很大的分歧。斯密
这位现代自由市场经济理论的创建者，究竟是何种经济学呢？这是
重新思考斯密学说所带来的一个重大疑问，与此相关的，斯密还是
一位自由主义经济学大师吗？他的经济学还需要一种理性人的假设
吗？如果需要，那与《道德情感论》中的情感人，是什么关系呢？
等等，这些问题随着《道德情感论》的重新被重视，随着斯密思想
的晚近复兴，原先经济思想史中的斯密经济学的定位就面临重大的
挑战。

其实，上述问题并非晚近三十年才被提出来的，追溯起来早在
一百年前，关于斯密的《国民财富论》与《道德情感论》之间的关
系，尤其是斯密经济学的基本预设与斯密道德学对于人性情感的论
述存在着不小的分歧，就被一些德国经济学家提了出来，当时称之
为德国经济思想中的"斯密问题"予以讨论过。晚近三十年以来，
随着《道德情感论》受到广泛的重视，并在英语学术界的主流经济
学和道德哲学等领域引发重大的思考与讨论，德国思想界的这个斯
密问题又被激活。谈斯密的经济学与道德哲学，绕不开他的两部重
要的著作，尤其是斯密关于经济领域和道德领域的基本观点，它们
之间的关系究竟是如何的，这涉及斯密思想的重大理论创建，为此，
有必要回应德国思想界中的斯密问题，还有晚近斯密思想复兴所带

来的相关问题。我认为，所谓德国思想中的斯密问题，有狭义和广义两个层次的理解。狭义的理解就是一百年前德国经济学研究者们提出的那些老问题，它们早在斯密思想的晚近复兴之前，就被德国人提了出来，并且有了初步的结论。至于广义的理解，则脱离了德国语境，主要是从晚近斯密思想在英美主流思想界的背景下，重新理解斯密关于《国民财富论》与《道德情感论》之间的关系，修正人们对于斯密关于理性人和道德人的理解偏差，重回苏格兰思想的轨道，寻找它们之间的契合关系。

德国学者在一百年前认为亚当·斯密的两部著作，其基本观点是不兼容的，甚至是相互对立的，由此否定英美主流经济学对于斯密经济学的认知和推崇。在他们看来，一个大师级别的理论家怎么会有两个不相容的基本观点呢？在《国民财富论》一书中，斯密被理解为创立了一套基于理性自利人之上的现代资本主义的自由市场经济的经济理论。这个经济理论的基本假设是存在着一个理性的自利人，作为个人主义的自由自利主义者，他们参与市场经济，并在看不见的手的市场机制的调整之下，追求最大化的个人利益，从而塑造了一种现代经济秩序，包括从分工到交换和贸易以及分配等整个商品运作过程，由此促进了资本主义的经济发展与繁荣。所以，理性的自利人就是一个理性的经济人，这个经济人把市场利益视为个人自由参与市场的出发点，每个人只有作为这种以自利为主导的经济人理性，才能形成资本主义的市场经济。现代经济学就是以理性经济人或自利人为基本假设而建立起来的，其中关于劳动分工、等价交换、自由贸易和有限政府等一系列经济学的基本原理，都需要这个前提的预设，否则，现代市场经济秩序就难以实现。在斯密经济学理论的视野之下，道德学或伦理学是不存在的，或者说，在自由市场经济领域，是不需要甚至是排斥道德哲学的，纯粹的经济学是不讲道德的，只能以理性经济人的自利假设为基点，以经济效益、市场均衡、利益优化、成本效率等为经济行为的标准。

问题在于，斯密还有另外一部他自己更加重视并且写了一辈子的《道德情感论》。在德国学者看来，这部书提出了一个与斯密经济学完全对立的道德学说。他们认为，斯密的道德学是一种建立在利他主义原则的道德理论，斯密通过一套中立的旁观者的视角，提出了一个与理性经济人或自利者完全不同的道德人，这个市民社会的道德人的假定，就与经济学的理性自利人的假定完全不一致，成为斯密道德思想的核心。这样一来，德国学者的问题就被尖锐地提了出来，一个建立在利他主义道德学基础之上的理论家，怎么能够同时建立起一个以自利的理性人为中心的现代经济学呢？由于斯密的两部书的基本观点或根本预设是对立的，那么，不是斯密的思想混乱不堪，就是现代经济学误读了斯密的经济学理论，片面地发挥了斯密思想的一个方面，而把斯密思想的更为重要的另外一面抛弃了。所以，现代经济学所继承的斯密理论是有问题的，德国学界的结论偏重于后者，他们谈斯密问题，主要是基于德国民族主义经济学的背景，以此反对现代的英美主流的自由市场经济学。

上述就是狭义的德国思想界的斯密问题，这个问题虽然被关注和讨论，但并没有受到英美主流经济学界的重视，因为英美经济学界普遍认为德国学者对于斯密道德情感论的认识是有很大偏差的，大多是从翻译的只言片语中理解斯密的思想，并没有深入研究斯密的全部思想作品，加上德国经济学的国家主义色彩，所以德国思想界中的斯密问题后来就被翻篇了，在英美学界很少有人提及。

2. 广义的"斯密问题"

随着晚近三十年斯密思想的复兴，尤其是他的《道德情感论》越来越受重视，德国学者提出的斯密问题就重新被翻了出来，并在经济全球化的新语境下受到重新关注，这个就是我说的广义的理解。关于这个新的视角涉及如下三个方面的问题。

第一，德国学者质疑的英美主流经济学把理性的经济人或自利人视为斯密经济学的核心理论，并且由此发展出来的现代经济学各个流派，是否完全忠实于斯密的《国民财富论》以及《道德情感论》的思想，他们对于斯密思想的理解与发扬光大是否存在一定的偏差？显然，这种质疑是有道理的。换言之，现代经济学把理性的经济人视为现代经济学的原初出发点，把经济秩序视为一种基于个人利益的理性计算的市场经济行为，是多少偏离了斯密思想的原意。究竟什么是理性，什么是经济人或自利人，市场经济是否就是经济理性的逻辑演绎，自利人就是没有同情心和仁爱情感的自私自利呢？道德究竟在市场经济中扮演什么作用，看不见的手只是理性的无知之幕吗？这些问题都是现代经济学要重新思考的问题，那种教条主义的市场原教旨主义，理性经济人的刻板预设，都将受到来自斯密道德情感论的挑战。

第二，现代经济学的基础理论有短板，是否就意味着德国学者的观点是正确的？情况并非如此。德国学者对于斯密道德思想的重视是必要的，暗合晚近斯密思想的复兴倾向，说到底这种复兴也是现代经济学的理性经济人面临困惑的一种返回斯密道德哲学寻求灵感的学术举措。但是，问题在于，德国学者把斯密的《道德情感论》也误读了，把斯密等同于简单的道德说教主义，等同于利他主义的传统助人为乐和慈爱学说，这样就把斯密思想中的有关同情的自利心与合宜性的思想也排斥掉了，导致的结果就是把斯密的经济学与道德学对立起来，贬低了斯密经济学思想的创造性意义，并由此否定主流的现代英美经济学。所以，他们的观点并没有得到经济学界的广泛重视也是有道理的，因为斯密的经济学与道德学并非简单对立的，理性的经济人与情感的道德人，也不是两种相互对立的预设，关于经济秩序与道德情感之间存在着内在的联系，具有共通的问题意识，并且得到了斯密富有创造性的解决，这才使得斯密的思想呈现着广阔的包容性，并且对于现代经济学依然具有启发性的激发作用。

第三，既然现代经济学在继承斯密经济学原理方面有短板，德国学者对于斯密《道德情感论》的理解有偏差，那么，如何理解斯密的思想呢？其实，路径也不难，那就是重新回到苏格兰思想的语境中，从当时苏格兰思想家们所面临的时代问题以及回应的理论构建中，寻找斯密思想的源泉。应该指出，斯密与休谟等苏格兰思想家一样，都不是简单地为了现代社会的经济效益问题提供经济学的理论，他们研究经济问题，甚至创建了一套现代经济学原理，乃是为了当时正处于转型时期的英国社会，提供一整套经济、社会与道德的系统化或综合性理论，其实质是为一个上升时期的现代工商业资本主义，提供一种正当性的道德与文明上的辩护。为此，他们非常重视财富生产与市场经济的现代工商业秩序，但是，更让他们关注的是这个工商经济社会的情感心理问题，即怎样的一种精神状态才使得这个社会不至于沦落为人欲横流的低俗社会，而演进为一个有道德的文明社会。他们都不信奉理性主义，而是崇尚经验主义，在历史和心理方面，他们是文明演进论和情感主义论，所以，打通经济利益和人心情感，接续历史传承而又文明进步，实现人为道德与正义制度，就成为他们思想的主要内容，至于经济学或道德学，不过是上述核心问题的不同层面而已。现代经济学显然忽视了苏格兰思想家们的道德关怀，德国学者则是肤浅化地理解了斯密的道德思想，真正把握斯密的核心问题的一贯性，并打通他的两部屡次修改之著作的沟壑，还是要回到苏格兰思想的历史脉络中，那里蕴含着现代社会发育的种子。

3. 在思想脉络中解读斯密

从现代经济学回到苏格兰思想来解读斯密，其中不仅有晚近三十年斯密思想的复兴，有德国思想中的斯密问题，有当今经济学面临的困惑，也还有苏格兰 18 世纪与斯密前后相关的其他启蒙思想家。这里有一个多视角的谱系，除了前面谈及的德国学者、现代经济学各派，仅就与苏格兰思想直接相关的理论渊源来说，大致说来也有四个线索，再加上斯密的《道德情感论》修订了七版，花费了数十年时间，其间思想观点也有很大的变化，这样与他相关的思想谱系的关联度也会发生变化，致使问题甚至张力性有所凸显。但这些又是我们理解和研究斯密的道德哲学所必须搞清楚的大致思想背景。

第一个线索，当然是他的老师哈奇森。斯密在爱丁堡大学读书时，哈奇森是他的老师。哈奇森的课程对学生们的影响是巨大的。

哈奇森作为苏格兰启蒙思想的开创者，在苏格兰的地位毋庸置疑。就斯密来说，虽然后来的思想理论大致偏离了哈奇森的轨道，自创一体，成为苏格兰启蒙思想的重镇，获得国际性的声誉，但追溯起来，哈奇森对于他的影响仍然不可小觑，大致表现在如下几个方面：

其一，斯密在情感主义思想路径上，与休谟一样，都接续的是哈奇森的路径。哈奇森开辟了苏格兰的情感主义，强调情感对于理性的决定作用，这在斯密的道德哲学中也是一条主线。

其二，哈奇森对于加尔文新教的道德哲学汲取，虽然并没有为斯密全部继承，但哈奇森有关罗马自然法的思考，加上加尔文神学的沉思，对于斯密晚年的思想也多有启发。斯密在《道德情感论》的多次修改中，尤其在第六版第三、六卷关于道德情感的内省和良心等方面的论述，就与初版的有关利益感的观点多有出入，加入了很多斯多葛主义和神学思考的成分，这与哈奇森的某种启示也不无关系。相比之下，休谟的道德思想一生基本保持着相当的一致性和连贯性，少有基督教神学的色彩，两人之间的反差在此就很大。

其三，斯密显然不赞同哈奇森的第六感的纯粹道德官能理论，对于那种利他主义的道德哲学，他是不赞同的，但是，哈奇森的那种试图在情感自身的机能中寻找道德情感的努力，对于斯密试图通过想象力达成一种公正旁观者的合宜性视角，也是有启发性的。哈奇森的第六感官是一种设想，斯密的旁观者也是一种设想，它们具有一定的相似性。

第二个线索，当然就是休谟。斯密与休谟保持着一生的友情，他们两人的思想和人生有非常大的契合性，具有情投意合且思想观点一致的总体特征，被视为学术思想史上的一段佳话，为人们所敬仰。大致说来，他们的思想观点大同小异，他们之间也是相互影响、彼此砥砺。作为苏格兰启蒙思想的双子星座，都是世界级别的大师，各自创造了独具新意的思想理论体系，休谟是著名的哲学家和历史学家，斯密是著名的经济学家和法学家，他们又都同时是道德哲学家，两人相互关联，把苏格兰思想推向世界思想史的一个高度。仅就道德哲学来说，他们的关系大致有如下几点值得关注：

其一，他们都是情感主义道德思想的推崇者，都把道德情感视为道德与工商业社会的联系纽带，并为现代资本主义予以辩护，纠结于共同的时代问题，他们的理论倾向和价值取向大致是相同的。特别值得指出的是，在情感的从个人自利之心到利益和财富的激情，再到道德标准的制度生成等一系列情感主义的发生与演变机制方面，他们在大的方面也是相同的，以至于后来的思想史家总把他们合为一体加以论述。

其二，他们在基本原则和思想倾向大致相同的同时，也还有很多具体观点的不同，这些分歧有些不是技术层面的，而是涉及道德哲学的重要问题，他们之间因此又呈现出张力性的关系，由此显示出苏格兰道德哲学的复杂性和丰富性。例如，通过心理的想象力达成的是共通的利益感，还是不偏不倚的旁观者的合宜性，两人就有巨大的差异；在如何看待奢侈问题，两人的分歧也是很大的；还有，斯密晚年多次修订《道德情感论》，呈现出很重的神学与良心论的色彩，就与休谟的不可知论大为不同；在如何看到功利、效用、有用性，乃至对英国功利主义的影响方面，两人也是不同的，休谟的影响更大一些；最后，在如何看待现代工商业的未来前景，或资本主义的私利扩张方面，休谟一贯的乐观主义与斯密晚年的悲观主义，也是不同的。

第三个线索，是英国的思想，首先是同时的曼德维尔以及法国的爱尔维修等利己主义道德思想。曼德维尔对于苏格兰道德哲学是有很大刺激性影响的，斯密在《国民财富论》和《道德情感论》中都把曼德维尔视为一个重要的理论批判对手，可见其在斯密心目中的地位。如果说休谟对于曼德维尔以及爱尔维修等私利主义的观点是复杂纠结的，斯密对于他们的看法却是明确的，那就是他反对这些唯物主义者的人性观和经济观，认为人的本性不是自私自利的，而是主张有高于私利的同情仁爱情感来统辖它们；在经济领域，单纯的个人私利更不是国民财富的动力机制，市场经济不是由私利来推动和完成的，所以，斯密在经济学和道德学两个方面，都批判曼德维尔的私利主义。尽管如此，曼德维尔对于斯密的刺激还是很大的，为了解决市场经济的动力机制，尤其是道德情感的本源，就促使斯密对于劳动分工、看不见的手，以及同情心、旁观者、合宜性等问题给予深入的研究，从而创建了一套自己的经济学和道德哲学，他与休谟的很多分歧也与如何对待曼德维尔的思想有关。

第四个线索，还是英国的思想，即隐含的霍布斯和洛克的政治思想。应该说，这批光荣革命前后的英格兰政治思想家，并非苏格兰启蒙思想的理论对话者，但他们的影响仍然是潜在的，甚至是休谟和斯密等人的隐藏的理论对手。因为，苏格兰思想家们在接受了英格兰的政治遗产及其内含的政治原则之后，并不是照搬英格兰的思想方法和基本观点，而是另外走出了一条独特的苏格兰思想之路。由于休谟、斯密等人采取的是历史主义和情感主义的方法论，对于诸如政府起源、政府职能、法治秩序、国民权利、个人自由和人民福祉等政治哲学的相关问题，他们就没有接受霍布斯、洛克等人的政治契约论和自然权利论，而是在历史经验和现实语境下，探讨诸如自由社会、情感苦乐、国民财富、政府职能、法治传统等问题。斯密的主要著作虽然涉及政府、个人、福祉、利益、权利、法治、自由等主题，但与霍布斯、洛克等人的观点是不同的，尽管他们都属于大的英美自由主义思想谱系，斯密也不反对社会契约、自然权利、个人主义、自由宪政，但论证的理论路径和关注的要点问题是大不相同的。前者聚焦于革命性（英国式的）的古今之变，后者聚焦于革命后的社会建设，尤其是自由经济和文明社会的建设。

总之，上述斯密与思想界的复杂互动关系，为我们理解他的道德哲学，提供了很好的理论背景。

三、道德情感论

1. 同情、旁观者与合宜性

斯密与休谟一样，他的道德哲学也是情感主义的，他对道德问题的分析也不是从观念出发，而是从情感出发，由此建立起他的道德思想的体系性构架。如果简单勾勒一下其内在的情感主义道德逻辑，可以采用罗卫东教授一段总括性的陈词：斯密的道德哲学是从情感分析出发，通过一种社会秩序的建构，最后达成其美德的显现，即情感—秩序—美德。

（1）情感、想象力与同情心

斯密的《道德情感论》也是从情感出发的，关注个人的感性情态在苏格兰思想家们那里是共同的，情感高于理性，理性从属情感，这是情感主义的基本观点。说到情感问题，斯密与休谟类似，都对情感的类别、形态、性质以及内涵与外延等方方面面有所论及，此外，他们还会对诸如想象力、联想、同情心、移情、共通感等一些与情感密切联系的心理机能给予更多的关注。由于问题意识相同，分析斯密的情感论，最好与休谟的情感论对勘比较予以论述，可能会更加清晰明确。他们有很多的相同点，也有很多的分歧点，这些异同的辨析有助于我们深入理解斯密的道德思想。

斯密认为，情感首先指的是人的自然感觉，它们由不同的快乐、痛苦、舒适等情态组成，这些直接的苦乐感是一种自然的情感。与休谟把个人的情感分为直接与间接两种层次稍有不同，斯密对人的情感做了更为细致的划分。在《道德情感论》中，他大致区分了五层，分别是：起源于肉体的情感、起源于想象力的情感、非社会的情感、社会的情感和利己的情感。斯密上述的分析，有如下几个要点值得特别注意，它们也是斯密情感分析的关键部分。

第一，虽然情感都是个人性的，每个人的情感都由个人自己感受，但是，由于情感不同于直接的物理刺激，所以，这些情感又都具有一定的群体性或社会性，尤其是从第二层的情感开始，群体性与社会性的内容逐渐增高，例如，人的幸福的快乐，就与群体社会中的他人的认同有关，获得别人认同的幸福感，无疑是幸福感的重要内容，还有诸如爱慕、骄傲、自卑、忧伤、美妙、敬仰，等等，这些情感都与群体社会性的密切联系相关，不仅仅是个人的孤独的情感感受，所以，社会性是斯密的情感分析的一个基本特性。由于每个人都是社会中的人，他的各种各样的情感，都具有社会性的内容，是与群体社会中的情境、交往和关联度等要素密不可分的。即便是分类中的源于想象力的情感、非社会的情感和利己的情感，它们也具有一定的社会内涵，只是相对于社会的情感，它们较为具有自我的相关性，例如愤怒和妒忌的情感，沾沾自喜或失意懊丧的情感，等等，这些情感显然也与他人的感受或社会风气有关。

第二，斯密关心的问题不是情感本身，而是情感是如何传导的，或者说，每个人的私自的个人情感是通过什么机制相互传导的。由于人是社会中的人，个人的情感具有社会性，但彼此如何传导情感的呢？由此，斯密提出了想象力的心理能力，以及同情的情感生发机制。对此，休谟也给予了关注和分析，斯密关于想象力与同情心的观点与休谟大体类似。由于人是一个群体性的动物，每个人的情感感受，诸如快乐和痛苦的情感，幸福与悲伤的情感，不仅是自己独自领受，其他人也是可以感受到的，同样，别人的一些情感，我也是可以感受到的。这种情感上的同情共感的功能，不仅人这个群体具有，动物群体也具有，我们从生活中可以观察到动物之间的休戚相关的同情共感的状态。

是什么导致个人之间的情感相互传导或彼此相通共感呢？斯密和休谟都认为源于人的心理活动中的想象力这种特殊功能。想象力在斯密、休谟等情感主义思想家那里，不是观念的逻辑联系能力或理性推演能力，也不是后来德国思想家诸如康德、谢林等人发展出来的理性直觉能力，而是一种情感的联想力，一种与同情共感的同情心（sympathy）相关的情感能力。斯密分析说，我看到一片美景所产生的美感的快乐，会联想到其他人看到这片美景也会产生同样的快乐，而且我的快乐其他人也能感受到，诸如其他的情感，我对于一个人的行为和仪容的喜好，他人也会感受到，并且我由于感受到他人的对于我的喜好的感受，会更加增强了我的喜好，忧戚和悲伤、自卑和骄傲等情感也是如此。想象力是一种情感的辐射性传导能力，而且是相互共通的，贯穿其中的是一种人心攸同的同情共感。所以，想象力必然又与同情心密切相关，想象力如果没有同情心的渗透，则成为观念逻辑的理性附庸，同情心如果没有想象力的传导机制，则成为一种干巴巴的高调宣示，正是情感的想象力的传导渗透，同情心就被开发出来，成为一种具有强大功能的情感生发机制。

第三，到目前为止，斯密所谈及的各种情感，从形态、类别、层次，乃至群体社会性，还有想象力的联想以及同情心的同情共感的心理功能，都还是前道德意义上的分析或经验事实的描述，并不具有道德的含义。也就是说，斯密与休谟一样认为，在道德情感尤其是道德善恶、是非、美丑的价值内涵介入人的情感之前，还有一个非常广阔的前道德的领域或地界，这里还没有道德性的划分和界定。所谓的前道德，指的是道德情感和道德德性发生之前的那种状态，既有时间性的，也有空间性的，但主要还是表现在人的心理状态层面。承认这个不分道德善恶性质的前道德状态，对于苏格兰道德思想家来说是非常关键的，例如，哈奇森就不承认这种状态，他为此提出了一个第六感官的纯粹道德情感以统辖、驾驭和抵制那些混乱的非道德情感；至于曼德维尔就干脆否定了道德情感，认为所有的情感都是非道德性的。斯密和休谟与他们不同，先是承认一个前道德的情感世界的事实状态，并且认为人的大量情感都来自这些自然的情感，但是，自然情感不是他们关注的中心，他们不是心理学家，而是道德学家，他们关注的是如何从前道德的自然情感生发或演变出来一种道德情感，道德情感的发生和演变的机制，才是他们思想理论的重心。说起来，这就是休谟所谓的从是然到应然的转变，从是什么到应当什么，对于斯密也是一个根本性的问题。

（2）旁观者的视角

斯密认为，要解决道德情感的发生与演变，由此形成一个道德社会的秩序，建立基于美德的人的生活，不能从外部为人的情感提供依据，像基督教道德就是从神的旨意出发向人训诫的，也不能像康德那样说是来自绝对的道德律令，至于哈奇森的第六道德感官，也缺乏生理学基础，且与人的自然情感相互隔膜。这些都行不通，还是要回到人的情感自身，从人的情感的想象力和同情心寻找道德情感的发生学基础，这一点他与休谟是一致的。他们都试图从前道德的自然情感挖掘开源出一条上升到道德情感乃至社会秩序和良善美德的道路，并以此为现代的工商社会和文明社会辩护。不过，细致考察可以发现，斯密虽然与休谟在大的方向上是一致的，但仍然有很大的理论区别和分歧，它们主要表现在斯密提出的旁观者的理论以及道德的合宜性标准。

下面，我们先看斯密提出的不偏不倚的旁观者的理论。斯密的这个观点首先涉及苏格兰道德思想中的同情心问题，对此，斯密与休谟的看法是有所不同的，虽然他们都赞同同情心是伴随着想象力的一种同情共感。休谟主要是把同情心视为一种基于共通的利益感的相互认同，并以此奠定了休谟的人为德性的心理基础，斯密对此并不赞同，而是提出了一个基于想象力和同情心的同情共感所引发出来的第三者——不偏不倚的旁观者，并认为这个旁观者才是人为道德德性和社会伦理秩序的基础。

为什么斯密要提出一个旁观者呢？在此，其实表明斯密并不认为休谟提出的共通的利益感能够真正带来不偏不倚的正义性质，也就是说，这种共通的利益感并不能真正超越个人的私利和利己心，为一个社会群体和公共领域带来公平的正义价值，以此为基础的公共利益难以克服个人的私心和利己的情感。所以，他试图超出情感关系中的你我他的同情联谊特征，而抽取出一个从同情心生发出来的第三者视角，引入一个中立的旁观者来确立一种道德情感的正当性。

当然，旁观者是一个假设，斯密给出的是一个第三者的视角，这个视角下生发的仍然还是情感性的心理感受，为什么要设计这个旁观者呢？因为从常人意义上的乃至休谟意义上的通过想象力和同情心所彼此传导的情感，很难达到一种公正性。每个人总是易于站在自己的视角下对待情感的生发，即便仁慈的利他心，也很难获得彼此双方或社会多方的认同，这里的标准很难规定，例如休谟的共通的利益感，某人对病弱之人的照顾，以及反射回来的病人的感激，就很难摆脱某些猜疑、自卑和骄傲的联想。

实际上，人的情感的生发与传导过程中，在想象力和同情心的同情共感的场域中，已经自发地演进出一个第三者来。这个第三者是每个人都认同的假定的旁观者，由于假定有这样一个第三者，一个不偏不倚的中立公正的旁观者，那么就可以把那种同情共感的为每个当事者都认同的道德情感交付给它，这样就有可能克服每个人的私心和自利的情感倾向。实际的情况也是如此，按照斯密的考察分析，人的情感确实在同情心的传导下，出现了一个不偏倚任何当事者的情感机制，这是人类的同情心的特别机制。由此观之，旁观者的假设，在斯密看来，不是一个特别的超人或神人，而是一种机制，一种制度，把它类比法庭或法官就好理解了，他们不是当事者，而是旁观者，是一个第三者，没有自己的私心私利掺杂其中，就可以不偏不倚地从人们的自然情感中生发和演进出一种道德性的情感出来。所谓旁观者的视角，就是这样一个法官的视角。

关于这个旁观者，休谟在他写给斯密的信函中有过讨论。休谟的疑问是关于人的同情心可以有愉快和痛苦的各种感受，而斯密假定的旁观者的同情心似乎只是令人愉快的，这样就不甚符合实际的情况。斯密的回答则是他所谓的同情心包括两个层次，第一个层次，旁观者对于原初情感的反应当然包含着愉快和痛苦等多种性质，但第二层次的同情心主要是旁观者自己的情感与当事人情感的某种契合的心理感受，因而总是令人愉悦的。休谟仅仅看到了第一个层次的同情心。从两位的通信内容来看，休谟像是知道共通的利益感无法达到纯粹的公正性，但他感到，毕竟还有一个可以让相关者彼此认同的大致的公约数，即在利益感和财富的激情中产生基本的规则。斯密的旁观者虽然看起来具有第三者的客观公正性，但如何提供一个为彼此各方认同的标准，这是斯密的旁观者的视角所难以给出的，因为它毕竟是一个中立的假设，就像法官，自己不是当事人，可以公正裁决两造的纠纷，但在情感领域，似乎不可能有旁观者，大家每个人都是参与者，作为参与者的法官如何裁决呢？对此情况，斯密像是并不赞同，他不觉得旁观者无能为力，因为旁观者只是一种假设的视角，在此视角下，可以生发出一种类似法官的公正的情感机制，道德感以及社会良善秩序就是从这里产生出来的。由此，他提出了基于旁观者的道德情感的合宜性标准问题，这是他对休谟挑战的回应，也是斯密道德哲学的一个核心观点。

（3）合宜性的情感

旁观者只是一个视角，一种假设，如何由此产生出一种恰当的公正的情感呢？斯密提出了一个合宜性的观点，也就是说，从旁观者的视角才能生发出一种合宜性的情感，或者说，才能判断出某种情感是否妥当，所以，合宜性实际上是一种渗透于想象力和同情心之共通情感中的判断标准。

合宜性（propriety）这个词汇的含义是指某种恰当的合适的感觉，按照斯密的解释，在情感领域，合宜性能够恰当地解决情感的公正性问题，因为它提供了一种情感平衡的机制。同情的合宜性能使个人与他人的情感达成一种恰当的一致性，并由这个同情的一致性来比较、衡量和判别自己的情感的正当与否。这样一来，关于同情共感，斯密的同情的合宜性分析就比休谟的共同的利益感要更加深入和缜密。在这种情感的共通性上，如果仅仅是休谟那种共通的利益感，则是相当模糊的一种东西，没有办法搞清楚每个人是如何感受和承认其中的公正性的，为此，休谟提出了一种"默会的知识"的解释。所谓默会的，就是难以言传的，只能凭着经验感觉的，在日常生活中积累出来的那种东西，例如手工业的技艺，其属于某种默会的知识，它们的传授采取的是一种默会的言传身教，在不知不觉中就教会了。对于休谟的这种观点，斯密不能全部赞同，他认为要达到情感的公正的平衡点，最好的办法是假定一种第三者，旁观者的视角，以此来感受和摸索到那种最为恰当的情感，这种情感的感觉标准就是合宜性。由此，通过情景转换，每个行为者的感觉与旁观者的感觉能够得以比较和判断，在找寻一致性的过程中形成某种赞同与否的合宜性。

在斯密看来，合宜性要比共通的利益感更为恰当与准确，也更为公正和平衡，因为它确定了一个站在旁观者的合宜性感受。例如，我想象我的快乐，他人感受到也肯定是快乐的，但如何判断他也是快乐的呢？这要通过想象力的类推，还要使得同情心也渗透到想象力之中，达成一种同情共感的状态，至于我的快乐与他的快乐，以及我因他的快乐的反馈而引发的新的快乐，等等，用一个同情共感的利益感受，虽然能够解释，但还是模糊的。但是，如果置入了一个旁观者的视角，那么，我的快乐与他的快乐的同情传导，就有了一个中立的第三者，由此感受到的情感，就具有合宜性。这种合宜性的情感，则是不同于原来的我的与他的情感，而是一种在社会群体中值得推荐的情感，具有了道德情感的属性。因为，这种合宜性情感，诸如爱和恨、骄傲与自卑、仁慈、羡慕、荣耀、羞愧，等等，对于每一个人都是合适的、恰当的与可接受的，大家都觉得这种情感既有助于每个人的情感传导，也有助于社会化情感的培育，就像法官的裁决，致使当事者双方，乃至社会其他人也都接受一样，通过旁观者的视角而形成的合宜性的情感，就成为一种培育社会道德情感的机制，促进了社会化道德德性的生成、定位与扩展。

斯密与休谟一样，都认为社会化的诸多美德，像仁爱、温、良、恭、俭、让，等等，它们都不是外部强加的，而是来自每个人对合宜性情感的培育和认同。在他们看来，道德是很难从逻辑上理性推导出来的，只能从情感中滋生和演化出来。至于如何滋生和演化，休谟没有给出一个明确的机制，而是提出了同情共感的默会演进机制。斯密不同，他给出了一个旁观者和合宜性标准，试图通过一个旁观者的视角，使得滋生和演化道德情感的机制有一个合宜性的标准，从而实现社会化道德的秩序构建。

但是，斯密的这个设想也面临新的问题，那就是如何保证旁观者的视角是公正的，从而达成合宜性的道德情感呢？因为在我与他之间的作为第三者的旁观者，很可能不是等距离的，可能有厚彼薄此的问题，其合宜性的公正性也就难以达成。为了解决这个问题，斯密又设立了一个新的旁观者，即在你我他和旁观者之间的第二个旁观者，他认为这个旁观者肯定会比第一个旁观者更能处于不偏不倚的公正状态，由此产生的合宜性情感才能保证是真正恰当的公正的合宜性情感。这样一来，斯密实际上就处于一种难以解脱的圈套困境之中了，他在第一个旁观者背后，还要设立一个更加公正的旁观者，这另外一个旁观者，从某种意义上来说，就变成了一个半人半神的东西，变成了一个超越性的存在，这就有点像康德哲学的意味了。所以，斯密在解决了一个问题的同时，又制造了另外一个更深层次的问题。

应该指出，解决休谟提出的从实然到应然的道德情感的发生学问题，斯密通过设立一个旁观者的视角给出的同情共感的合宜性，是一个途径，合宜性标准解决了休谟共通利益感的不确定性。但是，如果不像休谟在情感的不确定中通过默会的感觉达到基本的规则（三个基本的正当性规则），而是寻求更高的正当性或不偏不倚的合宜性标准，那就要超越世俗情感的层面，彰显一个超验性的维度。这个超验层面在斯密的思想和著作中，一直隐含着，尤其是在斯密的晚年，他修订自己的《道德情感论》，斯多亚的自然神论，还有加尔文新教的良知论，这些超越性的思考在斯密的心中纠结着，难以割舍。他不像休谟那样放弃了道德思想的神学思考，只是就人的情感谈情感，并由想象力和同情心来滋生和演进出一种人为的德性，斯密难以做到这样的世俗主义，他摆脱不了基督教神学的影响。这一点，他的老师哈奇森的影子就不失时机地出现了，虽然斯密不像哈奇森这样主张纯粹的利他主义，也不完全接受基督教的道德神学，但关注超验性问题一直是他晚年思想的一个主要特征，尤其表现在他的《道德情感论》第5、6、7版的修订文本中。例如，他对于慈善美德的强调，把斯多亚哲学的自然，改为大写的自然，等等，所以，斯密一生的道德哲学，是富有张力的，情感论与良知论、经验主义与超验主义、财富利益感与沉思审慎感，多种精神元素富有张力地纠缠在一起，难以达到简洁明了的统一性。

其实，这种情况也是苏格兰道德哲学的一个基本特征，他们在情感主义和经验主义的大背景下，在为工商社会的正当利益给予道德辩护的基本主张之下，每个人的思想观点都是不一样的，甚至一个人不同时期的观点也是不一致的。这种情况并没有什么好奇怪的，它们反而扩展了苏格兰道德哲学的复杂性和多元性，使其更加富有力度和深度，从而与18世纪英国社会的工商资本主义的演进相互匹配，它们表明现代社会的转型正在进行，终结还远没有到来。

2. 正义规则与德性谱系

斯密与休谟等苏格兰思想家的道德理论并不是为了道德而道德，他们主要是为了给现代工商社会和市场经济提供道德基础，尤其是斯密，他的情感论从一开始就包含着社会内容，所以，情感的社会性是他们道德哲学的一个重要特征。问题在于如何给社会提供道德根基，这就涉及道德情感的发生学追溯，休谟是共通的利益感，斯密则是旁观者的合宜性，这些所指向的都是社会秩序的构建，他们都认为，只有在社会秩序中的道德才是真正富有内容的德性或美德，所以，从大的逻辑来看，走的还是自然情感—社会秩序—美德德性的路径。

一说到自然情感，说到社会秩序，那么就不能离开情感中的苦乐感、利益感，不能摆脱一个工商社会的财富激情和谋利机制，这一点对于斯密和休谟来说，他们的道德哲学从来都是不予排斥的。只不过他们发现，个人的各种情感，哪怕是最自私自利的情感，一旦融入社会共同体的同情共感之中，融入社会的市场经济的制度运行之中，就会自发地发生变化，就会从自然的苦乐情感和趋利避害的经济人之中，发生出一些新的机制，从而实质性地改变了原初的状态。

对于斯密来说，情感的社会性会产生不偏不倚的旁观者的合宜性，也会出现"看不见之手"的功能，这些显然不是原先的自然情感和自然私利的初衷，而是从那里演变出来的，它们是一种新的机制，甚至是一种新的制度，这个机制既是道德性的，也是经济性的，总之，从那里才可能建立起一个社会秩序。当然，按照现代自由主义哈耶克等人的解释，这个社会秩序，不是理性建构出来的，是从自然情感中演进出来的，是一种自生自发的制度演进的结果，这种解释符合苏格兰的情感主义思想，与理性建构主义是对立的。

斯密在《国民财富论》一书中着重探讨的是这个社会秩序中的国民财富的原因与性质等经济学问题，以及与此相关的经济与道德、政府与道德，以及法治社会等方面的内容。在《道德情感论》一书中，斯密所要解决的乃是社会秩序的道德基础，尤其是正义与德性的性质与层级等问题。在斯密看来，旁观者的视角以及合宜性的标准，它们促成的情感的转变，首要的成果就是形成了一种工商社会之道德价值的生发机制，确立了一种正义的基础，此外，还建立了一套德性的层级分类谱系，这样一个从道德情感发展出来的基础正义以及不同等级层次的德性美德，它们才是现代工商社会以及市场经济的道德性证成，才是一个财富繁荣发展和德性普遍盛行的现代社会。因此，现代的工商资本主义才具有了正当性和道德性。

（1）正义规则的基础性

对于古典社会的认识，传统理论大多沿袭着柏拉图与亚里士多德的路径，把社会视为一个伦理社会，遵守着美德高于正义的理论范式。这个基于古典城邦公民社会的德性优越论，在中世纪以来的封建社会那里，也没有多少改观，公民美德变为贵族美德，美德高于正义的道德观一致占据着主导的地位。但是，随着现代工商社会的建立，社会结构发生了深刻的变化，与之相关的道德伦理的思想基础也会发生变革。如果说，在政治革命时期，思想家们还忙于政治上的制度革命，核心在于创建一个现代自由宪政的政体，那么随着革命完成之后的经济社会的建设，一个适应工商市场经济社会的道德伦理学说，就显得十分必要了。苏格兰启蒙思想的道德哲学便是应运而生的一种市民社会的新学说。

由于城邦公民制度（奴隶制）和封建等级制被逐渐废除，一个公民平等的自由市场经济社会或工商社会逐渐建立起来，那么如何为这个现代社会的市民阶级或工商资产阶级提供一个致力于财富创造、等价交换和自由贸易的道德正当性，就变得刻不容缓，表现在思想理论上，就是把正义或正义的规则，视为这个社会的最为基本的道德原则，视为现代社会的基石或底座。用斯密的话说，仁慈、利他等传统美德犹如美化社会的装饰品，并不是根本性的，正义才是最根本性的，它是支撑社会大厦的主要支柱或拱顶石，没有正义，人类社会的巨大结构势必在一个瞬间倒坍崩溃。如此看来，古典社会的一些美德，诸如勇敢、智慧、仁慈、仁义理智信、温良恭俭让等，它们作为传统社会中的道德德行，虽然也很必要，但并不根本，并不是支撑一个现代社会的基石。相比之下，一个社会的基本正义原则或正义原则、正义的制度和正义的德性，它们要比那些高尚的、令人景仰的传统美德，更为重要和根本，没有正义的制度与德性，现代社会是建立不起来的。对此，斯密与休谟都有明确而清醒的认识，他们的道德哲学非常强调正义的优先性和根本性，例如，休谟的私人财产权等三个基本规则，就是正义性的规则，斯密也是如此，虽然他没有明确提出私人财产权等三个基本规则，但也一再指出，正义的德性是一个社会的根本性的德性，是其他诸多德性的基础。

既然正义如此重要，人们就会进一步追问：苏格兰道德思想中的正义是什么呢？斯密《道德情感论》和《国民财富论》中的正义有哪些呢？对于这个问题，斯密采取的是反向逻辑，即从否定性或消极性的视角来加以定义，而不是肯定性或积极性的视角，这一点与休谟等古典自由主义一致，与集体主义、国家主义、民族主义、社群主义、共和主义乃至社会主义的逻辑有所不同。关于什么是否定性的视角，现代思想家以塞亚·柏林、哈耶克有过明确的揭示，例如，柏林指出消极自由不同于积极自由，是不受外部力量干涉的自由；哈耶克在《自由宪章》中也指出消极性或否定性指的是免于外部势力尤其是国家公权力的干涉和侵犯。虽然苏格兰思想家没有像当代思想家那样的明确定义，但大致意思还是相近的，即他们眼里的正义，不是集体性的一种亟待实现的道德诉求，也不是个人设定的宏大愿景，而是一种维系社会正常秩序的底线原则和德性标准。

休谟关于三个基本规则就属于基本的正义原则，没有它们，一个社会的秩序难以存续，斯密的观点也是如此，他们都不赞同古典社会的美德高于正义的原则，而是认同现代社会的正义高于美德的原则。斯密一再指出，正义是一种底线的基础性的德性，是人为道德的首要德性。也就是说，他们强调的是正义的基础性，正义并不是一个社会的高调德性，也不是高尚华美鼓舞人心的道德品行，不像传统美德那样冠冕堂皇、陈词高尚，而是看似不起眼的一个社会必须具有的最起码的规则，正义缺失了，社会也就难以成立了。所以，所谓反向逻辑，并不意味着正义价值按照从低到高的价值排序，属于不重要的低级德性，恰恰相反，这个反向逻辑是一种二阶逻辑。正义是一个社会的一阶价值，越是一阶的越是根本的，它们是基石，是基础，是一个社会其他二阶美德的支撑。所以，正义是社会秩序的最重要的人为德性，对此，斯密非常关注和看重。对于正义的德性，是不能用善恶、是非、美丑的程度之多少来评价的，只能用有和无这两个截然对立的标准来评价。所谓否定性或消极性，指的就是这种基础正义之不可剥夺或不可或缺。

所以，斯密认为正义的一个根本性质，就是不可伤害性原则。道德情感的合宜性标准在此所体现的就是情感中的不可否定或不可伤害的正义德性，这是旁观者视角的一个前提，也就是说，在其他社会秩序的诸多德性中，合宜性可以在道德情感的程度变化中达到一个均衡的平衡点，由此调节社会道德制度的运行，但这个合宜性最终要有一个不可调节的终点，一个不能逾越的情感上的界限。例如对于遭受苦难者的恻隐之心，这个就是否定性的正义德性，属于不可损害性的情感原则，一个人如果连这种情感都没有，显然他（她）就不值得称其为人。由此可见，正义不是一个社会乃至一个人的行为举止乃至情感发生的较高的道德要求，而是最底线的要求，没有正义，也就没有社会了，人也不成其为人了。在正义之上，一个社会和一个群体才有可能通过合宜性的情感调节，形成一些有关善恶、好坏、美丑之不同程度的人与社会之德性品质的界分。

（2）持有正义与交换正义

斯密认为，一个现代社会或工商业社会，不是靠美德立国的，那种传统理论中的德治国家是不可行的，而是要靠正义或正义规则、正义的法治立国，法治国家才是现代工商社会的国家之本。正义之法是什么呢？对此，斯密虽然没有提出休谟的三个基本规则，但提出的工商社会和市场经济的持有正义与交换正义，其思想与休谟是一致的，那就是首先确立现代社会对于财产、财富占有的持有正义和自由经济的交换正义，这些正义才是现代社会的根本，它们可以称之为法律规则，也可以称之为道德法则，总之，它们是一种正义的社会制度，一种社会秩序的基石。

鉴于上述的道德秩序观，斯密对传统道德学中的利他主义和神学的仁慈仁爱理论给予了批判，他认为虽然这些高尚的道德品质与美好德性是一个社会所要提倡的，也是值得鼓励的，也是美好社会的标志，从纯粹道德主义来看，无可置疑。问题在于它们并不是根本性的，而是修饰性的，可以鼓励和提倡，每个人都可以效法践行，但不能把它们视为一个社会秩序的基石，因为现代社会需要财富的创造和个人自由，需要等价交换和市场效益，如果用利他主义和慈善仁爱取代了这些基本的社会运行，那么所导致的结果就是贫困和低效、落后和封闭的社会衰败，乃至崩溃。虽然他没有说出现代思想家们所言的理想主义的乌托邦是通过灾难、贫穷和政治专制予以铺路的，但其大意也是如此。所以，他并不接受崇高的利他主义和基督教道德，这也说明了他为什么没有追随哈奇森的道德主义之路。在这个问题上，斯密在当时也受到苏格兰长老教会的指责，斯密一辈子谨小慎微，最后宁愿把自己的一些手稿付之一炬，也是因为他的道德思想与长老教会的主张是不兼容的。至于他的老朋友休谟更是如此，甚至受到了长老教会的迫害，一些著作不得不匿名出版，大学教授职务也一直难以获得正式聘任。

不过，斯密不赞同高调的利他主义道德，是否就意味着他主张利己主义呢？答案也是很清楚的，他更反对曼德维尔、爱尔维修等人的利己主义和自私自利的道德观，这一点要比休谟更为明确和坚定。在某种意义上说休谟的观点还很暧昧，他的著述确实有很多功利主义的色彩，这为后来的英国功利主义留下大量可资利用的遗产，但斯密就少有人把他视为功利主义思想前辈，因为他明确反对把利己、自私视为他的正义德性的情感论基础。

这样一来，斯密就面临一个问题，他的道德情感主义与国民财富论是如何协调的呢？斯密认为，正义的关键在于底线的旁观者的情感合宜性，表现在国民财富问题上，就是财产的持有与交换的正义，正义是一种规则制度，而不是私人利己之心，更不是排斥他人的利己主义。虽然斯密与休谟都强调正义的规则，但两人的最大分歧在于，休谟由于没有旁观者的视角，所以他的共通的利益感还是为自私利己留下的口子，为满足个人私心快乐留下了通道，为利益的有用性埋下了伏笔。所以，他的三个正义规则有规则的一面，也有利益的一面，或财富的激情的一面，后来的功利主义发展出两种形态：规则的功利主义和内容的功利主义，与休谟思想中的这两个方面的路径分叉是有关系的。应该指出，边沁等人的功利主义只是内容功利主义的极端化发展，他们把休谟的规则功利主义遗弃了。

斯密有所不同，他强调的是正义的规则方面，没有给功利主义的私利私心和利己主义留下口子，所以，他在两部著作中，集中关注的主要是财产、财富和交换财富的持有与交换正义问题。为此，他强调劳动、勤勉、市场规则、商品价值、自由贸易等看似经济学的问题，其实乃是道德哲学的问题，因为它们关涉着现代工商业社会的正义问题。所以，正义的人为德性，在斯密看来，就不是自利原则，也不是功利原则，而是正义的规则。斯密认为，在现代社会，个人对于财产和财富的占有是非常重要的，是现代社会必不可少的制度基础，但对财富的占有不是为了个人的私利，不是为了满足个人的情感快乐或者财富的激情，而是为了获得个人的自主、独立和自由。这些基本情感又通过旁观者的合宜性而达成现代人的道德情感，也就是说，合宜性改造了人的自然情感，使人在持有和交换产品的活动中获得了一种新生的道德情感，那就是正义，或正义的规则。

所以，虽然正义的情感与个人的自然的私心私利、快乐满足并不截然对立，但绝不等同于这些情感，而是经过旁观者的合宜性的改造或提升生发出来的道德情感，并且还演进为一种制度，这种正义的制度就是自由市场经济和商品社会的经济制度，这个制度还是一种法律制度。斯密《道德情感论》之外的其他著作，像《国民财富论》和《法学讲义》等，都是围绕着这些经济制度和法律制度展开的，这些制度之所以能够实现和发展起来，核心在于它们奠基于一个正义的道德（规则）制度，因为这个道德正义，才是这一切的基础，才是社会秩序的核心。至于这个正义的道德或规则，其来源不是利他主义，也不是利己主义，而是合宜性的道德情感，合宜性使得人为的正义之源不失之偏差，为利己主义的私心私利所污染，为利他主义的高调美德所忽悠。

正是在这个观点之下，斯密反对奢侈之风，反对过分投合个人情感的奢靡和享乐，反对社会生活的浮华造作，主张劳动、勤勉、简朴和努力等对于正义德性的辅助意义。他认为这些品质对于持有财富的正义是非常必要的，个人的财富持有以及社会财富的繁荣发展，只有在艰辛劳作、勤勉操持和俭朴奋斗中，才能获得和持续，社会财富的充沛和富裕，也只有每个国民的辛苦努力、兢兢业业、勤勉俭朴的工作之下，才能实现，所以，奢靡奢侈、浮夸浮华的风气是有害的，不利于现代工商业的发展，也不利于市场经济的运行，是与正义的德性相违背的。究竟如何看待奢侈与工商业的关系，奢侈与文明社会的关系，斯密的观点指出了一个层面的问题，但前面我们也探讨了休谟与此不同的观点，他也有他的道理，应该说，现代工商业资本主义并不是一个完美的社会，两个方面的情况都有表现，尤其是在早期的上升时期，这些相互对立的情况都是存在的，两位思想家站在不同的视角下，给出的分析与结论都令后人受益，引发进一步的思考。

关于交换正义问题，斯密也给予深入的关注和分析，他的论述从两个层面展开。一个层面是从市场经济的运行来看的，这构成了斯密《国民财富论》的主要内容，也是他作为现代经济学创始人的原因。在此，斯密分析了劳动分工与市场经济的关系，揭示了现代工商社会商品交换的规则，以及劳动分工和自由经济对于国民财富扩展的意义，指出推动它们正常运行的是一个交换正义的法则，没有交换正义，就不会有市场经济的劳动分工，不会有商品交换，不会有自由贸易，不会有商品市场，不会有财富积累，等等，可以说，现代经济社会的一切要素，都是在交换正义的支撑下才有可能。此外，第二个层面，便是与交换正义相关的社会情感机制，即这个正义促成了有关信用、信誉和预期等与现代经济密切相关的心理和精神状况。这些又都与一个健康和良善的经济社会的性质有关，与这些情感预期的合宜性有关，更需要一种旁观者的视角予以调适，因为它们涉及货币、银行、债券等经济发展的新型工具，没有恰当的交换正义作为底线的标准，这些必要的市场经济手段也是难以存续和发展的。

总的来说，正义的德性，在斯密那里，主要体现为持有正义和交换正义，它们与一个社会的基本秩序有着基础性的作用，虽然不是高级的美德，但确实是一阶的基础性的美德，没有它们，个人的自主、独立和自由就不可能存在，一个社会的财富增长也就失去了动力，其他的德性和美好社会也就成为空中楼阁。至于这种正义的产生，与人的道德情感有关，不是外部注入的，是从内部的正义感滋生出来的。这里的滋生和演进，乃是来自旁观者的合宜性，合宜性的情感协调，使得个人乃至群体的情感被客观化了，成为一种摆脱了偏私的中立性的情感，这种合宜性情感才是正义和正义感的依据所在。

（3）现代社会的诸美德

在梳理了正义情感的发生学和正义规则的基础性地位之后，斯密有关国民财富的经济学问题才有了依托，在《道德情感论》一书中，他主要讨论道德学问题，并由此建立了他的道德哲学体系。应该指出，斯密提出的旁观者的合宜性，为他找到了一种处理情感的方式，他虽然反对和批评利己主义以及后来的功利主义，但还是要面对利益问题，尤其是个人私利与追求私利的社会效果问题，例如，他的合宜性观点通过手段与目的的关系就使他较好地处理了诸如效用论和习俗论等功利主义道德理论。

虽说效用论与习俗论是不同的两种道德理论，但它们都涉及人的行为及其心理情感的手段与目的问题，前者表现为人的直接行为，每个人追求个人的私利却导致了社会利益的发展，这是曼德维尔的论调；后者则表现在历史过程中，个人追求私利的行为在历史中形成了传统习俗，对社会是有助益的，由此，它们成为功利主义的两个理论依据。对此，斯密并不是简单予以否定，而是通过对于人的行为的动机和结果、手段与目的等要素的辨析，揭示它们其中隐含的一些错误的认知和习以为常的谬误，从一种旁观者的视角给出解决相关问题的合宜性。

斯密认为，从合宜性的评价标准来看，个人的动机固然是要考虑的，并非无足轻重，个人的私利在每个人的行为中也是需要认真汲取的，但是，这些个人的动机、个人的私利等，它们并不是行为的主要依据，也不是导致行为成败利钝的主要原因，从过程、结果和目的来看，很多事情的成败取决于其他因素，他人、社会以及偶然因素等所起到的作用可能更为关键。合宜性就是平衡了这些不同的要素之后所达成的一种兼顾动机与结果、手段与目的、私利与公益的中立性的价值判断，由它产生的情感与规则，就更为客观，更接近正义和共同的正义感。所以，一件事情的善恶、好坏如何，合宜性给出的答案，远比某些极端化的观点，诸如动机主义、利己主义、利他主义等，要公正和恰当得多。斯密这里的合宜性，不是理性的推论，而是情感的判断，来自情感的想象力和同情心所达成的同情共感。在道德情感论的第5、6、7版中，斯密用大量的篇幅，修改了他过去的一些观点，力图把义务论和良知论的某些内容，添加进去，从而丰富他的合宜性理论。

不过，也要指出，正是由于斯密晚年对于《道德情感论》的多次反反复复的修订，增加了很多新的思考，尤其是不满足于过去关于功用、效果、利益和社会化道德的观点，添加了一些义务论和良知论的新内容，就使得他的道德哲学趋于复杂，具有了很大的内在张力。这些与他对于工商业社会的评价和文明进步论的怀疑密切相关，由此，他一贯坚持的旁观者的合宜性就多少受到一些影响，甚至有了某种变化，这是我们研究斯密的道德哲学要注意的问题，早年的斯密与晚年的斯密，在思想气质和观点上是有所不同的。所以，我们探讨斯密的道德哲学，除了他的道德情感、合宜性，还要有道德良心的内容，它们叠合在一起，才是多少有些复杂的斯密的道德哲学。

尽管如此，斯密的道德思想也并非混乱不一，总的来说，还是保持着一种为现代工商社会提供正当性道德辩护的基本性质，但显然不像休谟那样一贯地保持乐观，而是隐含着某种悲观的意蕴。所以，他在维系正义德性的基本根基之时，对于现代社会的诸种道德德性或美德种类，还兼顾了一些传统的要素，使得他的现代社会的德性谱系和层级就有些保守和古典主义色彩。

首先，正义德性的基础性，这是他与休谟等苏格兰启蒙思想家所确立的现代工商业社会之道德辩护的基石，这一根本点，斯密没有改变。他同样坚持正义德性、正义规则以及正义感与现代财产、财富、市场经济、自由贸易、等价交换、信用信誉等密切关系，并且提出了一个消极性的正义性质，即它们是基础性的否定性的制度价值，由此支撑着现代社会尤其是现代经济社会、市场秩序的构建与运行。斯密是通过旁观者的合宜性来协调人的情感因素的，他认为不可伤害的消极原则是正义的基本原则，所谓不可伤害，就是意味着正义的底线原则，正义的消极性原则。

应该指出，斯密正义理论的不可伤害原则，对于英美古典自由主义的影响是巨大的，它表明现代社会中的每个人的自主、自立与自由，每个人的生命、财产和交往，等等，都不是建立在远大的理想上面，而是建立在个人的基本权利和尊严不被侵犯上面。这种消极正义，不是由理性的推理计算或政权的意志命令给予的，而是来自合宜性的情感。合宜性不是自然的情感，它是一种道德情感，在此实现了一种转换，即通过旁观者的视角，使不可伤害原则成为社会秩序的一个基本的正义原则。从合宜性来看，不可伤害的正义原则，是一种无功利的合功利性、无目的的合目的性。这是斯密思想中的一个独创性的东西，他反对从理性推演社会秩序，主张从道德情感演化出社会秩序，但这个演化不是积极性的逻辑推论，而是消极性的逻辑防守，最后归纳到不可伤害这个最基本的原则上面。现代社会的秩序，不是依据理性的理想规划、一套宏伟蓝图设计出来的，而是依靠固守最基本的东西不被伤害、不被剥夺的正义逐渐演化出来的，这种不被伤害原则的正义感来自合宜性，是每个人在社会交往过程中形成的共识，并由旁观者为之背书。

当然，斯密提出的消极正义的美德，只是第一位阶的底线美德，并不等于一个道德社会仅有这些就足够了，尤其是结合晚年斯密的思想变迁。可以说，他的道德哲学还是提供了一个从低级到高级的诸种德性的体系，他分别给予了一定的描述和分析。在此也显示出斯密与休谟的不同，他不认为仅有一个低阶的消极正义德性就足以支撑一个工商业社会运行的正当性了，而是认为在正义的底座之上，还是需要一套现代社会的美德论的，尤其是晚年，他不满足于工商社会的功利至上，提出了一些义务论和良心论的思想，所以，斯密的德性谱系具有把现代社会的情感论、权利论、功利论、效用论与传统社会的动机论、义务论和良心论等多种思想观点融汇在一炉的特征，也因此具有某种内在的理论张力。

例如，斯密强调企业家的勤勉努力，现代工商社会需要一种企业家的美德，诸如诚实守信、勤勉向上、兢兢业业、俭朴奋斗、守法知礼，这些都成为现代社会的美德，作为一个工商社会应该予以倡导。英国近现代以来的绅士企业家的道德风范就是一种典范，它们当然构成了道德谱系中值得推崇的诸德性，对社会发展、财富创造、工商经济、自由贸易、文明进化等起到了重要的推进作用。所以，这些美德是斯密予以褒扬的，毕竟，他作为苏格兰启蒙思想家，对于现代社会主体的工商业新兴阶级，即资产阶级或市民阶级，他们道德生活的主流品质，还是认同、赞赏、提倡和支持的，这一点与休谟大同小异，他们自身也属于这个阶级，对于这个阶级的身份认同及其社会的主体意识是明确的。

斯密对于政治活动的德性，以及政治家们的作用，也是多有看重。他认为政治与经济和文化，有很多联系，所以，那些握有政治权柄的人，他们的审慎、智慧和宽容，具有重要的导向作用。因此，在政治领域，需要提倡和培养上述政治美德，这样有益于政府体制的良善。相反，那种傲慢无礼、自以为是、无视法律的行为，会使得政治活动远离社会大众，滋生傲慢和偏见，最后导致专断和强横，致使政治败坏，人民遭受贫困和苦难。因此，他对于历史上的政治品德也有论述，强调一种法治昌明、君主和大臣审慎克己、尊崇法治的德性。在《国民财富论》一书中，他用大量的篇幅讨论责任政府，其目的也是为了在政治领域能够施行符合正义德性的公共政策，为国民财富的增长和恰当汲取国家赋税，提供一种正义的原则，他有时将其称之为自然的正义体系，这是国家正义的目标所在。

由于斯密晚年受到斯多葛主义的影响，不满于工商社会对财富追逐的喧嚣，他对沉思、静心和克己等哲人德性多有褒扬，提倡一种沉思性的人生，强调节制、审慎、沉静、玄思等德性，以对抗那些企业家、商人、资本家们在利益的激情下滋生出来的逐名逐利、利欲熏心、享乐奢华等败德生活。斯密提出的这些具有传统特性的道德德性在一个资本主义物欲横流的时代，对我们也是一种警醒，具有某种纠偏的作用，也是值得重视的。

上述种种德性，在斯密合宜性情感标准的参照下，大致呈现出一个二阶性的德性谱系，不同的社会群体，不同的状况下，可以有不同的道德类型，仔细研究，从斯密的一系列道德著述中可以勾勒出一个谱系层级的德性条目。在斯密看来，在正义的美德基础上，可以生长出众多的道德德性，它们高低不同，参差有别，但只要不伤及基本的正义，就都有自己的发展空间和影响范围，萝卜白菜，各有所爱，没有什么不好。但要注意的是，它们不能主动伤害底线的正义，如果这样就是败德之恶行了。实际上，正义之德并不高调，不强迫他人遵奉，而仅仅要求不去有意伤害即可。所以，现代社会是一个极其宽容、包容的社会，法律是维护正义的最后一道门槛。

总的来说，斯密的道德哲学虽然有一定的张力，但其基本路径还是明确的。他的道德观是一种现代社会的基于工商业市民阶级的道德观，强调制度的正义性质，主张消极的正义美德，鼓励和倡导企业家和商人群体勤勉奋斗、克己事功、兢兢业业、俭朴工作、遵纪守法、诚实守信，而不是奢侈浮华、满足私欲、好大喜功、虚张声势，很有点马克斯·韦伯所说的新教伦理的味道，这一点与休谟有所不同，但却反映了现代工商社会的另外一面。支撑斯密主张的，既有基督新教的道德观，但更主要的还是古典的斯多葛主义。斯密很是希望现代的工商业阶级，尤其是当时的新贵族和奋斗出来的工商新阶级，他们不是痴迷财富和享受，而是能够修身养性，培养沉思和良知，有一个斯多葛主义的精神境界。这样一来，把古典美德与现代美德结合在一起，把古典的高贵精神与现代的世俗精神结合在一起，把哲人风范与企业家商人的财富创造结合在一起，这种中庸之道的高级融合，才是斯密心目中的德性谱系的理想版本。

当然，斯密也知道，这是做不到的，他的道德哲学最终有一些悲观主义的味道，也就可以理解了。一方面斯密要为现代工商业社会给予道德辩护，另一方面，他也知道现代工商社会的短板，知其不可而为之，这就是斯密道德哲学的复杂性与深刻性，也是最有启发的地方。从情感—秩序—美德，从正义美德—工商业美德—哲思美德，斯密为我们展示了 18 世纪苏格兰乃至英国社会的一种精神风貌，值得即便是生活于 21 世纪的现代—后现代的人们深入品鉴。

四、有限政府理论

现代的市场经济秩序有一个前提，就是社会独立，或者用现代的话来说，就是政治与社会的两分，政治的归政治，社会的归社会，社会从国家或政府那里独立出来，才有所谓的市场经济。在传统社会（城邦国家与封建体制）政治与社会是不分的，社会被政治权力所管制，所以也就不可能出现市场经济，因为人是不自由的，有限的市场是从属于政府指令的。斯密所处的时代是一个转折的时代，资产阶级已经建立了君主立宪制度，经济领域也出现了蓬勃发展的工商业，市场经济的雏形大致形成，所以，需要在理论上摆脱旧的政治经济学（君主国策论）的束缚，经济秩序不再从属于国家或政府权力的指令，要实现自己的独立自主性。为此，一个基础的工作就是确定政府权力或职权的边界，从而达到政治与经济的分离，政府职权的归政府，市场经济的归市场经济。斯密的《国民财富论》所完成的主要工作，就是这两项内容，一项是上卷讨论的国民财富生长的性质以及市场经济的自生自发的原理，下卷便是讨论政府的职权边界问题，尤其是英国政府的税赋和殖民地政策，在此他提出了著名的有限政府的理论，为现代经济学奠定了经济与政府关系问题的基础理论。

1. 自由市场经济

斯密《国民财富论》的主旨是如何达成富国裕民，在上卷，斯密深入系统地讨论了国民财富的性质与原因，即如何促进国民最大化地实现正当的财富增长，由此他从劳动分工、商品交换、市场经济、自由贸易等多个方面加以展开讨论，构成了斯密版本的现代经济学，因其理论的创造性被视为现代经济学的开创者或第一人。斯密在论述中也一再指出，国民财富的有效增长和市场经济的形成发展，奠定于一个自由的市场经济秩序，没有自由，也就没有现代的财富生长，也就没有市场经济制度。什么是自由呢？虽然它包含很多内容，但就经济秩序来说，主要是市场经济与政府权力的关系，具体一点说，包含如下两个方面，一个是自由开放、独立自主的市场经济，另外一个就是职权明确的有限政府，或者概括起来说，自由的市场经济就是从无限权力的政府掌控中摆脱出来，实现经济的独立自主性，或者说，建立一个有限的责任政府，也就有了自由的市场经济。总的来说，自由与否与政府权力具有密切的关系。

在苏格兰启蒙思想家们看来，现代工商社会的财富问题，尽管起源于个人的追求、创造与享受财富的激情，但不是孤立的个人主义，这就决定了现代市场经济势必是一个社会化的产物。有公共社会，就会有政府，有维系公共秩序的组织机制。所以，财富生成与政府权力、市场经济与政府管理，就必然会发生难解难分的关系，如何厘清两者的关系，划分两者的界限，区分各自的权责，就成为现代工商社会的一项主要内容。在这个背景下，自由市场经济才变得格外重要。

需要指出的是，18世纪的苏格兰思想家，他们对于政府或政治的主要看法有别于英格兰革命时期的思想家。在光荣革命前后，英国的政治思想家，诸如霍布斯、哈林顿、洛克、辉格党与托利党人，还有法国启蒙运动和大革命时期的理论家们，他们对于政府和政治的看法大多是激进主义的。他们思考的中心议题是政治与国家的问题，如君主制、共和制、民主制、革命、反革命、暴政、复辟、解放、自由、平等、博爱，等等，还有专制体制、自由体制、立宪体制，等等，政治化的倾向比较浓厚。苏格兰思想家与他们思考的议题不同，由于政治革命已经完成，君主立宪制已经实现，所以，他们思考的中心议题不是构建政治体制、革命与反革命等问题，而是在一个稳定的政体制度下，如何实现现代资本主义的经济发展，如何促进国民财富的普遍增长，如何实现经济社会的繁荣发展。这样一来，政治问题就转化为经济发展、市场经济与政府指令、政府职权的关系问题，就成为他们思想视野下的社会秩序的主要问题。

斯密也是如此，他的《国民财富论》或现代经济学，一个中心议题就是规范政府职权，确立有限政府，从而奠定自由市场经济秩序，促进国民财富的增长壮大。这些才是苏格兰政治经济学的主题，而不是诸如洛克他们倡导的自然权利、创建立宪君主制、反抗暴政的政治哲学问题。因为，洛克的时代已经过去了，新的时代需要新的主题，它们就是自由市场经济与有限政府，斯密深入而准确地抓住了这个主题。

斯密认为，自由的市场经济，并不是意味着不要政府，不是无政府的丛林状态，在丛林状态下是生长不出自由的市场经济的。自由市场经济的政府，不是一个权力无远弗届的政府，而是一个职权清晰、权力有限的政府，这个政府理应为市场经济的自由运行提供基本的保障，保护每个国民的基本权利不受侵犯。所以，自由的市场经济秩序又是自由政府，这里的自由意味着政府的职权受到法律约束、每个人都可以在市场经济的汪洋大海中合法地从事财富的追求与创造，自由是法治下的自由，遵循的是消极正义的不伤害原则。在斯密那个时代，关于政府与经济问题的讨论，盛行于世的主要是两个主流理论，一个是重商主义，一个是重农主义。斯密正是在对这两种理论的批判中，逐渐建立起他的自由市场经济和有限政府理论的。在《国民财富论》下卷，斯密专门列出章节，分别对重商主义和重农主义予以理论批判。

重商主义是西欧封建社会解体之后的一种经济理论，盛行于16—18世纪。伴随着初期资本主义生产方式的逐步建立，地理大发现扩大了所谓的世界市场，给工商业和航海业以极大的刺激，进而促进了各国工商业和对外贸易的大力发展。与此同时，西欧一些国家也建立起开明专制的中央集权体制，法国的路易十四就是典型代表。这些君主国家实施国家支持工商业资本的政策，这就形成了对于阐述这些经济政策的理论需求。此外再加上社会经济方面呈现出来的商业贸易的繁荣兴旺，促使旧贵族纷纷转变为新式商人，工厂业主、商人、经贸业主和金融投机者成为社会主体，各国的社会结构发生了很大变化，于是重商主义逐渐兴起，其早期代表人物是约翰·海尔斯、威廉·斯塔福德和孟克列钦，晚期代表人物是托马斯·孟和科尔贝尔。

在经济贸易领域，重商主义强调贵重金属（黄金、白银）的重要意义，认为商品的本质属性在于货币，尤其是在贵重金属上面。他们认为一个国家的财富主要体现在货币尤其在贵重金属上，衡量一个国家的财富，主要是看它在对外贸易中的顺差，即尽可能多地积累和储备金银这些贵重金属。他们主张一国之贸易、财政和税收政策，主要是以货币和贵重金属为标准，认为一国积累的金银越多就越富强，为此国家要干预经济生活，禁止金银输出，鼓励金银输入，最有效的办法是由政府管制农业、商业和制造业，实施国家对外贸易的垄断，通过高关税及其他贸易限制来保护国内市场，并利用殖民地为母国的制造业提供原料和市场。

由此可见，重商主义仍然是一种国家经济学或政府经济学，它关注的主题不是工商社会的经济与财富问题，而是政府如何管控经贸以获取最大金银财富，其主旨是为政府或王室的经济政策服务。所以，他们的策论才是国富论，国家或政府的富与强，是他们的目的，至于臣民的福祉、个人的财富增长，不在他们的理论关注之下。显然，重商主义的理论立足点与斯密经济学根本相异，斯密是要建立国民财富论，关注的是国民个人与社会财富，不是国家和政府财富，是自由独立的市场经济秩序，不是国家管控的经济秩序。

为了确立市场经济和国民主体的地位，斯密在《国民财富论》中对重商主义给予了猛烈的批判，驳斥了他们对于商业秩序的错误观点。斯密认为重商主义严重误解了自由、市场经济和货币之间的关系，他们关于贵重金属的认识，以贸易顺差为导向的经济政策，抬高和强化关税、限制自由贸易的做法，都是错误的，非常有害于人们对于正常的市场经济和自由贸易的理解，也不利于国民财富的增长，它们是政治家的短视和各国间的贸易猜忌所导致的，也是商人基于过分的自利激情所产生的垄断精神的恶果。总之，重商主义不是现代工商社会为主体的经济学，不考虑国民财富的增长，只关心政府或国家对于财富的占有，对于经济的垄断，对于国民的支配，与自由的市场经济和国民财富的发展，乃至对于富国裕民，都是有害的。

大致 17 世纪末至 18 世纪中叶，法国处于封建主义过渡到资本主义的转变时期，农业在经济上占有很大优势。但是，法王路易十四和路易十五先后实行牺牲农业发展工商业的重商主义政策，使农业遭到破坏而陷入困境，于是出现了反对重商主义政策，主张重视农业的重农主义经济学说，重农学说的理论基础是自然秩序论。重农主义认为自然界和人类社会存在的客观规律是上帝制定的自然秩序，而政策、法令等是人为秩序，在他们看来，只有适应自然秩序，社会才能健康地发展。重农主义的代表人物主要有魁奈、杜尔格等。

相比之下，斯密对于重农主义还是抱有相当的同情心，认为重农主义在与重商主义的论战中，提出了很多不错的论点，例如，重农主义强调生产在国家经济活动中的重要性，而不像重商主义那样过分强调贸易和贸易顺差。以魁奈为代表的重农主义者强调土地、农业经济在国家经济秩序中的主导地位，认为农业劳动在国民经济中的基础性地位，尤其是在《经济表》中他对于农业、人口、土地、需求、消费、价格、产品、贸易、地租等都做了深入具体的分析，他关心法国农民的社会状况，区分了不同的社会阶层及其在国民财富生产中的作用与地位，认为农业生产才是国家财富的真正源泉。

显然，重农主义矫正了重商主义过于看重贸易以及强化国家管控经济的片面性，他们关注农业生产，倡导恢复自然经济秩序，这些都值得肯定。但是，斯密并不是完全赞同重农主义，对此他也有所批判，主要体现在如下两点：

其一，重农主义仍然也是以政府或国家为中心的策论，政府的经济财富以及农业经济的实施，都是为了满足国家的财政需要，是为国家利益服务的，虽然在这个过程中会有利于农民、农业和自然经济的恢复，但重农主义的目的并不在此，换言之，重农主义并没有完全以现代的工商业、以市民资产阶级的商业活动和财富活动为中心，所以，仍然不属于现代的国民经济学，还是政府经济学或国家经济学。

其二，重农主义在批判重商主义的同时，过于强调土地与农业的重要性，忽视了商业和经贸以及自由市场经济对于现代经济秩序以及国民财富增长的重要意义。他们只是强调生产，且重在农业生产，把土地耕种者阶级视为生产财富的阶级，把土地所有者和工商业者视为不产生财富的非生产阶级，这样就没有看到工商业的发展前景以及现代资本主义的主体力量，试图把法国重新拉回到小农经济、旧生产方式和封建制相混合的状态。由此可见，重农主义缺乏商业贸易的眼界，忽视商品交换机制以及一套自由的市场经济，因此也就不能全面理解现代工商业社会的经济活动，现代国民财富的创造与发生演进的性质与原因，其结果会导致社会的退步，回到传统社会的经济形态，不利于现代社会的发展。

总之，斯密通过对于主流的重商主义和重农主义的分析批判，分别指出了它们在理论上的重大缺陷，进而论述了自己的自由市场经济为主体的有限政府理论。在斯密看来，虽然重商主义与重农主义是对立的两个学派，但在服务于政府和政治，以政府管制为中心而治理一国之经济活动方面，却是一致的，都是政府中心主义，经济从属于政治，只是在具体的经济政策方面，他们有所不同，甚至彼此对立，一个强调商业贸易的国家管控，以贵重金属为国富的标准，主张限制市场经济和贸易自由，另外一个主张农业经济以及农业劳动的重要性，认为要闭关锁国，强调发展农业，限制商业贸易。斯密认为他们在根本问题上都是错误的，完全不了解现代经济社会的性质与诉求，在斯密看来，现代的经济秩序只能是一种工商业为主体的自由市场经济，不能是国家垄断的经济，要给工商业阶级以独立自主的财富创造的自由空间。这样催生出来的才是一个现代经济秩序，在其中，劳动分工、商品交换、自由贸易、资源分配，乃至国家税赋和个人财富，等等，要达到有效平衡，尤其要鼓励生产创新、自由市场和贸易开放，这样的自由市场经济才是现代社会的经济秩序。这就既不是重商主义片面的商业贸易，也不是重农主义片面的农业生产，而是一种系统化的自由市场经济。要达到这种状态，就必须限制政府的权力，确定个人尤其是企业家商人的主体地位,不能搞政府或国家中心主义,国家和政府不能管控经济,不能管控生产、流通、商贸和资源,要规范和约束政府权力,确定政府职权,建立责任政府,等等。

在批判了重商主义和重农主义之后,斯密集中讨论了政府的职权问题,提出了有限政府理论,在他看来,这是他的现代经济学之必不可少的组成部分,而且是非常重要的部分。

2. 有限政府的职权

斯密在《国民财富论》第三卷一开篇就提出了政府具有的三种职权,从而对政府的职权与范围等做了明确规定。

斯密认为政府的首要职权是维护社会安全,这种安全包括两方面:对内防止国内动乱,对外抵御外敌侵犯。维护和保障一个国家的基本秩序和基本安全,这是政府的第一个职能。值得注意的是,斯密与休谟那个时代,大多不使用国家(state),而是使用政府(government),为什么如此,与我前述的英国社会已经完成光荣革命有关。此时的思想理论家们对于政治问题的关注,已不再是国家构建了,而是转为政府治理,对于国家体制即英国的君主立宪制,当时的社会已经普遍接受了,而政府如何治理社会,具体来说就是政府的职权定位等则成为他们关注的主要问题。

政府的第二个职权是为社会提供一套治理体系,尤其是法院的司法保障系统,尽可能保证每个社会成员不受其他社会成员的侵犯和压迫。同样需要说明的,在西方社会,尤其是英国社会,法院的司法包含很多功能,主要是解决诉讼,涉及侵权、违法以及大量的民事诉讼,政府的一个主要职能是提供一种公正的司法制度。除此之外，很多社会的治安、社区管理以及城镇的治理等行政上的事情，也都由法院来处理。很多学者认为，英国社会并不是一个孟德斯鸠所谓的三权分立的体制，只有后来的美利坚合众国才是典型的三权分权与制衡的国家体制，英国体制实际上是两权体制，即立法与司法，立法属于议会，司法包含行政与法院裁判等。所以，从这个意义上说，斯密所说的第二个政府职权，除了司法，还包括行政，总之，是为社会提供一套治理的体系，当然是以法律为中心的，是法治政府，在其中法院占据主要地位，此外还包括治安以及日常社区管理等。

政府的第三个职权是建设和提供公共事业、公共设施的服务，包括道路交通、邮政系统，还有教育，大、中、小学各级学校以及职业技术培训，也都属于斯密所说的公共事业范围。在当时，这些公共设施的建设与服务，大多是不盈利的，难以让民间的私营企业来承担，只能由政府承担。这些公共服务也是施惠于所有人，不仅仅是相关人，由政府承担公共设施的建设与服务也是必要的。从今天的角度来看，公共设施的内容已经发生了很大的变化，随着社会的发展演进，很多新的服务被纳入公共服务的范围，而且有些公共服务也并非不能盈利，由私营公司来经营公共设施也是常见的，但斯密当时提出的划分标准以及政府公共服务的原则，在今天的社会中依然有效，并没有产生根本性的变化，这也是斯密思想的生命力所在。

总之，斯密划定了政府的三项职能，确定了三种职权范围，即第一个是国家的安全保障，第二个是为个人提供司法的制度保障，第三个是为社会提供一系列必要的公共设施服务。斯密思想理论的重要性不仅在于他陈列了上述三项政府的职能，而且在于他认为政府的职权只是上述三项职能范围内的权力行使，此外就不属于政府的职权范围，而是属于社会自身，尤其是属于社会的市场经济范围，是一种独立自主的非政府管控的领域。这样一来，政府的职权就得到了明确的界定，由此划分了政府与社会的边界，政府的权力不是无远弗届，任其所能，而是有限度的，受到限制与约束。这样的政府，就是一种职权有限的政府，又被称之为小政府或守夜人国家。

关于有限政府的概念，应该说是斯密在《国民财富论》中第一个明确提出的，与当时的重商主义和重农主义理论相比，斯密政府论的突出贡献是它确定了政府的权力边界，这就为现代的市场经济和资本主义工商业提供了无限发展的可能空间。重商主义与重农主义理论不但没有有限政府的观念，反而是主张强化政府的权力，通过政府全方位管控社会，支配经济和商贸，这样的结果只能是严重阻碍自由市场经济的发展和繁荣。所以，斯密开辟的现代经济学与它们是截然不同的新理论，是为自由市场经济辩护的理论。

既然政府的职权是明确的，权力是有限度的，那与此相关的，斯密就进一步讨论了政府的财政与税赋问题。在他看来，政府的财政计划和财政岁入与支出，就不能超越自己的职权范围，应该有一个有限政府性质的财政学与税赋原理，不能恣意扩张政府的权力，盲目扩大政府的税收。一个专制的社会其主要特征就是政府恣意开征新税，由此引发的战争与社会动荡比比皆是。政府把社会掌控在自己的手上，以为一国之财富就是政府或国家之财富，斯密认为这种财富观是错误的，重商主义和重农主义对于财富的认识是错误的，真正的一国之财富，不是国家或政府的财富汲取，恰恰相反，是国民个人的财富以及社会的财富集合，它们是要把国家税收作为负数扣除之后的总和。国家或政府的财富说到底只是税赋的集合，它们专用于政府三项职能的财政支出，因此，税收总数不代表国民财富，仅仅代表政府或国家拥有的实施职权的财政收入或财政能力。这样一来，政府或国家的财富或税收总数，并不是越多越好，更不是要无限增长，而是恰当为宜，既不多也不少，仅保证政府三项职权的实施以及由此聘任的政府官员和办事人员的薪酬支出，此外，政府或国家没有必要聚集大量财富。真正的财富应该藏于社会和民间个人，国民财富充沛富足了，那就是一个国家的富裕与强大，富国裕民的根本在于此。

斯密的现代经济学是一种立足于现代自由经济社会的经济学，由此可以推衍出一系列现代的财政学、赋税学，等等，它们与当时那些以国家或政府为中心的经济理论和财政策论，有着重大的区别。在他的有限政府的视野下，斯密在《国民财富论》一书中还专门就当时英国朝野关注的殖民地问题，主要是与北美殖民地的经贸往来、财政税赋关系等，提出了自己的主张。他反对英国对北美以及本国商业和制造业方面的广泛束缚，例如，《航海管制法案》要求殖民地和大英帝国之间的贸易必须在英国船只上展开，某些日用品最初限制在母国市场上销售，这些政策会破坏英国产业部门之间的均衡。斯密认为，贸易管制的殖民地关系，从短期来看或许对双方都有利，它有助于创造一个自我供应的经济联合体，并有助于减少黄金外流。但从长远来看，在殖民地逐渐进入较为发达的经济状况下，以重商主义名义对国际贸易的限制对经济具有灾难性的影响，这种禁令很可能成为殖民地不堪忍受的压迫。所以，他主张母国和殖民地国家进行自由贸易。为此，他在《国民财富论》中为英国经济设想了多种改革措施，例如，劳动力的自由移动、职业的自由选择、改革学徒制、土地自由贸易和转换、废除合股公司的特权、终结对国内和国际贸易的限制。

总的来说，斯密的现代经济学创建的是一种国民的财富论，政府或国家的财富是立足于国民财富之上的赋税，还富于民才是现代自由经济秩序的宗旨，才是市场经济的要务。这种新的国民财富论，其正义和道德的基础在于斯密提出的旁观者的合宜性，它们是一种消极性的规则正义，不是积极性的无限统治，这就为政府的职权范围、政府与社会的边界，以及社会的自由市场经济提供了依据。有限政府又是法治政府，自由市场经济也是法治经济，没有法治，政府的权界就难以厘清，个人的财富也难以保障，市场经济就不可能有效运行。所以，对于斯密的现代经济学来说，法律制度也是必不必少的内容，他撰写《国民财富论》的本意，原是为了法律著作的写作，经济秩序不过是作为法律秩序的一部分，但经济问题一旦写开了就一发不可收，才有了此书。原计划的法律主体部分反而耽搁下来，竟然一生都没有撰写出来，仅仅留下一篇讲座笔记稿，但我们分析与研究斯密的道德哲学和政治经济学，显然很有必要讨论一下斯密的法律观。

3.《法学讲义》中的历史演进

法律一直是斯密思想的一个内在组成部分，而且就斯密教学生涯和写作计划来说，法学也是他的一个中心事宜。先说他的求学过程，在爱丁堡大学读书期间，斯密就受过系统的法学教育，尤其是他从英国牛津大学归来后，在爱丁堡大学谋求的第一个教职，就是讲授道德与法律课程，据记载，他曾经讲授过罗马法等多门法学课程。此后，在格拉斯哥大学担任教授职位，他也需要教授法学课程，现今留下来的法学讲义稿，就是学生在斯密课程中记录下来的授课笔记。就斯密自己的研究和写作来看，他多次说过准备撰写一部法律著作，法律在他的思想中占据相当重要的位置，甚至经济学都是其法律理论的一部分，《国民财富论》就是他撰写法律著作的准备作品，没想到竟然成为一部多卷集的专门经济学著作，并且成为现代经济学的奠基者。我们从他的两部专著——《国民财富论》和《道德情感论》的有关内容中，从留下来的《法学讲义》，以及坎南编辑的小册子《亚当·斯密关于法律、警察、岁入及军备的演讲》，仍然可以窥测到斯密的法律思想理论，尤其是法律与经济和道德的关系。

（1）法律与经济、道德的关系

大致说来，苏格兰启蒙思想家们与16、17世纪的欧洲和英国思想家们不同，他们都不是职业法学家，也都没有专门的法学论著。相比之下，意大利人文主义时代、欧洲宗教改革和启蒙运动时代，那些关注政治主权、民族国家问题的思想家们，诸如马基雅维利、霍布斯、格劳秀斯、博丹、孟德斯鸠等，都属于专门的法学家或公法学大家，对于公法、私法、国际法等都有专门的著作，那么，这是否就意味着苏格兰思想家们不关注法律问题呢？回答是否定的，其实他们对法学还是有深入研究的，像哈奇森、休谟、斯密、弗格森等都有法学教育的背景，他们的道德哲学、经济学、历史学和文明史论等，也都包含着丰富的法律内容，所以，考察他们的思想不能忽视法学的视野，对于斯密尤其如此。

在《法学讲义》中，关于法律是什么，斯密有过明确的定义，他认为法律是一个社会的行为规则，这个规则由政府或国家颁布，具有强制的约束力，不同于道德礼俗，后者是没有国家强制力的。为什么会有法律，斯密主要是从历史来看待的。他认为随着社会的发展，人类从野蛮状态中走出来，就需要一定的秩序，于是法律作为一种强制性的指令就出现了，法律的性质就是规范人的行为，使得社会有秩序，在此，斯密认为政府或君主等政治组织体制是必要的，他们制定或颁布的法律才具有约束力。

到此为止，斯密的观点与传统理论没有太多区别，也不是英国普通法的法律观，休谟的法律观也与此大同小异，具有苏格兰乃至法国法律思想的影响。但是，进一步的看法，涉及现代社会，斯密的法律观与传统看法就出现了分野。斯密认为，现代法律虽然是政府制定与颁布的，但法律的性质已经不再归属于政府或国家专门掌控，而是属于社会，法律必须获得社会的认同，必须保障人的自由，必须有助于市场经济秩序的发展，必须为现代工商业社会所接受。所以，法律就具有了人民同意的性质，由此一来，斯密所主张的法律就不再是基于政府或国家权力乃至专制权力的产物，而是社会合意的产物。传统的国家主导的法律观就经由现代社会的改造而转变为社会主导的法律观，虽然从形式上采取的是政府或国家立法的形式，但法律的目的在于防止伤害，保障每个人的自由与权利，法律和政府的设立是人类远见与智慧的最高体现。斯密的这个观点与苏格兰时代的社会状况，与他的自由经济秩序的经济学是一致的。因为，政府的职权要受到法律的约束，政府的法律只有与国家安全、司法保障和公共服务相关时才是有效的，否则就是无效的，超出权界的。

进而，斯密从旁观者的合宜性视角，进一步论述了现代法律的正义性问题，关于这些法律的正当性与道德性，以及它们与财产权、国民财富、经济秩序和自由贸易、政府职权的关系，前面已经有所讨论。总的来说，在斯密的理论中，法律不是用于管制社会和个人的，而是用于促进社会财富的增长和自由市场经济的发展，保障个人的财产等其他权利，为此提供社会秩序，规范个人、政府和企业等的行为权界。在这个意义上，以旁观者的合宜性的视角来看，法律不仅具有正当性，而且具有道德性，一个法治的社会一定是一个有道德的社会，或一个良善社会，也是一个财富充沛、富国裕民的社会，最后，还是一个文明发达的社会。

（2）社会发展的四阶段论

历史主义是苏格兰思想的一个基本特征，斯密就是一个突出的代表，他在《法学讲义》中提出了一个著名的历史四阶段论，在思想上具有开创性的意义。虽然休谟有《英国史》这样的皇皇巨著，但他并没有提出一个系统的人类历史的演变形态理论，其他早期的苏格兰启蒙学者也有关于历史的著述，例如写作苏格兰历史、苏格兰法律史的卡姆斯勋爵、威廉·罗伯逊，也都没有对人类历史有过系统论述。相比之下，意大利人文主义者和法国启蒙思想家，则对人类历史有较为系统的论述，如但丁、维柯，以及格劳秀斯、孟德斯鸠、伏尔泰等，斯密的思想显然受到上述欧洲思想家们的影响，他在《法学讲义》中，系统地提出了一个四阶段的历史观。

斯密认为，人类历史大致经历了一个发展演进的过程，从形态上看主要经历了狩猎社会、游牧社会、农耕社会和商业社会四个递进演进的阶段，他认为当时的英国社会，包括苏格兰，正处于工商社会的阶段，对此，他从文明演进的视角，给予了肯定的讨论。在斯密看来，18世纪的英国正在经历着一个社会的转型，以市场经济为基础的商业社会取代了封建时期的农耕经济，人类由此摆脱了身份属性而进入契约社会，商业社会正是在破除农业社会之人的依附性，以独立自由人格为基础而建立起来的，没有个人的独立自由，就没有商业社会的劳动分工、自由交换和市场经济。商业社会相比于农耕社会，是一种巨大的历史进步，它使得人类走向一个自由、法治和富庶的新文明社会。斯密的进步主义的历史观和四阶段论的思想，对于弗格森等苏格兰思想家影响很大，并由此传入法国和德国，某种意义上说，19世纪以降的文明历史理论，或多或少地受到斯密的影响，其理论起源可以追溯到斯密的《法学讲义》。

那么，斯密的历史论具有什么特征呢？我认为主要体现在如下几个方面。

其一，斯密的历史阶段论，与之前欧洲思想家们的历史论述相比，主要是基于一种现代经济秩序的视角，它们不是神学或人类学意义上的，而是经济制度学意义上的，斯密强调的是四种社会经济形态的不同，它们决定了历史的不同阶段。所谓经济形态，即狩猎、游牧、农耕、商业四种经济的生产方式，它们是区分社会形态的主要标志，显然，在此之前的思想家们，没有这样的认识，也不十分重视这一点，斯密把经济方式放到首位，无疑在历史理论方面具有突破性，这与斯密作为现代经济学的开创者密切相关。

其二，同样是基于经济制度形态的理论，斯密提出了一个进步主义的历史四阶段论，这种系统化的理论构建也是具有创新性的，也与其他的思想家们大为不同。当时的思想家们，有的主张历史进步论，如维柯、孟德斯鸠、伏尔泰等，有的主张历史倒退论，如卢梭，以及一些艺术浪漫派，但究竟历史进步与否的标志是什么，还是非常混乱的。斯密透过物质和文化的表面，提出了以经济制度的生产方式以及相关的生活方式，还有法律道德等规则为标准，从而把历史四个阶段的进步予以实证化了，这就比文化学和人类学的考察与论证要强有力得多。

其三，斯密的四阶段论又不是预定论的和终结论的，而是一种文明的演进论，具有经验主义的性质，所以，所谓的进步主义是相对的，不是绝对的，这就与各种极端主义的思想，尤其是神学思想有所不同。斯密第四阶段的商业社会是非常开放的，需要逐渐地充实和发展，从某种意义上说也是一个自生自发的演进过程，这与斯密的现代经济学和道德哲学有着密切的关系。斯密不是神学家，他要为现代的社会秩序和自由市场经济辩护，为现代的工商文明辩护，为国民财富的增长做道德论证，所以，他的历史阶段论和社会形态论，主要是服务于他的现代经济学和道德哲学，服务于他对于现代工商文明社会的倡导和辩护。

总之，斯密的历史理论有别于他之前和同时代乃至其后的历史理论家，具有斯密乃至苏格兰的独特性，在此他与休谟的倾向是大体一致的。至于斯密的历史演进论与法律的关系，斯密并没有特别讨论，为什么放到《法学讲义》中展开历史阶段论的论述，这主要是因为斯密认为法律制度也是社会经济制度的一个必要方面，尤其是工商社会的建立，法律是不可缺少的，没有法律或法治，现代工商社会乃至自由市场经济和工商文明，都是不可能实现的。所以，对于法律的认识与定位，在《法学讲义》中，随着社会形态的不同，法律的性质也是不同的，传统社会的法律，主要是基于专制政府和王权，现代的法律则来自社会，保障国民财富的法律以及限制政府职权的法律，势必成为现代法治的中心。国家和政府不过是形式上的立法和执法机构，法治的正当性来自旁观者的正义，这就与斯密的道德哲学联系起来了，与合宜性密切相关，它们共同融汇于工商社会的历史演进之中。

4. 现代经济学视野中的亚当·斯密

在专业的经济学界，斯密一直是一位伟大的经济学家，被视为现代经济学的开创者和鼻祖。斯密的这个历史地位，二百年来并没有被动摇过，虽然现代的经济学已经分化成为不同的学派和流派，它们之间也有理论与方法上的巨大争论，甚至也分为左右不同的思想谱系，但斯密作为它们共同认可的理论前辈，开创了现代经济学的基本理论和方法，并没有受到它们的质疑。

不过，随着晚近四十年来的斯密思想研究，尤其是道德情感论被各派思想理论家所挖掘和分析，斯密在经济学界原先的那种单一而伟大的定位，开始受到挑战。这不是说斯密的现代经济学开创者地位不复存在了，这个地位依然稳固，而是人们对于斯密的认识深入或复杂了。作为开创者的斯密，其现代经济学的思想理论不再仅仅表现为《国民财富论》一书中的自由放任的经济秩序理论，他还有更为重要的《道德情感论》，他还试图从一个道德哲学的视野考察和分析国民财富的性质与原因，从而为现代经济学提供一种正当化的道德论证，为自由市场经济和工商社会的经济秩序，为国民财富的增长，为富国裕民的目的，为个人追求财富的激情及其合宜性，提供一种道德哲学的辩护。上述这些内容显然超出了专业经济学的理论范围，也不属于此前对于斯密思想理论的地位，这就导致现代的经济学界对于斯密的认识有了新的进展，虽然这种新认识并没有达成一致性的共识，但却揭示出斯密经济学在当今经济学界的一些新的理论增长点。

大致说来，伴随着道德情感论的重新研究和所谓亚当·斯密的复兴，我认为，斯密经济学所激发的新思路在经济思想界有如下三个层面的展开。

第一，斯密的经济学不再单纯只是一种主流专业经济学意义上的经济学，它还提供了一个文明社会演进意义上的制度经济学，这里的制度不仅只是经济制度，还包含有限政府、法治政府以及道德正当性意义上的正义制度。所以，国民财富的增长、政府职权的确定与民主政治、个人自由、社会公共利益等诸多内容，都可以容纳到斯密经济学的视野之内，斯密经济学是开放的、自由的，与现代社会的演进密切相关。

第二，斯密的经济学也不再只是关注国民财富、劳动分工、市场经济、商品交换和自由贸易，同时它也包含着一种道德学的内涵，考虑国民财富与道德情感的关系问题。这样一来，斯密经济学与他的道德哲学就不是相互隔离的，漠不相关的，而是具有深入的密切关系，同情共感的心理机制，公正的旁观者的合宜性，不仅是斯密道德哲学的正义性基础，也是斯密经济学财富创造与自由秩序的基础。所以，斯密的两部著作——《国民财富论》与《道德情感论》不但不是对立排斥的，而且还是合为一体的，它们都既不是个人主义的个体一元论，也不是集体主义的国家一元论，而是在个人与国家之间、在利己主义和利他主义之间，诉求一种不偏不倚的旁观者的合宜性标准，以求得社会进步的平衡，合宜性是它们共同的情感主义的取舍标准。

第三，斯密晚年思想有对斯多葛主义的回归倾向，这一点来自他对现代工商业资本主义进步论的疑惑，促使斯密的思想有某种保守主义的色彩。我认为这主要是由于他前期思想理论中对工商业资本主义的盲目乐观有些减弱，看到了现代商业资本主义的一些阴暗面，导致某种失望甚至悲观。应该指出，斯密晚年的这种转变有其内在的缘由，现代资本主义并非理想国，确实存在着这样那样的弊端，社会不平等问题加剧，斯密对进步主义的乐观论产生怀疑。斯密的这种疑惑对当今的经济学也有很大的影响，发展经济学和分配经济学等经济学科的兴起与斯密晚年的经济学思想不无关系。

总的来说，斯密经济学的面相在当今的经济学界不再单一化为自由市场经济的开创者和倡导者，而是多个面相的，甚至是复杂有张力的。不过，这种情况也不能过分夸大，从斯密思想理论的基本精神来说，他还是属于苏格兰启蒙思想的大谱系，还是在为一个处于上升时期的现代工商资本主义社会，提供一种正当性的道德辩护。在此问题上，斯密与休谟是基本一致的，他们作为苏格兰道德哲学与现代经济学的开创者，主导思想还是在于为现代的市场经济秩序和道德秩序，为现代的国民财富增长和道德情感的生成，以及自由的文明扩展秩序，提供一套系统性的理论申说和价值申辩。

（1723—1816）

幸福是美德指引下求善的实践。

弗格森的文明演进论

作为与休谟、斯密同时期的苏格兰启蒙思想家，亚当·弗格森的思想观点影响也是巨大的，不过，与休谟、斯密相比，弗格森的思想理论有另外一个源流，他在苏格兰启蒙思想家中形成了另外一种声音。从某种意义上说，弗格森所代表的苏格兰思想中的文明演进史观，既与休谟、斯密等人分享着苏格兰历史主义的共同渊源，也具有自己独特的文明论特征，呈现出苏格兰思想的多样性及其张力性关系。弗格森的思想在英美主流思想中，开始并不占据重要的地位，只是对于德国历史主义各派有着重要的影响，但 20 世纪以来，随着西方多元文化和文化认同理论的大力兴起，弗格森的文明演进论开始受到英美思想界的广泛重视，他提出的文明与历史、民族与文化、演进与衰落等问题得到了深入的讨论。

一、问题意识

我们讨论休谟、斯密的思想理论时，除了他们各自的道德哲学之外，还集中论述了他们的现代经济观与政治观，虽然其中也都涉及他们的历史与文明或文化理论，但并非重点，因为他们思想理论的主题旨在为一个现代的自由经济秩序和政府治理秩序提供一种正当性的道德证成或辩护。但弗格森思想理论的出发点或重点问题并非在此，他虽然并不反对苏格兰现有的政治与经济秩序，但其问题意识另有所踪，与休谟他们有所不同，甚至相互有所对立。

1. 苏格兰的历史文化情怀

从现实社会背景来看，1707 年苏格兰并入英格兰，共同组成大不列颠联合王国，这是一件重大的历史事件，对于苏格兰政治与思想精英们的冲击是巨大而深远的。总的来说，苏格兰各界精英对于加入不列颠之英国是赞同的和欢迎的，因为英格兰和苏格兰的合并，促使现代英国从英格兰扩展到大不列颠，这是一个大的历史叙事，加上后来的美利坚合众国，构成了英美世界的主导趋势。说到休谟的历史观，以休谟的《英国史》为代表，他关注的问题基本上是以英格兰为中心，或者说再放大一点，就是人类史的英美中心主义。至于斯密的历史观，隐晦地也是以英国为中心的，他的《国民财富论》基本上也是以英国为研究对象的，劳动分工、市场经济、自由贸易、法治政府，等等，大体也是以参考英国社会的发展状况为模本的。当然，休谟和斯密等人，在文化上也有难言的苦衷，与伦敦文化，包括语言等多有不和，最终他们都回到苏格兰本土教书育人、著书立说，这也从一个侧面反映了他们的文化上的复杂性，但他们的思想理论却是英国中心主义，道德哲学也是现代工商业市民社会的道德正义观，呼吁苏格兰要加入这个大潮流，这也是苏格兰启蒙思想的宗旨。换言之，他们的本土意识并没有上升到一种理论的层次，而是隐含在他们的心灵之中。

但在苏格兰思想中，并非只有一种主流的精英思想，对于苏格兰并入英国，从一开始就有一批关注历史文化的思想理论家，还有一些诗人、作家等，他们拒不接受，也不认同，持有强烈反对的立场，并形成了一种文化与艺术上的思想理论，与苏格兰启蒙思想具有了某种张力性的关系。在这些思想家的心目中，苏格兰的历史文化，苏格兰的本土意识，苏格兰的悠久传统，是不能为现代的苏格兰所遗忘的，因此，对于远古苏格兰历史的追溯、向往和怀念，就成为一种新的思想动力，它们构成了苏格兰的文化历史情怀。弗格森从某种意义上，属于这类文化思想家的谱系，从文明历史的演变中，重新创造苏格兰的现代文明精神，这就成为弗格森的问题意识。不过，弗格森虽然崇尚苏格兰的历史文化传统，但他毕竟与那些文人艺术家有所不同，作为一位卓越的思想理论家，他的问题意识在如下两个层面呈现出理论的独特性，而并不仅仅是一种历史的怀旧情怀。

第一，弗格森对于苏格兰历史的追溯接续古希腊罗马。从现在的历史学来看，古苏格兰历史源自北方岛屿，与古典时代的希腊罗马传统并没有什么关系，但在当时的文人艺术家眼里却不是这样，恰恰相反，由于处于朦胧的思想意识状态，想象力发挥了很大的作用。弗格森的问题意识，使他在此有了很大的思想理论的发挥，他一方面追溯苏格兰的历史，那些远古诗歌、神话和传说中的英雄主义和豪迈气质、高贵的风俗与美德，受到他的推崇。应该说，这些苏格兰部落社会的传统精神，除了尚武主义之外，也有很多野蛮的性质，弗格森也并不讳言这些内容。但是，弗格森的高明之处在于，他又巧妙地把这些部落社会生活与古希腊和古罗马的城邦社会联系起来，做了很好的包装转换，把苏格兰的历史传统与古希腊罗马的历史传统结合在一起，并找到了一些共同点，这样就把苏格兰传统的文明内涵提高到一个新的层次，使得苏格兰的文化自立与文明重建具有了西方历史的正宗特性，而这恰好呼应着欧洲人文主义和文艺复兴的诉求，这就构成了拒绝并入英国的历史文明史的理由。弗格森的这种思路无疑增强了苏格兰历史文化追溯的自主性力量。

第二，更重要的还在于，弗格森并不是苏格兰传统的守旧派或泥古主义者，而是一位文明演进论者。他很清楚，即便是把古苏格兰与古罗马接续起来，也不可能回到那个古典社会中去了，他与休谟、斯密一样都意识到也接受苏格兰的古今之变。换言之，苏格兰要像英格兰一样加入一个工商业主导的市民社会，要从传统社会中走出来，进入或演变为一个现代的文明社会。所以，从这个意义上说，弗格森与休谟、斯密都属于苏格兰启蒙思想的大谱系，都不是反现代的古典主义，而是文明演进论的现代主义。

问题在于，弗格森比休谟等人有着更深入的思考，或者说，他与晚年斯密的问题意识相一致，并不十分认同不列颠的现代工商业社会，对于资本主义自由市场经济的发展并不是那么乐观，而是深感忧虑。其中的一个要点就是传统的文化遗产，尤其是传统的脉脉含情的道德礼仪和美好故事，那些史诗歌咏中的英雄人物、古朴气质、荣誉、神勇、爱情和忠贞，等等，它们在现代社会中难道不值一提，都被资本和利益的商业财富诉求所抛弃和否定了吗？如果把文化传统连同苏格兰历史一起舍弃，轻装加入现代不列颠工商业社会的潮流，这种古今之变对于苏格兰究竟还有多少意义呢？所以，如何在古今之变的现代大潮中保持、维系苏格兰传统文化和历史情怀，就成为弗格森所代表的那些文人思想家的理论要点。如何回应上述问题，我们看到，苏格兰启蒙思想的一个重要特征就是历史主义，休谟与斯密如此，弗格森更是如此，他的问题意识主要就体现在他对于人类文明史的价值反省和理论重建之中。

18、19世纪的西方思想界历史学大家辈出、理论繁荣，仅就英国来说，除了休谟的《英国史》之外，还有爱德华·吉本的《罗马帝国衰亡史》，此外，还有苏格兰人罗伯逊撰写的《苏格兰史》，这些历史著作，都涉及英国和苏格兰的古今之变。这些历史理论家也都参与了苏格兰的启蒙运动，他们撰写历史著作，有着基于现实的问题忧虑，他们都有变革现实又寄托苏格兰历史的焦虑和悲伤。在寄情于苏格兰历史传统方面，弗格森与这批人物是休戚相关的。还有思想家卡姆斯勋爵，是最早倡导启蒙的苏格兰思想家，也是苏格兰思想界或者政治精英界的代表人物，还有一些思想家，像布莱克、米勒等人，他们都有一种对业已衰落的苏格兰传统文明的哀婉和怀念。

关于这种怀旧情感，不能说斯密和休谟就没有，他们也有，但相比还是比较弱化的，他们更为关注的是如何为现代工商业社会证成，而不是如何发扬传统文化的特殊性。至于像卡姆斯，他撰写苏格兰的法律制度史，并不专注于英国的法律，而是从大陆法、法国法，乃至教会法的视角来解读苏格兰的法律制度，其既想走向现代化又不完全认同英国的倾向是明显的。还有苏格兰的大诗人司各特、彭斯，作为苏格兰的诗人，他们创作的诗歌具有鲜明的民族风范，例如司各特的著名诗篇《苏格兰边区歌谣集》《湖上夫人》等，均是关于苏格兰民族风情的美好记录。他们的作品具有深厚的想象力、理想化和浪漫化，把苏格兰的传统生活展示得淋漓尽致，感人至深。

弗格森深刻地受到了这种浪漫主义的怀旧情感的影响，他的文明论内涵也包含着上述的一些要素，诸如共同体意识、尚武和淳朴等优美德性，但是，弗格森并不像民族诗人和古老贵族那样沉湎于传统，而是更加深入地意识到现代潮流不可抗拒，古苏格兰已经合并到英国的现代工商业社会的大潮之中，进入了一个新的世界。这个新世界如休谟和斯密所言，也具有现代的文明道德及其正当性，那么，如何在从传统苏格兰并入英国或不列颠的文明演进中，既参与到这个现代文明的塑造，又保持古典文明的优美品质，这是他的思想理论所要解决的问题。

2. 古典政治的视角

弗格森的问题意识需要一种新的解决方式，经过探索，他有了独创性的解决之道，那就是通过深入吸取和回应孟德斯鸠的观点，即他对于古希腊和罗马政体制度的比较研究，从而找到了解决自己问题的理论资源。在《论法的精神》一书中，孟德斯鸠不满于法国的君主专制主义，提出了一个著名的观点，他认为古希腊的斯巴达才是古典时代的一种具有生命力的政体形式，这种尚武精神、公民参与、共同体意识的高贵品质，在今天依然具有积极性的意义，如果加以效法，可以造就一种新的现代意识和现代政治。孟德斯鸠的这种思想观点，对于弗格森具有重大的启发意义，他试图通过孟德斯鸠的这个思路，不仅把古苏格兰与古斯巴达联系起来，而且还试图由此找到一条苏格兰现代化的文明道路，完成苏格兰的古今之变。

如果单纯就苏格兰的历史来说，其实相当乏善可陈，这一点弗格森也是心知肚明。古代的苏格兰非常落后，起步很晚，不过区区数万人，散布在苏格兰边区各地以及大小不等的数百个岛屿之中，大致还处于蒙昧未开化的部落生活形态，虽然这里有淳朴的风俗民情，但生活方式非常原始，也很野蛮愚昧，很难说是一种成熟的文明形态。弗格森不甘心如此，他赋予自己的怀旧情感以一种理想性的提升，试图把苏格兰与古希腊联系起来，认为苏格兰接续着古希腊的传统，分享着古希腊文明的精神遗产，古苏格兰人由此就不再是野蛮人，而是像雅典和斯巴达那样的文明人，尤其是与斯巴达人有着很大的相似性。弗格森的上述理论编制，受到法国思想的很大启发，法国思想是苏格兰启蒙思想家的一个共同的理论资源。

追溯起来，确实如此，苏格兰文化固然深受英格兰的多方面影响，但当时富裕的苏格兰家庭对于欧洲大陆，尤其是法国也是非常心仪和尊崇的，法兰西路易十四和路易十六时代，是世界和欧洲文明的中心。很多苏格兰的青年学子都接受了法国的教育，稍微富裕的苏格兰家庭都把子弟送往欧洲和法国去游学，荷兰、瑞士和巴黎是首选之地。苏格兰启蒙思想家几乎都曾经以各种方式留学、游学和游历过欧洲和法国，与法国的思想家多有交流，所以，苏格兰思想深受法国思想的影响，并非单一的英国风格，这一点与英格兰的思想家是很不同的。

在法国思想家中，孟德斯鸠尤其受到苏格兰人的喜爱与推崇，孟德斯鸠提出的环境决定论很投合苏格兰思想家的心意。当时地处北方的苏格兰，随着与英格兰的合并，其政治与文化中心南移，虽然这有益于苏格兰的政治与经济发展，但从思想情感上来说，致使苏格兰的思想精英难免有失落的情绪，而孟德斯鸠提出的环境与气候决定论，为苏格兰人在民族思想的独立性找到了理论的依据，促使他们在并入英国的过程中力图打造出一个北方的不列颠，自视为北方的雅典，以此确立苏格兰本土思想的独立地位。

孟德斯鸠除了气候、地理和环境决定论之外，还有一个重要的政体论思想，那就是关于政治制度的三权分立的学说。行政、立法与司法的分权理论，以及君主制、民主制与共和制等政体类型的理论，还有古典政治与现代政治的比较，这些都属于孟德斯鸠政体论的研究范围。不过，说起来有点遗憾，孟德斯鸠的这个政体论当时在欧洲诸国并没有多大的影响力，英国人认为孟德斯鸠对于英国政体制度的概括总结是偏颇的，虽然孟德斯鸠推崇英国的法治、自由和商贸，英国思想家们并不认同他的思想。在大陆国家，尤其是孟德斯鸠的母国法国，孟德斯鸠也不受抬爱，因为法国思想家们热衷于专制性君主论和国家主权论，孟德斯鸠的共和国难以成为主流。相比之下，恰恰是在苏格兰，孟德斯鸠的政体论思想却产生了重大的影响，苏格兰启蒙思想家们大多认同和支持孟德斯鸠的理论，其中尤其以休谟和弗格森最具代表性。休谟提出的文明与野蛮的二元政体论就深受孟德斯鸠的影响，至于弗格森，则在古典政体尤其是斯巴达政体与苏格兰古今制度的转型中，受到孟德斯鸠的很大影响。

孟德斯鸠的政体论主要来自亚里士多德，在古典城邦时代，亚氏以及他的老师柏拉图大体上都不赞赏雅典城邦的民主制，反而推崇斯巴达的贵族共和体制。在早期现代的政治思想中，这个倾向依然保持着，孟德斯鸠也非常推崇斯巴达，认为斯巴达的长治久安与其政体性质密切相关。弗格森在这种主流的政体思想史中，挖掘出一个特别的通道，那就是把古苏格兰部落政治与斯巴达的专制共和体制联系起来，以此达成他心目中的古今之变，换言之，苏格兰其实可以通过斯巴达的转型而成为现代的政治共同体。这就不同于英国的道路，走出一条苏格兰自己的文明演进论的道路，从而不仅维系苏格兰的文化特征，而且还构建其苏格兰的政治主体性。看上去苏格兰确实与斯巴达有很多契合之处，例如，它们都崇尚勇武精神，都从属于专制性的贵族权力，虽然苏格兰在政治上尚有点野蛮性质，但斯巴达却能够提供一种政治文明，来提升苏格兰的文明程度，从而促使其走向现代体制，同时又能克服英国工商资本主义对于传统道德的浸染，这确实是一条美好的道路，解决了弗格森的问题意识，以及很多苏格兰道德理想主义者的忧虑和迷思。

应该说弗格森的设想是一种政治上的理想国，这种理想国柏拉图就大力倡导过，同时代的卢梭也幻想过。相比之下，这样的理想国——寄托于斯巴达或其他小的诸如瑞士等共和国的想法，孟德斯鸠没有，休谟和斯密也没有，他们最终都寄望于英国体制，认为英国的君主制甚至英国的共和制，才是现代社会的现实可行的自由体制，才是文明演进的政治文明的落地之国家。古斯巴达和现代的瑞士等小邦国，只能存在于特殊的条件下，这个条件在现代社会早已不复存在，况且即便存在，其专制强横的特性也不能接受，自由才是现代社会与现代国家的立基之本。没有自由，何以邦国？何以富国裕民？

斯巴达在古典时代曾经存在了七百年，从这个角度来看，自有其优良的制度要素，但为此斯巴达人也付出了沉重的代价，而且这个时代已经不复存在。把苏格兰比附于斯巴达，除了与现代的工商大潮流相抵触之外，还需要有两个内部的条件，那就是政治上的专制集权和国家层面的以德治国。显然，这两个条件都与当时苏格兰面对的时代潮流相对立，专制主义随着英国的君主立宪制的实施，以及苏格兰与英格兰的合并，在苏格兰亦不可能存续。另外，蓬勃发展的现代工商业需要法治政府，依法治国，道德只是为现代不列颠提供正当性的依据，尤其是国民财富的依据。所以，弗格森、罗伯逊、卡姆斯他们所崇尚的苏格兰之部落文化，不过是现代版的德治共同体与尚武精神的美妙结合，一种想象中的野蛮的高贵情结。

3. 对工商资本主义的批判

弗格森如此崇尚斯巴达精神，并且认为斯巴达的政治有助于苏格兰走向现代文明，在他那里，有关现代的工商业社会，以及个人权利和财富追求，自由市场经济，还有贸易交换、银行信用，城市生活和市民社会，等等，都受到质疑，甚至受到他的批判。这一点，显然与法国的卢梭类似，与晚年的斯密还是差别很大的。因为斯密虽然对资本主义的未来以及财富分化的加剧有些悲观，但上述现代经济社会的自由秩序及其道德正当性，他还是坚守着，只是有点斯多葛学派的审慎而已。弗格森与此不同，他对于现代社会的经贸内容以及人性基础，主要还是采取批判的立场，集中攻击私人所有权以及个人追求财富的激情。

在弗格森看来，现代的苏格兰社会由于受到英国商业社会的影响，已经失去了过去的淳朴和美好，变得越来越世俗、利欲熏心和一切向钱看的铜臭气，人们不再把同人友情、互助互爱、群体同怀等传统社会的美德视为生活的标准，而是堕落为自私自利的利己主义。这无疑是人性的一种败坏，是对苏格兰传统道德的一种颠覆，它们摧毁了昔日社会的高贵品质和互助友爱的情感，这一切都来自腐化堕落的英格兰，来自商人的蝇营狗苟，苏格兰的传统美德遭到英格兰的颠覆。弗格森的这个思想观点后来被社群主义思想家所重视，例如麦金泰尔在评价休谟等苏格兰启蒙思想家时，就接受并且发挥了弗格森的这种观点，认为休谟、斯密所开启的现代工商社会的道德哲学是一种来自英格兰的对于苏格兰传统道德的颠覆和背叛。

在如何看待现代社会的道德这个问题上，弗格森所代表的这一派思想理论显然与休谟、斯密（晚年斯密有所变化）所代表的另外一派思想有着明显的冲突。如果说休谟等人是在积极鼓吹和倡导现代工商业社会的新道德，并赋予追求利益和财富的激情以正当性的辩护，并导向法治和限制政府权力、维护个人的财产权，并由此培育出道德情感及其演化出现代性的道德德性，那么，弗格森等人则对财富和利益的激情充满批判性的斥责，认为追求个人利益不具有道德上的正当性，也不可能演进出一套商业社会的新情感和新道德。苏格兰要走向现代社会，应该选择一条斯巴达的道路，实施一种与传统道德完全一致的群体道德，提倡集体主义和无私的仁爱友善，淳朴和勇敢以及英雄主义，忠于名誉和社会等级秩序，为国家或共同体的利益奉献和牺牲，这才是高贵的道德。发达的资本主义商业社会是没有道德的，只会导致道德沦丧，人格扭曲，甚至政治奴役。

应该指出，在英语世界弗格森是最早对资本主义商业社会采取批判立场的思想理论家，他的批判意识不在哲学层面，也不在文艺学层面，而是一种社会学批判，这种社会批判在 18 世纪甚至 19 世纪的英美思想中是比较少见的，即便晚年的斯密，对于现代工商业社会也只是有所怀疑，只是回到斯多葛主义的审慎和反省之中。弗格森对现代资本主义和工商业社会的批判却是充满了锋芒，并且付诸历史的分析和社会的考察，他在具体的社会政策，像苏格兰并入英国这样的重大历史事件方面，提出了不同的观点，认为这种合并有害于苏格兰的文明主体性，他反对英国和苏格兰的资产阶级生活方式以及他们的道德偏见，推崇传统的群体主义美德，鄙视金钱至上，崇尚古代的尚武精神和英雄主义美德。就像卢梭的思想在英国影响不大一样，弗格森的思想在英国乃至在整个大不列颠影响也不大，反而是在法国，尤其是在德国受到了推崇，产生了很大的影响，他的那本《文明社会史论》最早便是以德语在德国出版的。弗格森之所以在德国受到吹捧，主要是因为他的思想与德国思想界甚多暗合，德国当时的资产阶级思想家们大多是思想的巨人，行动的侏儒，对于现代工商业资本主义并不赞同，他们沉湎于想象中的德国崛起，力图在遥远的古日耳曼历史中寻找民族精神的渊源，德国浪漫主义、历史主义等都是如此，弗格森的思想显然给予了他们很大的启发。

由此可见，苏格兰启蒙思想并不是单一色彩的，而是富有多元的张力性，休谟、斯密等人的理论是为现代工商社会的自由经济秩序以及财富的激情提供正当性的道德辩护，并构建与倡导一种现代资本主义的新道德学说。弗格森等人的理论却与之相反，他们反对英格兰的思想入侵，试图通过回复苏格兰的传统美德并结合斯巴达式的现代演进，为苏格兰提供一条文明自主的道德选项，拒斥资本主义的苏格兰沦陷。两种思想理论的张力与对立是相当明显的，但是，他们又都没有走向各自的极端主义，没有变得你死我活，而是在文明演进的历史进步论方面，在有关共同的道德情感方面，在现代文明下的自由经济社会等诸多方面，达成了某种共识。因此，从一个大的思想谱系来说，他们又都属于苏格兰启蒙思想的范围，都对苏格兰文明的未来演变抱有某种主体性的自觉。

二、文明社会观

就弗格森的理论著作来看，他的思想主要还是体现在《文明社会史论》一书中，在此，他提出了一个文明演进论的历史社会观，对于后来的历史学和政治社会学影响巨大，而且还产生了一些溢出的效果。换言之，从文明演进论中还开辟出一些不同于弗格森观点的其他思想论说，也都被归纳在这个文明演进论的路径之下，例如，哈耶克的自生自发的社会演进论，主要来自休谟和英格兰的法律传统，但也被视为属于文明演进论。因此，苏格兰思想总的来说都属于文明演进论一脉，弗格森不过是最早予以理论界定的，并且提出了自己的独特论述，其他人的思想理论其实也是主张文明演进论的，但其主旨未必赞同弗格森的主张。

1.《文明社会史论》：文明是什么

苏格兰启蒙思想尤其广义的苏格兰道德哲学，有两个显著的理论特征，那就是历史主义和情感主义，分别对勘自然权利论和大陆唯理论。其实，在这两个特征之外，还有一个与它们密切相关的特征，那就是文明史论或者历史文明演进论的特征。这个文明史的视野，在卡姆斯、休谟、斯密、布莱克、罗伯逊等人的一系列著作中，都有非常明确而丰富的讨论，他们的道德情感论、国民财富论、政府起源论、法治国家论等，都渗透着文明历史的考察与关怀，都属于历史文明的演进论。不过，相对来说，只有弗格森对此有过专门的系统化的论述，并且以文明社会史为主题集中地考察与分析了苏格兰思想界关注的文明社会及其历史阶段论的问题，所以，他就成为这种理论的代表性人物，在法国和德国，此后反馈到英美思想界，产生了重大的影响，并且在文化多元主义甚嚣尘上的当今思想语境下，又得到广泛关注，被视为文明社会史学的开创者，他的《文明社会史论》成为一部经典。

应该指出，弗格森文明社会史的提出在苏格兰思想中还是具有独创性的，此前的思想家们虽然也重视文明的重要性，但是如何理解文明，以及文明与文化、文明与社会、文明与经济和政治，尤其是文明与道德等之间的关系，并没有给予细致的分析与研究，很多思想观念是纠缠在一起的。相比此前的英格兰政治思想家们的观点，苏格兰思想家们强调了文明的视角，而不是像霍布斯、哈林顿、洛克等人只是重视政治层面以及道德层面。苏格兰思想家把启蒙与文明联系起来，赋予自由的经济秩序和国民财富的激情以文明论的意义，从文明的角度考察政府与法律的起源，认为现代工商业社会是一种远比传统农业社会更高级的文明社会，但究竟文明是什么，文明的性质如何，并没有人深究。也就是说，没有人像斯密写出《国民财富的性质与原因》那样来探索文明社会的性质与原因，像休谟写出《人性论》那样来探索文明社会的构成，所以，弗格森的《文明社会史论》不啻具有斯密《国民财富论》的特性。他还对于文明社会，尤其是从传统社会到现代社会的文明演进，给予了一种系统性的论述。当然，弗格森的文明史观不同于休谟和斯密的社会史观，休谟的《英国史》重点是英国的政治史，斯密的《法学讲义》提出的是社会形态的四阶段论，偏重于经济史论，虽然他们的论述具有文明史的内涵，但毕竟不是文明史观。弗格森与他们不同，他的文明社会史论既没有考察政治史，也没有关注经济史，而是集中于文明史，凸显文明社会的历史演变。

为此，他的首要问题便是对文明是什么给一个定位，弗格森认为，文明不同于文化，文化一般是指衣食住行、琴棋书画、行为操守等，文明多与社会制度有关。《文明社会史论》所讨论的文明，其英文是 civil，这个词来自拉丁文公民 civis，如果再往希腊古典政治思想追溯的话，这个词便与 polis 和 ethos 有关，从 civis 到 civilization 就是一个文明化的过程，即一个由公民构成的有自己法律并依照法律实行自治的城邦国家或政治共同体，这个共同体具有自己的制度以及公民精神，所谓文明的古典含义就是由公民主体、法律制度和公民精神三者的结合构成的。从这个古典文明的视角来理解弗格森的《文明社会史论》，他所谓的文明社会，显然不是文化或文学意义上的文明社会，而是偏重于制度意义上的文明社会。在弗格森看来，诸如对于诗歌、音乐、戏剧、舞蹈的历史考察，均属于文化史，甚至包括宗教信仰、生活习俗的历史考察，也都属于文化领域，他的文明社会史论不属于这类文化史的考察，而是文明社会史的考察，主要是关注于公民生活与政治制度层面的历史演变的考察分析。

弗格森有关文化与文明的分辨，即便在今天依然具有非常深刻的含义，而在当时的 18 世纪，无疑是前所未有的，具有非常创新的理论价值，澄清了很多易于混淆的问题。所以，把弗格森视为现代文明论的创始者，最早提出了当今依然令人关注的理论焦点问题，无疑具有思想的穿透力，在文明社会的认识上，要比同时代的休谟和斯密深刻。但是，总的来说，弗格森相比于后两人，在思想史上的地位为什么无法与之比肩而立，反而略为逊色呢？这就涉及一个重大的问题，弗格森所谓的文明社会之制度，究竟是指何种制度呢？因为制度具体又分为政治制度、经济制度和法律制度。由于弗格森对于其中的任何一种制度都没有深入的研究，对这些制度的历史演变也没有深入的分析讨论，再加上他的对于现代工商业社会之制度基础的拒斥，就使得他的文明社会史论提出了深刻而重大的文明论的问题，但并没有给予建设性的解决。

当然，作为 18 世纪的苏格兰思想家，我们不能要求弗格森像 19 世纪之后的理论家们那样对于政治制度、经济制度和法律制度给予专业化的分析和研究，但是，现代文明制度的一些基本结构和原则，以及相关的历史演变的综合分析还是必要的，在这些方面，休谟和斯密的著作就显得非常卓越和精湛，弗格森则表现得比较肤浅和零碎。更关键的还是他的基本立场是反对现代工商社会的，他对苏格兰并入英国所导致的整个大不列颠社会的政治改良、市场经济、自由贸易、法律制度以及国民财富的追求和商人阶层的兴起等新生事物，表现出拒斥和反对的态度，对斯巴达的集体主义和传统尚武精神表现出由衷的喜好，这就非常有碍于他对现代文明社会之制度根基的理解与接受，致使他所谓的文明制度主要还是古典城邦社会的制度，加上一些苏格兰远古历史的想象性的共同体意识和氏族部落的体制。我们看到，他的《文明社会史论》的主要内容就是这些古典城邦（古希腊和罗马）的政治内容摘取以及中世纪的苏格兰部落社会的想象，此外再加上他那个时代欧洲各国面临古今之变的政治、经济、军事和文化诸多方面的变迁之要点对勘。

尽管如此，弗格森的这部《文明社会史论》仍然是具有开创性意义的文明社会史的经典著作。因为他不是从民风习俗、诗文歌赋的层面来讨论社会文化的变迁，而是力图从制度文明的角度来考察人类社会的变迁，尤其从政治制度的演变来考察西方社会的变迁，揭示其文明史的意义。在此，我们可以看一下此书的章节结构就可以理解他的理论用心。弗格森并非讨论古典政治史，既不是古希腊罗马政治史，也不是苏格兰政治史，像罗伯逊写过多卷《苏格兰史》，但并不具有文明史的意义，伏尔泰写过《风俗论》，也不具有文明论的意义，弗格森的《文明社会史论》与这些著作不同，他试图提供一种人类文明史的通论。全书共分为六章，分别是：第一章论人性的普遍特征，第二章论野蛮民族的历史，第三章论政策和艺术的历史，第四章论民用艺术和商业艺术的进步所产生的后果，第五章论国家的没落，第六章论腐化堕落和政治奴役。

从章节标题和论述内容来看，弗格森探讨研究的基本上是古希腊罗马和苏格兰的历史，主要关注欧洲古代史及其向现代的转变，这是当时历史考察的一个学术风尚，至于其他的诸如东方阿拉伯世界的历史、远东的历史等，都不入他们正史的眼帘，所以属于欧洲中心主义的人类史观。所不同的是，弗格森并没有像其他的历史学家那样，以法国或英国为中心，以当时莫衷一是的君主制、共和制、君主立宪制、议会民主制等为主要内容，而是把文明社会的内容向古典社会延伸，重点考察分析古代城邦国家的制度形态，特别是斯巴达、罗马军事体制以及古苏格兰的历史演变，从中汲取文明社会的内涵。特别值得一提的是，弗格森另辟蹊径，把苏格兰的社会现

状和未来展望与古斯巴达和早期罗马体制联系在一起，隐晦地提出
了一个不同于并入英国之不列颠、融入英法现代国家的另类道路，
为此，贯穿其中的就凸显出一个关于苏格兰民族自觉性的思想意识。
从某种意义上说，弗格森的苏格兰意识，是把启蒙思想家们深埋在
心底的一种潜意识激发出来，像休谟和斯密他们这些赞同和主张苏
格兰并入英国的思想家，其实心底仍然也有一种苏格兰的民族性情
结，其内在的思想张力在于，如何从传统苏格兰独自走向现代苏格
兰，是否一定要借助英格兰的拐杖，通过并入英国之不列颠，苏格
兰才能完成这种转型，这是一个重大的挑战。弗格森与其他启蒙思
想家大不相同的是，他认为借鉴古典城邦尤其是斯巴达之兴衰得失
的经验教训，苏格兰可以独自走向一个现代的文明社会。

2. 苏格兰民族主义问题的提出

（1）古典时代的政治文明

弗格森的文明史观实际上关心的是一种优良的古典文明如何向
现代文明的演进，而他眼中的文明又集中于政治文明，这种认识来
自文明社会即政治社会的古典含义。在弗格森看来，苏格兰之所以
没有能够凭借自己的固有资源而走向现代文明社会，主要是由于此
前的苏格兰还不是政治社会，还缺乏一种政治社会的公民意识和公
民美德，还是氏族部落社会的草莽意识，因此，他鉴于当时的情势，
提出一个苏格兰民族意识的觉醒问题，用今天的话来说，就是提出
了一个苏格兰民族主义的问题。应该指出，弗格森的这个民族意识
一词，具有非常超前的意义，因为民族主义以及民族主义的问题意
识，还是19世纪中晚期发端并在20世纪广为流传并产生了深刻的

社会政治、经济与文化影响的思想潮流，弗格森竟然早在 18 世纪就明确地提出了这个问题，并作为其著作的一个中心议题。虽然他没有使用民族主义这个词汇，这个词汇的发明权大概属于德国思想家，但弗格森的问题意识却是民族主义的，而且弗格森对于德国思想的影响也主要在于此，所以，说弗格森是现代民族主义思想理论的最早发端者并不为过。德国的民族主义以德意志为中心，弗格森的民族主义则是以苏格兰为中心，都是各自为自己的国家寻找走向现代社会的路径，相比之下，苏格兰要比德意志更早地遭遇了这个问题。

不过，弗格森对于政治社会的理解是有很大问题的，他所说的斯巴达城邦国家的公民和公民国家，属于前现代，那时的公民与国家是捆绑在一起的，或者说，那时的公民是没有私人空间的，私人的财产权利、个人自由，等等，诚如比他稍晚半个世纪的法国思想家贡斯当所言，在古典城邦是不存在的，存在的只是公民集体的权利和自由，是积极性的国家自由，而不是消极性的个人自由，城邦公民为国家服务、奉献和牺牲被视为最高的政治美德。

弗格森所处的时代早就不再是古典时代，而是一种早期的现代性，现代社会的核心根基在于确立私人财产权以及个人自由，以及休谟和斯密所揭示的那些工商社会的基本原则和基本制度。苏格兰面临的古今之变问题不在于退回到一个氏族部落社会，也不在于返回弗格森想象的希腊城邦社会，诸如斯巴达共和体制，而是要走向现代社会，即以英国为代表的现代工商社会，构建一个现代的自由市场经济秩序和君主立宪制的政治秩序，为此，苏格兰与英格兰的合并及其组建一个大不列颠联合王国，是苏格兰解决古今之变的不二法门。弗格森与此相悖，试图通过一种想象中的斯巴达古典政治的复兴，赋予苏格兰人一种前现代的政治共同体和公民美德，克服古苏格兰人的政治松懈、野蛮和氏族专制的缺陷，进而由此塑造现代苏格兰的政治自主性，显然愿望是好的，结果是错谬的。因为，弗格森从本质上不理解现代社会与现代政治为何物，不晓得私人财产和个人自由，以及由此演化出来的市场经济秩序和法治秩序的根基性意义。

（2）苏格兰现代政治的主体

因此，在上述的误读之下，弗格森的苏格兰民族主义之提出就显得迷雾重重，究竟他心目中的苏格兰民族之主体性，是何种主体性，是他想象中的苏格兰民族国家，还是苏格兰的现代公民，这个苏格兰国家的政治共同体，是靠他倡导的集体忠诚的政治美德，还是有限政府的责任与法治，公民美德的核心是奉献牺牲的尚武精神，还是国民财富追求与创造的共通情感或旁观者的合宜性？显然，弗格森只是看到了现代工商资本主义的弊端，自私牟利的伤风败俗，而没有看到支撑现代工商资本主义的法政制度和自由开放的经济秩序，以及国民财富增长的富国裕民的道德正当性。他从古斯巴达转借过来的政治社会以及公民美德，就仅有集体主义的政治奉献和尚武精神，而以苏格兰传统的尚武精神和氏族共同体的政治改造为寄托的民族主义，虽然是弗格森文明社会史论的诉求，但带来的只能是古典时代的政治文明，而不是现代的政治文明。弗格森试图把现代的苏格兰与古代的斯巴达结合起来，用斯巴达式的政治社会来为现代的苏格兰注入民族主义的血液和精神，通过公民奉献和尚武精神，建造一个不同于英国的现代苏格兰民族共同体，其结果只能是理论的幻想，并不具有现实的可行性。

18世纪的苏格兰已经处于现代社会的开端时代，特别是随着与英国和欧洲大陆的经贸联系，现代工商业在苏格兰也开始蓬勃发展，传统的苏格兰社会结构正发生着深刻的变化。旧的农民阶层以及农业生产方式逐渐消化和解体，新兴的工商业阶层逐渐强大起来，成为苏格兰社会的主体力量，它们从事各种手工业、制造业、商业和贸易，尤其是对外贸易，此外，新贵族和发达的商人还参与银行、债券和信托等新兴的资本行业，再加上律师行业、学校教育、科技发明的发展，一批知识人积极参与工商业，成为推动社会进步和财富增长的重要力量。总的来说，通过合并到英国，打开了与英格兰尤其是欧洲自由贸易的通道，苏格兰社会的主体已经是工商业阶层，追求财富和创造财富，合法谋取个人的利益，限制政府权力扩张，维护公民（臣民）个人的各项权利，等等，这才是现实中的苏格兰古今之变的主要内容。经济秩序和政治秩序的建立，依据的是法治与消极自由，以及正义美德，而不是斯巴达式的国家专制，由此可见，一个国家与社会二分，个人权利和利益主导的现代苏格兰社会正在形成。相比之下，传统苏格兰的农民阶层正处于转型的痛苦挣扎之中，旧贵族或者没落或者转变为新贵族，尤其难堪的是传统的武士阶层，这个苏格兰引以为豪的阶层，也必然面临着被淘汰的命运，或者成为雇佣军参与当时的各种战争，或者转型成为城市工匠、工人或商贸阶层，这是苏格兰转型时代的大趋势。

弗格森寄托的重振苏格兰现代政治的主体，是一个正在没落的武士阶层，依靠他们的奉献、牺牲、英雄气概和尚武美德，就把苏格兰带入现代社会，这显然是行不通的，他所打造的只能是一种想象的共同体，他的苏格兰民族主义恰是建立在这个想象的共同体之上的。作为一种理论设想，弗格森的思想理论无疑具有卓越的创造性。民族主义作为一种激烈而强劲的思想潮流是在 19 世纪晚期，尤其是在 20 世纪上半叶，在世界流行起来的，其主要的一个理论就是想象的共同体理论。这个理论其实早就被弗格森在 18 世纪提了出来，苏格兰的民族主义，便是弗格森的想象的共同体，只不过弗格森并没有特别强调民族主义这个词汇，其思想其实是现代民族主义的，所以，他才在德国和其他后发国家的现代化发展中产生深远的影响。苏格兰相比当时的英格兰，也是一个后发的国家或社会，弗格森的想象的共同体确实与欧洲乃至第三世界其他的后发国家之新兴发展和独立建国有非常契合之处。弗格森强调现代政治的制度上的意义，但他的苏格兰民族主义最终还是落不到实处，而是落到想象的共同体之上，苏格兰民族主义之自觉变成一种政治幻想。

（3）拒斥现代工商文明所带来的困境

弗格森的苏格兰道路走不通，但他的问题意识却是深刻的，在当时的思想理论界，各派人物确实都陷入这样一种思想的纠缠之中。一方面欢迎苏格兰加入英国的现代大转型，致力于借助外部的制度力量使苏格兰摆脱传统体制的羁绊，快速进入一个工商业社会，实现国民财富的大力增长和法治秩序的构建；另一方面，他们也担忧苏格兰主体意识的丧失，传统文化乃至传统文明的优良品质在加入英国社会的大合唱中被彻底遗弃，苏格兰变成英国的一部分而失去自己的民族特性。如何在经济发展、政治稳定、法治昌明的情况下，保持苏格兰民族的文化特性、道德习俗和文明社会，这成为一个两难的问题。苏格兰启蒙思想的内在分野和相互之间的张力性关系，主要也是系于此。举例来说，休谟是偏向英国的乐观主义者，弗格森则是偏向苏格兰的悲观主义者，斯密则是一个折中主义者，中年斯密和晚年斯密的思想的分歧也是根源于此。不过，即便是休谟，也并没有完全主张苏格兰彻底从属于英国，在传统文化方面也对苏格兰抱有高度的尊重。至于弗格森，也不是极端的苏格兰民族主义者，也讲文明的演进，讲苏格兰要吸取政治文明和公民美德的优异成果，不仅古典的斯巴达——这是他重点推崇的典范。此外，英国的法治与自由、君主立宪体制，他也是赞同的，苏格兰如何从传统氏族社会走向现代文明社会，英国的成功也是一个可资借鉴的资源。

问题在于，休谟与斯密真实地认识到现代英国的经济、政治制度与法律秩序的本质根基，尤其是揭示出英国现代工商业社会的性质与原因，他们提出的苏格兰现代化的道路是切实可行的，而弗格森等人对于现代英国乃至现代工商业社会的认识则是肤浅的和文艺化的。虽然弗格森辨析了文化与文明的不同，强调制度的决定性作用，但是，他对制度的理解确实是非常片面的，只关注前现代斯巴达式的政治制度，对现代的政治制度与经济制度，尤其是自由市场经济和国民财富的资本主义富国裕民之道，缺乏深入的研究与理解。他所谓的文明社会如果缺乏了私人财产权和财富的激情，缺乏个人自由和法治政府，那这样的文明社会只能是一种想象的共同体，他的苏格兰民族主义建立在这个想象的共同体之上，也就成为无源之水，空有一番美好而虚幻的寄托。

对于苏格兰来说，走向现代文明社会的核心政治问题已经解决了，经过英格兰光荣革命所建立的君主立宪制，以及苏格兰与英格兰的合并构成的大不列颠联合王国，无论主观上接受与否，这个政治现实依然存在，与此相关的政治社会不再是苏格兰启蒙思想家的中心议题。相比之下，它们则是 17 世纪英格兰思想家们的核心议题，18 世纪苏格兰面临的中心问题则是经济社会的创建及其道德哲学的正当性辩护，简单一点说，就是商业与道德、经济社会与文明演进的问题。从这个视野来看，弗格森政治问题的古典主义重提，用斯巴达的国家专制主义来打造苏格兰的现代文明意识，以及诉诸民族主义话语，就显得不合时宜，不符合苏格兰转型之际的社会诉求，也难以获得富有成就的制度化落实。因为，苏格兰现代化的核心是经济制度，尤其是工商业的自由市场经济制度，对于这个商业问题的认识，弗格森的态度是否定的，或者至少是暧昧的，他并不赞同工商资本主义，对休谟、斯密所推崇的现代商业社会的道德哲学也不认同，那么，弗格森就只能把现代文明社会的基准放在想象的政治共同体之上，放到苏格兰民族主义的民族自主性之上。但一个拒斥现代工商业的现代文明社会，又如何可能达成呢？这是弗格森一脉思想家们的共同难题，这个问题对于休谟和斯密一脉思想家们则是不存在的，他们的问题是如何为这个工商业资本主义予以道德哲学的正当性辩护，并将其提高到一个文明社会史的高度。

3. 政治文明与商业社会

苏格兰启蒙思想家的论述都涉及文明与历史的问题，心中都有一个文明史的观照，但是，只有弗格森最明确地通过一套文明社会论和历史演进论的理论，在著作中系统而集中地阐发出来，从而构成了苏格兰启蒙思想的一个重要理论，为世人所瞩目，并且陆续产生了深远的影响。

（1）文明与商业的关系

问题是弗格森的文明社会论对于苏格兰最迫切的经济问题缺乏深入而真切的把握，导致他的思想在文明与商业的关键问题上，陷入一种两难的理论困境。关于文明与商业的关系问题，弗格森的思想主要体现为如下几点。

第一，苏格兰正在接受的英国为主导的工商业资本主义是否能够成就出一种不同于古代的新文明？对此，弗格森虽然不是直接否定的，也是大大存疑的。为什么存疑？这来自他对于文明的理解，不同于休谟、斯密等人，他认为文明的核心在于公民政治，或者进一步说，在于公民对于政治共同体的高度认同，像古代的斯巴达就是典范，这种公民从属于城邦国家的政治自觉才是文明社会的标志。公民不以自己的私利为行为的依据，而是以国家或共同体的利益为依据，每个人都像士兵一样一切为了国家，而国家也不以统治者的个人私利为目的，而是全心全意为人民，这样一个没有任何私利的共同体，才是文明社会的典范。这种理想主义的古典国家是弗格森效法的标准，以此来衡量现代的工商社会，显然就难以从中产生出他以为的真正的文明社会。因此，对于在苏格兰推行英国式的现代商业体制，与他的文明论思想是不接榫的。

第二，弗格森对于商业社会的理解不同于休谟、斯密等人，他不认为商业体制本身能够产生出一种共通的正义美德，他对商业的理解还是传统的那一套，即认为商业就是商人的自私自利的市场牟利行为，个人利己主义和满足私欲是商业的经营法则，追求商业利益、满足私人偏好，获取个人幸福，这些才是商业的目的。因此，从商业和商人那里不可能产生出一个文明的社会。文明社会是建立在公民美德之上的，是建立在公民服务于国家和集体的奉献精神和大公无私的英雄主义之上的。现代工商业社会不存在这样的无私奉献的公民美德，所以也就产生不了现代的文明社会，像斯巴达公民那样的古典美德，才能有古代的文明社会。现代苏格兰要成为现代文明社会，必须效法斯巴达的公民美德，从政治上忠诚于苏格兰国家，并为之奉献和牺牲，现代的苏格兰工商业阶层难以承担这样的公民责任。

既然如此否定商人阶层和商业社会，那么问题就出来了，弗格森的文明社会论如何与他的文明演进论接轨呢？也就是说，弗格森面临着一个困境，他如何看待正在兴起的工商业的社会浪潮呢？对此，作为一个经验主义思想家，弗格森并非极端的泥古主义者，而是接受与承认现实。退一步站在苏格兰的现实经验上，弗格森对于商业社会以及商人群体，就有了另外一种看法，那就是有限度的工商业发展以及国民财富，也是一个现代文明社会所需要的物质基础，苏格兰不可能照搬古代斯巴达的政治经验，在一个周围世界各国都在推行工商业市场经济或资本主义的环境下，独自搞一个拒斥商业贸易的纯粹政治国家或政治社会。因此，关于文明与商业他还有经验主义的另外看法。

第三，商业社会是文明社会的必要物质基础，因此，对于在苏格兰推行工商业，促进科技创新和贸易发展，他也不是绝对反对的，例如，他也看到了财富使人的生活质量得到改进，衣食住行乃至文化水准、教育程度、风俗时尚，甚至人口繁衍、社会结构，都极大地改变了传统的氏族部落生活，尤其对比过去苏格兰社会的落后与贫困，以及与之相关的文明低劣和知识贫乏，现代工商业的贡献是非常巨大的。对此，他也赞同休谟对于工商业有助于改善民情民风、敦化礼俗教化等方面的观点。所以，要使得苏格兰成为一个现代的文明社会，工商业的改良作用是非常必要的，在这个问题上，弗格森分享着苏格兰启蒙思想家的共同点，他们对工商业社会并不排斥。

不过，同为商业，此商业不同于彼商业，弗格森眼里的商业不同于休谟眼里的商业，它们只是辅助性的、工具性的、手段性的，并不具有目的性的意义。也就是说，虽然弗格森并不反对苏格兰大力发展工商业，但工商业本身并不具有文明的属性，只是有助于实现文明社会的工具性意义。在这里，弗格森与休谟、斯密等人对待工商业社会的观点是大不相同的，在后者看来，商业不是辅助性的，工商业、自由市场经济和贸易交流本身就是现代社会乃至现代文明的主体，自身就具有制度演进与价值正义的道德意义。弗格森的观点则不同，他对于商业贸易还是传统的认识，商人只是追求私利，商业只是商人牟利的工具，他没有看到商业社会的制度演进功能，更没有看到从个人的利益激情中可以开发出一个同情共感的公共利益和商业共同体的道德价值，而这些恰恰是休谟和斯密的道德哲学所揭示出来的市民社会的新道德、新伦理，现代文明的属性也正是由此培育出来的。

第四，弗格森不认为商业社会可以成就现代文明，商业的牟利功能只会导致个人的自私自利，唯利是图，污染社会风气，败坏公民美德，所以，他在接受商业的功利性作用时，又不时地提醒人们注意商业对于文明社会的腐化作用。弗格森在他的著作中，多次谈到腐化堕落问题，尤其是在第四章和第五章中，他提出了一个著名的两种奴役的问题。这个观点具有一定的原创性，并且对德国思想产生了重大的影响，就像他的民族主义对于后世的影响一样。

在苏格兰思想家们看来，商业是必要的，有益于苏格兰的社会进步，对此，弗格森并不完全反对，他也接受和承认商业对于社会进步的辅助作用、对于物质财富的促进功能。但他指出我们不能只看到商业以及财富利益的积极方面，忘记了它们还有很大的负面作用，那就是滋生人的腐化堕落，商业利益、穷奢极欲很容易导致一个人的心智扭曲和私欲膨胀，从而败坏社会风气，比如罗马之所以衰落，主要是因为罗马人耽于私欲享受，丧失了公民德性，一个战斗的民族因为沉湎物欲享受而腐化堕落，这在人类历史上比比皆是。弗格森这种商业利益和私欲膨胀导致人性异化的思想，对后来德国思想界的异化理论产生了很大的影响。

（2）物质奴役与政治奴役

与上述思想相关联，弗格森提出了颇有新意的两种奴役的观点。在他看来，沉迷于商业物欲、感官享受，可谓人被财富、金钱和利益等商业物质所奴役，是一种物质奴役，这种状况与商业有着密切的关系，古典时代的一些伟大城邦国家，都是毁灭于这种物质奴役之下的，沉湎于此的古典人已经不再是公民，丧失了公民美德，尤其是奉献国家的精神。弗格森揭示的这种物质奴役状况，为很多历史学家所认同，历史上这样的事例很多。弗格森的思想贡献还不在此，而在于他提出了另外一种政治奴役的观点。关于政治奴役，一般人多把这种状况理解为古代的奴隶制，奴隶们无疑处于政治奴役之下，弗格森思想中的政治奴役却不是指古代的奴隶制，而是重在揭示现代社会的一种状况，即一国之公民如果沉湎于物质享受、商业利益和个人私欲，就会从物质奴役走向政治奴役，现代人丧失了自由人的本质属性，成为政治上的奴役，这样也就彻底失去了文明社会的性质。

从物质性的奴役转化为政治上的奴役，这是弗格森对于现代商业社会提出的警示，尤其是对当时苏格兰社会提出的警示，很多人只是看到了工商业带来的财富增长和普遍福利，没有看到它们还很可能带来政治奴役。现代社会的政治奴役不再是古典的奴隶制，现代人不再是身份上的奴隶，而是自由人，但现代的自由人如果一味耽于个人的财富追求和物欲享受，沉迷商业和赚钱，就难免陷于物质性的奴役状态，为物质利益和物欲私情所累。现代人成为唯利是图之人和蝇营狗苟之辈还并不可怕，更可怕的现代人沦为政治上的奴役状态，此为政治奴役。为什么会产生政治奴役呢？弗格森认为，由于人追求商业利益，就丧失了政治关怀，不再以公民身份参与政治事务，不再奉献于国家政治事业，这样一来，政治权力就失去公民参与的制约和公民美德的约束，势必成为不受限制的专制权力，成为不受人民监督的权力，成为掌权者专横独断的权力，这种权力反过来就会施展于人民身上，奴役人民，使人沦为现代政治的奴役。弗格森多次严厉地指出了这种可怕的政治奴役状态，尤其是对于当时投身于工商业财富生活的苏格兰人来说，商业固然是必要的，但政治更是不可或缺的，苏格兰人如果丧失了投入政治参与的激情和奉献精神，放弃了公民美德和尚武传统，不再关心乃至塑造苏格兰民族政治的邦国共同体，那么，现代的苏格兰就还是一种处于物质奴役尤其是政治奴役的散兵游勇、孤魂野鬼，也就永远不可能构建一个现代的文明社会。

与休谟、斯密等人大力倡导的商业社会、市场经济、法治政府和道德情感大不相同，弗格森在他的著作中主要关注的是工商进步和腐化堕落、物质奴役和政治奴役等问题。他没有避而不谈公民政治，而是重新激发苏格兰人对于政治文明的想象力，以此提醒现代人不能沉迷于财富利益的泥潭，要恢复和重建政治的公民自觉，唤起公民德性，从而打造一个立足于政治的文明社会。尤其是对于苏格兰人来说，本来传统的氏族社会就缺乏公民意识和国家精神，而在英国政治体制的侵扰之下，如果不丧失自己的民族特性，就不能仅仅从事于商业财富的创造和商品贸易的流通，更根本的还是要从事于政治上的作为，树立公民意识，打造苏格兰民族政治共同体，或维系苏格兰国家不被英国所吞并。这样的现代苏格兰才是一个文明社会，文明社会的根基不在商业，而在政治，尤其在公民政治。

应该指出，弗格森两种奴役的思想对于商业社会和财富利益的警醒是必要的，对于政治文明之于苏格兰人的强调也是适时的，但其中也有很大的历史想象和理论的欺骗性。为什么这样说呢？因为他只看到了政治的积极正面的功能，而没有看到政治的导致专制极权的负面功能。按照他的观点，现代工商业带来的物质奴役或异化导致政治奴役，似乎像是在指商业财富的腐化堕落导致政治奴役，其实，政治奴役并非来自商业及其异化，而是来自政治权力本身，甚至是来自集体主义或国家主义的政治美德。因为一个没有商业社会、没有个人权利和个人财富的政治社会或国家本身，必然会把人变成一种政治动物，一种只是服务、奉献和牺牲的古典公民，这样的公民国家需要的是单一的声音、单一的思想、单一的意识，没有任何个人的自由和权利，一切都必须按照国家的集体意志为意志，以国家的责任为责任，这样的政治之路其实必然是奴役之路，现代的政治乌托邦像法国大革命和俄国革命，所带来的就是这样一种现代的奴役状态。对此，现代的思想家们多有深入的论述和历史血淋淋的教训。现代的文明社会如果是这样的政治权力高度集权统一的社会，那必然是一种新的野蛮社会，而不是文明社会。

当然，对于 18 世纪的弗格森来说，我们不能用现代的政治经验来衡量他的思想，但他过于迷信古典的城邦国家，迷信斯巴达的政治体制，这无疑又碍于他对政治文明的理解。其实斯巴达就是一个古典的国家专制主义体制，个人的自由和权利在斯巴达是没有的。就弗格森的两种奴役的思想来说，他所揭示的政治奴役状态，物质奴役或商业腐败可能会导致这种结果，但商业社会或财富利益，尤其是法治经济和有限政府，很可能会成为防止政治奴役的一个有力杠杆，一个防范政治奴役的有效工具。相反，在现代社会如果祛除了商业财富和物质利益，很可能会直接导致政治奴役，个人沦为国家祭坛的祭品，成为政治权力的牺牲品，弗格森对此却缺乏深刻的洞察，而且美化了古典政治的文明特性。与弗格森大唱赞歌的古典政治不同，休谟等一些苏格兰思想家却并不认同古典共和国，不认为古代的社会是可欲的社会，相反，他们认为现代商业和市场经济秩序可以制约政治上的大权独揽，可以开辟出一个新的自由空间，每个人都可以在此实现自己的想法和观念以及利益和想象，只要不触犯法律，什么事情都可以做，这就是法治下的消极自由，这样的商业和法治社会，才是现代的文明社会。

我们看到，从上述有关政治文明与商业社会以及两种奴役的不同观点上，可以发展出思想史上的不同理论路径，弗格森的思想显然影响了现代的社群主义、共和主义和民族主义，甚至社会主义，而休谟、斯密的思想则影响了现代的自由主义、个人主义和法治主义，但同时他们又都具有历史主义和保守主义的色彩。当然，这些不同的思想路径和流派在思想史上从19世纪到21世纪以来的此起彼伏，影响深远，但在当时的苏格兰思想界，却并非如此观念清晰、理路明确、价值凸显，而是各种思想观点混淆在一起的，它们之间既有内在的张力冲突，又有共同的共识默会。此外，他们相互之间多有交往，既是同事，也是朋友，休谟与斯密的友情关系就不用说了，像弗格森，也是斯密的朋友同事，斯密辞去教授席位后推荐的继任教授就是弗格森，休谟虽然不信基督教，但在他去世时，身兼长老教会牧师的弗格森在休谟墓前守护多天，以防止激进的教徒前来毁坏休谟之墓。这种思想史上的高山流水、哲人情怀，值得后人敬仰。

三、文明与历史演进

弗格森的文明社会论有一个重要的特征就是强调历史，细究起来，历史在他那里具有两层含义。一层是历史中的古典政治社会，另外一层是从古代向现代政治文明的演进，两层含义又存在着某种矛盾或吊诡。为什么会出现这种情况？这与弗格森的问题意识有关，即他处于变革中的苏格兰所面临的两难困境。这个两难在于，苏格兰要进行现代意义的变革，如何在变革中不丢失苏格兰特性，弗格森试图在古代政治社会中寻找可资借鉴的目标和路径，这样一来，他就既要论述古代政治社会的要义，又要指出从古代步入现代的途径，所以就构成了弗格森文明社会论的古代与现代的张力性关系。

为什么在弗格森那里这种张力关系如此突出呢？这与他应对苏格兰古今之变问题的趋向有着密切的关系。针对当时苏格兰启蒙思想的共同问题，思想家们大多选择的是加入英国现代化大潮的主流道路，接受英国君主立宪制和与英格兰合并共同组成不列颠联合王国，在政治、经济和文化（文明）层面进一步拓展法治政府治理职能，尤其是深化自由市场经济制度，推进国民财富的全面增长，并从情感主义的角度构建一种现代工商社会的道德哲学及其正当性证成，在文化或文明领域倡导渐进改良主义的启蒙运动。这是休谟、斯密等思想理论家们所开辟的道路，虽然也不是一路顺风，但毕竟与现实的苏格兰及其英国发展的大趋势密切相关，推进了一条英美主义的国家发展之路。所以，古今之变问题在他们那里的中心议题是明确的，指向是未来可期的，道路是付诸实践的，成果是无比丰厚的，回过头来看也是非常成功的。

相比之下，弗格森等人面对苏格兰的古今之变问题，采取的却是一种效法古典政治的道路，这样他们就面临双重的困难：一方面，他们心目中的古典政治究竟是什么，这需要予以辨析，因为古典政治有多种形态，何种古典是他们要学习借鉴的古典，这里就难免会有某种想象性的附会和夸张，究竟这个古典政治与苏格兰有多少相关性，也是大大存疑的；另一方面，即便如此，古典政治又是如何走向现代的呢？也就是说，古典政治社会毕竟衰落或消亡了，苏格兰的道路不是回归古代，而且也不可能回去，那如何找到从古代向现代乃至未来的可行的道路呢？这个文明历史的演进故事是需要勾勒说清楚的。所以，弗格森的文明演进论要解决的文明与历史的问题，就显得格外纠结和疑惑重重，他的理论在苏格兰启蒙思想中的创新点也正在于此。

1. 有限度的文明进步论

从大的方面来看，弗格森在处理文明社会问题，尤其是处理上述两个层次的文明与历史关系及其吊诡时，所采取的文明历史观还是一种有限度的文明进步论。换言之，虽然苏格兰启蒙思想中的各家各派对于文明与历史的看法不尽相同，但基于经验主义的历史方法论，他们采取的都是有限度的文明进步论，而不是基督教兴起之后产生的绝对一元论的历史终结论，也不是古希腊主义的历史循环论，苏格兰思想的历史观可以说是相对的历史进步论或历史演进论，对此，哈耶克提出的自生自发的社会扩展理论是他们的现代版本。

既然是有限度的进步论，那么，就不回答或难以回答人类历史的几个终极问题，即从哪里来？到何处去？这又可以称之为历史的不确定论或怀疑论。弗格森分享着这种有限度的进步论，但其具体的观点与休谟和斯密等人的有限度的进步论又有所不同，大致表现在如下几个方面。

第一，弗格森思想中的历史进步标准是以古典政治为依托，而不是以现代自由市场经济为依托的，这是他与休谟、斯密的历史进步论的主要区别或分水岭。在后者看来，所谓有限度的历史进步，是从传统社会走出来，一是从政治上走出来，那就是英国的光荣革命及其君主立宪制；二是开辟出一个传统未有的现代工商业社会，即从英格兰到苏格兰进而纳入不列颠的自由市场经济秩序；三是在道德哲学方面为现代市民社会的财富生产提供正当性的辩护，这些才是历史进步论的基本内容，才是苏格兰古今之变的本质。但是，弗格森与此相异，他虽然也讲古今之变，也认同历史的有限进步，但其衡量进步的标准不是上述内容，而是古典的政治文明，是如何在当今的苏格兰重塑古代的公民政治共同体，如何从已经溃败或缺失的散乱状态打造出一个现代的古典精神新载体，这才是他所谓的历史进步的内涵，所以辨析何为古典政治文明就成为弗格森思想的一个要点。

基于上述目的，弗格森对于古典政治文明的理解与汲取不是广泛的，也不是准客观的，而是掺杂着意图针对性，虽然他非常赞赏孟德斯鸠指陈的斯巴达政治体制以及公民精神，但还是把古希腊罗马，尤其是古苏格兰的内容加入其中。从他的论著中，我们可以看到多种古典社会的汇合，当然它们不是沙拉拼盘，而是有意图的筛选，优良的与低劣的相互对照，构成了一个古典政治文明沉浮起落的图景。例如，他在《文明社会史论》的若干章节中，就讨论了诸如野蛮和半开化民族的历史状况，揭示为什么斯巴达、罗马能够通过公民精神和政治体制而成就一个稳固的国家，为什么一些看似强大的邦国由于沉湎于享受因腐化侵袭而解体消亡，还有古苏格兰社会，为什么还是停留在氏族部落阶段，政治文明如此匮乏，等等。这样一来，历史中的古典政治在弗格森那里就活了起来，因为他是有意图的择优编选，为了呈现他以古典政治文明为依托的目的，但也因此，弗格森关于古典政治的论述就具有相当大的片面性，古典社会中很多的恶劣内容被他忽略了，他叙述的内容包含着很大的想象力，很多是他幻想出来的。

第二，弗格森的历史进步论还面临一个更大的问题，那就是，既然古典政治社会在他的心目中如此美好，为什么他还要主张历史进步论，直接回到古代岂不更好？这就涉及如何理解弗格森的有限度的历史进步。作为一个经验主义者，他知道苏格兰要回到古典政治社会是不可能的：其一，这个古典时代并非苏格兰自身拥有，而是转借的，是弗格森转手斯巴达而赋予的；其二，即便如此，苏格兰乃至人类也是回不到过去的，复古论不过是一种说辞而已。所以，他的进步论才是可行的，也就是说，他主张的乃是有限度的进步，这个进步参考的标准是古典社会的标准，采取的不是直线的进步，而是曲折的进步，或者是一种倒退的进步，复古的进步。这样一来，弗格森就赋予了进步一种新的含义，即倒退式或复古式的进步，这是一种辩证法的逻辑，这个逻辑在英美语境中难以被接受，但确实也是一种主张，且有一定的道理，所以，弗格森在德国思想界是影响巨大的，他的这种倒退式的进步的历史观对于德国思想潮流中的历史辩证法是有促进作用的。

也是基于此，弗格森对于历史演进的得失有了自己视角的理解与论述，他把古典政治文明的失败或衰落归结为公民精神与公民美德的丧失，理解为国家能力的溃败以及腐化堕落。他没有能够深思到这种公民国家和公民美德本身就是有着重大局限性的事物，就是导致专制与暴政的温床，必然导致古典政治文明的衰落。他仍然按照这套理想模式来考察中世纪乃至现代欧洲社会的兴起与发展，一方面看到了这是一个历史的实然进程，他不得不接受，并且视为是一种历史的进步，但另一方面，他又提出了一种倒退式的历史进步论，所谓倒退式的历史进步论，其实质还是一种倒退的复古，进步只是表面上的，是历史时间的流逝，指向的目的仍然是古典政治文明，在他看来，近现代历史进步中缺乏的还是古典文明的实质内核。

第三，问题在于，这个近现代历史进步的总结，并不符合现代社会，尤其是现代工商社会的文明性质，因为这里出现了一个全新的变量，即工商业资本主义的制度，这个崭新的东西是古典社会所没有的。弗格森并没有认识到这个新事物对于现代文明的根本性的作用和意义，相反，弗格森只是看到了它们的副作用，即商业社会导致腐化堕落及其两种奴役的弊端，却没有觉察到它们在财富创造、制度形成、政治治理，尤其是自由经济方面带来的全新的历史进程，甚至经由它们而创造出一个更高级的文明社会。这个新的文明社会不需要复古式的倒退式的表面进步，而是超越古典社会的实质性的历史进步，尤其是在政治、经济、法律和文明上的全面进步，是从古典社会转型而来的进步，是历史演进论的包含又超越古代的进步。对此，弗格森没有或不愿看到，这不能不说是他的苏格兰怀旧情结的短板所致。

在此，我们还是以他最具原创性的政治奴役的观点来举例讨论。弗格森重视古典政治文明，主要是由于这个古典政治存在着政治自由，现代社会的最大危险在于陷入政治奴役，即不自由的受宰制状态。看上去，弗格森的关于政治自由与政治奴役的思想很深刻，也符合现代自由主义的基本理念，符合现代社会的实践进程，因此广为各派现代人物所喜爱，其中既包括自由主义，也包括保守主义，甚至更深得社群主义、共和主义乃至社会主义的喜爱。但是，这只是表面招牌，如果深究，弗格森的政治自由观点具有很大的欺骗性和误导性，因为他所谓的政治自由，主要是集体性的政治自由，诸如可以演变为国家主义、社群主义，这种自由的主体不是个人，而是国家、集体、民族或党组织等实体，个人自由在这里是没有主体地位的，只是附属性的、从属性的地位。这种政治自由的理想状态是集体与个人的天衣无缝的完美结合，那就是乌托邦。

对此，弗格森缺乏深入的认识，反而对于工商业社会的副产品——财富和资本的腐化堕落采取批判性的态度，把一切现代的罪责都归结于它们，这显然是颠倒主次的。固然，财富创造与穷奢极欲是现代社会的弊端，甚至是严重的弊端，是罪恶的一个来源，但它们不是最根本性的，因为它们也有创造性的正面作用，对此休谟和斯密，尤其是休谟，给予了充分的论证。相比之下，如何看待奢侈问题，两人观点不同，弗格森显然站在斯密一边，而且比斯密更加谴责奢侈，认为奢侈导致物质性奴役，但与奢侈密切相关的勤勉劳作、技艺创新和文化昌明等对于现代文明社会的促进作用，他却视而不见，在第四章等章节，弗格森对于与奢侈、贪欲、自私、享乐、糜烂等相关的工商业社会的痼疾，给予了淋漓尽致的批判。问题在于，弗格森在批判之后，究竟给出了什么解决方案呢？这就还是回到他的前提上来，激活古典政治文明的旧法宝，用古典政治来医治现代资本主义的商业之病。

2. 有限进步论中的悲观主义

由于弗格森的思想吊诡，加上经验主义的折冲，使得他的文明社会的历史进步论，与休谟的乐观主义的有限度文明进步论有别，呈现出一定的悲观性。这里的悲观色彩又是由两个层面叠加在一起的。

第一，弗格森对于时下工商业社会的前景多少是悲观的，他看到了现代人越来越被自己的物欲贪念所束缚，成为个人利己主义的俘虏，导致公民美德丧失殆尽，另外，他还看到了商业社会的金钱和财富的力量，这些物质性力量越来越左右公共生活，甚至左右国家权力，使得国家为财富和金钱所利用，为了财富的最大化，国家可以无所不为，最终导致政治奴役，国家权力的腐化堕落致使国家自身也随之瓦解，政治自由转化为专制的牢笼。应该指出，弗格森对于现代资本主义的批判是尖锐的，也是深刻的，直接启蒙了一大批现代的自由主义和社群主义，20 世纪产生的各种批判理论和权利平等理论，都受惠于弗格森对于资本主义的批判。这些负面的看法，致使弗格森的理论有了某种悲观主义的色彩，他对于经由现代工商资本主义达成一种高级的文明社会，抱有深深的怀疑和否定倾向。

不过，虽然弗格森的这种悲观主义在 19 世纪末和 20 世纪对西方的悲观主义与欧洲中心主义的没落以及马克思的资本主义批判等产生了相当大的影响，但在 18 世纪的苏格兰乃至英美世界还是不被重视的，当时的资本主义还处于上升时期，还有着蓬勃发展的广阔空间，乐观主义占据着主导。至于斯密晚年的悲观色彩，与弗格森的悲观色彩其性质是有所不同的，斯密回归的还是斯多葛主义的审慎和沉思，他并不完全否定现代工商业资本主义的历史进步性，而在提醒人们不要过于乐观，要警惕和防范其可能的弊端，由此他提出公正旁观者的合宜性情感，这符合斯密的道德哲学原理。显然，弗格森与晚年斯密两人的悲观性质是不同的。

第二，弗格森的悲观主义还有另外一层，那就是古典政治文明的无法重新复制，这种悲观主义对于弗格森的理论乃是致命的打击。为什么会如此呢？因为弗格森自以为找到了克服现代错误的道路，那就是迂回进步式地回归古典政治，但他又感到这种回归在今天是不可能实现的，只是一个乌托邦，只是一厢情愿的幻想性寄托，这样的悲观主义情绪深埋在他的思想理论中，具有某种绝望的色彩。为什么会如此，因为弗格森既错误地理解了现代社会，又错误地理解了古代社会，现代既不像他所说的那样不堪，古代也不像他所说的那样美好。现代思想中的"错置时代性的谬误"的情况在弗格森那里发生了，他的悲观主义某种意义上是他自己制造出来的。

好在这两种悲观主义的叠合在弗格森那里，被他用有限度的进步主义予以释放，没有成为极端的虚无主义。虚无主义恰恰是 20 世纪悲观主义的必然结果，弗格森的思想理论虽然有悲观主义的色彩，但不属于虚无主义，主要是他的有限度的经验主义，这要归功于苏格兰思想的基本特征。凡事不走极端，即便是对于历史与文明的关系问题，无论是休谟的乐观主义还是弗格森的悲观主义，都是有限度的，都在人的常识范围之内，都不是追本溯源的形而上主义。

历史中的文明社会犹如一江流水，时而雄浑浩渺、一泻千里，时而曲折回环、迂缓塞堵，但青山遮不住，毕竟东流去。所谓的历史演进论或历史进步论，只能是从总的态势来看的，至于具体到局部的某个区段，则是很难一概而论。弗格森所处的苏格兰，不过是历史进程中的一个阶段，他提出的一种迂回式的文明进步论，只是他考察苏格兰这个变革时期的一种主张。或许可以说，任何一个民族都有自己的"苏格兰时刻"，都有一个在历史中获取自己文明定位的抉择问题。18 世纪的苏格兰思想家，他们从各自的理论视角创造性地回应了这个问题。相比之下，弗格森的文明社会演进论是最明确地从文明史的高度，对于这个苏格兰时刻的理论回应，他通过区分文化与文明之异同，重点把制度文明的属性问题提了出来，创造性地构建了一套旨在回归古典政治文明的有限度的历史进步论，尽管弗格森的理论包含着内在的吊诡，但其凸显文明的地位、作用和意义，无疑补充了哈奇森、休谟、斯密等人的某些理论缺失。

（1729—1797）

良好的秩序是一切的基础。

伯克的自由帝国思想

一、帝国与革命的双重变奏

埃德蒙·伯克是一言难尽的，如果非要概括的话，那么贯穿埃德蒙·伯克政治人生的两个重要思想要点，那就是"帝国"与"革命"。为什么这样说呢？因为埃德蒙·伯克可谓帝国的政治家和思想家，一生主要时间供职于帝国权力的核心——议会平民院，但他又身处一个特定的革命时代，这个时代就是18世纪中后期，欧洲启蒙运动正在经由资产阶级革命实践而主要在西方文明世界范围内重新规划和奠基一种新的政治科学（托克维尔）及其宪制体系，人类历史上两场最为重大的革命——美国革命和法国大革命——正在酝酿爆发。这两场革命都与欧洲启蒙运动直接相关，与人权及自决权的理论发现直接相关。美国革命的直接意义在于成功挑战了大英帝国的宪法秩序，开启了"非殖民化"的自决先例，在大英帝国的庞大身躯与版图上钻出了一个巨大的豁口。当然，美国革命的意义并不限于"非殖民化"，更在于通过《独立宣言》和1787年制宪而提出了"一种新的政治科学"，美国宪法的典范性或者一种超越英帝国的民主宪法模型在北美大地成长成熟。法国大革命在思想与历史先例上对美国革命有所借鉴，但主要根植于欧陆自身的启蒙激进主义思潮与建构主义的哲学传统，其原创性、彻底性、颠覆性和破坏性远远超过美国革命。

1. 维护英帝国的自由秩序

可以说，这两场革命挑战了两种帝国秩序：美国革命挑战了光荣革命后的英帝国秩序，这是一个自由帝国，但在殖民地维持着某种支配性的威权统治；法国革命则挑战了法兰西的封建专制帝国，这个帝国无论是在内部秩序还是外部殖民秩序上均有专制成分。作为帝国政治哲学家的埃德蒙·伯克深陷于两场革命的洪流和搅扰之中，对美国革命之自由精神予以高度肯定，但对法国革命的激进性则予以彻底否定。埃德蒙·伯克的《法国革命论》可以说是那个火红的"革命时代"中孤独的智者之声，若干年后回望，我们不得不佩服埃德蒙·伯克的政治洞察力与思想定力。如果没有埃德蒙·伯克声嘶力竭的思想呐喊与政治平衡的追求，英国议会改革走偏甚至模仿法国革命的激进运动未必不可能，辉格党内部就出现过对法国革命的误判与礼赞，这种党内分歧甚至造成了埃德蒙·伯克与党友的政治决裂。

实际上埃德蒙·伯克的研究者常面对埃德蒙·伯克思想不一致性的难题，主要的依据就是埃德蒙·伯克对这两场革命的立场。同样是启蒙运动背景下的自由革命，埃德蒙·伯克褒扬美国革命而贬抑法国革命，表面看来似乎很不一致。对此，马克思在《资本论》中曾有过批判，认为埃德蒙·伯克是资产阶级小人，其在两场革命中的立场陡转完全屈居于一种政治贿赂逻辑，在美国革命中被北美殖民者收买，而在法国革命中则被英国君主收买。与埃德蒙·伯克同时代的潘恩原来对埃德蒙·伯克颇有好感，但也因其对法国革命过分负面的立场而决裂，愤然写下《人的权利》加以系统反驳。吊诡的是，为法国革命竭力辩护的潘恩最终却差点死在雅各宾派专政的断头台上，华盛顿总统没有施救，法国革命当局也没有宽宥，只是因为死刑执行的细节失误而幸免。对法国革命的激进和暴虐本质，埃德蒙·伯克的政治直觉超过了潘恩的自由常识。潘恩的《人的权利》融贯着一种欧陆气质的激进人权观与民主革命激情。某种意义上，无论人们持何种立场及是否喜欢，埃德蒙·伯克与潘恩都构成了无可取代的思想丰碑，成为现代政治世界之左右政治话语的经典来源，而现代政治秩序在某种意义上正是对埃德蒙·伯克与潘恩进行平衡与再平衡的结果。

埃德蒙·伯克在两场革命中的一致性是可以证成的：其一，他是帝国政治家与哲学家，帝国主权及其利益自然是无法回避的出发点与思考原则；其二，他是英国式自由的捍卫者，因此无论是英国王权对自由的威胁还是英国议会对北美自由的威胁，甚至东印度公司的暴政，对爱尔兰天主教徒的压制，都是他反对的对象，他认为英国式自由应当是普遍和公正的。所以，严格而言，埃德蒙·伯克是一个服膺于英帝国宪法秩序、维护光荣革命传统的"自由帝国主义者"。埃德蒙·伯克以自由之名为北美辩护，同样以自由之名反对法国大革命。

理查德·博克教授在《帝国与革命：埃德蒙·伯克的政治生涯》（英语世界伯克思想传记系列中最为厚重的一部著作）一书中正

确还原了埃德蒙·伯克思想的一致性：其一，埃德蒙·伯克肯定征服者权利，但反对这种权利在"帝国化"过程中演变成的"征服精神"，认为这是一种历史倒退；其二，埃德蒙·伯克维护一种英国传统下的"自由精神"，这是其政治人生的一根红线与底线，谁触犯就反对谁。在此，我们可以延伸一下关于埃德蒙·伯克之帝国利益原则的思考。埃德蒙·伯克认为帝国秩序与自由事业并不矛盾，甚至帝国权力本身应当成为扩展自由的基础和保障，他内心之中是希望英国式自由在北美、印度、爱尔兰等殖民地获得宪制保障的。当然，这里有个限度，即殖民地自由的扩展不能损害帝国主权与帝国根本利益。埃德蒙·伯克所期待的英帝国是一个"自由帝国"，他本身是"自由帝国主义者"，这是他对帝国政治学与帝国政治行为的理想性设定。但现实并非完全符合理想，甚至与理想相悖，因为实际统治帝国的是各种政治派系，他们有各自私利，未必能够自觉地理解和践行一种自由帝国的政治理想。所以，尽管在帝国主权问题上埃德蒙·伯克与其同僚们保持立场上的一致，但是当帝国议会通过北美征税法案以及帝国放任东印度公司在印度的治理暴政时，埃德蒙·伯克就以自己的方式展开了政治斗争：前者体现为《美洲三书》式的议会辩论，后者体现为针对黑斯廷斯一案的漫长而艰难的弹劾。

除了自由政治原则的融贯性之外，埃德蒙·伯克对两场革命的立场差异应该还与革命本身对英帝国利益与秩序的冲击力度不同有关。美国革命远在天涯，且美国革命领导者只是追求殖民地独立自治，无意于反向输出"革命"，而且美国革命在其纲领与原则上对英国宪法借鉴和运用颇多，理查德·博克教授的思想考证印证了这一点。所以，北美尽管独立，但一方面对英帝国秩序基本盘没有大的冲击，多米诺骨牌的革命效应没有在其殖民地即刻发生，另一方面美国革命在原则上属于英国宪法遗产的落实而非颠覆。埃德蒙·伯克从美国革命者及其宪法实践中看到的是一个英国的"复制品"而不是相反。当然，美国革命的结构性创新也是有的，《联邦党人文集》确实构成了一种"新的政治科学"，但美国革命的基本原则仍然是英国式的。

法国革命则不同。法国革命建立在抽象的人权论基础之上，其所理解和追求的自由并非传统秩序中的自由，而是一种崭新的抽象自由。因此，法国革命实践了一种不同于英国革命及美国革命的新原则，标志着革命内涵的新开端与创新意义。汉娜·阿伦特在《论革命》中具体考察过法国革命的创新意义。埃德蒙·伯克维护帝国，法国人追求解放，都是以自由为名。看来，自由的魔力或者历史恩怨正在于其多义性。

2. 自由主义者？保守主义者？

其实这里涉及一个对埃德蒙·伯克的经典定位问题：埃德蒙·伯克到底是自由主义者，还是保守主义者？埃德蒙·伯克生前就与英国政治中的辉格党、托利党牵扯不清，但大体上是一个辉格党人。埃德蒙·伯克死后，两党都对埃德蒙·伯克进行思想遗产的不同诠释与争抢。我国在20世纪90年代也曾发生过埃德蒙·伯克的属性之争，刘军宁的埃德蒙·伯克与蒋庆的埃德蒙·伯克很不相同，但我觉得他们刻意放大了埃德蒙·伯克的某一面向，未能完整理解埃德蒙·伯克。埃德蒙·伯克是这样的历史站位：在英国政治内部，相对于维护王权的托利党，埃德蒙·伯克偏于自由的辉格党立场；在欧洲政治对抗中，相对于法国式的激进自由主义，埃德蒙·伯克偏于保守的英国宪法立场，此时无所谓托利党还是辉格党，而是一种克服了内部政治分歧的光荣革命式的英国立场。所以，埃德蒙·伯克既是保守主义者，也是自由主义者，我称之为"保守自由主义者"。具体而言，埃德蒙·伯克的保守主义是英国自由传统下的保守主义，埃德蒙·伯克是要保守英国式的自由，而不是任何其他的内容。因此，埃德蒙·伯克保守主义不同于欧陆式的迈斯特主义，也不同于儒家式的文化保守主义。

何为英国式的自由，这个概念非常重要，也构成了埃德蒙·伯克保守主义的实体价值内涵。不过我们似乎要适当区分保守主义的两个层面：其一，作为方法论的保守主义，主要是一种思维方式与治理哲学，处理的是传统与变革的关系问题，埃德蒙·伯克在这方面提供了具有普遍意义的教诲，支持一种改良主义的变法模式，反对激进革命，这一层面的保守主义似乎可以适用于一切人类社会；其二，作为价值论的保守主义，这就打上了浓重的英国式自由的价值观标记，对英国这样的"自发秩序"而言是自然而然、理所当然的，但对于其他社会，不仅是东方社会，也包括欧陆社会，则是需要经过较为激烈的革命才能造就英国式自由的具体内涵的。也就是说，为了获得英国式自由的实体内涵，在手段上很难采取与英国式保守主义完全相同的方式和路径。法国革命乃至于中国近代革命常被作为激进主义的典型加以分析乃至于批判，可似乎又有某种历史必然性，因为法国与中国都不具备英国式的自由传统以及英国保守主义的自发秩序。

作为方法论的保守主义具有人类历史经验上的普遍性，但作为价值论的保守主义要在英国与欧陆及东方社会之间通约，则有很大的难度。也因此，中国改革开放可以从容接受方法论的保守主义，但无法接受英国式的价值论的保守主义，无法在东方社会价值与英国式价值之间实现真正的和解与兼容。自由不仅是一套理念，也需要具体的实践技艺，埃德蒙·伯克见证了英国、美国和法国三种主要的实践模式，服膺英美方案而贬斥法国方案。当然，埃德蒙·伯克思想在此是颇具张力的：他的《法国革命论》应对的与其说是法国社会的激进革命本身，不如说是法国革命"范式输出"对英国式自由的直接而具体的威胁。

在理查德·博克教授的书中，埃德蒙·伯克将法国革命的"原罪"归结为对欧洲文明根基的摧毁，具体而言是在财产权、宗教权与惯例权三个层面加以激进改变。在财产权层面，英国普通法和代议制的核心使命就是保护私有财产，并认为这是社会团结与凝聚的基础，是文明积累与演进的根据，但法国大革命肆意剥夺有产阶级的私有财产，否定财产权的合法性，宣扬抽象人权与平等观念，这主要损害了法国贵族的利益及美德。在宗教权层面，英国保护宗教自由，而法国大革命却以激进的人权教义否定传统宗教的合理性，攻击和镇压僧侣阶层，剥夺宗教财产，过度张扬世俗主义自由，人为割裂宗教与社会的天然有机联系。在惯例权层面，英国对传统社会秩序予以尊重和保护，对组成社会的主要利益集团及其惯例性特权予以法律化，但法国大革命以抽象人权和社会契约理论为基础，将同意原则转化为即刻的人民直接行动，将建制化、分层化的"社会"予以虚化，在"个人"与"国家"之间建立"无社会的共同体"，并在道德上对惯例性权利一概作为封建特权予以批评和否定。

埃德蒙·伯克认为通过上述三个层面的摧毁行为，法国大革命造成了一个废墟式的法国社会，而其政治承诺就是依靠当代人的理性建构可以塑造一个崭新的理想社会，这种革命的激进主义变成了过度浪漫化的社会革命实验，造成了法国社会长时段的动荡失序与巨大的人权人道灾难。

法国大革命的激进社会实验思想来自启蒙的理性乐观主义，认为人类的理性知识进步已经足够掌握"宇宙真理"而能够俯视和改造一切旧有传统和秩序，逐步遗忘了欧洲文明史中日积月累的保守理性传统。这种启蒙理性主义甚至在霍布斯身上早有体现，他认为国家是"人造的人"，好像可以像大玩具一样先拆卸成零件再重新组装。革命就是一种社会实验，但传统分类上存在"政治革命"与"社会革命"之别，前者以英美为典型，后者以法国革命为代表，区别在于是否承认和保全传统社会。社会性在某种意义上确实构成了埃德蒙·伯克的保守自由主义与卢梭或潘恩式的激进自由主义的本质差别：前者是一种关于自由秩序的社会本位，人性必须在具体的社会性与社会秩序中养成文明内涵并维护该种秩序，而不是一种脱离具体社会语境、自由自在的原子化个体；后者是一种关于自由秩序的个人本位，认为人性可以脱离具体文化和社会属性而成为自足的"裸人"，社会实验可以根据这样的"裸人"标准按照理性契约论的方式进行。

埃德蒙·伯克保守主义将宪法秩序理解为"过去的人、现在的人和未来的人"的连续统一体，每一代人的立法主权是有限的，是需要受制于多代人智慧与实践累积而成的传统与秩序框架的，但激进自由主义的理性根据完全与历史无关，甚至历史本身就是需要批判和虚无化的对象，从而为每一代人确立了无限的立法主权，可以与传统秩序完全割裂，越彻底越革命，越革命越进步。可见，埃德蒙·伯克对两场革命的立场不一致的背后恰恰反映了英国式保守自由主义与欧陆式激进主义的世界观与哲学传统的深刻差异。与德国古典哲学的体系化偏好及内蕴的革命激进因素相比，苏格兰启蒙运动的经验主义更值得探究和守护。这里既有实践政治意义上英美做得更好的原因，也有苏格兰启蒙思想内在理性根据更充分的因素。

二、行动哲学家

埃德蒙·伯克来自英国，是那个时代风云际会之思想与政治复杂互动的产物，在跨国或跨文化语境中加以消化，必然有不同的侧重与方向。综合来看，埃德蒙·伯克的一生在政治上并不成功，在思想上亦不体系化，在单纯的政治家与哲学家名单里，他都很难居于榜首，但就其自身定位的"行动哲学家"而言，他堪称时代第一人。

1. 五大政治战役

理查德·博克教授与诺曼议员都将埃德蒙·伯克归结为"五大政治战役"的伟大斗士，其政治故事与思想故事是两面合一、相互建构的，你可以说他的思想文本（常常是演讲词或宣传小册子）是政治实践的一部分，也可以说他的政治实践是思想过程的一部分。这"五场战役"没有确定的先后顺序与时间节点，而是交互贯穿于埃德蒙·伯克主要的政治生涯，哪个议题凸显、急迫或有政治突破可能性时，他就即刻转移到哪个议题战场，像一匹沙场老马一样太过熟悉于政治战场的具体味道与风云变幻，又像一个高妙的棋手一样同时在人生格局上布下了五个棋盘。

理查德·博克教授的思想传记亦追随埃德蒙·伯克本身的实践历史而在五个战场之间辗转跳跃，合拍起伏。这"五场战役"分别是：

第一，英国宪法与议会改革，主旨在于限制王权扩张和滥用，推动政党政治规范化，同时避免议会改革的激进取向，维持英国宪法秩序的内在平衡与稳定；

第二，北美殖民地危机与革命，主旨在于维护帝国主权及北美殖民地自由，在价值冲突中优先为自由精神辩护；

第三，爱尔兰自治与宗教宽容问题，主旨在于推动爱尔兰天主教徒的自由权利保护，以及爱尔兰自治的制度进展，但反对爱尔兰的激进叛乱；

第四，印度治理改革与黑斯廷斯弹劾问题，主旨在于通过议会立法确保印度的正当治理，以及通过弹劾黑斯廷斯对东印度公司的殖民暴政加以政治问责；

第五，法国大革命及英国宪法巩固问题，主旨在于批判和揭露法国大革命的反文明本质，阻却法国革命向英国的输出，巩固英国宪法的制度自信与自由秩序定位。

一个思想家同时下着五盘棋，不是一般人。埃德蒙·伯克作为大英帝国宪法秩序中的"行动哲学家"，以其面对革命挑战的政治与思想回应作为叙事主线，可以勾勒出其政治人生的"五大战役"之交叉叙事的五色斑斓。埃德蒙·伯克对帝国利益的维护是恰当而有限的，限度在哪里呢？就在"英国式的自由"那里。注意是"英国式的自由"，而不是其他意义上的自由。革命前的北美殖民地主张和实践的就是一种英国式的自由，因而埃德蒙·伯克认为不必强制征税并施加单方威权，而应当进行宪法"归化"，埃德蒙·伯克甚至提议了作为归化方案的新联邦制模式，但未获采纳。即便是美国革命，也是符合英国式的自由的，所以他并不排斥美国革命，但法国大革命意图摧毁英国式的自由，所以即便以启蒙价值观和自由革命的名义，本质仍然是暴政与极权行为。埃德蒙·伯克在《法国革命论》中不仅预言到了革命后的秩序动荡，甚至也预言到了秩序重新稳定需要出现"军事强人"，拿破仑的出现印证了他的先见之明。当然，由于埃德蒙·伯克不是体系化哲学家，其具体的思想文本只是思想体系的显性部分，如果不精通当时的英国史细节以及对埃德蒙·伯克政治人生有细致把握，就很难理解其思想的博大精深与深谋远虑。

2. 两种自由主义

借助埃德蒙·伯克视角，我们可以恰当地区分两种自由主义：一种是言词的自由主义，侧重宣扬自由的普世价值，推重激进变革，其结果要么是不接地气、软弱无力的道德呼吁，要么演变为法国式的自由暴政，重返一种埃德蒙·伯克极力反对的"征服精神"；一种是实践的自由主义，内心有自由的想象和理念，但更侧重语境化的具体政策议题，将自由精神落实于具体实践过程，通过合法抗争、理性辩论与共识化处理逐步积累自由的政治社会经验，这样可以一直保证自由主义的"自由精神"。很多国家的现代政治转型模仿了法国模式，大都经历了诸多困境，走了不少弯路，导致世界历史的主导权最终落于英美之手，欧陆则是历经两次世界大战及战后重建而非常艰难地重新进入了世界主流国家体系。

在理查德·博克教授的书中，埃德蒙·伯克对"征服权利"并不排斥，因为：一方面，现代英国就是诺曼人征服的结果，潘恩曾以此为据批判英国没有"宪法"，也没有"自由"；另一方面，英国获取殖民地的方式显然也是"征服"，如果"征服"不正当，则后续一切安排皆不合法。埃德蒙·伯克是承认既定政治秩序之历史正当性的，不在起源方式上太过计较，而是看相应的社会是否逐步具备了"自由精神"和自由制度，只要有自由，起源上的某些历史污点可以漂白。但即便是具备"自由精神"的社会也可能出现向"征服精神"的倒退，典型有二：其一是英国殖民扩张中对殖民地的征服与压迫，即征服之后未能赋予自由；其二是法国大革命对内摧毁财产权、宗教权和惯例权，对外输出革命，强制进行秩序变迁，构建法兰西大帝国，表现出野蛮化的"征服精神"。

英国的"自由精神"以代际智慧、普通法和代议制来维护，这是埃德蒙·伯克保守主义的历史基础和信心来源。而法国的"自由精神"是变质与异化的，依靠革命专政与革命输出来加以维护，从而是一种欧陆古老之"征服精神"的变种。卢梭的社会契约论实质上支持法国大革命模式，因为卢梭断言：强制不构成权利的基础，只有起源上的社会契约过程亦即同意过程才构成正当统治。这就留下了一个巨大的挑战：诸多历史上形成的政治秩序，在可追溯的起源上很难或基本不可能符合社会契约论的要求，那么是否都是不正当的统治而需要一场彻底的革命加以推翻呢？严格执行卢梭的理论路线是需要的，而潘恩在《人的权利》中对英国宪法的贬损正是基于同一逻辑。

欧陆自由主义有激进主义的传统，要求一种历史起源上的合法性与纯洁性，有"源头洁癖"，所以很容易倾向于彻底革命，因为革命是一种人民出场的集体行为，是一种可观察、可实证的社会契约过程，是自由逻辑最完美、最生动的展现。然而社会不是思想实验室，也不是政治医生的手术台，而是具有文明内涵与规则存量的主体，是政治制度的基础与前提。在思想实验或比较观察中验证过的自由原则，必须经过与所在国社会秩序的深层对话与实践转化才能扎根生长。

应该指出，保守主义并不是文化决定论，它更看重历史，而在历史框架中，文化只是一个因素。除此之外，还有社会、宗教、文化交流变迁、政治决断等诸多因素。埃德蒙·伯克有言，历史是"审慎的导师"。我们需要聆听历史的智慧之声，而不仅仅是在文化的单调叙事中沉沦。即便是基督教文化，还有新教改革的变异，这是历史实践与社会进步使然。文化与政治之间应当是相互适应与相互建构的关系，而不是单向的决定关系。如果是文化单向决定政治，类似于政教合一。如果是政治单向决定文化，类似于政治专制。埃德蒙·伯克的保守主义教导我们：在文化与政治之间存在一定的弹性空间与作用中介，自由的社会实践就是这个中介。

埃德蒙·伯克当然不是泥古主义者，不是真正反动的保守主义者，而是非常重视文化与政治之间的作用中介，他的目光始终是流变与向前的，他在议会辩论与议题动员造势中总是以改革派自居。他反对激进革命，但并不反对改革，而是以一种保守改良主义的程序对待改革，即改革必须建立在政治上的审慎美德与审议理性基础之上，必须经由和传统与秩序的深切合理的宪制对话才可逐步推行。不敬畏传统与秩序的任何改革难免落入法国式自由主义的窠臼之中，最终倒退入欧洲历史上的"征服精神"范畴。

埃德蒙·伯克有非常好的历史感，从而也就有非常好的政治哲学与政治改革的方向感。同样钟情于英国政治改革的哈罗德·拉斯基（Harold Laski）曾对埃德蒙·伯克这种微妙而精妙之改革哲学予以由衷赞叹："他为他那一代的政治哲学带来了一种方向感，一种合目的的崇高力量，以及关于政治复杂性的完备知识，而其他政治家并不曾拥有这些。他的洞察力光芒刺入了政治复杂性的隐秘深处，很少有人堪与比肩……他写下了不朽篇章，永久地成为关于政治家技艺的最高分析。"这是很高的评价。

三、现代语境中的埃德蒙·伯克

埃德蒙·伯克之于当今世界，从世界范围来看，仍然具有重要意义。耶鲁大学法学院女教授蔡美儿有本畅销书《起火的世界》，讲述的是美国自由民主秩序输出造成中东等地的秩序动荡问题。事实上现在纠缠欧洲的"难民危机"也与此有关。在我看来，民主输出从理念上看肯定是自由主义的，但这种输出方式类似于法国大革命的模式，内含一种不加节制的社会实验激进主义和征服精神，所以造成了类似法国大革命的政治动荡，但法国毕竟有着西方文明的传统基础及厚重的民主文化氛围，因此可以逐步从震荡中走出来，但中东国家一旦成为失序的"失败国家"就很难走出来了，其秩序重建之路将充满艰难，是否一定坚持"自由精神"的方向更难保证。

"伊斯兰国"现象就是例证。提出"历史终结论"的福山对此有所反思,改写"政治秩序论",在更宏大范围内比较分析政治秩序的起源历史与条件,有些保守化的苗头。历史不因理念而简单终结,相反是理念因历史实践与复杂性而不断调适。多看埃德蒙·伯克的保守主义,对此是可以有更多、更深之领悟的。

其实起火的何止是中东地区,甚至包括了作为秩序原型地的英美,比如英国脱欧公投和美国特朗普当选。这两大事件具有重大的世界历史意义,学术界通常标识为"逆全球化"。英美是全球化领导者,它们不可能反全球化,但确实发生了无法承受传统全球化负担与代价的问题,其中一个很大的问题就是无节制地接受难民及移民。这两个事件都有英美保守主义回潮的背景,但吊诡的是英国以激进的公投方式追求脱欧的保守政治目标,而作为种族"熔炉"的美国则选上了特朗普来执行移民禁令。保守主义使英美世界的政治边界再次凸显,公民资格的正当程序让位于实体性的道德标准,这种调整是符合民主政治的利益原理的,也符合保守主义的文化社会保护性逻辑。

美国大选时我就在美国,对选举过程及美国民情有近距离观察,我认为,脱欧主义与特朗普主义不是英美政治的异数,而是其保守政治传统的合理结果。不过,公投文化进入英国宪法政治,还确实是英国保守政治传统的某种变异,甚至苏格兰问题也要用公投解决,这可能造成英国的国家解体危机,同时也是英国精英政治与责任伦理的危机。

英美社会不再是平等多元主义的大"熔炉",事实上许多异教移民根本不可能在"熔炉"中熔化,反而成为社会福利的挤占者、社会秩序的破坏者以及文化政治秩序的敌人。英美社会由此产生自我保护的政治意识，通过公投或选举行为支持一种对移民的更高审查标准，这或许与人权及多元主义价值有冲突，但肯定符合民主政治的一般逻辑以及保守主义的基本原理。长期以来，本来属于严格宪法问题的归化法被降格为行政法问题，这是一种法律归类上的误置。我觉得正因为英美存在保守主义传统，所以这样的社会自我保护措施才能重新宪法化。相比欧陆尤其是德国，反而丧失了这样的保守之维，继续在人道人权的多元主义政治正确下承受"难民危机"之苦。欧盟不敢在移民政策上做出合理政治决断的背后，是一种德国基本法式的"基本权利"教义局限，这在本质上继承了某种"启蒙自由主义"的逻辑。或许这就是埃德蒙·伯克的真正教诲所在，也是一种中道的保守宪制思想之精髓。

附：埃德蒙·伯克——保守主义的奠基者

埃德蒙·伯克于 1729 年 1 月 12 日出生于爱尔兰都柏林，父亲理查德·伯克是当地的律师，也是一名新教徒，母亲则为天主教徒。按照当时这种混合宗教家庭子女信仰的惯例——子随父女随母，埃德蒙·伯克被作为新教徒抚养长大。这样的宗教家庭背景，对埃德蒙·伯克一生坚持宗教宽容的主张具有深刻影响。

1744 年至 1749 年，埃德蒙·伯克进入都柏林三一学院学习，目的是研习法律，以便未来子承父业，从事律师职业。与此同时，埃德蒙·伯克对文学有着浓厚的兴趣，此间还主编过一个为时不长的杂志《改革家》（*The Reformer*）。1750 年，埃德蒙·伯克前往伦敦中殿（the Middle Temple）继续其法律教育，这是在英国从事法律职业必需的经历。

1750年代的伦敦群英荟萃，是英国思想和文化交流的中心。埃德蒙·伯克的文学追求将其带入由塞缪尔·约翰逊、亚·雷诺（Joshua Reynolds）、奥利弗·哥德斯密等人所构成的文艺圈。埃德蒙·伯克不得不放弃了法律学习，开始了文学生涯。

1756年，埃德蒙·伯克出版了他的第一部著作《自然社会辩》。该著是对唯理主义哲学家博林布鲁克的讽刺性回应，并呈现出一个与霍布斯笔下的自然世界相同的政治社会景象。他刻意模仿已故的博林布鲁克的写作风格，将其对于自然社会的各项观点推向极致，进而显示其社会观的荒谬。埃德蒙·伯克讽刺性地表明，人类在无政府状态下会更好。要言之，《自然社会辩》暗示，社会生活是人类的自然状态，这也是埃德蒙·伯克一生所不断发展的立场，那种从拟制的"自然状态"出发所做的推理，与当下人类的政治和社会状况没有什么关联。

紧接着《自然社会辩》之后是1757年出版的《对崇高与美两种观念的起源的探讨》。埃德蒙·伯克这本书主要讨论的是当时流行的美学问题，该书奠定了他的文学地位。在美学史上，埃德蒙·伯克的《论崇高与美》虽然不如康德1764年著述的《对美与崇高情感的观察》的理论意义重大，但也是18世纪文学和艺术审美理论的一个重要发展。

1757年3月，埃德蒙·伯克与简·玛丽结婚；次年，长子理查德出生；同年底（12月14日）次子克里斯托夫出生，但不幸夭折。作为一名作家，埃德蒙·伯克的财务是不稳定的，当时虽小有名声，但显然无法借此抚养家庭。1757年，埃德蒙·伯克同书商罗伯特和詹姆斯·多兹利签约撰写《英国史纲要》，但并未完成。此著第一部分写到了1388年，于1760年出版；但全书直到1803年才收录于《埃德蒙·伯克著作集》第五卷（1803—1827）写到了1216年。从1758年开始，埃德蒙·伯克开始编辑《年鉴》。这是一份由罗伯特·多兹利出版的政治和文学年刊，埃德蒙·伯克一直编辑到1765年。埃德蒙·伯克的这个经历实际上也是为其政治生涯做的准备，在其中展示出令人印象深刻的历史感和对政治与社会状况的细致把握。

埃德蒙·伯克的政治生涯开始于1759年，被爱尔兰总督秘书威廉·杰拉德·汉密尔顿聘为私人秘书。在爱尔兰期间，埃德蒙·伯克开始撰写《论爱尔兰的天主教法》，此文并未出版，直至1813年收录于其著作集的第十二卷。该文讨论的是人们之于立法机关以及源自上帝的更为高级的自然法原则的关系。埃德蒙·伯克提出，任何压迫大多数人民的法律不是法律，因为法律是人民经由立法机关的意志表示。埃德蒙·伯克认为，政府对人民乃有一种信托义务，着眼于人民自己也许难以看透的更大利益。法律必须建立在功用和平等的基础上，禁止天主教徒投票、参政以及其他基本权利的天主教法，既非有益，亦不公平。这种论断在反天主教的英国国内是相当难以立足的，这也可以解释埃德蒙·伯克为何生前不予发表此文。

1765年7月，埃德蒙·伯克接受了时任第一财政大臣罗金汉姆侯爵私人秘书的职位。在罗金汉姆这位辉格党领袖的支持下，埃德蒙·伯克在该年12月当选为温多弗的下院代表。代表不同的选区，主要以受大地主控制的"口袋选区"为主。三十多年的政治生涯，使得埃德蒙·伯克的政治思考不是依据抽象的推理，而是以实际经验为准绳，形成了其独特的思想性格。

埃德蒙·伯克最早出版的重要政治著作是1770年的《论当前不满原因之根源》，涉及一系列困扰国会的问题，包括美洲殖民地的骚乱问题，围绕威尔克斯的选举和议员资格的冲突，以及辉格党人对乔治三世王权膨胀的担心。在该文中，埃德蒙·伯克提出了一个关于政党政府的理论雏形，即"人们结为政党，是为了依据他们共同认可的某一原则，同心协力，以推进国家的利益"。不过，需要注意的是，埃德蒙·伯克虽然提出了政党的基本架构，本人也的确在其政治生涯中保持了政党忠诚，但其宗旨并不是要去创立一种政党政府，毋宁是作为对抗王权的必要工具。

1770年代因为印花税法案引发的美洲问题日益加剧，埃德蒙·伯克因为在战争之前对美洲的同情和支持而广为人知。但是，对美洲的支持是对实际政治形势的考量，而非基于什么抽象的权利理论。埃德蒙·伯克并不是要寻求让殖民地在下院直接拥有代表，而是希望保持殖民地的经济优势。由于大洋两隔，殖民地理当拥有内部的自治权，并不该被直接征税。对此，埃德蒙·伯克最为知名的著作是《论课税于美洲的演讲》《论与美洲和解的演讲》以及《致布里斯托司法行政长官书》。埃德蒙·伯克意识到，美洲问题是更大的自由和英国宪法问题，如果乔治三世依靠武力通过专断的直接征税来侵犯臣民的自由权，国内的自由也将无法得到保障。

1774年，埃德蒙·伯克公开竞选当时的主要港口和制造业中心布里斯托的议员。虽然埃德蒙·伯克在当年10月成功当选，但他同布里斯托选民的关系却较为紧张。因为埃德蒙·伯克明确拒绝在他视为他们的狭隘地方利益的范围内行动。的确，埃德蒙·伯克因为支持美洲殖民地的立场，以及开放爱尔兰贸易等，都是与布里斯托的利益相冲突的。这一问题也让埃德蒙·伯克写出了众多关于代表问题的著作和演讲，最为知名的有《就美洲事务致布里斯托司法行政长官书》和《就下院正在议决的爱尔兰贸易法案致布里斯托诸绅士的两封信》，以及 1780 年在布里斯托市政厅发表的演讲。埃德蒙·伯克认为英国国会是整个大英帝国的审议机关，对帝国之全体人民的幸福负责，其成员因此必须考虑帝国之整体利益，而非仅仅是其部分民众的商业利益，这导致埃德蒙·伯克在 1780 年落选。埃德蒙·伯克随即当选为罗金汉姆侯爵控制的莫尔顿地区的议员。此后，埃德蒙·伯克一直担任此职直至从下院退休。

1780 年，埃德蒙·伯克开始推动王室薪俸制度的改革，主要是 1780 年 2 月 11 日发表的"布里斯托国会议员埃德蒙·伯克致下院关于提出一项更好的保障国会独立性的计划"。埃德蒙·伯克的立场相当冷静和理性，既是一个优良的理性计划来优化和改进王室和国会的财务制度，又是在提议以合理的名义限制王权经由安插闲差来施加影响的能力。埃德蒙·伯克的计划在力度和范围有所减弱之后，其中部分内容在 1782 年罗金汉姆内阁时期被作为法案通过，这对意图限制王权的辉格党利益来说是必要的。

在 1780 年代，对于印度的治理问题引起了埃德蒙·伯克的极大关注，也使埃德蒙·伯克的政治思考从 1770 年代主要基于狭隘的党派政治立场转向超越纯粹政治层面的更为宏大的人类正义和责任问题。18 世纪的印度是由一个私人公司——东印度公司来统治的，该公司自印度攫取财富，运送至英国。在埃德蒙·伯克看来，经由殖民统治印度所造就的新财富暗中改变着英国国内的政治格局，并对传统的地主权力基础构成威胁，也因之对英国宪法构成威胁。东印度公司所体现的政府原则更为恶劣，因为它代表的是统治者的利益而非人民。这些问题令埃德蒙·伯克深感忧虑，从1781年开始，埃德蒙·伯克服务于旨在调查印度殖民地权力滥用的特别委员会，正式在议会中着手处理这一问题。埃德蒙·伯克关于印度问题的著述显示出超越政治实用主义的强烈的人文主义。埃德蒙·伯克实际上也是在利用弹劾和审判作为舞台来传达真正的殖民地政府和统治者之责任的观念。埃德蒙·伯克主张，征服者对被征服者有一种道德责任，必须基于其利益来统治他们，东印度公司显然没有做到这一点；而且，新的政府有责任承认并接受这个民族已有的传统宪法，将一种独裁的体制强加于其上是错误的，因为忽略了被统治者的需要和愿望以及无人有权拥有这种专制的权力。

埃德蒙·伯克晚年最为知名的著作乃是关于法国革命的著作，特别是1790年出版的《法国革命论》。这部著作，如其全称所显示的，是写给巴黎一位年轻绅士的信，解释了法国革命缘何不同于1688年的英国光荣革命，以及为何他自己不赞同法国革命，即便他本人曾是美洲革命者的同路人。埃德蒙·伯克的反革命立场令其友人颇感诧异，使他在辉格党内被孤立，并引发了激烈的论战。最为知名的包括潘恩的《论人权》以及沃尔斯通克拉夫特的《为人权辩护》，等等。

埃德蒙·伯克的主要担忧是防止法国革命的观念输出到英国，基于此，他毅然与作为反对派的辉格党领袖詹姆斯·福克斯决裂，转而支持小皮特的托利党政府，这就造成了辉格党内的分裂，其中有部分成员离开福克斯加入皮特内阁。埃德蒙·伯克深为痛心，特别是面对那些关于他信仰和立场前后不一的指责。对此，埃德蒙·伯克主要在《新辉格党人对老辉格党人之呼吁》一文中做了说明。埃德蒙·伯克回顾了自己的议员生涯，并将其所作所为与英国宪法相联系，从来都是以混合的英国宪法为依归，支持一部分对抗另一部分。他的一致性是出于对英国宪法的忠诚，而不是执迷于某些所谓的抽象概念。

在埃德蒙·伯克生命的最后几年，其著述主要围绕着三个相互交织的问题：一是对侵犯印度人民权利的黑斯廷斯追诉结局的关注；二是试图再次影响英国和爱尔兰议会扩大爱尔兰天主教徒的权利；三是更为严厉地抨击法国革命。黑斯廷斯议案结案于1794年，同年埃德蒙·伯克自下院退休；令埃德蒙·伯克惊异的是，1795年黑斯廷斯被上院裁决无罪释放。与此同时，埃德蒙·伯克对提高爱尔兰天主教徒的待遇抱有很大希望，但是这种希望随着埃德蒙·伯克好友、爱尔兰总督菲兹威廉伯爵在1795年被召回而变得十分渺茫。此外，埃德蒙·伯克继续批评法国革命，1796年先后出版了《致本届国会内某一员的两封信》《论与弑君之法国的和平建议》以及其他信件和文字。1794年，埃德蒙·伯克挚爱的长子理查德不幸逝世，同年他接受了国王提供的一份一千二百镑的年金，回到了贝康斯菲尔德的宅邸。埃德蒙·伯克接受年金，受到了许多辉格党人士的抨击，埃德蒙·伯克在《致某贵族书》中作了回应。1797年，埃德蒙·伯克的身体每况愈下，于7月9日因病去世。

（1762—1814）

信仰绝不是知识，而是使知识有效的意志决断。

费希特的激情与迷途

我与刘苏里的此次对话，对象是 18 世纪末 19 世纪初德国思想界巨子费希特，其著作中文版的数量与其名声，颇不相称。他在中国的名声，与其巨大的国际影响力，更是差强人意。

费希特，出身贫寒，但天赋超人，有幸获得私人资助，才读得起书。这个起点，于他后来的言行轨迹，或留下烙印。或正因此，成就了他的名声和事业。费希特少年得志，激情四溢，脑力过人，不乏勇气，可一生坎坷——个人生活还在其次，是他的个体秉性与所处的时代，造成他悲剧性的命运。费希特的悲剧，像是近代德意志求变历程的缩影。但作为思想家的费希特，以及他的生命，亦如他的祖国，伟大而绚烂。

1807 年年底，面对法国拿破仑大军的入侵，费希特毅然决定公开发表演讲，以期唤起德意志人的自我意识、对本民族光辉传统的信心，试图描绘出德意志重新振作的蓝图。该演讲名为《对德意志民族的演讲》，前后持续近四个月。占领军曾在他演讲屋外，列队击鼓示警，但这吓不倒费希特。国难当头，救国心切，舍生取义，文思泉涌，一口气十四讲，轰动德意志。这一特殊环境、特殊心境下的作品，自此流播于世，二百年来，被世界各国传诵，成了费希特最著名的文字。

费希特以其无懈可击的行为，证明了在关键时刻思想家的伟大和勇气。于此，我们心有戚戚焉。让我们重温二百年前这一永载史册的文字吧。

刘苏里：全喜兄，很有意思，19世纪初，德意志连续产生了一大批思想、文学巨人，像康德、黑格尔、李斯特、海涅等人，都受到国人很多关注，尤其康德和黑格尔。从我现在对费希特的了解，其重量很难说比他们弱多少。国内对费作的翻译和介绍，二十几年来没有间断过，不见得比黑格尔少，为什么费希特没走出学术殿堂，被更多的知识大众所认识？

高全喜：苏里，你这个问题提得好。在当今全球金融危机、中国思想界群情激荡的时期，这个问题独具慧眼。确实，近代以来，德国思想对中国的影响源远流长，如康德、黑格尔、歌德、席勒、马克思，乃至当今的施米特、哈贝马斯，在中国都声名显赫。费希特为什么在中国仅仅在学术圈为人所知，还没有成为一个带有公共意味的思想家，我觉得这与中国知识界近世以来的思想诉求的政治不成熟有关。我们只是理解、接受了半个费希特——哲学的费希特，但另外半个费希特——思想的费希特，却没有得到我们足够的重视。我们这次对话是通过谈论费希特的这篇演讲，来梳理费希特的思想，看看这个浓缩了德国近现代以来数代知识精英思想结晶的文本，是如何既表现出德国思想的伟大辉煌，又深嵌着这个民族心智三百年来的先天不足。这是一篇精彩无比的演讲——对德意志民族的演讲，这个文本无论放在何种语境下，都是一个值得分析的文本，尤其是对于我们中国人来说，它犹如"带毒的罂粟花"，美艳而又凌厉，一方面让我们神往，另一方面又让我们感到刺痛。为什么呢？

刘苏里：对不起，你的问题先放放。由于大部分读者对费希特比较陌生，即使名作《对德意志民族的演讲》，虽然中文版本很多，但我怀疑没有多少人读过。我希望对话展开前，请你介绍一下演讲产生的背景，给读者一个时间和空间概念，让大家能迅速进入到文本阅读和理解。

高全喜：说到这篇演讲，我是很有感慨的。20 世纪 30 年代初，我的导师贺麟先生就专文写过费希特，当时正值九一八事变，他的老师吴宓先生建议刚从德国留学回来的贺先生撰文，联系拿破仑侵占德国时德国哲人何以自处的态度，以鼓舞国人的志气。贺先生苦心孤诣，写了一篇长文，题目是《德国三大伟人处国难时之态度》，在天津《大公报》文学副刊分七期刊出。说起来这已经是七十多年前的事情了。现在我们重提费希特，虽然语境不同，但对中国，这个问题依然历历在目。真正伟大的思想，都是与其时代密切相关的，费希特这篇《对德意志民族的演讲》，也是时代的产物，它由费希特在柏林大学 1807 年 12 月至 1808 年 3 月所作的十四次演讲组成。当时的情况是拿破仑的军队已经占领了柏林，兵荒马乱，国已不国，费希特的十四次演讲全都是在法军的刺刀下进行的，每篇讲稿都受到了严格的审查，所以很多语言和论述都是非常隐晦的。有论者把它视为克利陶马赫在迦太基被罗马人毁灭后发表的告同胞书。

刘苏里：对，读起来确实非常困难。十几年前我也基本读不懂，太隐晦。这次阅读，非常注意书中的注解以及背景材料，才领会到他为什么要这么说。他一要应付普鲁士书刊检查，二要面对对生命构成威胁的外力因素。

高全喜：这篇演讲的核心思想是把建立理性王国的事业与德意志民族的再生统一起来，其背后有着深切的法国刺激的印迹，法国大革命以及法国精神对于数代德国思想家的影响，这是我们理解费希特及其时代的思想家的思想背景。法国在当时的德意志知识界，是自由精神的象征。我们知道，黑格尔、谢林都呼唤过法国大革命，甚至后来的拿破仑，也被认为是一种"马背上的世界精神"。不过，这种精神的蜜月是短暂的，近代以来，德国思想家一直面临着本民族的德意志精神与异质的法国精神的内在张力问题。法国军队侵入耶拿，甚至签署了和约，德国思想家们就不再是单纯欢呼，而是唤起了另一种对自己民族前途的忧虑，他们试图用自己理想中的民族精神来超越法国。费希特的这篇《对德意志民族的演讲》，包含着内在的吊诡——现实和理想的对立，一直是德国思想家的梦魇，从德国早期的政治浪漫派直到今天的欧盟推手，德国人的这个梦魇并没有破除。马克思说他们是思想的巨人，行动的矮子，即使到今天，这种情况也还没有彻底改变。贺先生对于德国思想家们的心理观察十分细腻，他发现同是一种爱国主义的情怀，德国的三大哲人——歌德、黑格尔、费希特，他们在国难面前所采取的不同姿态是颇有意味的。歌德是一种老庄式的诗意面对；黑格尔是散文式的，像亚里士多德，处乱不惊；费希特则是悲剧性的，激烈冲荡，意气风发。

刘苏里：我猜，对待马背上的拿破仑，黑格尔在某种程度上是不是采取拥抱的姿态？我记得你在研究黑格尔精神现象学那本书（《论相互承认的法权：〈精神现象学〉研究两篇》）中，提到这一点。而费希特恰恰相反。此外，他的演讲，如你所说，带有回击法国思想对德意志影响的意味。

高全喜：你谈得也很到位。贺先生在文章中也谈到了。他说歌德是德国中部人，性格亦中和，当时他已经是一个饮誉欧洲的伟大诗人了，对这个世界的风风雨雨，他喜欢用诗的眼光来看待，人生如诗。黑格尔是德国南部人，据说德国的南部人既工于实际又富有幻想，这个特性体现在他写《精神现象学》遭遇法军的态度上，可谓是你有你的马背与刀枪，我有我的哲学与思想，他对自己个人的遭遇不是那么介怀，而是觉得德国人能够在思想上超越法国就足够了。相比之下，费希特则是一个典型的德国北方人，严厉、较劲，不妥协，他关注精神，同时更关注现实，他对德国处境的反应具有德国人偏激的一面。在黑格尔看来，这种反应或许是过度的，费希特则不如此看待，他要一路走到黑，这也是为什么他在哲学上达不到黑格尔的高度的一个原因。我认为德国思想中注重现实困难的这一心态不但在费希特身上得到体现，而且在后来的李斯特身上更有发展。正是因为创痛巨深，我们看到德国这一脉思想家们对历史的宿命穷追不放，这固然成就出不朽的伟业，但同时也隐含着巨大的短板。

刘苏里：我在阅读过程中有些感慨。一方面，我对费希特面对当时德意志的处境所表现的良知和责任心无比钦佩，为他的激情所感染，但另一方面，我也有疑惑，甚至有某种叹息，——费希特在演讲中将很多事情绝对化了，对德意志传统有很多夸张描述。经验告诉我们，当后进者内心有一种焦虑感的时候，常常表现的是饥不择食、急于求成，甚至激进、紧张、言不由衷。这在费希特演讲中有很明显的反映。黑格尔则相对理性，他是怎么看待这个事情的？

如果把他们放在一起比较，黑格尔的纵深感和尺寸好像都大于费希特。

高全喜：苏里，我觉得我们的对话至此开始进入正题，我们触及一些对我们中国来说更为攸关的问题。你刚才谈到费希特与德国状况，我想沿着这个话题说一说，费希特很焦虑，这种焦虑是德意志焦虑的缩影。我认为这不仅仅是焦虑，放在更大的现代思想的视野来看，这关系到对现代世界认识的根基问题。最近我在研究格劳秀斯，发现有一个非常重要的概念——"早期现代"（early modern），值得我们重视。早期现代从历史时间上来说，指的是 16 世纪初到 18 世纪末，西方从古典社会、封建社会向现代社会转型的时期，从政治逻辑来说，指的是从古典政治、旧帝国向新的现代政治文明的转型。对这个早期现代的政治与法权秩序，中国当今的思想界缺乏清醒的认识。现代西方社会是经过五百年的演变而形成的。中国的甲午海战时期，可以说是对应于西方的东方现代社会的早期现代阶段，虽然从自然时间上晚了三五百年，但是其政治逻辑的同构性是与费希特的时代以及更早的英法时代相一致的。

刘苏里：而我们比德国晚了一百多年，比英法等国晚了三四百年。

高全喜：但是，它们的政治逻辑是一致的。其内在深层问题——如何看待现代社会、现代政治、现代文明的发育与塑造，德国思想家不单纯是一种焦虑，而是缺乏一种真正的对于现代社会的历史发育、对于如何构建一个民族国家这种新的政治文明形态的本性的定位认识。甲午战争时期，中国人的心态与神圣罗马帝国下德国人的心态是类似的。回到费希特的这篇演讲，我觉得其中既有非常高明的东西，也有非常平庸的东西。我们所面对的是现代政治，是一个不同于古典的新世界，这个世界的源头在哪里？谁是这个世界的主人？对此，我们不得不转向英美，早期现代的英国，以及盎格鲁·撒克逊人的事业。

刘苏里：你这里谈得太精彩了！视角也很独特。"早期现代"这个概念，我第一次听说。但我想知道，英美对于现代的认识，是一种自然生长的、经过足够长的时间、一点一点修正出来的？还是在此基础上加进了人为设计（建构）的因素？在社会政治实践中，往往是先行者有了某种经验，包括错误的经验，使他们占了先。但后进者想跟上的时候，无法舍弃沉重的包袱，又不能像购买技术一样，迅速拿来为我所用，因此产生内在的紧张感。

高全喜：我觉得你谈到了问题的一些重要方面。但是，人类事物和自然事物是不同的，技术的引进属于一种自然的事物，与人类政治文明有所不同。我们如何看待英美对于现代世界的构建作用？你刚才提到的是一个流俗的渐进主义的、哈耶克自生秩序的关于现代社会发育的认识。我们应该看到，现代社会的形成发育以及现代政治的确立，是由两个逻辑叠合而成的，一个确实是哈耶克保守的自由主义所认为的人类社会秩序的自发演进，这个过程与文明传统、普通法、民族习性相关，但这些东西不足以构成现代社会，即便是英美，它们的现代社会也需要一种政治与法律的构建，英国的光荣革命、美国的立宪建国，霍布斯、洛克等人的思想，英美民族将海洋的地理大发现转化为一个国际秩序的重新安排，这些都有现代社会的深刻构建在其中。

刘苏里：我想问的是，所谓自然发育和构建，哪个占主导。如果其中没有一个主导，那么二者的比例大概是怎么样的？

高全喜：对这个问题，我是这么看的。第一，自然演变过程和人类理性构建的关系，我认为用比例这个词不太好，用塑造比较好。二者是叠合在一起的，不是泾渭分明的。新的塑造是在自然生成里的一种加速度提升，不是平面的关系，而是立体的重新塑造。

刘苏里：我所谓比例，是一种分析方法。德国不是没有构建，也是有的。

高全喜：这里就涉及了第二个问题，你刚才谈到德国是有构建的，我赞同，他们是精神构建占主导地位。德国人发现了一种精神的力量，但是我认为他们忽视了现代自由制度的力量。德国人是民族精神一条路走到黑，这导致了德国的光荣，也导致了德国的失败。从评论者的角度来说，英美道路当然是最好的方式，他们抓住了现代社会最重要的双重要素——民族传统与自由制度。德国只抓住了一个要素——传统的要素，将德意志民族绝对化，但毕竟还有将传统精神德意志化的激情。费希特的这篇演讲包含着四个部分：第一是德意志民族由于当时的利己主义化的极度泛滥，致使德国处于一个涣散、崩溃的地步；第二，经过法国的刺激，使得德意志民族有了可能重新振作的外部生机；第三，这种通过外部刺激激发出来的德意志民族的精神，在费希特看来，应该返回本己的民族文化、语言和诗歌，寻找自己的精神源头；第四，费希特又构建了基于这种文化精神的实现方式，即通过新的国民教育重新塑造德意志人，重新复兴德意志民族精神，从而取代法国变成人类精神的主导。应该承认，这篇演讲的主题道高意远，撕心裂肺，德国的思想从费希特时代直到今天，都一如既往地贯穿着这一论调。但遗憾的是，与现代英美精神相比，德国由于其错综复杂的原因，甚至某种天意，使得他们并没能真正把握到现代世界精神的真正核心。这个核心在我看来，不是马背上的立足陆地的拿破仑，而是一个新的海洋世界对人类从古典社会到现代社会转型时期所具有的政治、经济、法权意义上的改造，是海洋世界的英国精神。德意志离这个精神太远了，他们还是在欧陆世界的范围内，在路德新教的精神底座上，在日耳曼民族的土地性中去挖掘某种新世界的食物，这才是德国思想的死结——现代文明的花朵没有办法在传统的树干上开放出来。

刘苏里：你说的德意志思想家这样分析当时德意志的状况，为未来开药方，是因为眼界局限，还是囿于地缘政治因素，或是内心过于焦虑，有某种不服气情绪在其中？凭什么英美的东西是最好的？——我这可是诛心之论啊。在 18 世纪末 19 世纪初，大英帝国独霸世界规则制定权还时间不长，因此德意志哲人有某种不甘心，这又和德意志历史传统有关。我常常联想到中国历史上，我们的哲人和思想家在重大时刻的选择问题。中国是一个抱持强烈天下观的国度，搞"华夷之辨"。德意志传统上是不是也有与此类似的文化—政治—统意识？比如他们长期自视为罗马帝国的继承人，将自己称为神圣罗马帝国。当遇到英（美）冲击时，怎么能心甘？就像中国人当时看日本崛起一样，有种不服气情绪在其中。德国是否也有这个问题，其传统实际上构成了它认识现代文明的障碍？

高全喜：这里我们要看费希特时代的精神状况。今天我们读这篇演讲，会发现它的复杂性。费希特是对德意志民族发表演讲，这个民族确实有神圣罗马帝国的想象，但事实上并非如此，费希特的德意志精神是建立在路德新教基础上的，而神圣罗马帝国是建立在天主教基础上的。费希特写作这些演讲稿的时候，早被耶拿大学开除了，他到了柏林，受到德国浪漫派的影响，他对德意志诗歌、语言的阐释，基本上是接受了德国浪漫派的观点，但是德国浪漫派是天主教的。所以，我们看到费希特这个演讲稿在思想中是有张力的，他推崇德意志帝国体制，注重日耳曼语言、文学和艺术，但在精神上又完全接受了路德新教，他认为路德是德意志民族复兴的精神本源。

刘苏里：这多像我们中国！我们一方面对帝国传统有一种荣耀，内心是怀念的，而辛亥年革命之后，又抽掉孔孟之道，之后，开始迷失方向，一会儿是宋明理学，一会儿是实用主义自由主义道路，一会儿是无政府主义。在这一点上，德国人和我们有区别。路德的宗教改革，虽搞得相当激烈，但还是在一个向度上努力。

高全喜：你谈的中国近现代和费希特时代的德国精神状况确实有相似性。德国思想家是通过哲学、道德、宗教来代替空虚的帝国，为民族塑造精神支撑，在这一点上，德国人有高明之处。但是问题在于，他们过于沉迷于此，致使他们没有发现人类现代社会的三大精神性力量的支撑：第一，是一个新的通过海洋展现的世界图景，我认为这个海洋世界构成了一种现代的力量，德国思想家们没有能力像格劳秀斯、霍布斯那样，有一种通过政治海洋构建出一个真正的自由的新的世界格局的眼界。第二，他们没有真切地感受到新教中的加尔文主义与现代文明的内在契合，他们或者是传统的天主教余绪，或者是路德新教的发扬，没有人认识到加尔文新教具有的改变世界文明形态的重大意义。第三，他们对于现代社会整个世界秩序的法权结构，缺乏一种真正的构建能力。《威斯特伐利亚和约》虽然是在神圣罗马帝国的土地上建立起来的，但与德国思想无关。新的世界秩序与自己无关，他们对此没有反思，而纯粹沉迷于精神性的教义哲学，这是德国唯心主义的致命要害。读费希特的这篇演讲，你会发现他对自由海洋持鄙视的态度，对势力均衡的国际秩序说三道四，刻意挖苦。在这一点上，黑格尔比他要高明得多，黑格尔意识到了海洋的重要性，认为北美是属于未来的。费希特在这方面是非常短视的，与李斯特相类似。在费希特的时代，日耳曼民族和代表现代社会新的生命的英美世界还没有发生正面的关系，真正的现代世界是通过法国这个中介折射出来的，李斯特的时代不同了，完全是德国的国民经济学与斯密的政治经济学的对垒，我们看到，费希特的理论短板在李斯特身上得到了更加极端而令人痛惜的呈现。

刘苏里：费希特没有走出德国，情有可原。而李斯特和美国有很大关系，游美多年，还在美国开矿、办农场，可比起大体同时代托克维尔对美国的认识，李斯特却搞出封闭自己的国民经济学体系！日本经济学家大河内一男认为李斯特是德国版本的斯密，如何解释？你讲了现代文明的三要素，何以德国顶尖级思想家就认识不到这三个要素呢？是眼界的问题吗？

高全喜：我觉得这确实是一个重大的问题，对中国当今来说也是性命攸关的。我在数年前写《休谟的政治哲学》时，对比了李斯特和斯密的政治经济学，也调用了日本学者大河内一男的观点，对此，我们俩的看法是相似的。近些年，随着我对早期现代问题的研究，我的观点有些变化。我认为，对于现代社会的政治、经济、法律问题，最后浓缩到思想层面的思考，大致有三个不同的层面，如果没有一种立体的思想，就容易得出一个较为扁平的结论。这三个层面是：第一，以现代民族国家为主体的、国家内政层面的思考；第二，现代世界的现代帝国形态层面的思考；第三，人类文明共同体的普世性层面的思考。以前我们只是关注于第一、三层面的思考，包括政治、经济、法律制度等诸多方面，而忽略了一个新的现代意义上的帝国层面的思考。第一个层面，针对现代民族国家，斯密提出了一套政治经济学，既寻求市场经济的普遍性，又隐含民族国家的利益基点。李斯特也是如此，他也试图把自由市场经济与民族国家的利益支点结合起来，他主张德意志诸邦国之间是要打破关税，搞市场经济，在内政层面他是接受斯密观点的，他只是主张在国际层面上搞国家经济学，等德国发展到了英国那个阶段之后再搞世界市场经济。我觉得这些都是基于一个民族国家之内政层面的政治经济学思考，属于国是学。此外，德国思想家的思考还有一个人类的普世价值层面，康德的永久和平论、黑格尔历史终结论、马克思的共产主义，它们已经超越了国是学的政策与战略。回过头来我们思考一下现代世界秩序的演变，这里确实有一个新的现代帝国的层面，英美确实是一个帝国，主体当然是一个民族国家，但背后是一个帝国理念，现代帝国这个问题，国是学的政策思考难以支撑，人类层面的思考又太抽象，英美思想之所以高明，是清楚和到位地厘清了现代政治的上述三个层面。例如，斯密《国民财富论》下卷谈的其实就是帝国问题。相比之下，德国思想对于帝国的思考是虚幻的，没有政治上的实际意义，德国思想家们没有现代帝国的制度构建和法政思想，从民族国家直接跳到了世界大同、历史终结。我们看到，现代社会五百年来的世界秩序的演变，英美都考虑到了，五百年是一个现代帝国的演进史，与古罗马帝国不同的是，英美把海洋世界纳入政治化、法权化的真实图景之中。

刘苏里：难道德国人对帝国这一层面没有体会和经验吗？他们大概被一种虚假的帝国想象给迷惑了。他们企图从日耳曼的黑森林直接进入人类大同。康有为在这一层面好像也不如梁启超。梁启超就有对现实世界的认识。对此，我有种直觉，就是，在民族国家层面上的政策，后进国家如果选错跟进的打击点，你怎么搞都会吃亏。干脆，我直接搞一个绝对的、超越的、永久的解决方案。问题在于，那样一个解决方案，如何从今天必须面对的现实，一步走过去呢？我的猜想是，德意志思想家未必看不到你说的三个层面，而是当他们面对前两个层面，没办法不产生焦虑感。面对英美近乎刚性的规则，李斯特就是在打阻击战，只可惜……

高全喜：这里或许有一个历史的宿命。读世界历史，一说到德国和日本，总是让人扼腕叹息，这是两个非常优秀的民族，可是天意注定了他们难以实现与他们的民族精神相契合的现实王国，人类的事物就是如此，注定了他们悲剧性的命运。美国是一个上天眷顾的例外，英国和中国倒是值得探讨，英国的自然环境其实也是非常糟糕的，在如此糟糕的情况下，英国竟然发育出一个现代社会的典范，成为统治世界一二百年的日不落帝国，这是需要我们认真对待的现代事物。中国与日本不同，我们确实是有一个古典的帝国形态，日本的悲哀在于他们构建的大东亚共荣圈的帝国体制，野心过头了。

刘苏里：从一般意义上讲，中国的帝国形态并未改变，中国的民族主义情绪都是虚假的，实际还是一个传统帝国的结构。如何把中国转变为一个构成三层结构的现代帝国？

高全喜：我们需要全面把握三个层面的蕴含。

刘苏里：特别是第三层，对中国还是很难。

高全喜：这就促使我们回到费希特的演讲，德国思想毕竟有着高明的地方，中国一百五十年来都在学第三层啊。

中华民族是具有优良的帝国遗产的，现在我们要进入现代世界秩序，我认为应该进行两个方面的宏大事业：第一，要学习德国构建民族精神的新教育，重新塑造新的国民；第二，要学习英美的现代政治，他们的法治、民主共和、海洋政体。在我们的现代道路上，费希特一盏明灯是不够的，中国要有两盏明灯，光学费希特只能变成政治的教育浪漫派，这样会误入歧途。

我主张保守传统美德，重新塑造现代的民族精神，费希特提供的那一套新教育学是必要的，这是德国思想的高明与卓越，贺麟先生早在七十年前就大力倡导诗教、礼教，他说黑格尔、费希特的爱国主义实际上是一个诗教、礼教的爱国主义。

刘苏里：第二次世界大战之后日德都找到了正确的道路。这两个国家都在痛苦的劫难之中、国将不国之中，实现了凤凰涅槃，他们的遭际是俄国和中国都没有过的。

高全喜：德国完成的更加彻底一些，日本精神的蜕变、蝶化还不够。所以我觉得在这个问题上，海洋有两层意义。一层是作为自然地理的海洋，这个层面古往今来没有变化，古希腊的伯罗奔尼撒战争，罗马帝国的跨海远征，那时的海洋也是存在的。政治海洋指的是把海洋的自然属性提升到法权的意义，通过把海洋的自由法权注入民族精神以及现代世界秩序的构建，就使得现代人对现代世界有了新的认识。过去是陆地包围海洋，现在是海洋包围陆地，同是一个自然的海洋事物，但对人类事物的作用，从早期现代开始却有了重大的分野，这在西方古今历史的演变中有天翻地覆的改变。但对于中国，五千年来直到现在，这种古今之变还远没有完成。从这个现代世界秩序的视角，我们今天重温费希特的这篇演讲，作为21世纪的中国人，我们应该从中找到激励我们的精神的火焰，但也要小心不被这个火焰烧毁，应该清醒地看到其中的重大缺陷。为什么德国这样一个代代产生伟大思想家的民族，却并没有结出现代政治的硕果，这个问题值得深思。

刘苏里：全喜兄，今天我们先谈到这儿？一下午我收获颇多。非常感谢！

附：费希特的《自然法权基础》

费希特《自然法权基础》的翻译出版，对于中国现代的法哲学研究是一种推进，我简单谈一下我的几点感想。

徐友渔教授提出了一个重要的问题，即自由主义的政治理论是否需要一种形而上学。对此大致有三种不同的答案，按照他的观点，他宁愿选择否定的回答，即大可不必有什么形而上学基础。徐友渔的这个观点在自由主义的政治理论中十分具有代表性，英美的现代政治自由主义者大多持这种看法，为此他们拒斥形而上学，例如罗尔斯的政治理论就是如此。从政治思想史的角度看，20世纪以降，理论家们对于政治问题的思考总的来说呈现这样一种势态，由厚转薄，问题的焦点从人性问题转向制度问题，从制度问题转向政策问题。之所以出现这样的情况，在我看来，既有理论方面的原因，也有现实方面的原因。

就理论上看，确实对终极关注等问题，各派主义和思想体系很难达成共识，所谓古今之争、中西之争不可能停止，甚至愈演愈烈，如果按照先解决基础问题后解决政制问题的古典逻辑，那么在政制层面上就不会有任何共识的结果，这是问题的一个方面。此外还有另外一个方面，那就是即便共同享有一个形而上学价值诉求的理论家们，他们对于政治问题的看法却完全可能是不同的，甚至是对立的。例如英国的霍布斯与洛克，法国的伏尔泰与卢梭，德国的康德与黑格尔等。因此，形而上学对于政治理论是没有意义的，用奥卡姆的剃刀把形而上学剃去，政治理论照样成立。

就现实来看，西方社会经过 20 世纪前后的政治动荡，各个国家无论经历了怎样的曲折，在二战之后基本上都完成了宪政国家制度的建设，特别是英美国家在国家问题上一路顺风，有关政治问题的探讨逐渐转化为法律问题，乃至政策问题。由于已经享有了古典思想家们有关价值基础以及政治正义等形而上方面的理论成果，所以他们可以轻松地放弃这方面的争论，而就诸如税收、行政、教育等公共政策问题一论短长。例如，罗尔斯的正义两原则，特别是差别原则是不需要太多的形而上学基础的，然而它们却是西方社会的尖锐问题。由此可见，薄的自由主义政治理论在北美占据主流是可以理解的。

回顾中西方政治思想史，我们可以看到对于一种政治制度的正义价值的追溯是必不可少的，它是政道之所在，是国家理由之基础，是政治合法性之根基。其实，古典时代的希腊、罗马暂且不说，西方 15 世纪以来的政治思想，有关政治的形而上学基础的探讨就一直是其核心内容，英美和欧洲大陆所谓两种不同的思想路径概莫能外。

从马基雅维利、博丹到卢梭、孟德斯鸠，以及康德、费希特、黑格尔，乃至马克思、韦伯、施米特，直至哈贝马斯，从英国早期的普通法大法官，到霍布斯、洛克、休谟、斯密，乃至美国的联邦党人，直到现代的德沃金，甚至罗尔斯，关于人性、终极关怀、政治制度的价值基础等问题，从来都是大思想家们考量问题的出发点和归结点。我们研究现代政治问题，不能抛弃形而上问题的思考。例如，建立怎样的政治制度？颁布什么样的法律？为什么要保障人的基本权利？为什么要限制政府的权力？司法审查制度的深层原因何在？等等，这些重大的政治问题都有一个正义的基础问题，政治正义，乃至法律正义，说到底就是一个政治哲学和法哲学所要处理的形而上学问题。我在《休谟的政治哲学》一书中之所以第一章就讲"政治哲学的人性论预设"，原因也是为了矫正有关自由主义不讲形而上学的弊端。

其实，对于这个问题，以麦金太尔、桑德尔为代表的现代社群主义已经对现代自由主义发起了攻击，这确实是现代自由主义的一个软肋。不过，我并不赞同社群主义，我认为在古典自由主义那里本来就有十分完备的形而上学，就有人性论的价值基础，只不过现代自由主义把它们丢弃了，如果我们回到休谟、斯密，乃至康德、费希特、黑格尔，是完全可以建设一个厚的自由主义的政治理论的。厚的自由主义不但能为自由民主的政治制度提供正当性，而且能使人过一种好的生活（good life）。

从上述角度来看费希特的《自然法权基础》一书，它的价值就显而易见了。费希特探讨的是一个有关法治共同体（或国家）的正义基础问题，这个问题依照德国乃至欧洲大陆思想的传统，则需要上溯到自然法。费希特认为任何一个文明政体都必须凭依其何以存在的根基，他的法权理论为我们先验地推演出了这个理性根基的基本原则和定理，所谓自然法权在他的理论中是一切政治制度和法律制度的基础，既有法则的意义，更有正当性的意义。对于我们今天中国的政治理论和法律理论来说，具有相当的启发意义，尽管他的某些具体的理论如婚姻法等，与现代的观念相比显得落后了，但探求国家政治制度的自然法的正义价值，这一费希特的主导思想依然没有过时，甚至具有指导价值。我的看法是，在有关人生价值观方面，诸如如何才能过一种好的生活，什么样的人生追求才是有价值的，等等，自由主义的形而上学探讨不会贡献太多的东西；在诸多具体的法律程序和政府政策方面，形而上学的探讨也大多不合时宜，没有必要，在这个层次上我赞同徐友渔的观点；但是在一个国家的政治制度和基本的法律制度方面，在如何建立一个自由、共和、民主、宪政的政治共同体方面，有关形而上学的探讨，有关自然法权、国家理由、天赋权利、超验价值等问题的探讨则是不可或缺的，它们关涉政治的合法性与正当性（legitimacy）这一人类的根本性问题，对此我更愿意接受古典自由主义的观点。

下面我再谈另一个问题，即从学术思想史的角度如何看待费希特的法权理论。在这个问题上，我与梁志学老师的观点略有一些不同。首先，我赞同梁老师的看法，即费希特的政治法权学说在学术界没有得到应有的重视，他有关自然法权、人民主权、民主政治的一系列观点具有重要的价值，在德国古典思想中具有独特的意义，甚至比康德、黑格尔的有关思想要进步和深刻。但是，我不能同意这样一种总体看法，即以前东德研究费希特的著名学者劳特为代表的观点，他们认为费希特的哲学就其深刻性、进步性和系统性来说，要高于康德和黑格尔哲学，就政治法权哲学来说，黑格尔的君主立宪制是保守的反动的，费希特的人民民主制是革命的和进步的。为什么我不能同意这个观点呢？原因大致有如下几个方面。

第一，何为进步？何为革命？何为保守？何为反动？这些问题需要一个标准。在我看来，主张此种观点的学者基本上有一个不言自明的预设，那就是法国大革命和人民民主，而上述两个基本原则实际上是有问题的，法国大革命的积极自由与人民主权的暴政，20世纪以来曾经给我们留下惨痛的教训，所以，这个衡量进步与反动的标准并不具有天然的正确性。在比较研究德国古典哲学的这几位大家的政治观时，不能简单地套用上述标准。费希特固然对于法国大革命也并非百分之百地赞同，但对于法国大革命的政治反思方面，他不如黑格尔的《法哲学》；在有关人性与政治、法权与历史的认识方面，他不如康德的《法的形而上学原理》和《历史理性批判》。当然，我没有贬低费希特思想的意思，只是认为康德的永久和平论和黑格尔的君主立宪论，如果换一个角度，不从所谓反动与进步的标准来衡量，也许并不比费希特的政体学说缺少价值。

第二，从学术研究的角度看，评价一套理论的地位还要看其丰富性、系统性以及包含的内容。就这个方面，我认为费希特的法权理论与康德和黑格尔的法权理论相比，差距就很大。费希特的法权理论是较为单薄的，就内容的丰富性和体系的广阔性来说，与康德和黑格尔没法比。例如，康德对于法权的定义与分类，他有关私法与公法的论述，特别是有关历史理性和世界共和政体的论述，都比费希特要深刻得多；而黑格尔的《法哲学》，可以说是德国古典法权理论的集大成，其中有关自由理念、主体人格、财产权理论、市民社会与政治国家的划分、立宪政体和国家主权，等等，都远远高于费希特。当然，我说这些绝没有刻意贬低费希特理论的意思，我也认为我们以前对于费希特的政治与法权思想的研究太薄弱了，忽视费希特的理论是不对的，应该看到他的独特价值，特别是费希特有关共和政体、行政权与监察权分立的观点，反对当时德国封建的君主制的观点，都值得重视，并给予应有的历史地位。

最后，我想谈另外一个问题，即费希特的法权思想与德国民族精神的关系。我们知道，德国在经历了拿破仑的入侵之后，思想界普遍弥漫着一种强烈的爱国主义精神，这个精神在德国启蒙思想那里就有源头，莱辛、赫尔德以及政治浪漫派都鼓吹德意志源远流长的民族精神。费希特当然也是这个思想流派中的重要一员，他的《对德意志民族的演讲》曾经产生过重大的影响。《自然法权基础》与《对德意志民族的演讲》在思想倾向上是完全一致的，不过，这里却存在着一个问题，即如何把民族精神转化为一种法权。

在这个问题上，当时的德国大致有两种不同的甚至对立的理论。萨维尼开创的历史法学派也强调民族传统和民族精神，但是反对理性主义，反对把民族的法律传统提升为一种国家法权。在这个问题上，萨维尼与蒂博的理性主义法典学派展开了一场争论，黑格尔的态度很明确，他支持后者，反对萨维尼。当然，萨维尼历史学派的民族主义与黑格尔理性主义的国家主义之间的对立，是在费希特的法权理论产生之后出现的，但如何看待德国政治法权思想史上的这段理论论争，以及费希特的民族主义和国家学说在其中的地位、产生的影响，以及与上述两种思想派别的关系，无疑是学术思想史中的一个问题，值得研究。《自然法权基础》的翻译与出版，有助于我们对这段思想脉络的梳理。我认为，费希特的思想地位是独特的，他既不像萨维尼那样断然排斥国家的政治法权而一味转向民族历史的传统积习，也没有像黑格尔那样把国家的政治法权提升到德意志民族最终归宿的地位，而是寻求民族主义和国家主义在法权上的平衡。这一点对于我们今天探讨中国传统的礼仪文化和建设现代国家的法律制度，显然具有借鉴的意义。

（1770—1831）

一个民族有一群仰望星空的人，他们才有希望。

黑格尔的法哲学思想

　　我在中国社会科学院跟贺麟先生攻读博士时，研究的题目是黑格尔的《精神现象学》，那个年代大家思考的社会氛围和思想意识与当前有很大的不同，可以说在 20 世纪八九十年代，中国的思想大致处在一个类似于西方文艺复兴时期的人文的、对社会变革怀抱着一种憧憬的浪漫状态，知识结构也主要以文、史、哲为主的，以人本主义的道德哲学开始思考，从马克思 1844 年手稿到异化论的讨论，再到康德主体性哲学的确立，基本上是这样一个思想路径。这种思想路径显然是对于过去那种黑格尔哲学色彩很重的逻辑本体论和历史辩证法的一个突破，带有思想解放、促进社会变革、追求人性价值的积极意义。但是到了 90 年代后期，尤其是近些年，随着中国社会变革的深化，经济的飞速发展，体制改革的困境，两极分化的加剧，以及相关的社会整体结构的变化，从市场经济的规则到社会治理的规则，到国企改制到加入世界贸易组织，从中国作为一个主权国家的内政到在世界秩序中谋求共同发展的外交，等等，都出现了前所未有的新情况，这些就使得经济学、法学、政治学、国际关系理论变成了一个知识性研究的中心。与此相关联的，过去那种纯粹人文性的、道德性的思考，甚至经济效率优先的经济学，都面临着一系列重大的挑战。在改革开放四十多年学术思想的演变过程中，德国思想给我们带来了一些新的意义。所以，我们现在重新回顾德国思想或者德国理论，在我看来，就不意味着是简单回到我们曾经熟悉的哲学认识论、道德哲学和历史决定论那一套，而是寻找那些曾被我们忽视的因子，其中就有德国的政治经济学和政治法学，德国的法哲学尤其值得重视。

一、重读黑格尔

我们知道，近现代的德国也是处在欧洲民族国家的兴起与发育这个大的背景和过程之中的，而且并不顺利，面临着诸多的困境，像德国古典哲学、新旧历史学派的国民政治经济学，以及 20 世纪的韦伯社会学、施米特的政治法学，他们提出的一系列理论，他们有关强调民族精神、民族意识，化为市民社会和政治国家两种形态，以及关于法权问题的思考，甚至围绕着编纂德国民法典的争论，等等，我觉得和我们中国目前所处的时代意识状况颇有一些相似的意味。

1. 德国问题

我以德国思想为主要的理论资源，写了多篇很长的文章，例如《论国家利益》《论政治社会》和《论宪法政治》等，从政治经济学、国际关系理论、宪法学等不同的角度来思考我们国家目前所处的这个巨大变革的转型时期。这个时候，我们重新追溯一下德国的思想，比如黑格尔的法哲学就非常有借鉴意义，黑格尔的法权理论所处的时代对于德国也可以说是一个关键的时期，法国拿破仑的入侵唤起的德国的民族精神，黑格尔的市民社会与伦理国家的二元理论，在某种意义上为未来的德意志帝国的建立奠定了精神的基础，再比如德国的魏玛时期，也是一个关键时期，围绕魏玛共和国的宪法政治，韦伯、施米特、凯尔森等人的论争，也属于 20 世纪德国问题的一种理论表述。这两个时期的历史状况和思想理论，经验也好、教训也罢，都值得我们认真考量。

当然，这里面有一个困境。这个困境主要在于，这种思考往往有一个所谓的德国问题的悖论，所谓德国问题历来是学术界争论很大的一个问题，到底德国问题是一个真问题，还是一个伪问题，这个争论从 19 世纪开始在西方学术界就出现了。在我看来，所谓德国问题有一个语境，可以说近现代以来，不仅德国，世界上各个民族国家，但凡不同于英美之正常国家的任何一个社会政治体或者一个民族国家在其发育生长的建国过程中，都存在着一个相似的德国问题。

为什么这样说呢？我在很多文章中都谈到，历史地看，英国和美国属于非常幸运的国家，能够主导当今的世界，特殊性的因素不能忽视，例如，自然禀赋、地缘环境、历史传统、经济形态、文化演变等，英美两国确实具有自己的独特性，有些因素是其他国家不可能有的。但是，这是否意味着英美道路是一条独特性的道路，像德国、俄罗斯、日本、中国等国家所走的都只能是自己的道路，所谓的德国问题反而属于普遍性的一般问题，英美反而是特殊论了呢？这个悖论表现在实践和理论两个方面：从现实的历史演变来说，一个宪制民主的政治制度，一个与英美相一致的现代国家形态并没有从德国自身中自发地演变出来，历史上虽然它也曾经有过比较好的时期，像俾斯麦帝国时期，魏玛共和国时期，但像英美那样的一个法治主义宪政国家，经济繁荣、国家强大、人民幸福，在德国历史上并没有真正成功地实现过。从某种意义上来说，现代德国是通过外部势力强迫建立起来的制度。就理论形态来说，德国问题之真伪就在于，究竟有没有一个包含在特殊性即各个民族国家建设过程中的以英美制度为核心原则的普遍性路径？假如有的话，如何看待英国国家的特殊性？

有一种简单化的观点，认为德国问题是一个误导性的伪问题，德国道路是走不通的，我们只能走英美的道路。还有一种同样是简单化的观点，认为非英美传统的民族或者政治社会的共同体，它们只能走自己独特的发展道路，英美道路反而是特殊性的。我对于上述两种观点都不赞同，我感到应该寻求一种中庸的道路，应该看到英美特殊性包含的普遍性原则，而且这个原则是可以通过各个民族传统的特殊性转化而实现出来的。但如何从各自民族国家的特殊性中最终转化出来某种符合英美政治的普遍性原则以及制度架构，这才是所谓德国问题或中国问题的真正意义所在。必须指出，任何一个民族、任何一个社会共同体都有自己的传统和特殊性，你是不可能从零开始的。从这一点上来说，罗尔斯把无知之幕视为他的政治哲学的出发点，虽然理论的阐释性很强，实际上对于历史政治的相关性意义并不大，无知之幕的词典式的排列也好，个人主义的方法论所建构的社会契约论也罢，像我讲休谟的政治哲学所指出的，按照休谟的看法，从来就没有一个政治共同体或者一个民族国家是如此建立起来的，而是通过历史慢慢演变出来的。从这个意义上来说，任何一个传统的民族或者社会又都面临着一个现代性的转型，即面临着一个民族国家的转型建设，构建自由经济秩序以及法治、宪政秩序，建设现代民族国家，显然摆脱不了传统，但是又不能完全依靠传统。

按照古典自由主义的路径，从哈耶克到休谟这是一个越来越厚的自由主义，而且越来越具有保守的性质，但是这种保守不是反动的意思，对于传统资源浓厚的国家，我认为反而具有返古开新的借鉴意义。例如，休谟的政治与法律思想不但有法治论，还有德性论、政体论和政治经济学，它们为我们提供了一个远比现代自由主义更厚的古典自由主义，这个自由主义尊重传统，属于英美路径的路径，但与德国思想中的保守的自由主义，比如黑格尔的思想也有投合之处。我觉得研究任何学术都应该和现实相联系，如果纯粹地研究学问，我还不如回去研究明清家具，作为学者要有自己的政治关怀和现实情结。因此，在英美保守自由主义的熔炉中冶炼了一阵子之后，当我面对中国问题而不得不面对理论上的所谓德国问题时，我发现自己的思想观点不期而然地与以前有了重大的本质性的变化。

2. 从现象学到法哲学

我上大学、研究生的时候学习《精神现象学》，崇拜《精神现象学》，而且当时国内外的黑格尔专家，包括西方现代的绝大多数黑格尔的研究者，甚至原创性的思想家，都几乎异口同声地把《精神现象学》视为黑格尔最伟大的作品。我在《论相互承认的法权》这篇很长的论文中，刻意选择了法国的科耶夫作为代表，他写过《黑格尔导读》，写过《法权现象学》，在法国 20 世纪三四十年代，影响极大，启发了一大批当代法国的重要思想家，可以说法国 20 世纪五六十年代最牛的哲学家都是他带着读《精神现象学》的学生，存在主义、后现代主义、解构主义等思潮的代表性人物，都从《精神现象学》中找到了他们批判现代资本主义的一个重大的理论资源。

我现在的思想观点与他们有些格格不入了，经历了一番英美思想的清润，我再看《精神现象学》感觉就很痛苦，从价值趋向上说我已经与它分道扬镳了。从这个时候我开始喜欢上黑格尔的法哲学，《法哲学原理》在哲学史中历来被视为是黑格尔的一部最保守的著作，受到了马克思等左派激进主义的严厉批判。但是，我现在的看法恰恰相反，我认为不是现象学而是法哲学表述了黑格尔最成熟的思想，并且代表了德国古典自由主义思想的一个高峰。本来我准备专门就黑格尔的法哲学开展一番研究，像研究哈耶克、休谟那样写出一部著作的，但是中国语境中的各派西方新学的粉墨登场刺激了我的思想，我感到有必要站在一个保守的自由主义法学立场上给予回应，因此就采取清理科耶夫在解读《精神现象学》所留给中国学术界的毒素的方法，以便回到黑格尔的法哲学。

我认为，《精神现象学》开启一个左派激进主义或批判主义的路径，对西方马克思主义，对科耶夫、福山、德里达等都产生了重大的影响，特别是里面的主奴辩证法，高度体现了历史主义的否定性力量，为 20 世纪以来的德国虚无主义思想埋下了伏笔。虽然黑格尔的这部作品从哲学上来说确实是一部高智力的思想性作品，极大地开拓了人们思考的空间，但是，它的流毒却也是严重的，特别是在中国当前的语境下，我觉得有如下几个方面要加以梳理辨析。第一，黑格尔辩证法中的否定性逻辑，它运用到历史社会时必然地就转化为所谓的社会批判理论，对任何既成的规则秩序实质上都是否定性的、批判性的、解构性的，这是黑格尔现象学的根本方法论。第二，它高调地宣扬古希腊城邦的历史政治，从而对所谓市民社会或者资本主义，特别是资本主义成长时期的经济秩序和政治秩序，给予了非常尖锐和要命的批判。第三，它又为这种激进主义的批判提供了一种最终走向虚无主义的辩护，因为任何形态的社会秩序或者法权主义，都不可能是绝对完善的，它们的正当性都是有限度的。如果高调地设置一种理想性，并进而抹平一切特殊性，质疑有限存在的正当性，其结果只能是虚无主义，尽管黑格尔的乃至被左派思想家们过度阐释的现象学有一个绝对精神的理想主义外壳。我觉得上述三点是精神现象学中最要命的。基于这样的逻辑，它最后提供的是一个普遍同质性的个人或末人，资本主义的国家形态因此解体，历史终结了。

但是，黑格尔晚年写作的《法哲学原理》或他的法哲学思想却完全与上述的现象学思想不同，其对于资本主义市民社会和政治国家的质疑与批判色彩已经很弱了，基本上接受了一个建设市场经济、主权国家、宪政制度的政治与法律框架。黑格尔在《法哲学原理》中所提出的市民社会与宪政制度的法权学说是一条可以与英美的古典自由主义相互沟通的理论路径，它们两者在保守主义政治哲学的原则之下是可能走到一起来的。保守的自由主义又可谓权威的自由主义，在英美和法德都有其理论形态和代表人物，它们既维护传统秩序，强调国家权威，但也主张法治与权利，赞同自由经济，特别是支持宪政主义，认为强大的国家与繁荣的市民社会是可以统一在一起的。伯克、休谟、黑格尔等是这种保守的或权威的自由主义的代表人物。

应该指出，这派理论对于我们仍然不失为一种可资利用的理论资源，因为今天的中国很难有像英美国家那样的历史幸运，从某种意义上来说，现代中国与德国的政治历史有着很大的相似性。一方面，我们迫切需要培育一个法治的充满活力的市民社会，另外一方面，我们又不得不依靠一个强大的国家体制来保护和完善市民社会。如此看来，怎样处理市民社会与政治国家的两难，而寻求一个自由的混合政治体制，这也是我们今天中国所面临的一个重大难题，它呼唤着一个民族的政治成熟，这些都促使我们有必要重读黑格尔的法哲学思想。

二、法权哲学的两个核心

黑格尔法哲学内容确实非常丰富，它不是我们法学科目下所狭义理解的法学原理，而是一个社会秩序论，很类似于哈耶克的《自由秩序原理》或《法律、立法与自由》中的理论，但比哈耶克更丰富和深邃。哈耶克的法律哲学只是立足于规则一块内容，黑格尔法权哲学却包含了政治经济学、道德学、伦理学、法学、政治学，等等，它是一个综合性的法权哲学体系，不仅有抽象法、刑法、财产法，还有同业工会、家庭、国家制度以及国际关系，等等，如果大家有兴趣，通读一遍《法哲学原理》肯定会非常受益。因为它提供了一个不同于法律专业书籍的新的视野，你可以发现，研究法权问题还有这样一种研究方法，哲学家原来是这样看待人的权利，以及人与人之间所构成的社会群体的，人们相互之间如何结为群体，群体社会如何形成秩序，这个秩序里面不但包含着人的外部秩序，还包含着人的心灵的秩序，不仅有财富的生产与交换，还涉及司法、警察，最后还有国家、国家间关系，等等。对于这些内容，黑格尔的法哲学都有经典性的论述。

那么，到底什么是法哲学的核心呢？按照我的理解，黑格尔法哲学本质上是一种国家学说。黑格尔的国家不同于我们现在所理解的国家，我们现在理解的国家是一个非常现代的而且是一个局限在一定法律范围内的国家形态，这不同于黑格尔所理解的国家的实质。他认为，国家先于法律，也就是说，最高的国家制度是先于法律的。按照社会契约论的观点，人类有一个前政治社会的自然状态，后来通过订立契约，人组成了政府和国家之类的主权或者政治形态。洛克的思想脉络就是这样的，他主张个人权利的优先性。黑格尔反对这种观点，他主张国家政治的优先性，认为从政治逻辑和人的本性来说，是先有一个普遍性的制度或者一种精神存在，这个制度决定了人不同于自然动物的群居。黑格尔强调的国家不是我们现在所说的国民党式的党制国家，他说的是支撑一个文明共同体存在下去的根本性的东西，它使得市民社会得以存续，要不然人和动物没有什么区别，因此，国家具有一种伦理精神的功能。国家不仅保障人们合法追求财富的最大化，而且还有一个提升人格的精神作用，在国家当中，人不仅是私人市民、家庭成员，而且还是公民、政治人，甚至还是艺术家、哲学家，国家这样一种伦理精神造就了人成为其所是这样一个东西。我认为这是理解黑格尔法哲学之国家理论的第一要点。

　　黑格尔法哲学的第二要点，在于它是一种自由意志的法权理论。在黑格尔看来，法哲学的核心当然是国家法权，而国家法权的实质在于它是一种自由意志的定在。为了深入阐释这一点，黑格尔在《法哲学原理》中构建了一个丰富的体系，提出了一个三分的法权体系，也就是三个层次的法权体系。

　　所谓黑格尔从三个层次来阐释自由意志的法权，类似于我们现在的望远镜，我用它来看东西，第一层是五十度，第二层是八百度，第三层是一千度，由于望远镜的层次不同，所以我看到的东西是不同的。这个不同只是一层比一层更丰富了，但从根本性上说这个东西可能就是一个东西，一个国家法权的自由意志，而不是三个东西或平行的一个东西的三个方面。比如我看一个人，按照黑格尔的法权原理，首先你是一个自然人，这一点毋庸置疑，自然人还没有进入国家状态，你根本就不是文明人，也就不是法哲学研究的对象。法哲学研究的对象是进入了社会关系和文明秩序之中的人们相互之间的法权关系。这时候这个人可能是城邦国家的公民，当然如果不幸的话你就变成奴隶了，但奴隶已经不是法权关系中的对象，你不是公民，也不是自然人，是什么呢？是城邦公民的颠覆者，但不享有法权资格。到了中世纪以后你可能就是牧师，那时你一半是臣民，一半是教徒。到了近代以后你可能是一个商人，需要生产、消费、交换，同时你还具有自然人的一面，还要吃喝拉撒睡，你还有欲望，还有信仰，你还是一个公民，享有政治权利，承担国家义务，很可能你还是一个士兵。如此看来，我们每个人都处在这不同层次的法权关系网之中。

三、法权体系的三个层次

黑格尔法哲学的高明之处就是他站在一个哲学家的宏观角度，把人类社会如此复杂的法权关系梳理出一个系统的等级层次。按照他的看法，这个等级层次有很多，但我把它们简单化约了一下，并结合我对于法哲学的理解，认为黑格尔的法权体系从核心层次来说主要有三层，一是抽象法的元规则层次，一是市民社会的市民法层次，一是国家法的政治法层次。实际上这三个不同的法权层次我们追究起来的话，可以找到与休谟、哈耶克的相通之处，也就是说，黑格尔的法哲学与英美古典自由主义的法律思想有相当密切的关联。

1. 作为元规则的抽象法

黑格尔法权哲学的第一个层次是抽象法。"抽象法"构成黑格尔《法哲学原理》的第一篇的主要内容。如果就文本来看，抽象法在黑格尔的《法哲学原理》一书中包含很多内容，具体说又分为所有权、契约与不法三章，每章下面又包含各个小节，有很多内容，展开起来非常复杂。我不准备按照黑格尔书中的顺序来讲，而是按照我的理解来讲，我把我认为是重要的学习黑格尔法哲学思想的体会归纳起来，做一个扼要的概括。也许某些观点与黑格尔的本意有所不同，那可能就是我的发挥了，我试图把黑格尔的法权思想与英美保守主义的法权思想联系起来，寻找保守的自由主义法权理论的共同点。

从历史发生学的角度看，这个抽象法来源于罗马法，但黑格尔赋予了它更为深刻的哲学内涵，可以说是法权社会的元规则。所谓元规则就是作为规则的规则，任何社会作为一个共同体的存在都必须遵循这样一个抽象的元规则。在黑格尔看来，这个抽象法层次虽然不是现实存在的法律，但却是未来一切法律的前提，我大致总结了一下，认为黑格尔的抽象法作为元规则包含了三个核心要点。

第一，抽象法明确提出了自由意志的人格这样一个法权概念，前面我曾经指出黑格尔把自由意志视为法权的关键，这个关键点首先是体现在人格这个法权概念之中。法权关系中的这个人之所以不同于自然人，或者说在社会共同体中，在文明状态下，人之所以是人而不是物，是因为他有人格，人格体现的是人的自由意志，具有法的独立自主的人格和主权资格，法权人意味着他是具有自由意志的法权主体，这是抽象法的第一要点。在黑格尔看来，文明社会是由享有自由法权的人格人组成的，没有人格就不是人，就被排斥在政治社会之外，因此，他把人格尊严视为人的核心价值，把法权主体视为文明社会的基础。

第二，黑格尔提出了私人财产权，自由意志的存在，不是在你的脑袋里，也不是在你的言辞里，最核心的是在于你拥有自己的财产，或者说你有自由支配自己财产的法权。因此，黑格尔说财产权体现的是人的自由意志的法权人格，人对财产的这个关系，不是物的关系，而是人的关系、法权关系、政治关系。在这个问题上，黑格尔是强烈反对公有制的，按照他的观点，一个人如果没有财产，没有法权意义上的对于自己私有财产的保护，那就根本不可能说这个人享有自由意志的人格，所谓人格尊严就是一句空话。因此，一个自由的社会必须捍卫私人财产权。我们如果按照黑格尔的自由财产权的法权原则来进一步推论的话，可以说黑格尔所谓的财产不单独是外部的财产，而且还包括自己的身体，自己的言论，甚至自己的生命，这些都是人的自由意志的定住，都有一个法权关系。

第三，黑格尔提出了一个抽象法的相互承认的核心原则，就是我作为人并尊重他人为人，这个原则是一种法权中的自由平等原则。我在此要特别指出，黑格尔的这个自由平等原则是一种法权关系中的资格上的平等，而不是数量上的平等，是一种法权的关系，而不是经济的关系。黑格尔是一个保守主义者，他认为法权上的自由平等原则就一定保证人的经济平等，甚至政治上的平等。在他看来，人是有差别的，有生理上的差别、出身的差别、能力的差别，甚至机会的差别，这些都或多或少地决定了你在社会现实处境上的不同，而且这个社会体系需要各种分工，甚至存在一定的社会等级，所谓平等对待只能是法权资格上的平等对待。这个平等，第一，在人格尊严上是平等的，第二，在法律程序上是平等的，至于其他方面的不平等，则是另外一个问题了，甚至变成了一个神学问题。为什么我这么倒霉，这么不幸，你可以如此疑惑和抱怨，但是你不能把它拿到法学中，你无法质疑自由法权的社会体系制度。

我觉得上述三点是黑格尔法哲学抽象法的三个核心点，它们构成了一个政治法权社会的元规则的基本内涵。从法的价值层面上看，黑格尔的抽象法的元规则涉及三个基本的价值，即自由、平等与正义。首先，作为法权人格，它体现了自由的本性，当然作为理性主义，黑格尔对于自由的理解是理性意志论的，不是利益协调论的，这一点是他与休谟的经验主义自由观的不同，但就他们都把自由视为法的根本来说，又是一致的，他们都认为法与自由具有内在的联系，法是自由的保障，或自由只能是法权意义上的自由。其次，法又与平等联系在一起，法权平等是一个自由社会的基本特性，没有相互承认的平等的法权，就不可能建立一个政治的自由社会，当然，平等在黑格尔看来，只能是法权的平等，不是经济或其他方面的平等，平等的法权在于自由的人格，在于相互承认。而自由与平等的内在一致就是正义，就是法权之所以成为法权的正当性。我们说，为什么抽象法的元规则是一个正义的法权规则，是一个社会得以存在的基本规则，就是因为它是正义的，它体现了社会政治的正义性，这个正义就是自由平等，就是在法律之下的人的自由和平等，只要一个人在一个社会中获得了法律意义上的自由平等的权利，他就是一个正义制度下的人，就是一个法权人。我认为这是黑格尔法哲学的要点。

2. 市民社会的法权

黑格尔法权哲学的第二个层次是市民社会的法权。在《法哲学原理》一书中，黑格尔构建的是一个古典形而上学的法权体系，用现代的话语来说，可谓天、地、人、神，无所不包，有抽象法，有道德法，还有伦理法。至于我们一般所理解的法律或法学理论，主要是包括在他的伦理法的范围内。把黑格尔有关伦理法中市民社会的法权内容概括起来，就是黑格尔法权理论的第二个层次，这个层次属于市民社会的法，它与后面我将要着重谈的国家法，再加上家庭法，一起构成黑格尔伦理法的三个部分的内容。

（1）国家哲学与市民社会理论

如何看待黑格尔法哲学中的市民社会，在西方黑格尔哲学的研究中一直有两个不同的理论倾向。一派认为黑格尔法哲学的中心内容是市民社会理论，这个市民社会理论体现了所谓黑格尔的资产阶级的积极、进步和上升的精神；还有一派则认为黑格尔法哲学的中心内容是国家学说，这个国家学说体现了黑格尔的保守的、反动的资产阶级思想。无论是强调市民社会的还是强调国家学说的，上述两派似乎在指责黑格尔国家学说的保守性甚至反动性方面却是一致的，例如，马克思的黑格尔法哲学批判，以及一路下来的现当代左派激进主义的批判路径都对黑格尔的国家学说大加鞭挞，而所谓的另一派自由主义也认为黑格尔国家学说鼓吹君主立宪，反对人民民主，提出一种新的三权划分，因此不符合自由主义原则，将他视为保守的，乃至反动的。我对于上述观点是不赞同的，我认为，国家哲学与市民社会不能割裂，国家哲学是黑格尔法哲学的理论核心，但是应该用市民社会的内容来充实他的国家法权哲学，不能架空国家哲学。上述两种观点显然是架空了黑格尔的国家哲学，把市民社会与国家对立起来，这样来理解他的国家哲学，就是有点误解黑格尔了。国家哲学是黑格尔的核心理论，但是这个国家哲学应该把市民社会纳入他的国家哲学之中，甚至变成国家哲学中重要的一部分，如果单独强调市民社会是黑格尔法哲学的中心，确实不符合黑格尔法哲学的基本原则。

说国家哲学是黑格尔法哲学的核心内容，并不等于否认市民社会的重要性，甚至可以说没有市民社会，黑格尔的法哲学是根本不可能现实地存在的，前面所说的抽象法只能是理论上的空洞之物。那么，黑格尔的市民社会到底是怎么回事呢？我认为黑格尔的市民社会理论大体上呈现了西方现代社会的现实形态，勾勒了一个从中世纪的封建制社会到现代资本主义社会的演变过程，确立了一个由市民阶级组成的社会秩序以及法权体系的权利基础。这样一种基于现实人的物质需要，并实现于市场经济秩序的以财富为枢纽的，且由一个社会的司法和警察等公共机构予以维护的市民社会，是黑格尔法哲学中最为现实的内容，是他的法权学说的一个要点。

按照黑格尔的理解，市民社会属于伦理层面，黑格尔对于伦理有他自己的独特理解，他把伦理与道德做了明确的区分。黑格尔认为，他的道德学，也就是我们现在一般所理解的伦理学，处理的是人与人之间的，以及人的内心的动机与外部的行为之间的诸多关系的行为准则，这些准则也可以放在法哲学中来考察，它们构成了内在的法律，或良知的法律，黑格尔称之为道德法，康德的道德哲学可以说是这一类道德法的最卓越的代表，在《法哲学原理》一书中，黑格尔用了一整篇内容来论述这个道德法。当然这个道德法也是非常重要的，但就狭义法学的内容来说，这个道德法由于主要涉及人的内心，不涉及人的外部行为，尤其是不涉及人的有关物质财富的生产、交换等方面的法律规则，因此我就省略不讲了。

我把黑格尔法哲学的有关法的论述集中归纳为抽象法、市民法和国家法三个层次，把道德法省略掉了，这样做并不是说道德法不重要，而是为了集中讨论黑格尔的伦理法。在黑格尔看来，伦理世界是法权的最现实的体现，这个伦理精神又有三块内容，一个是家庭，一个是市民社会，一个是国家。

关于家庭，我简单谈一点，因为我发现我们现在的法律对于家庭存在着非常严重的误解，现在所谓各种版本的婚姻法，都严重忽视了家庭的实质性意义与价值。我认为这里有一个政治哲学的前提问题，即是否把家庭上升到一个构成人类社会的核心细胞这样高的法权地位问题。古典的思想家或者古典的保守自由主义，像维柯、休谟、黑格尔，都非常强调家庭的作用，黑格尔甚至在法哲学中把法权赋予了家庭，家庭法构成了黑格尔法权体系的一个重要的环节。在黑格尔看来，家庭不单纯是两性之间爱情的结果，而且赋予更加重要的职责，例如拥有财产所有权、抚养教育子女等，这些都远比爱情更重要，属于伦理社会性的东西，只有从家庭的伦理性中才发育出一个完整的市民社会。我们看到，黑格尔不是一个个人至上主义的自由主义者，他的法权理论也不是纯粹个人主义的法权理论，个人虽然具有重要的意义，是市民社会乃至国家的主体单元，个人自由或个人人格的自主性是贯穿黑格尔法权学说的一个主脉，但他仍然把家庭视为个人无法摆脱的血肉，个人必须作为家庭成员，或者说个人只有是家庭人，才能进一步成为社会人，成为国家人。把家庭理解为一个伦理性的东西，并视为市民社会乃至政治国家的一个核心细胞，我觉得黑格尔的这个观点对于中国法学来说，是非常具有启发意义的，我们的传统在这方面有着丰富的内容。

（2）市民社会的需要体系

市民社会是黑格尔法哲学的一个重要内容，市民社会的法律是黑格尔法权体系的一个非常关键的内容。为什么几乎所有的黑格尔研究者都强调他的市民社会理论呢？因为市民社会在黑格尔的思想中展示了一个完全不同于古代的现代社会形态，是一个资本主义的理论写照，或者说，是一个由市民作为主体构成的现代资本主义社会，在其中，市民经济或资本主义的市场经济与市民法或市民阶级的私法规则成为这个现代社会形态的基础。例如，私人财产权问题，在黑格尔的市民社会中，就既是一个法权问题，又是一个经济问题，个人作为一个市民既是一个经济人，又是一个法权人，市民社会的财富既是一个经济问题，又是一个法权问题。总之，市民社会囊括了资本主义的有关社会经济与法律的几乎所有的实质性内容，尤其是资本主义早期的社会内容，并且孕育着未来资本主义演变为帝国主义或全球资本主义的萌芽。按照黑格尔法哲学的分类，市民社会包括三个部分的内容，一个是需要的体系，一个是司法，一个是警察和同业公会。黑格尔的这个分类是非常独特的，他体现着黑格尔对于市民社会的独特理解，这个理解既包含着德国社会历史的特殊性内容，也反映了英美社会历史的普遍性成分，从某种意义上说，是德国与英美两种历史现实的统一性的结合。

市民社会中的财富与分工理论，这是市民社会的中心，对此，黑格尔当然也有自己的一套理论，他先从需要的体系入手。在他看来，任何一个社会共同体都必须有一个需要的体系，所谓需要的体系，指的是人作为市民社会中的市民有追求物质需要和追求财富的权利。与古代政治社会的欲望不同，市民社会的需要不能通过战争来实现，而是要通过劳动来获得，通过劳动而获得的东西就成为市民自己的所有物，即财产，整个市民社会的财产就构成了全社会的财富，财富成为市民社会最实质性的内容。市民通过劳动获得财产，从而满足了各种各样的感性的需要，市民社会的财富是建立在个人财产的追求和劳动之中的，这是现代资本主义不同于古代城邦国家的一个关键点，可以说，需要的体系是现代社会的出发点。从这个角度看，黑格尔的理论虽然有德国思想的体系化的色彩，但与英美社会的市民社会的发生形态并没有什么本质性的区别，例如 15 世纪以来的西方资本主义的早期发展史，尤其是典型的英国市民阶级的发展史，就是一个市民作为一个独立的阶级走向历史舞台，追求自己的物质利益和阶级权利的历史。

追求利益，满足需要，在这个现代市民阶级的历史舞台上，必然就出现一个重要的富有内涵的新因素，那就是劳动分工以及市场经济秩序的建立，这对于市民社会来说，是至为关键的。为什么呢？因为任何一个社会，都有其社会成员的物质需要以及满足方式，古代社会是通过战争掠夺，现代社会则是通过劳动，通过市场经济，从某种意义上说，古代社会，甚至阿拉伯社会、中国古代社会，也都有市场，有贸易，但它们都不是主体性的，是附属性的，只有现代资本主义社会，劳动分工成为最富有成效的手段，市场经济成为主导性的社会形态。也就是说，只有资本主义，才为劳动分工提供了一个高效的促进需要满足的手段，才出现了一个纯粹的独立自主的市场经济秩序。对于这个市民社会的劳动分工体系，以及市场经济的运作体系，现代资本主义的理论家们给予了极大的关注，并做出了富有成果的研究，例如，斯密的政治经济学就把劳动分工作为考察现代资本主义的关键，认为正是科学、高效的劳动分工，才使得市民社会的市场经济正在建立起来，才推动了国民财富的巨大发展，没有现代市场化的劳动分工，也就不可能产生资本主义这个新的社会形态。

我们看到，黑格尔法哲学中的市民社会从总的方面来说，主要是吸收了英国政治经济学有关劳动分工、国民财富和市场经济的内容。由于当时黑格尔所处的时代，在德国还没有产生出一个成熟的资产阶级，也没有建立起一个完善的市场经济的体系，因此黑格尔有关市民社会的思想在相当大的层面上是英国市民社会的理论表达，体现的是英国资产阶级为先导的现代资本主义的精神追求。所以，也正是在这个意义上，很多人十分重视黑格尔的市民社会的理论，认为是先进的，对此，我没有什么疑义，我也认为这是黑格尔思想的一部分充满活力的内容。但是，我要指出的是，在这个英国版本的黑格尔市民社会理论的背后，还有黑格尔所吸纳的德国社会的因素，尤其是德国社会的法制思想的要素，而这些内容虽然与英国的政治经济学有所不同，但并非像一般人所指责的那样是落后的，乃至反动的，而是富有内容的，甚至体现了黑格尔市民社会理论的创造性。

（3）司法、警察与同业公会

在法哲学市民社会一章，黑格尔有一个突出的理论分类，就是把司法和警察以及同业公会等内容都划入到其中了，这种划分与传统英美的社会政治理论有很大的出入。一般说来，在英美社会，司法以及政府等内容是作为国家制度的内容，并与市民社会的市场经济没有直接关系的，或者说，在市民社会那里，是不需要涵括三权分立的国家内容的，政府行政、议会立法和法院司法，是属于市民社会之外的内容，它们维护着市民社会以及市场经济，但仍然是不直接介入市民社会的。而黑格尔的划分，却是把英美社会中的政权方面的内容置入了市民社会，此外又搞出了一个政治国家的主权形态，这一点显然是黑格尔独创的理论划分。

如何看待黑格尔的这个理论呢？我认为要透过现象把握黑格尔理论的本质，也就是说，黑格尔之所以这样搞，有一个德国问题的考量。从现实来看，英国的司法制度很难说是与其市民社会相脱离的，普通法的司法体系从来就与英国社会生活密切地联系在一起，是水乳交融的，实际上很难说有一个高于市民生活的普通法的司法权，并像某些理论家所说的这个司法权与立法权和行政权一起构成了国家或政府的权力体系的一部分。所以，黑格尔把司法置入市民社会，从某种意义上反而是揭示了英国市民社会的真实内容，那些鼓吹三权分立的所谓英美正统理论或许是误读了英国社会的某些本质性的内容。

当然，黑格尔的这种划分，并不是为了理解英国市民社会，而是为了解说德国社会。在黑格尔看来，市民社会的分工体系，不单纯是劳动分工，而是社会等级的分工，黑格尔有关市民社会的等级分工与斯密的劳动分工显然是不一样的，后者主要是作为一种社会财富生产的知识性的分工，黑格尔强调的是社会等级式的分工，他在市民社会里把社会成员划分为三个不同的等级，有农业生产者，他们是传统的社会生产者；有手工业者，他们是新兴的资产阶级；有官吏，他们是社会的治理者。三个不同等级的构成、职责、内在本质以及社会要求都是不相同的，他们共同构成了黑格尔市民社会的主体内容。

我在读休谟著作的时候，发现休谟也认为一个社会是需要有不同的社会等级的。我觉得黑格尔的市民社会理论与休谟的理论有很多共同的方面，有些地方也是值得我们加以借鉴的。例如，他们都把公共利益、共同利益、福利关怀、警察这些内容放到市民社会当中去了，特别是黑格尔把司法权、法院放到市民社会当中去了，这和英美正统理论的三权分立学说是不一样的，因为整个司法系统这一块可以说是最大的公共利益，是市民社会的命根子，黑格尔不是把它交给国家政权来管辖，而是放在市民社会里，这与休谟、斯密所代表的苏格兰启蒙主义有着内在的关联，把握了一个市民社会的内在演变机制，显然与霍布斯、洛克等人的国家学说和社会契约论的路径是完全不同的。

值得注意的是，上述这些有关市民社会的诸多内容，在黑格尔的理论中，并不是作为一种市民社会的经济理论或社会理论而存在的，而是作为一种法权理论而存在的，我觉得这是黑格尔法哲学市民社会理论的一个突出的特征，即市民社会是作为一个市民社会的法权体系而存在的，黑格尔所谓的法制或法治国，最为关键的是市民社会的法律制度，也就是说，市民社会从根本性上说，必须是一个法权的存在形态。前面我们探讨了市民社会的一些内容，例如私人财富与社会财富、劳动分工与社会等级，以及司法体制、同业公会与公共利益等，这些内容在黑格尔看来，说到底都必须是作为一种法律的形式而存在，市民社会必须在法律的指导下运行。因此，市民社会在黑格尔的法哲学中就不单纯是一个经济学和社会学问题，不是有关劳动分工、物质财富和社会等级的经济学和社会学问题，更根本的乃是一个法权问题，一个有关私人财产权的法权问题，有关劳动分工的权利分界和权益保障问题，有关社会等级的法律规定和公共利益的维护和制度保障问题，一句话，有关市民社会的法律问题。

前面我分析了黑格尔的抽象法问题，认为它们是作为元规则的法权，这个法权的具体化和形式化形态就是市民社会的法律，即客观存在于日常社会生活中的，存在于人们的物质生产和交换中的规则秩序问题，存在于市场经济的商品活动和市民社会的公共利益的运行之中的法律，存在于这个社会生活中的个人特殊性与他人特殊性乃至社会普遍性中的权利规范中的法律。我们看到，市民社会就是这样一个现实的法权体系，对此，黑格尔在法哲学中给予了充分的展开和论述，揭示了市民社会中利益博弈背后的法权规定。

其实，这个市民社会的法律在英美思想家中也曾经被着重论述，例如，休谟就不止一次地指出，现代市民社会需要最基本的三个法律规则，即私人财产权的规则，同意的财产转让和承诺的履行等，他认为上述三个法律规则是一切文明社会的基础，没有这些法律规则，就不可能产生稳定的社会秩序和正义的社会形态。同样，斯密也强调法律在资本主义社会的重要性，他反复论述的市民阶级的现代社会，或市场经济，首先必须是法治经济，是遵循法律的普遍性的商品经济，离开法律就根本不存在所谓的商品经济和自由贸易。因此，我在我的《休谟的政治哲学》《论政治社会》等专著和论文中一再指出，在英国的古典政治经济学那里，尤其是在苏格兰启蒙思想家那里，有关资本主义的生成和发育即市民社会的理论中，一直存在着两个线索：一个是发展生产力，开放市场经济和自由贸易，促进社会财富的增长，另一个则是建立一套行之有效的法律秩序，维护个人权利，保护财产权和自由贸易。我们看到，正是上述两条线索的良性互动，才成就出英美的现代资本主义。休谟和斯密既是市民社会的经济学家，同时也是市民社会的法学家，他们都把自由经济和法治秩序放在头等重要的地位，都认为一个健康、繁荣和正义的社会是离不开法律规则的，市民社会的法律是保证一个现代社会的基石。通过德国哲学的晦涩语言，可以说黑格尔的法哲学也同样包含着这样的思想，在黑格尔看来，一个需要的体系是不可能单独构成一个市民社会的，财富和物质生产，劳动和市场经济也不可能组成一个市民社会，在其中必须有法律，有司法、警察、工会、共同利益，等等，市民社会既是一个个人需要的体系，也是一个商品生产、交换和流通的体系，更是一个法权的体系。

3. 政治国家的法权

（1）英美、法德的国家路径

我在一系列文章中指出，在现代英美自由主义的思想家那里，国家问题一直是一个隐秘的主体，他们不是不懂得国家问题的重要性，而是由于特殊的历史现实状况，把这个国家法权问题放在背后了，主权国家成为他们考虑市民社会问题乃至政治问题的没有言明的基础。英国这个老大的自由宪政的国家，它的兴起和发育得益于自发的自由经济秩序，其国民财富的增长和国家性格的塑造与它的法治主义有着密切的联系，但正像哈耶克等人所指出的，英国的社会政治制度内生于自由的内部规则，传统的普通法在推进英国的政治变革方面起到了至关重要的作用。因此，所谓的普通法宪政主义对于英国具有广泛的解释力，基于市民社会的法治主义是英国作为一个资本主义政治社会的内在基础，是英国率先成为一个典型的自由宪政国家的制度保障。

从广阔的历史维度来看，美国仍然是一个十分幸运的民族，虽然它在立国之际经历了一次严峻的生死抉择，但当时一批伟大的联邦党人发起了一场意义深远的宪法政治，从而一举奠定了美国作为一个现代民族国家的立国之本。我们看到，美国建国时代的法治主义是有别于英国的，一个重大的政治问题摆在美国人民，特别是政治精英的面前，正像美国联邦党人所指出的那样人类社会是否真正能够通过深思熟虑和自由选择来建立一个良好的政府，还是他们永远注定要靠机遇和强力来决定他们的政治组织。由此看来，政治国家问题是美国宪法的头等重要问题，美国的宪法政治开辟了人类历史的一个新的路径，而且它的成就已经为数百年的人类历史实践所证实。

相比之下，18、19世纪的大陆国家，特别是法国和德国，其民族国家的建立却没有英美国家那样顺利，国家政治问题总是犹如一把达摩克利斯之剑悬于它们的头顶。从经济上看，法德的资本主义市场经济远没有英国、荷兰等国家发达，重农主义的经济政策一直主导着法国的国民经济，而德国更是落后，历史学派的国民经济学反映了德国的经济现状，也就是说，自由经济以及相关的经济规则和法治主义在法德国家一直没有占据主导地位。在政治上，两个国家的统治者出于统治能力和国际竞争的需要，长期强化国家权威以及对于国民经济的支配作用，无论是法国历史上屡屡创制的各种宪法，还是德国历史上从"治安国""警察国"到"法治国"的各种演变，都充分说明了政治国家在上述两个大陆—罗马法系国家中的核心作用。

历史地看，近现代以来，以法德为主的大陆国家在国家建设方面所走的是与英美宪政主义不同的道路，尽管时至今日也可以说是殊途同归，但历史进程中的偶然机遇往往是不可预期的，而且即便是今天，两类国家的国家性格仍然有着很大差别，特别是它们在现代民族国家的草创时期，其立宪政治的制度模式存在着本质性的不同，宪法政治在它们那里具有完全不同的意义。从孟德斯鸠的《论法的精神》到黑格尔的《法哲学原理》，从政治法到国家法，从 18 世纪的法国大革命前的社会现实状况到 19 世纪的普鲁士王国的崛起，在我看来存在着一条鲜明的理论线索，即法德几代思想家对于各自国家道路的政治思考。而这条理论路径之所以不同于英国 18 世纪以来的政治理论路径，固然有理论渊源和方法论等方面的原因，但最主要的还在于大陆国家与英伦三岛的社会经济、法制和文化传统等方面的差异，两种理论各自带有时代环境的烙印，这一点不仅表现在法律思想方面，而且还表现在哲学认识论、政治经济学和道德伦理学等方面。例如，英国哲学一般来说属于唯名论的经验主义，法德哲学则属于唯实论的理性主义，英国的经济学是注重自由经济的政治经济学，法德经济学则是强调国家干预的重农主义或国民经济学，英国的伦理学偏重于情感主义的道德情操论，法德的伦理学则是理性主义占主导的道德原理论。

（2）政治法

说黑格尔的国家法理论是孟德斯鸠政治法的发展和体系化，主要是从法的精神的角度来看的，正像孟德斯鸠首先关注法的本性一样，黑格尔的《法哲学原理》也特别强调法的理念，并把该书视为"自然法和国家学纲要"。在《序言》中黑格尔集中阐释了作为政治法原理的国家学说，在他看来，自从法律、公共道德和宗教被公开表述和承认，就有了关于法、伦理和国家的真理。为此，黑格尔对于当时泛滥一时的政治浪漫主义和各种感性主义以及诡辩论、怀疑论等提出了批判，他基于自己的辩证理性观，公开标榜："我们不像希腊人那样把哲学当作私人艺术来研究，哲学具有公众的即与公众有关的存在，它主要是或者纯粹是为国家服务的。"长期以来，黑格尔的哲学服务于国家的观点使他蒙受了不少的骂名，被人们视为他的哲学之保守的乃至反动的地方所在，例如，马克思在著名的《黑格尔法哲学批判》一文中就给予了淋漓尽致的挖苦和批判。现在我们的问题是：黑格尔的哲学所试图服务的国家究竟是何种国家？他的国家哲学究竟要构建的是什么国家？他的国家法理论所表述的法治主义究竟意味着什么？保守的不等于反动的，革命的也不等于进步的，经过 20 世纪的各种社会政治变革的腥风血雨，极端左派和极端右派的理论以及实践为人类社会所带来的灾难足以让我们清醒，也许休谟、黑格尔晚年所代表的保守的自由主义的政治理论，更能够为 21 世纪的我们提供多元政治的路标。

黑格尔的国家学说所依据的是一种立体的或复合的法治主义理论，在《法哲学原理》一书中黑格尔提出了一个多层含义的法律概念。首先，在第一篇《抽象法》中，黑格尔从一般原理的角度揭示了一个基于罗马法的元规则。在他看来，任何一个社会形态中的政治共同体都需要遵循一个普遍的基本规则，这个规则早在罗马法那里就明确地表述出来，即"成为一个人，并尊重他人为人"。这个相互承认的法律规则是普世的、基本的，也是抽象的、理想的，他之所以把它视为抽象法并放在市民法、国家法之前，原因也在于此，用现代哲学语言来说，抽象法就是元规则、元法律，是其他法律的逻辑前提。从这个意义上说，抽象法无所谓市民法或政治法，而是它们的基础，后者是抽象法在现实社会中的展开。黑格尔法律思想的中心内容是有关市民社会的市民法和伦理社会的国家法，具体地说，虽然《法哲学原理》包含了道德法与家庭法的内容，而且它们也是相当重要的，但就更为本质的方面来看，我认为黑格尔的抽象法、市民法和国家法是其法律理论的三个核心内容，构成了黑格尔法哲学理论结构的经纬。

学术界对于黑格尔的法权理论历来有两派观点：一派强调市民社会在黑格尔政治思想中的重要性，认为市民法是黑格尔法权理论的中心，它们体现了黑格尔的市民阶级的自由主义思想，其理论来源受益于英国的政治经济学；另一派强调黑格尔的国家学说，认为国家法是黑格尔法权理论的中心，它们体现了黑格尔对于法国大革命的反动，属于保守落后的思想意识。不过，在我看来，上述两派观点是可以综合在一种平衡的观点之中的，即黑格尔通过对于法国大革命的批判而构建的立宪君主政体的国家学说，其内在的目的恰恰是为了保障自由、繁荣的市民社会。国家法的权威固然具有超越经济社会的实体性，但它不是为了统治者的专制独裁，而是为了自由的个人世俗生活，为了保障市民社会的有效运行，所以，黑格尔的法律观集中地体现了权威与自由的平衡。正像他所写的，市民社会是各个成员作为独立的单个人的联合，因而也就是在形式普遍性中的联合，这种联合是通过成员的需要，通过保障人身和财产的法律制度，和通过维护他们特殊利益和公共利益的外部秩序而建立起来的。

黑格尔理论中的国家制度不仅涉及不同政体的性质与原则，而且包括政治国家内外两个方面的制度构架。内部制度包含了立法权、行政权与王权，在其中国家主权占据着核心的位置；外部制度则是经由国际法调整的主权国家关系以及世界历史的演变。我们看到，黑格尔国家学说进一步发展了博丹、霍布斯、孟德斯鸠等人的政治思想，并构建出一个有关"活的国家机体"的系统理论。我认为黑格尔的国家法实际上是把博丹的主权概念与孟德斯鸠的政治法综合地统一在一起，在黑格尔看来，政治法的关键并不在于统治与被统治关系的性质及其原则，而在于国家主权，主权已经超越了上述的政治关系，它由王权象征性地代表，具有超越政治利害的独立性的法律本性。这样一来，国家在黑格尔那里就获得了超然的地位，在它之下才分化出所谓行政权、立法权等具体的国家制度，国家自身的目的并非在于谋求它的权力和利益，它只是一个高高在上的拟制的主权，其权威性既不是任性的也不是实定的，而是一种形式的自由意志。在黑格尔看来，这个超越的国家主权体现在一个君主身上，要比体现在人民大众或独裁僭主上更能表达国家的本性。

具体说来，黑格尔的国家法实际上包含了三个方面的内容：第一，国家是一套法律制度，主权拥有最高的权威，国家的政治秩序是以主权国家的法律本性为内在依据的，在此，黑格尔把博丹的主权理论和孟德斯鸠的政体理论统一在国家法之中。第二，君主立宪制是黑格尔国家法的基本政治制度模式，虽然这一制度在今天看来似乎已经过时，不符合民主政治的潮流，但我们应该看到，在那个时代君主立宪制比之与绝对君主专制要开明得多，而且它显示的自由与权威的平衡也符合现代政制的本性。因为君主只是一个形式，关键是其主权象征下的宪政。第三，由于政治国家是中立的高高在上的，因此它的实质仍然在于从政治制度上保障市民社会，特别是在国家的对外关系方面，主权是保证一个国家社会安全、人民幸福、经济自由的屏障。我们发现，在国际关系领域，黑格尔是一个传统的现实主义者，这一点与格劳秀斯、霍布斯、休谟、斯密等人是完全一致的。

（3）国家法权理论的综合性与复杂性

如何看待黑格尔的国家法权理论？黑格尔的国家法权学说确实是一个非常深刻和影响深远的理论，这个理论的复杂性是它把不同的谱系或者思想家的思想结合在一起了。

首先，从理论渊源上来说，黑格尔的国家理论从博丹、霍布斯、孟德斯鸠、斯密一路继承下来，把两个不同路径的理论调节在一起了，他把博丹、霍布斯强调国家主权至高性的理论，与孟德斯鸠、斯密强调法治与宪政秩序的理论结合在一起了。黑格尔把欧洲政治思想中两个不同的但又同属于现代民族国家生长时期的资产阶级或者市民阶级的政治理论集结在一起，既显示了自己理论的综合性但也隐含着内在的张力。

其次，从政体论上来说，黑格尔确实把一个英美的法律制度和一种德国的政治传统结合在一起，形成了他的市民社会与政治国家的二元统一的法权理论。英美的政体结构从本质上说是一种宪政的法治制度，无论是英国的立宪君主制还是美国的共和国，宪政都是根本性的，在这一点上，黑格尔的法权学说也是保持了这个宪政法治的根本特征，他的市民社会与政治国家的理论，都把法律秩序放在首要的位置。但是，黑格尔毕竟是一个保守的自由主义者，他对于现实采取妥协的政治态度，反对人民主权，反对民主政治，强调德意志精神，甚至主张战争伦理，这些都是值得我们警惕的，也就是说，在保守的权威的自由主义那里，确实存在着某种毒素，这些都必须用法治宪政的良性政体予以洗涤。

尽管如此，我仍然认为黑格尔的国家法权理论具有积极的理论建树，这些在现代法学日益发展的今天，不但没有减弱，反而更加凸显。例如，对比一下凯尔森、哈耶克和施米特这三人的有代表性的主权理论，我觉得黑格尔的主权理论中有一种属于中庸之道的东西，这个中庸之道虽然张力比较多，但对我们今天建设自己的民族国家，解决中国问题，可能更有帮助。我们知道，凯尔森的规范法学在当今法学中自成一派，这个体系化的理论从国际法一路下来，按照他的观点，国家作为主权的主体，虽然统辖国内法，即统辖一个国家的私法、公法，但最终要从属于国际法。然而，凯尔森的由上到下的规范法学在现实中是难以成立的，因为国际法根本就不具有可实施性，如果真正的法律，即作为核心的国际法根本就不存在的话，那么国家法的正当性或者权威的基础在什么地方呢？这是凯尔森的一个问题。但是，如果像哈耶克那样完全忽视国家法，否定国家主权，只是强调一种内部秩序、内部规则，这又如何构建一个政治国家呢？我在我的研究哈耶克法律秩序的一本书的前言中，表明了我近来研究哈耶克的一个重要的思想变化，我认为哈耶克遮蔽了国家主权问题是错误的，他把政治问题转化为法律问题，但我认为国家的核心主权问题是不能转化为一般的内部规则的，政治国家是一个独立的领域，它与法治宪政并不对立，并不构成你死我活的冲突，一个法治主义和宪政主义的国家同样也存在着国家主权的权威性和正当性的，一个政府权力有边界的国家，并不等于在权界之内，其国家主权是强有力的，显然，哈耶克在这个问题上是走向了极端。同样，凯尔森的规范法学理论，也是走向了另外一个极端，即忽视了国家主权对内的绝对性。我觉得黑格尔在这方面提出了三个层面的法律，即一个是元规则的抽象法，一个是市民社会的法律，最后一个是政治国家的法律，政治国家的法律一方面是维护市民社会的经济秩序和社会公益，另一方面则是承担起主权国家的职责，确立一个国家的政治的正当性、合法性与权威性。

说到国家主权的政治性，我们看到，黑格尔的国家法权理论又不同于施米特，而是同样保持着中庸之道的特性。施米特是把政治国家特殊化、非常化了，他认为一切政治都是非常政治，国家主权是一个根本性的贯穿到市民社会生活之中的非常政治，他认为任何时候都是要分清敌我，都是要进行政治上的抉择。我觉得在这一点上黑格尔就没有做得这么过分，他认为主权只是一个象征意义，王权作为主权的体现者，地位虽然是非常尊崇的，但是它的权重是要考量的，而且也是有界线的。所以在黑格尔的政治国家中，国家并没有要破坏甚至还要维系市民社会的经济生活，经济问题是一种利益关系，是一个公共利益和个人利益的关系问题，黑格尔并没有因为有政治国家就减低甚至歪曲市民社会本该做的事情。我觉得这一点他比施米特要中庸和理性得多。

四、中国问题的相关性

前面我初步讲解了黑格尔法权哲学的一些基本的要点，下面我简要谈一下黑格尔理论与我们中国问题的相关性。我一直有这样的一个观点，即中国在进入民族国家的百年过程中，总是历经坎坷、九曲轮回，少有英美国家那样的民族幸运，从某种意义上说，我们总是背负着一个沉重的本于自己传统的与"德国问题"相类似的"中国问题"。

关于所谓"德国问题"，主要是指 18 世纪以来德国数代思想家痛感英国政治社会的成熟并基于本国政治文化传统而提取出的一个普遍问题阈。尽管从早期的德国政治浪漫派、19 世纪古典政治哲学到新旧历史学派的经济学，再到韦伯的社会学、施米特的宪法学，直至希特勒的国家社会主义，乃至当今欧盟的德国火车头作用。尽管二百多年来其中的思想路径以及观点各种各样，迥然有别，甚至相互对立，但有一条主线却是显然的，那就是融入以英美为主体的世界文明的德国自己的道路，它标志着一个民族的政治成熟与否及其成熟的程度。至于"中国问题"则是一种比附"德国问题"的说法，指的是中国融入世界文明中的自己的道路问题，我认为这个问题是客观存在的。目前所谓"中国国情论""中国特殊论"甚至"中国例外论"都是基于相关的预设，特殊是在融入世界潮流中的特殊，不是相隔绝，因此这个问题还需要为中国理论界所自觉并进一步提升为一个涉及政治、经济、法律、历史、文化等多个领域的问题阈。

我在《论宪法政治》一文中曾经指出，中国现代社会一百多年的演变历程从实质上说一直处在一个非常时期，这一点与相对应的 17—19 世纪的英美不同，更多的与法德类似，前者日常政治占主导，后者非常政治占主导，尽管两种政治路线最终追求的仍然都是一个宪法主义的国家制度。因此，中国的政体问题既有非常政治的意义又有日常政治的意义，通过非常的宪法政治的形态有效地建立起一个日常的法治主义的政体，可以说是中国现时代政治社会的中心问题。为此，从政治经济学的角度看，建立一种形式主义的国家权力原则和个人主义的经济利益原则，在国家的政治权威与个人的经济利益之间达到一种法治主义的平衡，这是中国政体论所要处理的一个基本问题。

所谓政体就是一个中立性的国家治理方式，国家要实现对于国民财富的促进职责，使得公民对于个人对财富的追求得到一种合法性的保障，必须放弃对于权力的肆意垄断。政体应该是一种法律形式下的权力制度安排，其中有主权原则、三权分立原则、司法审查原则、政党制度原则和政府科层制度原则等。主权是一种法律拟制，也是国家利益的最高体现，对外是一个国家的象征，对内只是一种最高的中立的形式，超越各个利益群体之上。国家制度依赖于不同的阶级和等级利益的平衡，这就需要一种共和原则，不同的个人和群体要获得各自利益的最大化实质上就产生了公共利益，但如何协调公共利益，需要法治原则，即公共利益不为任何一种垄断阶层或阶级所占有，并成为他们谋取私利或阶级利益的工具。正是在这样一种国家制度的安排之下，才使得个人可以充分追求合法的利益，才能实现整个社会经济的繁荣和国家的强大。所以，个人自由与国家强大在一个共和政体的原则下并不是对立的、矛盾的，而是相辅相成的。

自由主义和新左派这两个在中国当前占有主导的理论形态都犯有幼稚病，它们都没有认清17—19世纪西方政治社会之双重的本性，更没有全面认识到中国一百多年来之对应西方政治社会的独特性。例如，自由主义只是看到了市场经济，看到个人利益的合法追求，看到了法治主义的基本原则，看到了经济社会和个人权利的作用与价值，看到了经济秩序对于国民财富的基础性意义，但忽视了国家在社会转型中的关键作用，当然这里所说的国家是指提供一种中立的法律制度和政府职责的国家，这样一种国家在市民社会中起到的作用是十分重要的，因此在建设市民社会的经济秩序的同时，也需要建设一个新的政治国家，把那种破坏市场经济、掠夺国民财富的国家改造为一个法治国家，一个共和主义的能够提供正义的法律制度和宪法制度的国家。在我们现时代的社会，不是不需要国家，而是太需要法治国家了，这个国家建立在法律之上，在法律赋予它的职责权限内是强有力的，一个有限但强大的国家对于保证经济秩序的有效运行和国民财富的增长是十分必要的，特别是在当今全球化的国际经济秩序中，重商主义的政治经济学对于我们仍然具有启发意义。但遗憾的是中国的自由主义理论家们忽视了上述问题，忽视了国家的中立的合法性和正当性，忽视了国家在国际秩序中的重要地位，这是他们的幼稚病之所在。但是，我们看到新左派的社会经济和政治理论与自由主义相反，犯了另外一个幼稚病。新左派们完全是一个政治浪漫派的国家描绘，他们从新马克思主义的国家观出发，错误地理解了中国现时代的国家性质，把国家看成一个国际资本主义在中国的附庸品，并搬来了一些西方时髦的所谓世界体系理论、依附理论等对中国的国家制度给予不切实际的消解。

我认为上述两派对于国家问题的认识都是片面的，错误的，对于这个问题我们应该清醒看到，中国现时代的国家形态是正在走向新生的民族国家。对于这样一种国家形态，我们没有必要不负责任地去指责、解构，而是要促进它的变革，积极参与建设，使其能够真正地完成国家形态的转变，中国一百多年来一直建设而没有建设起来的国家形态是中国政治社会所面临的根本性任务，只有伴随着一个自由、民主与共和的国家的成长，才会有一个健康的国民经济的增长，才会有个人的自由与幸福。在这个重大问题上，自由主义和新左派都犯了幼稚病。我认为，超越新左派与自由派，只能重新回归古典的政治法学和政治经济学，通过借鉴政治法学与政治经济学的理论工具，使我们对于中国现时代政治社会所面临的两个主要问题能够提出一些建设性的方案。

（1782—1850）

无论在什么情况下，绝不能低头屈服！

卡尔霍恩的政府论与州权论

一、政府论与宪制法理学

卡尔霍恩是美国著名的思想家与政治家，作为美国内战时期南方诸州的代言者，他提出了关于美利坚合众国的"州人民主权论"理论，形成了堪与"林肯法理学"比肩的"卡尔霍恩法理学"。任何一种具有经久影响的伟大思想，必然与其时代有着水乳与共的关系，卡尔霍恩也不例外。他的州权理论反映出美国建国后六十余年来的发展演变历程以及背后深层的社会政治矛盾，折射出一个新型现代国家的宪制构造所难以克服的政治危机以及宪制政府的法理学难题。对于美国来说，这是一个巨变的时代，也是激发思想理论创新的时代，由此发育而出的林肯法理学与卡尔霍恩法理学，作为两种对立的政治与宪法学说，它们在相互激辩的对峙中共同生成，并随着南北内战的进程以及结束而内化在新生的美利坚合众国的国家精神之自由的诉求之中。

关于林肯的"自由的新生"及其"林肯法理学"，主流宪法学以及政治思想史论述众多，业已成为教科书中的不刊之论，褒扬者甚多。林肯对于美国重建居功甚伟，其思想理论确实奠定了新的美利坚合众国的立国之根，这一学术倾向当然无可指责。相比之下，对于卡尔霍恩的思想理论以及南方的政治诉求，从宪法学、政府论以及法理学的视角研究阐发的并不很多，尤其是在汉语学界，几乎处于思想领域的空白。其实，卡尔霍恩以及与之密切相关的一脉思想谱系，不但在美国政治与宪法思想理论中可谓源远流长——近可以追溯到美利坚合众国宪法创制，乃至独立宣言和邦联条例，远则可以上接罗马共和国体制以及英格兰宪制传统——而且就其思想理论的内在价值和法理逻辑来看，也同样蕴含着美利坚合众国的"自由"诉求和抵御国家专制主义的共和宪政精神。

在某种意义上，卡尔霍恩的法理学并没有因为南北战争中南方的失败而消失殆尽，相反，随着美国政治与经济的社会大转型，卡尔霍恩的政府论思想以及宪制法理学，仍然富有生命力地抵御着国家主义的甚嚣尘上；作为林肯法理学的有效补充，在塑造美国的自由共和政体这一实质性的宪政制度方面，持续发挥着重要的作用。①

---

① G. S. 布朗（Guy Story Brown）指出："有一个老生常谈的说法，卡尔霍恩是美国最有争议的政治家之一。……还有一个事实是，他是一个杰出的'政治理论家'，甚至当这个术语已经很少被使用的时候，人们也如此评论他（约翰·穆勒在 19 世纪中期说卡尔霍恩的《论政府》是自上个世纪《联邦党人文集》以来最伟大的政治理论著作，阿克顿勋爵也持类似看法）。这些，还有他的整个公共生涯，使他卓尔不群。当然，也还有某些粗暴的暗示，超出了关于美国历史的严谨研究。卡尔霍恩说，在那个年代寻找人生道路，最需要做的事情，并且与所有真正的虔诚能够内在协调的事情，也是人类几乎唯一的希望、人性至善唯一的目标，那就是政府科学。这大概是代表政府科学所能作出的最有力的申辩。如果真的存在人类未来的话，卡尔霍恩在《论政府》中关于真正的政府科学之研究，则意味着通向未来之路所必需之根基。"参见 Guy Story Brown, （转下页）

如果说有一个持久的美利坚合众国的法理学，那就是林肯法理学与卡尔霍恩法理学的合体，它们相互之间的对峙与合作、激辩与融汇，构成了一个活的美国法理学。本文并不企图讨论美国法理学，而是选取多被人遗忘的卡尔霍恩的法理学，尤其是作为其核心的政府论以及宪政论，力求提取出一种独具新意的卡尔霍恩宪制法理学。我认为卡尔霍恩不是一般意义上的法学家，他的法理学也不是一般意义上的法理学，其思想理论的精髓在于为美利坚合众国奠定法理根基，其要义是一种"捍卫自由"的关涉美国建国之根的法理学，就这个层面来看，与林肯法理学是完全一致的。他们所不同的关键点乃在于他们对于"自由""宪法"以及人性的理解。基于上述原因，本文大致分为三个部分，分别讨论卡尔霍恩的人性哲学、政府的构造原理以及美国宪制的价值基础等三个维度的问题。

1. 政府论的人性基础

美国建国时期的那一代政治精英被后人视为建国者，不仅是指

（接上页）*Calhoun's Philosophy of Politics: A Study of A Disquisition on Government*, Mercer University Press, Foreword, 2000. 另外，著名的美国政治思想家梅里亚姆也指出："卡尔霍恩的影响是没有疑义的。他毫无疑问是他那一派理论家当中首屈一指的人物，他的思想统治了整个南部。他的政治学说成了允许各州在政治上独立的教条；这种学说具有最强大的威力，直接导致在内战中以武力较量。内战结束后，州权学说又被诸如杰弗逊·戴维斯、亚历山大·斯蒂芬和伯纳德·塞奇等权威人士提出，但是并没有给卡尔霍恩已经说过的增添什么新的内容。卡尔霍恩的学说仍然是在共和国成立最初两个世纪中发挥了巨大作用的'允许各州在政治上独立'思想的最完善的阐释。"参见梅里亚姆：《美国政治学说史》，朱曾汶译，商务印书馆1988年版，第147页。

他们拥有独立开国之事功，而且还具备博大之思想视野。他们构建的美利坚合众国既吸收了当时欧洲各国体制之菁华，远追罗马共和体制，而且还体察人性，把政府构造原理与人性相接榫。到了南北战争时期林肯、卡尔霍恩这一批政治家暨思想家那里，这一传统不但没有湮灭，反而得到了更为强劲的彰显。

卡尔霍恩固然以其州人民主权论闻名于世，但他的思想理论却远非"州权"所能涵盖，在他的州权论背后，凝聚着强大的思想资源和宪法制度。具体点说，卡尔霍恩的州权论具有两个深厚的思想与制度的强有力支撑：其一，卡尔霍恩的州权论并不只是一种关于美国宪制的理论阐述，支撑其理论的乃是一个政府构造原理，并与某种哲学人性论相接榫；其二，卡尔霍恩的美国宪制说，不仅依托与政府论相互支援的法理学，而且浓缩为一种宪制法理学，进而为他的基于州人民主权的美国宪政论提供了一个法理学的依据。总之，卡尔霍恩的思想理论，既具有人性论的哲学基础，又秉有联邦宪法的制度依据，因此才获得了如此深广的经久的影响力。

继承着英美政治思想的传统，卡尔霍恩在阐释他的州权论之前，早就构建了一套哲学人性论和一般政府论。从某种意义上说，他为南方诸州申辩的州人民主权学说，不过是他的政治哲学的制度载体，是美利坚合众国宪法的原旨阐释，其法理资源都有一个哲学的人性论作为基础，这一思想深得英美现代早期政治思想家们的衣钵。

检点卡尔霍恩的著述，虽然称不上浩繁，但其思想厚度和结构板块却依然可以纳入鸿篇巨制之列。总括起来，首先是两篇主题重大、篇幅甚长的雄文：《论政府》《美国的宪法与政府论》，其他的便是林林总总直接讨论美国宪制、各种决议案和集会的演讲、辩论与信函等政论性文字。① 浏览卡尔霍恩的著述，自然使我们想到洛克、大卫·休谟等英国的政治思想家，他们不仅都有关于人类政治社会的政府论、政体论等政治学著作，而且还都有哲学意义上的人性论、人类理智论等著作。卡尔霍恩的《论政府》一文，虽然不能等同于洛克的《人类理智论》与《政府论》，或休谟的《人性论》，但其要义却可以接续这一英国政治思想的强大传统，在他的政府论之前，奠定了一种哲学人性论的基础。而且需要特别指出的是，卡尔霍恩的这一继承，不仅是体例上的，而且是实质性的。也就是说，他接续的乃是正宗的英国经验主义的政治思想，其关于美国政治的政府论和宪政论，其法理学的哲学根基乃是英国的经验主义传承，是经验主义而非唯理主义在美国宪制乃至美国政治思想领域的演进。②

　　当然，作为一位卓越的政治思想家，卡尔霍恩并非简单地照搬

---

① 梅里亚姆认为把卡尔霍恩的思想"表述得最系统化的著作是《政府论》以及《美国的宪法与政府论》，这是 19 世纪上半叶最得力的政治学说专著之一。这两部书，再加上卡尔霍恩的其他许多公开演说，为研究他的政治哲学提供了基础"。参见梅里亚姆：《美国政治学说史》，朱曾汶译，商务印书馆 1988 年版，第 140 页。

② 关于卡尔霍恩的哲学人性论思想，G. S. 布朗在其有关卡尔霍恩政治哲学的专著中有非常丰富和翔实的考辨，深入而具体地解读了卡尔霍恩与西方"早期现代"多位思想家的相关性问题，诸如自然状态、社会契约、自由与平等、国家与政府、民主与宪政、公共利益与共同善、文明与知识等，尤其是考察分析了卡尔霍恩与霍布斯、洛克、卢梭、埃德蒙·伯克、休谟，以及亚里士多德、黑格尔、穆德格尔等思想家的关系，这是布朗研究卡尔霍恩政治哲学的一个贡献，即把卡尔霍恩政治理论的意义提升到思想史的高度；但是，布朗研究上的一个不足，在我看来，是过于笼统地把卡尔霍恩的哲学思想与西方思想史的众多线索扯在一起，尤其是把英美经验主义和欧陆唯理主义混淆在一起，而没有突出卡尔霍恩的英美思想的特征，即便是他的反动的保守主义精英论，也是英美式的，而不是德国式的。

洛克、霍布斯或休谟的政治哲学，他的人性论虽然篇幅不长，仅是作为《论政府》的导言部分，但其意义不仅重大，而且具有独创的新意。正是卡尔霍恩首创的经验主义人性论，为对抗专制主义的宪政政府和联邦主义的共和体制，为政治宪制意义上的自由民主，提供了最为恰切而精当的依据。从这个意义上说，卡尔霍恩深化和推进了洛克、休谟谱系的英国古典或保守的自由主义的正宗思想。

卡尔霍恩在《论政府》中开宗明义地指出："要对政府的性质和目标有个清晰且公正的概念，就必须正确理解我们本性的构造或者法则，而政府正是扎根其中的；或者不妨更充分、更准确地说，若没有关于我们本性的法则，政府就不会存在，而有了这样的法则，政府也就必然存在了。"①说起来，这种试图探索政府组织原理与人性构造之间的必然联系，或为政治寻找一个人性哲学上的依据的做法，并不是卡尔霍恩的新创。早在古希腊罗马的政治思想家们那里，人性论便与政治论密切相关，尤其是进入早期现代以来，无论是英国的思想家还是欧陆的思想家，从 15 世纪以降，他们就开始摆脱基督教神学的羁绊，开始为政治组织原理寻找一个世俗的人性论哲学根基。为此才有了文艺复兴、宗教改革、启蒙思想等一波又一波的思想浪潮，从中生发出经验论与唯理论两个大的哲学思想谱系。作为英国经验主义的思想传承，卡尔霍恩继续着霍布斯、洛克和休谟的思想轨迹，摈弃基督教神学的政治依归，他要在人性的经验范围内找到政治构造的原理依据，这一诉求与上述的英国思想家们可谓一

---

① 约翰·C.卡尔霍恩：《卡尔霍恩文集》（上），林国荣译，广西师范大学出版社 2015 年版，第 2 页。

脉相承。

卡尔霍恩的思想独创性不在这里，而在于他居然挖掘出一种在精细度和重要性方面不同于上述思想家们的独特人性观，并且把这种人性论推衍到对于他的整个政府论的核心哲学论证上，从而构建了一套基于自由的政府论，开辟出一个美国版的宪制法理学，尤其是为其中的州人民主权论做了强有力的辩护，这些无疑都是卡尔霍恩独创的人性论使然。下面我就来集中讨论这些别致的新内容。

卡尔霍恩并不是一个现代意义上的个人主义思想家，而是古典意义上的自由主义思想家，他认为人从本性上是一个社会的动物，社会性或群体生活是人性的基本构造，"我认为不争的事实在于，人就其构造来讲乃社会性的存在。人的种种倾向和需要，无论是身体方面的，还是道德方面的，都无可抗拒地推动着人与同类的联合"。① 这种关于人性的基本认识，不是理性分析出来的，而是经验感知，卡尔霍恩不赞同唯理论的理论推导，而是基于感觉经验，从经验上看，人离开社会，离开群体生活，就什么都不是，这样就使得卡尔霍恩的人性论思想与那些自然状态预设下的孤零零的个人主义以及现代版的"无知之幕"下的理性人有了重大的区别，虽然都是经验主义的大谱系，但卡尔霍恩在精细度上看，更像休谟演进论的人性论，而不同于社会契约论。西方 17、18 世纪的社会契约论虽然有各种理论形态，但占主导的还是理性主义的社会契约论，由此就自然演化为个人主义的政治思想以及政府构造论，例如斯宾诺莎的政治

---

① 约翰·C. 卡尔霍恩：《卡尔霍恩文集》（上），林国荣译，广西师范大学出版社 2015 年版，第 2 页。

契约论、卢梭的社会契约论，甚至洛克的政府论虽然是经验主义的，但依然有着某种个人理性主义的倾向。

卡尔霍恩毕竟不是一位哲学家，他并没有深究"人是社会性存在"的哲学内涵以及有关社会契约论的多种路径之辨析，而是遵循着经验主义的基本方法，提出了他的独创性的人性观点。他认为，人的存在系于人的情感感受，这一观点与休谟哲学意义上的"人是情感的动物，而非理性的动物"非常相似。①这样一来，人性或关于"人之构造"就处于两种经验主义的张力处境之中，他写道："答案乃在于这样一个事实：一方面，人是为着社会状态而生，因此人之构造能够对那些影响他人之因素进行感受，同样也能对影响自我之因素进行感受；另一方面，人之构造对于直接影响自身的因素有着更强烈的感受，相形之下，或者换句话说，人之构造，使得人的直接的或者个人的情感要强过同情性的或者社会性的情感。"②按照卡尔霍恩的这个勾勒，张力问题并不是很难解决，因为从人的生存视角来看，关于人性的定义，其排序是比较简单的，这是一个类似于物理学的重力法则，虽然我们不必过多纠缠于人性是否自私，但经验事实就是如此。"我们本性的构造，使得我们对于直接影响我们的事物的感受要强过对于经由他人间接影响我们的事物的感受，这必然导致个人之间的冲突。由此，每个个体都将更多关注自身的安全或者幸福，而非他人的安全或者幸福。因此，也就有可能导致个人同

① 关于人的情感与理性的关系，参见高全喜：《休谟的政治哲学》，第一章、第二章，北京大学出版社 2004 年版。
② 约翰·C.卡尔霍恩：《卡尔霍恩文集》（上），林国荣译，广西师范大学出版社 2015 年版，第 3—4 页。

个人之间的普遍冲突状态，怀疑、妒忌、愤怒以及仇恨这样彼此联接的激情也伴随左右，并由此产生了傲慢、欺骗和残忍"①。

如果仅仅停留在上述思想层面，卡尔霍恩就还是一个肤浅的经验主义者，没有什么新意，他的理论贡献在于，他进一步发现了人性构造的另外一个方面，即从人是社会的存在这个初始原理中，发展出另外一个不同于上述重力学的人性机制，那就是政府的产生。也就是说，如果任凭人的私人情感的重力学原则发酵，就会摧毁人的社会性本质，导致一个无政府的自然状态，而这个状态无疑是一种非文明的野蛮状态，在此人就不再是人了，这是与人之构造原理相违背的。因此，要有一种"约束性的力量"来控制人的自私情感，"假如不借助某种控制性力量予以约束，最终将会导致普遍的争斗和混乱状态，并摧毁社会状态，同时也将毁灭社会状态予以规范的种种目标。这种控制性力量就是政府，无论在于何处，无论由谁来实施。"②

由此可见，卡尔霍恩的人性论其实是基于两种关于人的构造力量的协调，一种是人的私人情感的重力学，一种是人的社会情感的重力学，它们固然存在着内在的张力关系，但达成一种人的存在形态，或文明状态，就需要也必然会产生一种机制，那就是作为控制性力量的政府。所以，卡尔霍恩的人性哲学实际上就围绕着人的基于生存的情感，形成了三种必不可少的要素或构造：人的情感、社

---

① 约翰·C.卡尔霍恩：《卡尔霍恩文集》（上），林国荣译，广西师范大学出版社 2015 年版，第 5 页。
② 同上书。

会与政府。相比其他的经验主义政治思想家而言，卡尔霍恩的这一观点是富有新意的，尤其是在政府与社会的关系方面，他的思想观点无疑具有敏锐的穿透力，他写道："由此不难得出结论，人就其构造而言已然使政府成为必需之物，否则社会便难以存在；同样，人就其构造而言已然使社会成为必然之物，否则个人也无法存在，遑论个人机能的完善。同时亦可以得出结论，政府之缘起乃扎根于人类本性的双重构造当中：同情性的或者社会性的情感是政府的远因，个体性的或者直接性的情感则是政府的近因。"①

按照卡尔霍恩的观点，社会的目标是保存并完善人类，因此人享有更好的尊严，处于首要的地位，而政府乃是迫不得已的创设，其目标是保存与完善社会，因此处于附属性的地位。但两种属性又都是必要的，因为根子在于人类情感的二元复合性，即人既有自私情感又有社会情感，幸在造物主没有任人放纵私人情感于无度，而是赋予人以社会情感的关爱，以及理智与道德方面的能力与机能，致使社会性凸显。尤其重要的是为了推动人类进入社会状态，特别为人类社会创制了政府，将其目标规定为"保护并保存"和"完善社会"。故卡尔霍恩认为"政府是出于神意的规定"②。

问题在于，政府并不是完美之事物，政府自身也很可能产生失序与败坏的倾向，政府"也很有可能会滥用自身的权力。人类全部的经验以及历史的每一页都为此提供了证明。……政府必然要拥有

① 约翰·C.卡尔霍恩：《卡尔霍恩文集》（上），林国荣译，广西师范大学出版社 2015 年版，第 5 页。
② 同上书，第 9 页。

权力，否则便无法压制暴力并维持秩序；但这样的权力是无法针对自身执行的，必须要有人来监管这些权力"①。为什么会出现这样的情况呢？因为政府是由人掌握的，人是政府运作的核心要素，而政府为了保护社会，必定聚集了社会中的各种资源，例如"政府所掌控的荣誉和物质资源以及政府的财政行为"等，这些本来都是属于公共性质的，是用来保护社会的。但是，由于政府是由人来掌握和行使的，而人性构造中的私人情感的利己本性，就很可能导致政府滥用自己的资源和权力，满足掌权之人的贪欲，从而导致政府的败坏与失序，由此也就终止了其保护社会的目的，甚至相反，逆变为摧毁社会的力量。这种情况在人类历史上比比皆是。

为此，卡尔霍恩认为人类应该寻找和创设一种有效的机制，来防范政府的恣意妄为、化公为私和权力滥用，这个防范和监督的机制就是"宪政"。"对此类权力实施阻碍的东西，不论我们怎么称呼它，在最宽泛的意义上理解，也就是所谓的'宪政'，且这种宪政是运用于政府的"②。在卡尔霍恩看来，正如政府因应于社会的目标而产生一样，宪政也是因应于政府的挫败和专制而产生。不过，宪政之发端与政府之起源有所不同，如果说政府是神意的规定，那么"宪政则是人类的发明"③。就此而言，宪政并非人类心智的必然之事，也并非神意使然，而是人类自身的主动选择，如何构建一个优良的宪政体制，是人类面临的最为艰难的一桩事务，"也就是说，能够对政

---

① 约翰·C.卡尔霍恩：《卡尔霍恩文集》（上），林国荣译，广西师范大学出版社 2015 年版，第 7—8 页。
② 同上书，第 8 页。
③ 同上书，第 9 页。

府的压制和滥权倾向进行完整的抵制，并迫使政府严格遵循自身的伟大目标，这项工作迄今可说是仍远远超越了人的智慧，很可能以后也都永远是这样的局面。"①

尽管如此，卡尔霍恩并不完全悲观，因为固然宪政是人类自身的创设，且面临政府权力的巨大压制与阻碍，但宪政秩序的构建仍然秉有人性的基础，也就是说，人类自身就其情感重力学来看，仍然有培育宪政机制的人性论依据。这个哲学基础还是来自人类的情感与经验。人所固有的社会性情感致使那些掌握政府运行的人，他们即便是在实施政府权力、调用政府资源时，也不可能完全放纵自己的自私情感，致使政府的职责消耗殆尽，从而导致社会整体上失序，若果真至此，最终也会祸及政府统治者自身。而且，就政府的创制和运行来看，也还是有一种选择政府统治者的机制，这个机制的有效运行并不能单凭暴力，而是取决于人的社会性情感的有效发挥，致使政府权力的来源最终获得每个人的认同。总的来说，无论是政府还是宪政，它们作为两种不同的政治创设，维系它们得以相互关联的最大公约数乃是人类中的社会情感。没有社会情感的中介，政府不可能产生（即便是神意赐予），宪政更不可能产生（系于人自身的政治智慧）。当然，如何调适人性中的私人情感和社会情感，尤其是在不同的组织机制以及相关的各个层次和结构中，如何恰当地处理它们之间的关系，实乃一种高级的政治技艺，所谓优良的宪政政府就是这类技艺的结晶。

---

① 约翰·C.卡尔霍恩：《卡尔霍恩文集》（上），林国荣译，广西师范大学出版社2015年版，第8页。

通过上述的分析，我们可以看到，卡尔霍恩的哲学人性论具有鲜明的政治蕴含，他不以人类情感与理性的哲学分辨以及逻辑剖析见长（比较而言，这些内容恰恰是霍布斯、洛克、卢梭、狄德罗、休谟、斯密等擅长的），而是把理论的中心聚焦于社会与政府、政府与宪政这个与人类生活性命攸关的双重机制的人性根源上面，试图为文明的人类生活提供一种人性基础。正是在这个方面，卡尔霍恩为经验主义政治理论给出了自己独特的贡献，在他看来，政府的构建源于人类的社会情感，但政府的堕落则源于人类的私人情感，为此，需要通过人类自身的努力，造就出一个防范与克服社会共同体解体的良策佳构，这就是宪政。所以，为宪政主义的政府论提供一种基于哲学人性论的理论证成，这是卡尔霍恩最为独特的哲学贡献，也是他的政府论以及宪制法理学的出发点。为此，他写道："远古时代，智慧的分布极为不均衡，宪政建设方面所能提供的单薄材料，可说是借助完美的智慧和机巧而运用起来的。公正地说，人类在文明和智慧方面所取得的后续进展，都可溯源于此类宪政机制的成功实施，我们今天所享受的正是文明和智慧的进展所带来的福利。所谓宪政，也就是能够对政府强烈的失序和滥权倾向形成抵制并赋予政治制度以稳定性的东西。没有宪政，也就谈不上进步或者恒久的改进。"①

---

① 约翰·C.卡尔霍恩：《卡尔霍恩文集》（上），林国荣译，广西师范大学出版社 2015 年版，第 11 页。

2. 政府论

政府论是卡尔霍恩的理论核心，他的两篇雄文《论政府》与《美国的宪法与政府》，都是建立在他的一般政府论的前提之上的，因此，讨论政府的构造以及运作便成为他的主要议题。

在这个问题上，卡尔霍恩一开始并没有提出别出心裁的观点，他遵循着传统的早期现代的政治学套路，依照他的社会情感说，认为政府的构造原理首先或首要在于民主政治，民主是现代政府的构建之基。"所有人都承认，民治政府，或者说民主，就是人民的政府——毕竟语词本身就喻示了这一点。一个完美的民主政府应当囊括共同体每个成员或者每个公民的同意"①。从经验主义哲学来看，这个民主政府表达了人民的共同感受和共同的利益，因此也被视为整个共同体的感受。从政治学来说，民主政府源自人民主权的授予，基于人民的同意才有了国家主权，并授权政府管理和统治社会。而且，就政治历史来看，关于民主的政府体制，有一个从国王专制到人民民主的演变过程，即从一个人的统治（君主制）到少数人的统治（贵族制）再到多数人的统治（民主制）的演变过程，最终确立了民治政府，其构建机制就是通过选举制来确立人民的统治，这种民主体制被列国宪法所规定，并致使人民成为制宪权的主体，由此构建了现代国家，组织了现代政府。

卡尔霍恩的政府论对于上述具有通说性质的民主理论以及民主实践的历史进程，并无疑义，他也接受这些17、18世纪以来的自由

---

① 约翰·C.卡尔霍恩：《卡尔霍恩文集》（上），林国荣译，广西师范大学出版社2015年版，第26页。

民主学说的一般论述，甚至，他也接受了美国制宪时期的立国者们尤其是联邦党人所倡导的两个重要的核心观点：多数人的暴政与分权制衡。在卡尔霍恩看来，民主政治的一个突出标志是选举权的实施，通过平等的选举权，从而实现多数人的统治，这是民主政府的一个前提，没有选举权就没有现代政府。选举权的政治功能在于由此创设了一种制度形态，多数人利用选举权的选票优势，可以组建一个代议制政府，通过委派中央与地方政府的各级官吏，控制与掌握公共资源，尤其是在因地域、种族、文化、信仰、习俗、财富生产、市场运行等不同因素而形成的巨大差异性社会共同体中，这种政府资源的支配与使用，可以最大化地实施共同的社会情感与利益诉求的满足。"选举权的目标所在，正是将共同体的感受集合起来；越是能够充分且完美地达成此一目的，选举权自身也就越是能够充分且完美地实现其目标"[1]。

问题在于，基于多数人的选举权并非能够代表所有人的意愿，而只是代表多数人乃至最大多数人的意愿，因此，总是会实际上形成一种多数与少数博弈的民主政治，"数量多数并非人民，相反，它只是人民的一个组成部分；因此，如此构造的政府也并非民治政府的真正的完美的典范，相反，这样的民治政府仅仅意味着一部分人对另一部分人的统治，也就是多数对少数的统治"[2]。这一情况也是现代政治理论家们所普遍感受到的，故而，麦迪逊在《联邦党人文集》

---

[1] 约翰·C.卡尔霍恩：《卡尔霍恩文集》（上），林国荣译，广西师范大学出版社 2015 年版，第 24 页。

[2] 同上书，第 27 页。

第 51 篇中提出了"多数人的暴政"的著名论断。[①] 为此，他们试图构建一种复合联邦制的分权制衡体制，即通过以"野心来对抗野心"的分权体制，解决多数人通过掌握政府权力实现个人私欲以及实现党派私利的目的。这样，在人类的政治制度史中，才出现了美国三权分立的政府分权制衡的模式，即立法、行政与司法的横向分权，通过不同部门的权力分割，抵御单一政府部门的权力膨胀，防范任何一种权力的强势滥用。对于现代政府的分权体制以及由此克服多数暴政的制度设计，卡尔霍恩当然也没有疑义，也认为它们是宪政构建的一桩伟业，并且予以赞同。

到此为止，卡尔霍恩基本上是同意和重复其他思想理论家们的观点，那么，他的富有新意的政府论是什么呢？我认为，接续着上述理论往下说，即在民主政府与宪政政府的逻辑分叉方面，卡尔霍恩表现出一位原创思想家的风范，尤其是不仅在政府原理方面，还在制度构建方面，进一步说，在美利坚合众国的宪法阐释以及捍卫州权的宪政体制方面，表现出一位卓越政治家的思想高度。

――――――――

① 参见亚历山大·汉密尔顿、约翰·杰伊、詹姆斯·麦迪逊：《联邦党人文集》，程逢如等译，商务印书馆 1980 年版。麦迪逊在《联邦党人文集》第 51 篇中指出，在一个共和国里，保护社会成员不受统治者的压迫固然重要，保护某一部分社会成员不受其他成员的不正当对待，同样重要；在不同的社会成员之间一定存在不同的利益，如果大部分成员联合起来，那么少数群体的权利就会得不到保障。所以，虽然独立战争击败了来自英国的暴政，但独立而民主的美国社会却存在着多数人暴政的可能性。此外，托克维尔在考察美国的民主时也指出："我最挑剔于美国所建立的民主政府的，并不像大多数的欧洲人所指责的那样在于它的软弱无力，而是恰恰相反，在于它拥有不可抗拒的力量。"托克维尔可谓第一个明确阐述了民主可能伤害自由的思想家，在他看来，多数的暴政是民主丑陋的一面，他称之为"民主的狂野本能"。

卡尔霍恩所关注的问题不是政府的创设与运行机制（这是此前理论家们所擅长的），而是一般政府论中的宪政发生学，用他的话来说："究竟通过怎样的办法才能在不剥夺针对共同体资源的充分支配权的前提下阻止政府滥用权力呢？"[①]这个极其艰难的问题，才是他在著述中反复诘问的重大问题，即"用不着详细考察那些声名卓著的政府为了抵制失序和滥权倾向而采取的种种办法，也用不着在最为宽泛的意义上来处理宪政问题。我的提议要有限得多，那就是解释一下政府必须依据怎样的原则来塑造，才能借助其内部结构，或者用一个单独术语来说就是机制，来抵抗滥权的倾向。这种结构或者机制，也就是我所要论及的严格意义上和更为通俗意义上的宪政，正是这样的结构或者机制将所谓的宪政政府与专制政府区别开来"[②]。

由此可见，卡尔霍恩把宪政放在一个十分攸关的地位，宪政机制的有与无，成为划分专制政府与自由政府的标准。通观此前的一系列政治理论家，还没有谁把宪政看得如此之重，即便是英国的洛克、休谟，法国的孟德斯鸠、卢梭（法国革命时期的贡斯当或许是个例外），美国的联邦党人以及反联邦党人，虽然都极其关注自由、共和、民主的价值和政体制度，并且或多或少地论述过宪政技艺以及宪政政府，但如此鲜明干脆地敞开议题，把宪政政府与民主政府对立起来，探索宪政政府的制度发生学以及构造原理，卡尔霍恩无疑是一位卓越的开路先锋，他的政府论就其本质上说就是宪政论或

---

① 约翰·C.卡尔霍恩：《卡尔霍恩文集》（上），林国荣译，广西师范大学出版社 2015 年版，第 10 页。
② 同上书，第 21 页。

宪政政府论。

　　卡尔霍恩先从选举权开始展示他的理论逻辑，在他看来，那些认为选举权本身就足以塑造出宪政政府，单靠赢得选举权就确立了政府首要原则的观点，实在是大错特错了。"此种错误看法不仅导致了塑造宪政政府过程中的错误，也导致了一度因运气而获得成功的尝试最终都遭遇颠覆。选举制本身，无论获得何等良好的防护，也无论人民接受了何等的启蒙，都是远远不够的，如果没有其他条款的协助，政府最终还是会走向专制，这就如同将政府置于不负责任者的手中，压制和滥权的倾向起码同专制政府是一样强烈的。"① 为什么会出现如此的情况呢？因为选举权所能做的不过是让选民能够完全控制被当选者的政治行为，由此，选举权便可以把政府转化成一个代理机构，将统治者转化为代理人。这在实际上是把政府所控制的立法权、执法权转移到作为一个整体的共同体身上，把政府的权力同样完整地置于共同体的民众之手。问题在于，在共同体纷繁复杂的利益格局中，如何将政府的行为均等化，如何让代理人真切地表达出共同体的共同利益，如何防范政府权力内部那些利用共同体利益多样性的特征而以权谋私、滥用权力的行为，就成为最大的政府难题。选举权并不具备这样的权能，它只是把针对政府的控制权置于共同体手中，但并不能保证避免共同体内部各个利益集团之间的冲突。按照人的私人情感的本性，每个利益集团都会竭尽所能地据有权力，控制政府，最后相互斗争的结果便是多数迟早会形成，

① 约翰·C.卡尔霍恩：《卡尔霍恩文集》（上），林国荣译，广西师范大学出版社 2015 年版，第 13 页。

"一旦多数得以形成,整个共同体就会分裂为两大派系:多数派与少数派。双方会发生不间断的斗争,一方是为了保持多数,另一方则是为了获取多数,并由此来掌控政府以及政府的资源"①。

一个社会共同体的原初目标是维护整体性的安全与生存,为此目标,一个基于选举权的政府可以拥有足以调用共同体资源的权能,这些权能包括筹集并发放巨额的款项,成立各种巨大的建制,诸如海陆军,以及要塞、军舰、炮台等,征收各种税款,还有雇用大量的政府官吏,等等,而这些政府所控制的大量的物质和荣誉资源以及政府财政行为,都是无法均等化的,无论它们多么巨大,最终都只能落于少数人以及他们的裙带关系之手。这样的结果就是:"占据主宰地位的多数派实际上正是通过选举权——一种控制性的、统治性的和不负责任的权力——成为统治者,而立法和执法之人实际上则不过是这个多数派的代表和代理人而已。"②于是,我们看到,基于人性的构造原理,由于私人情感要比社会性情感强大,每个人都和其他人一样,具备进行压制和滥权的重力学倾向,"在多数统治的政府当中两个集团之间的关系都是一样的,就统治集团而言,也都具备同样的压制和滥权倾向。当多数成为统治集团之时,重要的并非如何实施权力,无论是民众的直接统治,还是通过代表或者代理人进行间接统治。在此种情形中,少数将会成为被统治者,这和贵族政体中的民众或者君主政体中的臣民的境况并无二致。在这个问题

---

① 约翰·C.卡尔霍恩:《卡尔霍恩文集》(上),林国荣译,广西师范大学出版社2015年版,第15页。
② 同上书,第20页。

上，唯一的差异在于，在多数统治的政府当中，少数成为多数，而多数则成了少数。是选举权造就了此种局面，由此，便可以不借助强力和革命来改变彼此的相对位置"①。这无疑是对选举权以及多数统治的逆转和嘲讽，它颠覆了共同体的原初目标。②

在卡尔霍恩看来，麦迪逊等人对于民主政治所导致的弊端之防范，并没有真正地解决民主内涵的本质性难题，他们提出的代议制和分权制衡是不够的，因为产生民主缺陷的深层原因还有待认知。卡尔霍恩指出，人们对于选举权多数的认识是有重大偏差的，其实关于共同体的共同感觉之达成，存在着两种不同的模式："一种模式是全然依靠选举权；另外一种模式则是经由恰当机制调节之后的选举权。"因此，就有两种不同形态的多数，一种是"数量上的或者绝对的多数"，另一种是"复合的或者宪政的多数"③。前者在对共同体利益的收集与把握上，仅仅考虑数量，"将共同体作为一个单位来看待，仿佛真的具备单一的共同利益"。后者虽然也考虑数量，但主要是把"共同体视为由不同和彼此冲突的利益群体构成之物，至少从政府行动的角度来看是如此"。两种形态的多数本质上是有重大区别

---

① 约翰·C.卡尔霍恩：《卡尔霍恩文集》（上），林国荣译，广西师范大学出版社2015年版，第21页。

② 对于民主制度的问题，早在费城制宪时期就被建国者所觉察，故他们选择了共和国而非民主国，在《联邦党人文集》中，麦迪逊尤其强调指出了合众国的宪法原理乃是基于代议制民主和分权制衡的政府构造，即美利坚合众国不是一个"纯粹的民主政体"，而是一个"共和政体"。参见《联邦党人文集》第51—65篇。此外，参见约翰·邓恩：《让人民自由——民主的历史》，新星出版社2010年版。

③ 约翰·C.卡尔霍恩：《卡尔霍恩文集》（上），林国荣译，广西师范大学出版社2015年版，第25页。

的，由此构成的民治政府也就截然不同，一种政府是民主政府，另一种是宪政政府，虽然它们都宣称是基于选举权的多数。[1]为什么会形成这样的差别呢？主要是因为人们认识上的盲点，即把绝对的数量上的多数等同于人民，视为人民的民治政府，其实这样的数量多数不但构不成真实的人民，还很可能导致专制或多数人的暴政。真正的民治政府，应该承认人民的多样性，其政府构造系于复合多数，这样的基于复合多数的政府才能够真正体现多样性的共同体的利益感受，避免政府权力为多数人以及作为他们代理人的少数人的统治。这样的政府卡尔霍恩称之为宪政政府，或者说基于复合多数的选举权的宪政政府。

在此，卡尔霍恩提出了一个无论是在理论思想还是在政治实践上都非常具有独创性的观点，即否决权的辅助条款理论。这个理论不仅总结了西方政治史中的宪政发生学渊源，而且成为卡尔霍恩阐释美国宪法构造，并坚守美利坚合众国的州人民主权的理论支柱，当然，这个否决权理论也是他为南方黑人奴隶制辩护，并进而导致南方诸州对抗联邦政府、最终从合众国分离的理论依据。[2]依照卡尔

---

① 约翰·C.卡尔霍恩：《卡尔霍恩文集》（上），林国荣译，广西师范大学出版社 2015 年版，第 25 页。关于卡尔霍恩两种多数的分析，参见高全喜：《卡尔霍恩的州人民主权论以及美国宪制结构的历史变革》，《学术月刊》2016年第 4 期。

② 关于这个问题的美国宪政历史学研究，参见任东来：《美国早期宪政史上的联邦法令废止权》，《美国研究》2001 年第 2 期；王希：《原则与妥协：美国宪法的精神与实践》，北京大学出版社 2014 年版；杨生茂等：《美国的独立和初步繁荣》，人民出版社 1993 年版。任东来等宪政史学家关于卡尔霍恩提出的州行使否决权的分析，基于美国内战背景（南方诸州黑人奴隶制的非正义性）以及日后美国的国家体制之现实演进，将之归结为分（转下页）

霍恩的观点，固然选举权、多数人统治以及政府权力之间的分权制衡等制度设置是必要的，也是民主政治的必要前提，但是，它们并非完美无瑕，而是隐含着各自的隐忧，甚至沦为专制政府的挡箭牌。一个真正的宪政政府，或人民的政府，除了选举权之外，还需要确立一个辅助制度，也就是说，"单单是选举权，若不辅以其他条款，是无法对政府的压制和滥权倾向形成抵制的。既如此，接下的问题便是：究竟需要怎样的辅助条款呢？这个问题需要最为严肃的对待，毕竟，在有关政府科学的所有问题当中，这个问题包含着一项最为重要但也最不为人了解的原则；即使人们对此有所了解，在实践中也是最为困难的。我们不妨着重指出，正是这一原则构筑了宪政，即那种严格和限定意义上的宪政"①。

卡尔霍恩认为，这个抵御政府权力走向专制暴政的机制，就是否决权的行使。他写道："单纯在代理人或者代表中间进行权力分割，很难或者根本就不会对政府的压制和滥权倾向形成抵制。要进行抵制，就必须再进一步，让政府的各个部门成为共同体不同利益团体或者群体的机构，同时还要赋予各个机构针对其他机构的否决权。此举的效果实际上是将政府形态从数量多数改造成复合多数。"②

（接上页）离主义的州权理论，多持严厉的批判态度，这固然有一定道理，也切中卡尔霍恩思想的一个软肋，但并没有对卡尔霍恩提出的州否决联邦政府法令的否决权之宪政意义给予深入的学理分析。本文下面即是暂时摆脱美国内战的现实语境，从一般宪政论的视角给予卡尔霍恩否决权理论一个客观中立的解释。

① 约翰·C.卡尔霍恩：《卡尔霍恩文集》（上），林国荣译，广西师范大学出版社 2015 年版，第 21—22 页。

② 同上书，第 30 页。

从政府论的内在逻辑来看，否决权来自由复合多数构成的共同体的利益选择，卡尔霍恩说："正是各个团体或者群体相互冲突的利益之间的这种否决权，赋予了各个团体或者群体自我保护的手段，并且，只要他们的利益能够得到稳固的地位，就能够将每个团体或者群体的权利和安全置于自身的保护之下。若非如此，就无法对群体或者团体利益之间天然的冲突倾向形成系统、和平和有效的抵制；若非如此，就不可能存在宪法。""这是一种否决性的权力，一种阻止或者遏制政府行为的权力，无论我们怎么称呼它，否决、干预、取消或者制衡，它实际上都形成了宪政。那些称谓只不过是此种否决权的不同名称而已。无论其形式为何，无论其名称是什么，它都源自复合多数。没有复合多数，也就不可能存在否决权；没有否决权，也就不会有宪政。"①

从政府论的角度来看，任何一个政府都或多或少拥有两种权能，一种是积极权能，一种是消极权能。前者是行动的权能，它们通过行使立法、行政等政府权力来落实对于社会的保护目标，没有这种积极的权能，或后来称之为"国家能力"的权力运行，一个有效的政府是难以达成的，说起来这种积极权能是必要的，可以视为"必要的恶"。但是，仅仅这种积极权能是危险的，它如果不受约束，就必然会变异为专制的权力，沦为专制政府或威权国家。所以，一个优良的政府体制还需要另外一种消极的权能，那就是宪政的机制，它的职能是阻碍或者遏制政府行动的权力，这种消极权能的核心不

① 约翰·C.卡尔霍恩：《卡尔霍恩文集》（上），林国荣译，广西师范大学出版社2015年版，第31页。

在于分权制衡，而在于否决权，否决权体现着宪政的本质。对于否决权，卡尔霍恩给予了高度的重视，他认为"正是此种否决权造就了宪政，而积极权能则造就了政府。后者是一种行动权力，前者则是阻止或者遏制行动的权力。两者的联合便造就了宪政政府"①。

　　从方法论角度来看，来自复合多数的宪政政府论，本质上有别于来自数量多数的单一政府论，前者采取的是多元中心的权力观，"所有的宪政政府，无论归属哪个阶层，都是通过部分来理解共同体的，每个部分都拥有自身的合适机构，并且都是从全体组成部分的角度来看待整体的。它们都立足于选举权、统治者的责任之上，无论是直接的还是间接的"。而后者采取的则是一种整全主义的权力观，它把"权力集中于不受控制和无责任担当的个人或者团体之手，人们是从权力拥有者之意志的角度来看待共同体的。因此，各种政府形式之间的那条伟大且宽广的分界线并不在于一人政府、少数人政府或者多数人政府之间，而在于宪政政府与专制政府之间。"②梅里亚姆指出："在卡尔霍恩看来，拒绝执行联邦法令不仅是州同联邦关系的理论，而且是总的立宪政体的理论；不仅建立在美国特有的制度中，对于任何一个自由政体也同样重要。"③

　　卡尔霍恩进一步分析说，从这种方法论以及政府构造结构的区别，又可以推导出两种政府运行的原则，在宪政政府中就是妥协，在专制政府中就是强力。为什么强力构成了专制政府的保护原则，

① 约翰·C.卡尔霍恩：《卡尔霍恩文集》（上），林国荣译，广西师范大学出版社2015年版，第31—32页。
② 同上书，第32—33页。
③ 梅里亚姆：《美国政治学说史》，朱曾汶译，商务印书馆1988年版，第144页。

而妥协构成了宪政政府的保护原则呢？首先来自人性的构造，即人的自私情感大于社会性情感，而专制政府的强力运行结构，又为多数政府的各种权力机构及其代理人提供了不受约束的空间，因此它们很容易通过权力行使剥夺被统治者的抗议，并持续依靠强力压制各种各样的抵抗，致使强力沦为政府的保护原则。而反对者由于没有和平反抗的制度空间，所以也只有依靠强力实施它们的抵抗，或者逆来顺受，或者推翻政府，这样的结果就出现了历史中层出不穷的专制政府的轮替游戏，城头变幻大王旗。"与此相反，复合多数的政府，其宪政机制是完善的，于是就排除了压制的可能性，因为各个利益集团群体以及团体，在阶层状态稳定的情形中，都获得了自我保护的手段，它们都可以通过否决权来对抗所有意在牺牲他人以推进自身利益的举措"①。此种宪政局面会迫使人们联合起来，采纳那种能够推进全体共同繁荣的举措，此乃避免政府恣意妄为的有效方法，这样的结果，就是既避免了无政府的战争状态，又造就了共同体的团结。宪政政府的妥协原则"赋予各个利益团体或者群体以自我保护的权能，由此，各个团体或者群体之间的全部霸权争斗得到了遏制。因此，不仅所有那些用以削弱整体依附感的情感都得到了压制，而且个体性的情感和社会性的情感也都得到了引导，致力于在共同的国家忠诚中联合起来"②。

　　正是在宪政政府的妥协原则中，政府本该秉有的保护社会、完

---

① 约翰·C.卡尔霍恩：《卡尔霍恩文集》（上），林国荣译，广西师范大学出版社 2015 年版，第 33 页。
② 同上书，第 42 页。

善社会的责任才能够得到富有成效的实现。在这样一个复合多元的社会之中，竞争代替了仇视，强力得到制约，财富获得大幅度的增长，人性中的知识、智慧和美德情操成为人民的突出品质，而虚假、野蛮、欺骗、不公等得到有效的约束，精神文明赢得了制度基础的支撑，追求真理、正义、诚实和尊严备受社会各界的激励。上述一切之所以能够成为社会常态，主要是系于宪政政府基于妥协原则之下的高超技艺，如果进一步追溯的话，则系于复合多数的政治构成以及否决权的有效实施。

检点卡尔霍恩的《论政府》一文，我们发现他用了大量文墨并通过细致的历史案例，来着重探究政府的妥协原则和否决权的政府论意义。在他看来，基于数量多数的政府（或所谓民主政府）由于遵循着强力原则，其运行机制日趋简单，最后势必将专制政府强加给共同体。究其原因在于"所有政府的倾向就是从复杂和困难的构造向着简单和轻松的构造滑落，并最终走向专制君主制，这是最为简单的政府形式"。相比之下，复合多数的政府之构造机制和运行逻辑则要复杂得多，"即便最不复杂也最能够轻易构造出来的宪政政府，也比任何专制政府的构造要复杂和困难得多。确实，政府的构造难度如此之大，以至于这种构造本身出于智慧和爱国精神的程度并不下于环境机缘所发挥的效能。在大多情况下，宪制政府都是从利益斗争中生长而出，这样的斗争也都是借助运气的因素而最终达成妥协，也正是通过这样的妥协，斗争双方都以这样或者那样的方式获得了政府的接纳，在政府中获得了各自不同的发言权"①。如果说在传

---

① 约翰·C.卡尔霍恩：《卡尔霍恩文集》（上），林国荣译，广西师范大学出版社 2015 年版，第 66 页。

统社会，社会分化为三个部分：君主的、贵族的和人民的，如何在这样的政治环境下构建一个宪制政府需要妥协的政治技艺，例如赋予人民以否决权，那么在一个民主制的环境下，在一个人民业已分化为多个部分，并且形成了若干系于诉求、条件、境况和性情等方面的多数与少数的情况下，达成一个宪制政府，则需要更加高超的妥协的政治技艺。因为要塑造一个民治形态的宪制政府，还需要面对另外一种难以克服的阻碍：借助妥协来终结相互冲突的利益团体之间的斗争，这在绝对民治政府中比在贵族制政府或者君主制政府中要困难得多。

妥协不是和稀泥，不是不讲原则，不是无原则的中庸之道，真正的政府其精髓即在否决权的有效使用，卡尔霍恩的思想独创性在于他的政府论赋予否决权以极其重要的宪政意义。为此，他特别列举了罗马和不列颠政制的宪政起源及其政体结构的有效运作，认为它们堪称完美的典范。下面仅以罗马政制为例，罗马共和国之所以能够经久存在并发展成为一个伟大的古典帝国，不单纯只是因为它的元老院制度，而在于罗马贵族和罗马人民（平民）之间的有效妥协与制衡，其集中的标志便是护民官职位的设置与行使，"平民所获权利不仅包括针对所有法律的否决权，而且包括法律的执行权，并由此通过护民官这个职位而获得了对整个政府行为的否决权，但同时并没有剥夺贵族对元老院的控制权。通过此种安排，政府就由两个阶层复合式的联合声音所操控，两个阶层的声音通过各自单立且恰当的机构来表达，贵族阶层拥有积极的政府权力，而平民阶层则占据否决性的政府权力。这个简单的变化将罗马政府转化为全体罗马人民的政府，从贵族体制转化为共和体制。此举为罗马的自由和伟大奠定了牢固的基础"①。

　　总的来说，采取怎样的一个政府构造对于社会共同体的文明水准是至关重要的，宪制政府的结构、原则以及运行，可以抵御政治强力的恶性发展，阻碍多数人的专制暴政，最终实现宪制政府的价值——自由，或者从本质上说，宪制政府就是一个自由政体。

　　卡尔霍恩在论述了政府的结构、原则和运行之后，马上就展开政府目的的讨论，也就是说，成立政府究竟是为了什么？在这个问题上，卡尔霍恩呈现了他的经验主义的思想逻辑，其中又包含着一个独创性的理论洞见。本着人类的生活经验，卡尔霍恩指出政府的目的有两层，政府的原初目标是自保和安全，成立政府首先是为了"人类的保存与恒久"。"不管怎么说，人类种族的存在较之改善当然更为重要。"②人类创设政府既来自人性的社会性情感，也无须人的刻意发明，人天生就知道要通过政府来获得安全与自保，这也可以说是某种神意的安排。关于这个人类自保的政治学原则，可谓思想史的老生常谈，斯宾诺莎、格劳秀斯、霍布斯、洛克、休谟等早期现代的思想家都把自保视为政府构成的第一目标。问题在于，单纯的自保其实难以达成，一个社会如果想要确立个人的安全与自保，还需要添加一个更加重要的目标，那就是自由与否的问题，为此就产生了多种形态的社会的或政治的契约论。

---

① 约翰·C.卡尔霍恩：《卡尔霍恩文集》（上），林国荣译，广西师范大学出版社 2015 年版，第 80—81 页。
② 同上书，第 47 页。

卡尔霍恩遵循着经验主义自由论的路径，^①认为自保并不足以构成人性的本质，人类还有更高的目标，那就是自由，"自由乃是人类所能获得的最大赐福之一"。不过，卡尔霍恩反对卢梭所谓的"人是生而自由的"观点，认为"那种认为全体人民都配享自由的看法是一个巨大且危险的错误。自由是等待赢取的奖励，而不是一项可以免费滥施于所有人的赐福。它是为理智、爱国、德性以及有资格之人保留的奖励，而不是一种恩惠；过于无知、堕落、邪恶因而无力鉴赏并享有自由的民族是配不上自由的。实情就是如此，而且也应当如此"^②。

为什么自由是一种要靠人的努力才能获得的福祉呢？关键在于自由与宪政的密切关系，即宪政是一桩需要政治勇气与智慧而抵御政府强力的机制，是一种讲究妥协的政治技艺，是人类文明的一种自我奖赏，一个民族在自由阶梯上由低到高的进步必然是缓慢的，揠苗助长的举措，要么会阻碍自由，要么会永久地挫败自由。与此相关，卡尔霍恩批判了卢梭的平等理论，那种认为自由与平等如此密切地相互关联，若没有完全的平等就没有完善的自由的观点其实是十分错误的，那种假设一个孤立而平等的自然状态有悖于人的社

---

① 经验主义的自由论，既不同于理性主义的自由论，也不同于意志论的自由论，后两种形态的唯理主义和唯意志主义必然导致平等论的强势凸显，这实际上就隐含着以平等取代了自由，平等构成了政府论的第一原则，例如霍布斯、斯宾诺莎、卢梭、费希特等人的思想理论就是如此，至于各种各样的社会主义之思想理论资源，就更是明确标榜平等高于自由的原则。参见乔万尼·萨托利：《民主新论》，冯克利、阎克文译，上海人民出版社2015年版。

② 约翰·C.卡尔霍恩：《卡尔霍恩文集》（上），林国荣译，广西师范大学出版社2015年版，第47页。

会性或政治性的经验观察。在卡尔霍恩看来，固然"自由和平等在一定程度上是彼此相关的，以法律眼光观之，在民治政府中公民的平等对于自由的作用将是本质性的。这一点是得到承认的。不过，要是再进一步，使境况之平等成为自由的本质性条件，这既会摧毁自由，也将摧毁进步"①。应该指出，卡尔霍恩对于自由的强调，是有其时代背景的，如果说美国立国制宪时期的宪法与民情主要是延续独立战争时的时代精神，强调自由权利，那么随着美国社会的发展，后来的演变则开始关注于民主政治问题，卡尔霍恩的保守主义其实所保守的乃是早期立宪时代的自由原则。②弗莱切指出美国内战后所形成的宪法修正案其实构成了另外一个隐藏的宪法："1787 年宪法是对于个人自由最大限度的表达，至少针对联邦政府是如此。《权利法案》不仅保护了言论、宗教和集会的基本自由，而且，第一共和国宪章还保护白人自由掌握和控制其他人种，即黑人的生杀大权。而第二部宪法则致力于实现人人生而平等的主张。《权利法案》所尊奉的个人权利，为个人独立自主开辟一个空间，免受政府的干涉。内

---

① 约翰·C.卡尔霍恩：《卡尔霍恩文集》（上），林国荣译，广西师范大学出版社 2015 年版，第 48 页。

② 梅里亚姆在分析美国政治学说史的演变时就指出了这个思想流变，他认为在杰斐逊，尤其是杰克逊时代，美国政治就进入一个新时代，早期美国《独立宣言》和制宪时代的思想理论，诸如自然状态、自由权利、社会契约论、精英政治等就被逆转，而大众民主、权利平等、国家主义等成为流行观点。梅里亚姆以美国制宪时期的代表人物亚当斯总统的后期思想转变为例，从他对无限制民主表示不信任、为贵族政治辩护和坚守分权制衡三个方面，分析了一些政治家们对于时代风潮的保守性的抵制。可以说，卡尔霍恩在某些方面延续了这个保守主义的传统。梅里亚姆：《美国政治学说史》，朱曾汶译，商务印书馆 1988 年版，第 65—105 页。

战后的宪法所强调的不是免于政府干涉的自由，而是法律上的平等。国家不应该对我们不理不睬，它得比这个做得更多。它得保障所有人受到法律的平等保护。"①

借助保守自由的宪政理论，卡尔霍恩进一步提出了自己的文明演进论，他的这个观点与亚当·斯密、休谟的历史观大体一致，即他们都反对抽象的社会契约论，不认同自然状态的理性预设，与此相反，他们主张人类进步的源泉，乃至个体改善自身境况和进步所能获取的最大动力，在于让个人依据自认为最佳的方式去自由发展，只要不违反政府的原初目的。鉴于个人之间的差异巨大，无论就智力、聪敏、精力、毅力、技术、勤劳和节约的习惯、身体力量而言，还是就地位和机会而言，都是如此。因此，让所有人自由发挥以实现自身境况的改善，此举的必然结果就会是相应的不平等。如果通过政府的强制干预，使优异者下降到低劣者的地位，无疑将会终结进步的动力机制，并有效地遏制进步过程。所以，那种主张所有人生而平等的观念是没有根据的错误假设，真正能够促进人类进步并逐步提升人类自由与平等价值的乃是复合多数的宪政政府体制。"复合多数更适合于扩展并保障自由的范围，这是因为复合多数政府能够更好地阻止政府越过其恰当的界限，并将政府限制于其原初目标之上，那就是为共同体提供保护"②。所以，"自由只有在复合多数或者宪政政府之下，才能获得安全和持久的生存。毕竟政府行动总是

---

① 乔治·弗莱切:《隐藏的宪法:林肯如何重新铸定美国民主》，陈绪纲译，北京大学出版社 2009 年版，第 3 页。

② 约翰·C.卡尔霍恩:《卡尔霍恩文集》(上)，林国荣译，广西师范大学出版社 2015 年版，第 50 页。

会以不平等的方式影响到各个组成部分，复合多数政府能够为共同体的各个组成部分提供针对其他部分的否决权，因此，也就阻止了任何偏颇性的或者地区性的立法举措，并将政府行为限制在意在保护整体利益的范围内。由此，政府也就能够同时保障人民的权利与自由——这里所谓的人民是从个体视角看待的"[①]。

依照上述政府论的原理，卡尔霍恩简要地考察了一下自由与历史的关系。在他看来，伴随着人类从野蛮到文明的演进，自由得到了不断的拓展，正是这种自由的动力机制，促进了人类物质生产方式的变革、科技的发明、工艺的提高、经济的繁荣，等等，而最为重要的还在于促进了人类政府构造的转型，即从基于强力的专制政府演变为基于妥协的宪政政府。"在文明民族当中，同样的因素也决定了谁更优越的问题，假设其他条件不变，优胜者则是那些其政府能够为发展、进步和改善提供最大动力的民族，确切地说，就是能够获取最大范围自由并能够最有效地保障自由的民族。英格兰和美国便是其中的显著例子。不仅就自由之于权力提升的作用而论是如此，而且在英格兰和美国这样的国家，建基于复合多数或者宪政多数原则的政府也能够以更为完善的方式去扩展和保障自由"[②]。

3. 宪制法理学

前面两节讨论了卡尔霍恩的人性论以及政府论，这些内容虽然

---

① 约翰·C.卡尔霍恩：《卡尔霍恩文集》（上），林国荣译，广西师范大学出版社2015年版，第51页。
② 同上书，第53页。

是其思想理论的基础部分，但并不是他的中心议题，作为一位政治家，与卡尔霍恩攸关的是他身处的时代境况，是关涉美国宪法制度的理论依据，是南北双方濒于战争边缘的美利坚合众国的安危存续。所以，在《论政府》之后，卡尔霍恩撰写了长篇雄文《美国的宪法与政府》，并不失时机地频频发布各种演讲和评论，就美国宪制阐发自己鲜明的主张，形成了堪与林肯法理学比肩的卡尔霍恩法理学，由此，卡尔霍恩被视为美国南方政治团体的代言者和精神领袖。从某种意义上说，美国的南北战争既是一场军事战争，更是一场宪法战争，双方争夺的制高点是对于美国联邦宪法的解释权，或者说是构建关于美国联邦宪法的法理学。

卡尔霍恩政府论的要旨在于人类能够主动地构建一个宪制政府，宪制是政府的精髓，为此，卡尔霍恩追随反联邦党人的思想传统，[①]从政治学和历史学两个维度论证了宪政的起源与构造，并揭示了宪制的基本原理。在他看来，宪制具有人性论的哲学基础，通过复合多数以及否决权等机制，人类逐步实现了从专制政府到自由政府的演变，克服了民主政府的数量多数和强力倾向所导致的诸多弊端。上述政治学的阐释可以考诸历史演进，从人类文明史的视角来看，宪制的原初机制发端于古典的希腊罗马城邦国家，致使人类从野蛮状态走出，并催生了自由的种子，但宪制政府的典范形态还要经过现代民主政治的淬炼，从罗马共和国到不列颠的政治演变史，也可

---

① 参见姜峰、毕竞悦编译：《联邦党人与反联邦党人：在宪法批准中的辩论（1787—1788）》，中国政法大学出版社 2012 年版；赫伯特·斯托林：《反联邦党人赞成什么——宪法反对者的政治思想》，汪庆华译，北京大学出版社 2006 年版。

以说是一部宪制制度的发育成长史，两个政府在不同的环境下展现了宪政赋予人类以自由的赐福，也同时展现了人类创制这种繁难复杂的政治技艺之艰辛。按照卡尔霍恩的理路，美利坚合众国的宪制可谓罗马与英国两种宪制体制的历史性延续和结合，并且在人类历史上第一次以成文宪法的形式凸显了自由宪制的典范性意义。

不同于罗马与英国的宪制形态，美利坚合众国的一个基本特性是制宪建国，通过联邦宪法立国，这就使得美国的宪制政府与联邦宪法结为一体（合众为一），遂成为一个宪制国家。遗憾的是，"人们对美国政府之特性和结构的了解可能还比不上对罗马或者不列颠的了解"，[①] 为此，卡尔霍恩深感要对美国政府与宪法做一番详细的论述，以此提出他的宪制法理学。鉴于我对卡尔霍恩的宪制理论曾经有过专文分析，[②]本文我将集中在如下三个方面探讨卡尔霍恩的宪制法理学，并以此对勘林肯为代表的美国主流宪制法理学。

（1）美国政府的宪制定位

卡尔霍恩在《美国的宪法与政府》开篇就确立了他的宪制法理学的基调，即为美国（联邦政府）确定了宪法学地位，他写道："合众国政府由合众国宪法塑造而成，我们的政府是一个民主的、联邦制的共和体制。"[③]这一定位看似简单明了，但却蕴意丰厚，并且纠结

---

① 约翰·C.卡尔霍恩：《卡尔霍恩文集》（上），林国荣译，广西师范大学出版社2015年版，第90页。
② 参见高全喜：《卡尔霍恩的州人民主权论以及美国宪制结构的历史变革》，《学术月刊》2016年第4期。
③ 约翰·C.卡尔霍恩：《卡尔霍恩文集》（上），林国荣译，广西师范大学出版社2015年版，第93页。

着巨大的歧义。

　　首先，说它民主是相对于贵族制和君主制而言的，美国建国排除了阶级、阶层以及其他所有人的人为区分，确立了政治的民主性质，意味着人民是全部权力的源泉，各州政府以及合众国政府乃是由人民创造的，人民以信托的方式把权力托付给州和联邦政府，遂使政府的权力行使具有了正当性。因此，美国是一个民主制的宪制国家，而非专制性的或君主立宪制的国家。这一点无可争议，问题在于，美国并不是单一的民主国，而是联邦制的国家，所以，"合众国政府是民主的，也是联邦制的"①。何为联邦制呢？卡尔霍恩指出，如果说与民主相对立的是专制，那么与联邦制相对立的则是"全国体制"，要理解联邦制必须理解全国体制与联邦制的不同。此外，鉴于美国立国的独立革命背景，要理解联邦制，还要理解制宪建国前的邦联体制。

　　卡尔霍恩认为，全国体制的法理学在理论上源自社会契约论，即那种认为政治社会是由诸多的个人通过制定契约组建而成的，卡尔霍恩不赞同这种社会契约论的宪制法理学，在他看来，"合众国政府之所以是联邦体制而非全国体制，是因为这样的政府是经由各州所组成的共同体的政府，而非单个州的政府或者单个国家的政府"②。在此，卡尔霍恩特别提出了州人民主权的观点，他认为联邦体制的核心在于美国是作为一个合众国，而非作为一个民主国，联邦宪法

---

① 约翰·C.卡尔霍恩：《卡尔霍恩文集》（上），林国荣译，广西师范大学出版社 2015 年版，第 93 页。
② 同上书，第 94 页。

并没有赋予全国性的整体性国家以主权主体的宪法地位，而是沿袭革命时期的邦联体制的名称——合众国，在这个共和国中，州才是主权的主体，联邦体制就是由十三个主权独立的州，通过联合制宪而形成的宪法体制，这完全可以"从宪法的塑造与批准入手"来加以论证。

"各州，在塑造并批准宪法之际，是单立、独立且主权式的共同体，这一点已得到了确认。各州的人民，依托其单立、独立且主权式的特性，采纳了各自单立的州宪法，这一事实也是无可争议也未曾争议的"①。但是，在制定与批准联邦宪法时，出现了某些争议，因为制定宪法的工作需要协调，采纳宪法也需要各州的协议，尽管如此，应该清晰地看到，制宪会议的代表们是由各州凭借州自身的权威而指派的，他们在制宪会议中是以州为单位进行投票的，在宪法制定出来之后，又是交付各州人民单独批准的，各州人民的批准程序也是各自进行的，宪法对于各州的约束力完全建基于各州单独批准这一事实之上。所以，批准这一行动使得宪法成为"批准各州"之间的宪法，当然，根据宪法第七条最后一款的明确规定，当时的十三个州中不少于九个州予以批准，这部宪法就生效。因此可以得出明确的结论，"宪法之制定和确立是为着各州的人民，也正是各州的人民制定并确立了宪法"②。

正是由于州人民主权的宪法性主体地位，致使美国政府的体制

① 约翰·C.卡尔霍恩：《卡尔霍恩文集》（上），林国荣译，广西师范大学出版社 2015 年版，第 98—99 页。
② 同上书，第 106 页。

既不是全国体制，也不是邦联体制，因为邦联体制缺乏州人民制定与批准宪法这一本质性的内容与形式，形成不了一个宪政体制，联邦体制与邦联体制的根本区别在于宪法的缔造，后者仅仅是一个大陆会议的委员会体制，缺乏联邦政府的权力行动机制。但是，卡尔霍恩指出，其实从大陆会议到制宪会议，在诉求联合的各州人民及其代表心中，一直深埋着一种隐忧，那就是在制宪建国的过程中很可能会制造出一个利维坦，或一个全国性的国家体制，这个全国体制将通过融入一个共有的共同体而致使各州丧失原本的主权地位，"如此，各州便成为国家的附属或者依附性分支或团体"①。显然，上述的担心并非无稽之谈，在很多人看来，美利坚合众国的制宪建国正是一个打造全新美国的宪制行为，通过制宪的非常时刻，塑造了一个整全性的美国人民，建立起一个全国性的国家体制，由此"剥夺了各州单立、独立且主权式共同体的性质，并将各州融入一个我们称之为'美利坚国家'的巨大共同体或者国家当中"②。我们看到，

---

① 约翰·C.卡尔霍恩：《卡尔霍恩文集》（上），林国荣译，广西师范大学出版社 2015 年版，第 111 页。

② 同上书，第 100 页。卡尔霍恩其实是有所指的，他当时的理论对手就是国家主义者丹尼尔·韦伯斯特，韦伯斯特"企图用宪法条文说明合众国是根据个人之间订立的契约成立的，这种契约导致成立最高法和政府，而州本身并没有参加这个协议。他认为'美利坚合众国人民'是指整个合众国的人民而不是指各州的人民。合众国不仅仅是各州之间成立一个新的邦联的契约，而且是个人之间成立全国政府的协定。他说：'它是合众国人民成立的。它并没有说由各州人民成立。它和宪法一是由全体合众国人民成立的。'因此，合众国宪法的制定就和州宪法的制定一样，都依靠个人之间的协议"。"合众国是'人民在政府宪法下的联合，这部宪法把他们的最高利益结合起来，加强他们面前现有的种种好处，并且把他们对于未来的一切希望融合成一个不可分割的总体'"。参见梅里亚姆：《美国政治（转下页）

这个宪法逻辑便是林肯宪制法理学的中心议题，也是美国主流宪法学的法理学基础，例如，当今美国的著名宪法学家布鲁斯·阿克曼便是以美国宪法的第一个词汇——"我们人民"命名他的美国宪法三卷集著作的。[①]

由此可见，关于全国体制与联邦体制的辨析，就聚焦于宪法前言的"我们合众国（美国）人民"指的究竟是谁。这个问题是宪制法理学的核心问题，也是卡尔霍恩州人民主权思想的关键点，它涉及美利坚合众国宪法的制宪权主体，涉及联邦政府的性质与地位，涉及州政府与州人民的性质与地位，涉及美国宪制的立法权、行政权与司法权的归属与权能，以及总统、参议院、众议院的权利与责任等一系列宪法问题。对于上述一系列问题，卡尔霍恩都有明确的观点，总结起来可以说，联邦宪法前言的"我们合众国人民"，并不是指单一而整全的美国人民，而是指各州的人民，州人民才是美国宪法的制宪权主体，才是实体性的合众国人民，至于"美国人民"不过是一个托词或一种拟制，并非真实存在的集合性人民。那种国

（接上页）学说史》，朱曾汶译，商务印书馆1988年版，第148—149页；梅里亚姆：《卢梭以来的主权学说史》，毕洪海译，法律出版社2006年版，第9章。此外，沿着上述理路，乔治·弗莱切在《隐藏的宪法：林肯如何重新铸定美国民主》一书中，更是把主权国家视为林肯法理学的核心内容，并以林肯的"葛底斯堡演说"为蓝本，从民族国家、平等和大致民主三个维度重新阐释了美国南北内战之后的宪法，即他所谓的"隐藏的宪法"。参见乔治·弗莱切：《隐藏的宪法：林肯如何重新铸定美国民主》，陈绪纲译，北京大学出版社2009年版。

[①] 参见布鲁斯·阿克曼：《我们人民：奠基》，汪庆华译，中国政法大学出版社2015年版；《我们人民：转型》，田雷译，中国政法大学出版社2014年版。

家主义式的把国家奠基在个体性个人之集合而形成的单一体的美国人民，并没有体现"主权在民"的真谛，其极端形式反而会摧毁合众国之宪法体制。"既然所有的州都批准了宪法，那么，'我们合众国的人民'也就意味着联邦各州的人民"，其"意思是指联邦各州的人民，各州作为自由、独立且主权式的各州而行动""确切地说，制宪会议将'合众国'以及'联邦'应用到宪法或者时，实际上是同一个意思——所谓'合众国'，从政治角度讲，其意思素来就是指各州作为独立且主权式共同体的联合"①。

所以，根据卡尔霍恩的理论，主权在民，不在政府。主权同样不可能寓居于集合意义上的人民身上，仿佛这样的人民真的可以构建起一个共同体或者一个国家。同样肯定的是，主权必定寓居于各州人民身上，并且，如果主权全然寓居于各州人民身上，那么各州必定是作为分立且单立的共同体获得主权的。由此才可以肯定地说，"我们的政府乃联邦体制，而非全国体制"②。

美国的宪制除了民主制和联邦制之外，还有第三个特性，即它还是一个共和制，或者准确地说，"合众国的政府是一个民主的联邦制共和国"③。卡尔霍恩指出，把美国称之为民主的是相对于贵族制和君主制而言，称之为联邦制的，一方面是相对于全国体制，另一方面是相对于邦联体制而言，最后"称之为共和体制，也就是一种复合多数的政府，是相对于绝对民主体制而言的，后者是一种数量多

---

① 约翰·C.卡尔霍恩：《卡尔霍恩文集》（上），林国荣译，广西师范大学出版社 2015 年版，第 106 页。
② 同上书，第 115 页。
③ 同上书，第 153 页。

数的政府体制"①。

一般说来，美国是一个民主的联邦制的共和国，这一定位没有多少疑义，主流的宪法学家，以及林肯法理学也不否认这一基本特征，而且还通过所谓的横向与纵向的分权制衡来予以确立美国的联邦共和体制。对此，卡尔霍恩也是大体赞同的，但是，如果从实质上探究，那么我们可以看到，卡尔霍恩对于民主的联邦制的共和国，却有着自己独创性的理解，其关键点在于他对于宪政机制有着与主流宪制法理学迥然不同的认知，或者说他所说的共和制具有不同于主流学说的宪政内涵，卡尔霍恩之所以强调州人民主权、复合多数、否决权以及妥协的技艺，等等，核心也在于他有着一个如何真正确立美利坚合众国的宪政价值，即抵御民主性专制政府的宪制法理学义理。

（2）美国宪制结构的法理学要义

卡尔霍恩的《美国的宪法与政府》一文洋洋洒洒近二十万言，堪为一部经典，其中心内容是讨论合众国的宪法构造以及联邦政府和州政府的权能规定，也正是在此卡尔霍恩提出了他的系统性的州人民主权的思想理论，对此我在相关的论文中已经予以分析研究，现在本文不再赘述，而是总括一下他的宪制法理学的要义。在我看来，卡尔霍恩宪制法理学的核心是确立了州人民主权的宪制地位，由此才推衍出关于美国宪法的一系列重大的结构性与价值性问题，

---

① 约翰·C.卡尔霍恩：《卡尔霍恩文集》（上），林国荣译，广西师范大学出版社 2015 年版，第 153 页。

并最终以联邦宪政的自由政体机制予以调解。

先看主权问题。卡尔霍恩概不承认主流宪法学家主张的美国人民主权，而是强调合众国的主权在州人民手中，州人民主权是单立、独立且不可分割的，这样就既排除了主权在美国人民的国家主权论，也排除了主权由国家和各州分享的主权分割论。[①]支撑卡尔霍恩这个近似极端的州人民主权理论的，是他的复合多数的民主观，也就是说，卡尔霍恩不认为单纯可以通过数人头的数量多数就可以决定主

[①]　从主权学说史的视野看，美国宪法学界的主流理论是主权分割说，即认为美利坚合众国的主权为合众国和各州分割秉有，例如"分割主权说最坚决的拥护者之一是詹姆斯·麦迪逊。麦迪逊强调美国政府既不是联邦性的也不是国家性的，而是自成一类的联邦——共和制，结构性独特，是某种'只能通过其自身予以检验和说明的难以名状的东西'，体现了共和制对新的棘手状况的适应性。按照麦迪逊的想法，没有什么比主权是可分的这一命题更清楚了"。此外，联邦最高法院大法官斯托里也赞同主权的可分割性，至于在司法上，"主权可分这一观念起初是由美国最高法院在 1792 年的齐泽姆诉佐治亚州案（*Chishom vs.Georgia*）中明确阐明的。最高法院在此案中称，'就州政府实际上放弃的所有权而言，合众国是主权者。就保留的所有权而言，联邦的每个州都是主权者'。最高法院其后的判决表达了同样的学说，即主权是可分的而且在美国制度之下实际上已经进行了分割。权力在各州和联邦之间进行分割的观念在最高法院的法律意见中俯拾皆是"。参见梅里亚姆：《卢梭以来的主权学说史》，毕洪海译，法律出版社 2006 年版，第 134—139 页。相比之下，韦伯斯特与卡尔霍恩的主张是极端对立的，前者认为主权在联邦国家，不可分割，后者认为主权在各州，也不可分割。韦伯斯特的观点虽然在美国宪法史中也小有影响，但并没有形成 20 世纪以来美国宪法学的主流，美国宪法学依然接续着主权可分的独特联邦制法理学。至于卡尔霍恩的思想，虽然随着内战的结束，在主权问题上也不再影响美国的宪法学说，但支撑其主权思想的宪政理论却溢生出广泛的发酵价值，相反，卡尔霍恩的主权不可分思想却在欧陆，尤其是德国宪法公法中起到了推波助澜的作用。德国的国家主义宪法学，例如魏兹、拉邦德、耶律内克等，某种意义在主权问题上与卡尔霍恩的主权不可分理论若合符节。

权的归属。依照美国宪法，无论从制宪权还是从修宪权来看，决定宪法本质结构的从来就不是数量多数，而是复合多数，美国的宪制民主不是大众民主，而是复合民主，复合性的州人民才是美国主权的真正主体，尽管从数量上看，它们或许并不占据多数的数量额度。

卡尔霍恩精准地计算出，依据美国宪法的相关条款，制宪时期批准美国宪法以及南北战争前时期修改美国宪法的权力所需要的人数并不是数量上的多数，而是复合多数，这个复合多数从数量上看完全可能是少数。例如，"在提交宪法决议之时，还有一条明确的条款，要求宪法决议获得十三个州中九个州的复合同意，否则便无法在批准宪法决议的各州中间确立宪法。这实际上相当于任何四个州，无论是大州还是小州，都可以拒绝宪法。当时最小的州分别是：达拉沃尔、罗德岛、佐治亚和新罕布尔。依据 1790 年的人口调查，这四个州的联邦人口数量为 33.6948 万，刚刚超出联邦总人口的十一分之一。然而，尽管这一比例可谓小之又小，但已足以挫败制宪行动，因为它们可以阻止对宪法的批准"[1]。再例如，关于宪法的修改，宪法要求四分之三的多数可采取并批准宪法修正案，卡尔霍恩时期美国联邦已经扩容到三十个州，要获得二十个州的赞同便可提出修改宪法，若要挫败修宪提议，则只需要十一个州的支持。按照卡尔霍恩的计算，"二十个小州中，联邦人口数量为 352.6821 万，不过它们却能够迫使国会召集会议，提供修宪动议，即便其他的十个大州一致反对，而这十个大州的联邦人口总量达到了 1266.0793 万人。因此可以

---

[1] 约翰·C.卡尔霍恩：《卡尔霍恩文集》（上），林国荣译，广西师范大学出版社 2015 年版，第 140—141 页。

说，在前一种情形中，不足八分之一的人口可以阻止修宪动议，而在后一种情形中，不足四分之一的人口则能够迫使国会采纳修宪动议"①

为什么卡尔霍恩要如此强调州人民主权的宪制地位呢？显然，不单是由于南方各州的权利诉求，此外还有更为重要的原因，那就是涉及联邦政府的治权，即通过赋予州权的自主性而使其有效地抵御中央政府日益扩大的各种积极权能，这其中不仅包括总统的权力，国会立法的权力，甚至还包括联邦最高法院的权力，因为这些权力凭借着国家主权之名而可能畅行无阻地趋于垄断而专权。正是由于州权的有力抵抗，才可以阻止国家权力的蔓延，反对绝对民主制的法理正当性，重新树立宪政的共和体制的宪法原初目的。

再看治权问题。卡尔霍恩一再指出，联邦政府并不具有主权属性，主权只属于州人民，也不属于州政府。联邦政府所拥有的权力本质上只是一种治理权，或者又称之为统治权，它们不是源生的，而是派生的，是经由各州人民制定与批准宪法而被各州人民让渡出来的权力，其职权在于管理涉及联邦的共同事务，诸如军事、外交、公共事务、邮政系统以及州际贸易、铸币、确定度量衡，等等，对此联邦宪法都有明确的规定或授权，联邦政府只限于行使这些权力，其他的保留权力则属于州政府。所以从宪制法理学来说，联邦政府的权力属于限权性权力，州政府的权力属于本源性权力，这种联邦制的权力分配体现了共和制的宪政原则，即限制和约束国家权力的

---

① 约翰·C.卡尔霍恩：《卡尔霍恩文集》（上），林国荣译，广西师范大学出版社 2015 年版，第 142 页。

滥用。

问题在于，联邦政府以及各个职权部门，并不愿主动接受宪政的约束，它们凭借着数量上的人口优势以及自以为是的"主权在民"（实体化的美国人民），总是试图扩展国家的权力，突破宪法确立的边界。为此，单纯用分权制衡或"以野心对抗野心"似乎已经难以奏效，甚至司法审查在卡尔霍恩眼里也并非有效的宪政形式，因为在司法系统设置最高法院以统辖各州法院的做法本身，就是联邦政府的司法权力之扩展，破坏了州人民主权的州法院的自主性。[①]因此，卡尔霍恩并不看好那种为后世视为宪法守护神的联邦最高法院以及违宪审查机制，在他心目中，要达到让渡权力与保留权力之间的平衡，调整好制宪权与立法权之间的关系，最为有效的，或者也是最后的救济手段，就是确立州政府的否决权，"州政府手中若没有否决权，无论是绝对的否决权还是实际效果上的否决权，就不可能保护自己免受合众国政府的侵夺，只要两个政府之间的权力陷入冲突。实际上，若发生冲突，两个政府之间是存在针对彼此的否决权的"[②]。

由此可见，州政府的否决权是卡尔霍恩思想理论的中心论点，也是他的宪制法理学的最后支撑点，卡尔霍恩冀望通过否决权的行使挽狂澜于既倒，解决合众国六十年发展演变所酝酿出来的危机。在卡尔霍恩看来，"冲撞和冲突在权力分化体制中是必然之事，这是应当承认的，不过，要说两个协作式政府之间的相互否决权必然会推动冲撞和冲突，或者必然会导致解体，这一点则是完全站不住脚

---

① 具体内容，参见约翰·C.卡尔霍恩：《卡尔霍恩文集》（上），林国荣译，广西师范大学出版社 2015 年版，第 210—213 页。
② 同上书，第 192 页。

的。这样的相互否决体制，其效果恰恰是相反的。它并不必然导向冲撞或者冲突，相反，它是不可或缺的手段，否则便无法遏制让渡权力和保留权力之间势必会发生的冲撞和冲突，这样的冲撞和冲突若不加以遏制，势必会导致联邦的强化或者解体，并最终摧毁整个体制。相互否决体制的目标和目的所在，就是阻止协作式政府体制中的任何一方对对方实施权力侵夺。为此，相互否决体制是行之有效的，而且也是人们能够设计出来的唯一有效的手段"①。美国的复合联邦制作为一个共和国，其"在构建宪政政府之时，应当将如下原则奉为一项根本原则：政府若要强有力，就必须拥有同样强有力的否决体制，以将政府权能限制在恰当的范围；政府越强有力，若否决体制也相应地趋于强大，则这样的政府就越好。除非能够使否决体制随同政府权能一同增强，否则便无法在积极权力和否决权力之间建立平衡"②。

（3）宪制法理学的自由价值

自由是宪制政府有别于专制政府的根本点，也是合众国宪法的价值基础。不过，考诸卡尔霍恩的思想理论，就会发现他的一系列关于自由的论述，核心在于如何通过宪政体制的分权，尤其是通过确立州人民主权的宪法地位，以及行使关键性的否决权，来维护和捍卫州政府的独立而自主的原初权力，进而维系美利坚合众国作为复合民主的联邦制的共和国之宪制体系，说到底，卡尔霍恩的自由

---

① 约翰·C.卡尔霍恩：《卡尔霍恩文集》（上），林国荣译，广西师范大学出版社 2015 年版，第 214 页。
② 同上书，第 215 页。

观是一种自由政体论，而不是基于个人主义的自由权利观。也正是在这个自由之为何种自由的价值理念中，卡尔霍恩的宪制法理学与林肯的宪制法理学，乃至与主流的自由主义法理学形成了对峙的关系，因为他们双方对于自由的本质有着不同的认识与定义。

我们知道，林肯有"自由的新生"之论述，在著名的"葛底斯堡演说"中林肯重铸了美国的自由民主体制，揭示了自由而平等的个人主义的自由理念，并通过美国人民的主权觉醒，确立了自由平等的个人之宪法地位，由此也延续了《独立宣言》的自由平等精神，并与欧洲的人权思想相接榫。正是在这种自由平等思想的感召下，林肯才高举起南北战争的正义之旗，推动了美国历史上的废奴主义运动，并通过第十三、十四、十五宪法修正案，从宪法层面解决了美国宪法以五分之三额度计算黑人奴隶的法理污垢，一个真正的自由平等的政治社会在美国建立起来。所以，南北战争之后的重建，被主流宪法学视为美国的新生。对于宪制法理学来说，林肯宪法学的价值，首先在于确立了自由与平等的个人价值，每个人的宪法平等是自由的前提，个人主义成为美国人民的构成原则，平等而自由的个人是"我们合众国人民"的支点，日益强大的国家主义源自独立自主的个人主义，它们之间是一种合为一体的相互共生关系。[1]

对于上述的林肯法理学以及国家主义的宪政观，依照卡尔霍恩

---

[1] 参见雅法：《分裂之家危机：对林肯-道格拉斯论辩中诸问题的阐释》，韩锐译，华东师范大学出版社 2007 年版；雅法：《自由的新生：林肯与内战的来临》，谭安奎译，华东师范大学出版社 2008 年版。

的理论是难以成立的，他认为这种基于平等的自由理念，与合众国的宪法精神相违背，完全是来自个人主义的社会契约论，它们成就不了自由价值，只会造就数量多数的民主体制，其结果最终是导致国家的专制性权力，进而摧毁复合多数的宪政政府的自由价值。在卡尔霍恩看来，抽象的个人自由是不存在的，因为人性的重力学决定了每个人的自私情感要大于社会情感，而自私的感受不可能造就自由，自由只能是一种制度价值，这个制度的核心载体寓居于作为共同体的州人民手中，州人民作为一个原初的共同体，它具有单立、独立且主权式的性质。分散的众多的个体不是自由的堡垒，集体性的美国人民也不是自由的堡垒，只有州人民以及由这个州人民主权所制定的宪政体制，才是自由的堡垒。正是基于各州之联合的合众国宪法体制，构建了一个自由政府或自由政体，这个自由政府或自由政体又称之为复合多数的宪政体系，或一个民主的联邦制的共和国。

所以，卡尔霍恩宪制法理学的自由价值只能在一个宪政制度中才得以实现，离开这个制度框架，自由就是虚妄的。至于依托在这个宪政体制中的个人平等资格，卡尔霍恩认为它们并不是首要的宪制问题，因为平等是一种文明进步的成果，并不是每个人生来就是平等的，平等并不是自由的前提，相反，自由才是平等的前提。一个自由的制度可以逐步实现每个人的平等，例如，黑人奴隶可以在一种自由的制度下，逐步改进自身的文明属性，最后达到自由的境况，这更多的是一个道德治理的问题，并不是美国宪法体制的攸关问题。林肯的宪制法理学试图颠覆宪法的自由宪政制度，以平等主义的个人自由为依据，实际上就突破了宪法的构造，赋予了国家以僭越宪法的权力，其所实现的自由就很可能是数量多数的民主制的自由，而不是复合多数的宪政民主的自由，原初的合众国宪法将在这种自由民主的平等主义强力之下趋于毁灭。为此，卡尔霍恩才起而捍卫州人民主权的宪法地位，进而捍卫合众国的自由宪政体制。

从美国宪制史的角度看，由于南北战争中南方的失败，卡尔霍恩的宪制法理学不敌林肯的宪制法理学，美国人民成为合众国的主权主体，自由而平等的个人成为美国宪制结构的权利主体，自由主义的个人主义伴随着平等主义的大众民主，成为主流法理学的理论依据。检点美国宪制的历史演变轨迹，卡尔霍恩的思想理论确实存在着两个重大的短板：一个是他的州权学说掩藏着为黑人奴隶制辩护的道德哲学之污垢，由于卡尔霍恩蔑视平等问题，使得他的州人民主权从一开始就拒斥黑人奴隶的解放问题，与进步时代的人权宣言和民主精神相背离；另一个则是州权至上的主权观严重束缚了美国作为一个新型大国的发展壮大，立足于州人民主权的联邦体制，只能是一个停留于相对的小型共和国的联邦共和国模式，这与美国工商业的快速发展以及新大陆帝国的崛起，从政治历史的逻辑上看，是极其不匹配的。因此，基于上述两个重大的思想理论与政治实践上的历史局限性，卡尔霍恩的宪制法理学以及南方诸州的失败乃是必然的。[①]

然而，任何一种思想理论都不能以成王败寇为取舍的标准，通观卡尔霍恩的政府论和宪制法理学，即便是在今天，我们仍然能够

---

① 参见高全喜：《卡尔霍恩的州人民主权论以及美国宪制结构的历史变革》，《学术月刊》，2016 年第 7 期。

挖掘到其真理的颗粒，尤其是他关于复合多数、宪政政府、否决权行使等方面的论述，对于当今世界各国盛行的民主主义的强势理据，给予了某种宪政主义的实质性抵御，至于他的有关自由政体制度的强调，以及州人民主权的挖掘，也使得那种以人民名义包裹的国家主义和个人至上的自由主义，以及他们之间相互辅助的关系，受到了来自某种共和自由主义的强有力的挑战。从这个意义上，我们说卡尔霍恩的思想并没有消失，而是复活在自由主义、共和主义和地方自治的深厚传统之中，所以，美国的宪政精神，从一个历史的大尺度上说，是林肯宪制法理学与卡尔霍恩宪制法理学之对垒中的相互融合。

二、州权论以及美国宪制结构的历史变革

1. 美国主流宪法观通说

众所周知，美国的宪制结构并不是一成不变的，考诸美国宪政史，我们看到，美利坚合众国的宪制从早期英属北美各殖民地政府体制开始发育生成，延续到 21 世纪的今天，在这漫长的二百多年里经历了一系列重大的历史变迁。[①] 如果从政治宪法学的视野观察这个变迁的内部结构之升降沉浮、形塑底定，在我看来，其中有两个重大的历史变革，可谓触及美国宪制的根本性质。一个是费城制宪，

———————

① 关于美国宪法的演变史，参见王希：《原则与妥协：美国宪法的精神与实践（增订版）》，北京大学出版社 2014 年版。

这个制宪可谓美国的立宪时刻，其通过、完成，标志着美利坚合众国的建国根基的塑造成形，从此，一个既不同于英国王治下的各分立的诸殖民地政府体制，也不同于北美独立革命时期的邦联体制的新型现代国家——美利坚合众国建立起来了。[1] 关于美国立宪史中的制宪建国以及其内在的宪法结构，已经多有论述，不属于本文的主要议题。在本文我着重要探讨的是美国立宪史中的另外一个伟大的变革，即美国内战期间的宪法争议，以及随着内战结束以第十三、十四、十五宪法修正案（统称为"内战修正案"或"重建修正案"）为标志所形成的美国新的宪制结构，这个新宪法结构可谓美国宪制史上的一场革命，它彻底改变了美国制宪立国时期的宪法结构，赋予了美国宪法以全新的内容，并通过这部"新"宪法的有效实施重新塑造了此后的美利坚合众国。[2]

从宏观的美国历史视角来看，虽然在第二次变革之后，美国宪制在结构和目标上也曾经发生过诸多深刻而重大的变化，比如 20 世纪以来总统权力的扩张[3]、二元联邦主义的终结[4]、"新政"后"福利国

---

[1] 关于费城制宪会议的总体介绍，可以参见凯瑟琳·德林克·鲍恩：《民主的奇迹：美国宪法制定的 127 天》，新星出版社 2013 年版；戴维·斯图沃特：《1787 年之夏：缔造美国宪法的人们》，顾元译，中国政法大学出版社 2011 年版；约瑟夫·斯托里：《美国宪法评注》，毛国权译，上海三联书店 2006 年版。

[2] 乔治·弗莱切：《隐藏的宪法：林肯如何重新铸定美国民主》，陈绪纲译，北京大学出版社 2009 年版。另可参见 Paul D. Moreno & Johnathan O'Neill ed., *Constitutionalism in the Approach and Aftermath of the Civil War*, Fordham University Press, 2013.

[3] 参见 Arthur M. Schlesinger, Jr., *The Imperial Presidency*, Houghton Mifflin, 1973.

[4] 参见 Edward S. Corwin, *The Passing of Dual Federalism*, 36 Va. L. Rev.1 （转下页）

家"的兴起、1960 年代的民权运动，以及最高法院的权重加强和违宪审查机制的实施[①]等，但就深度和广度上看，却仍然没有出现可以与上述那两个伟大变革相匹敌的宪制变革。可以说，两百多年来的美利坚合众国之宪制是在上述两个宪制变革的基础上成长和发展起来的。应该指出，美国主流的宪法学界也是认识到这两个宪制变革的重大立国之意义的，尤其是关于内战之后的美国宪制，以及林肯作为立国者的宪法地位，都得到了充分的肯定。关于这个方面的宪法学与历史学论述汗牛充栋，不胜枚举。不过，充斥在这些宪法学论说中的一个主流观点，认为林肯所代表的北方宪制观高举的是美国制宪时期的人民主权的大旗，而南方宪制观不过是固守制宪时期的州权理论，属于宪制结构的支流，因此，美国内战作为宪法之战，其内在的法理在北方。北方是美国宪法的精神继承者和守护者，美国人民的人民主权才是美利坚合众国的立国根基，是宪法之源，也是胜利之母，从费城制宪到内战底定后的美国宪法，其宪制结构是一个持续的发展演变的结构，具有内在的合理性与必然性。[②]

（接上页）(1950); Keith E. Whittington, *Dismantling the Modern State? The Changing Structural Foundations of Federalism*, 25 Hastings Const. L. Q. 483 (1998); Larry Kramer, *Understanding Federalism*, 47 Vand. L. Rev. 1485 (1994).

① 参见 Barry Friedman&Erin F. Delaney, *Becoming Supreme: The Federal Foundation of Judicial Supremacy*, 111 Colum. L. Rev. 1137 (2011).

② 参见乔治·弗莱切:《隐藏的宪法: 林肯如何重新铸定美国民主》, 陈绪纲译, 北京大学出版社 2009 年版; 布鲁斯·阿克曼:《我们人民: 奠基》, 汪庆华译, 中国政法大学出版社 2013 年版; 雅法:《分裂之家危机: 对林肯-道格拉斯论辩中诸问题的阐释》, 韩锐译, 华东师范大学出版社 2007 年版; 雅法:《自由的新生: 林肯与内战的来临》, 谭安奎译, 华东师范大学出版社 2008 年版。

当然，这派主流观点也不是完全教条主义的，他们也认为美利坚不是欧陆国家那样的单一制的人民主权国家，美国属于复合联邦制，其宪制结构是二元主权的复合宪制，即美利坚合众国的主权是可以分割的，由国家主权和州主权联合构成，州主权一直是美国宪制的一条线索，并从费城制宪的美国宪法开始就是美国宪制结构的一个内在要素，成为美国宪政的有机组成部分。不过，他们强调的是，美国宪法体制的州主权，并不是美国宪制的核心部分，美国宪制结构的中心在于美利坚合众国的国家主权，即美国人民是美国作为一个现代国家的立国之本，从联邦党人与反联邦党人的宪法争议中，就可以看出这个重大的问题在美国开国建制之时就存在着二元化的对立与冲突。① 正像美国宪法的国家主权吸收了州主权一样，内战之后的美国宪制也是延续或继承了这个美国国家主义的传统，林肯所代表的北方获胜的美国宪制变革，也同样用人民主权吸收了州主权，捍卫了美国的国家统一体，摒除了分离主义的余绪，从而使得美国获得了新生。由此可见，在美国主流宪法学看来，美国的宪制从开始创制到经历内战的变革，在其国家宪制的二元复合结构中，国家主权是二元复合联邦制的主调，而州主权则是这个复调结构中的副调，美国人民是主权的根基，而州人民则是从属于美国人民的

---

① 有关这一争议中核心问题的简明呈现，参见姜峰、毕竟悦编译：《联邦党人与反联邦党人：在宪法批准中的辩论（1787—1788）》，中国政法大学出版社 2012 年版。联邦党人的核心主张，参见亚历山大·汉密尔顿等：《联邦党人文集》，程逢如等译，商务印书馆 1980 年版。反联邦党人的核心主张，参见赫伯特·斯托林：《反联邦党人赞成什么——宪法反对者的政治思想》，汪庆华译，北京大学出版社 2006 年版。另可参见张少华：《美国早期现代化的两条道路之争》，北京大学出版社 1996 年版，第 61—67 页。

第二法理渊源。[①] 内战之所以具有如此重大的宪法意义，林肯之所以被推崇为国父，其原因就是它们重新塑造了美国的宪法结构，通过人民战争的胜利重新坐实了美利坚合众国的宪制结构，恢复了美国宪法的本来面目，伸张了美国宪法在发轫之际就树立起来的国家精神。[②]

究竟如何看待美国主流宪法学的上述观点呢？对此，需要具体分析，总的来说，就二百多年来美国宪制史的现实演变脉络来看，诚如主流观点所论，美利坚合众国的宪制结构是一个复合联邦制的二元主权体制，其中"美国人民"是主导性的人民主权主体，而"州人民"则是附属性的人民主权主体，复合二元主权的联邦制架构是美国宪制的基本结构，自由的"我们人民"构成了美国宪法的精神。[③] 本文并非要挑战这个美国宪制结构的通说，而是要追问这个美国宪制结构的通说是如何被打造出来的，这个后来胜出的主流观点所揭示的美国宪法结构是否就真的自始至终地内在于美国宪制的生命之中？显然，答案并不是那么清晰明确，甚至本来的面目就是

① 参见文森特·奥斯托罗姆：《复合共和制的政治理论》，毛寿龙译，上海三联书店1999年版；约瑟夫·斯托里：《美国宪法评注》，毛国权译，上海三联书店2006年版。

② 理查德·霍夫施塔特：《美国政治传统及其缔造者》，第五章《亚伯拉罕·林肯与自我奋斗的神话》，崔永禄、王忠和译，商务印书馆2012年版，第110—160页；雅法：《分裂之家危机：对林肯—道格拉斯论辩中诸问题的阐释》，韩锐译，华东师范大学出版社2007年版；雅法：《自由的新生：林肯与内战的来临》，谭安奎译，华东师范大学出版社2008年版。

③ 比如在阿克曼对"我们人民"的经典论述中，几乎完全忽略"州人民"，而直接诉诸"美国人民"，参见布鲁斯·阿克曼：《我们人民：奠基》，汪庆华译，中国政法大学出版社2013年版。另可参见 Akhil Reed Amar, *Of Sovereignty and Federalism*, 96 Yale L. J. 1425 (1987).

隐晦不明的，只是美国内战的胜利者赋予了美利坚合众国宪法以新的宪制结构，这表现在不仅仅是通过了第十三、十四、十五三个宪法修正案，而且整个改变了美国宪制的结构，甚至改变了美国的宪法精神。人类的历史就是那么奇妙莫测，也许是弄假成真，但无论如何，经过历史车轮的滚滚碾动，道路就这样继续开辟出来了，历史的"必然性"就这样形成了，这或许就是所谓的人类历史的"机运"，但失败者不能白白牺牲，过往的历史不能沦为一地鸡毛。

本文的用意便是探索美国宪制的原初结构，尤其是通过研读南北内战前夕代表南方的著名宪法思想家卡尔霍恩的论述，试图复原美国宪制早期历史的基本结构，并观察和揭示这个原初结构是如何被战争所打破，北方作为内战的胜利者是如何"篡改"了美利坚合众国的开国之宪法，重塑了美国的宪法结构，续写了美国的宪法精神，并进而掌握了美国立宪史的话语权，编制了基于美国人民的复合联邦制的二元主权结构的宪法理论，形成一套主流的宪法学说，坐实了美国此后的国家宪制发展道路。也正是在上述意义上，我认为美国内战是一场具有革命性质的宪法之战，致使美国的宪制结构发生了根本性的变革，从原先的州人民主权主导的复合联邦制转变为联邦人民主权主导的复合联邦制，也正是在这个意义上，内战使美国获得了"新生"，以林肯为代表的北方胜利者成为新生美利坚合众国的国父。

2. 州人民主权论

美国的南北内战其实一直呈现为两个战场，一个是经济贸易与军事战争的战场，另外一个是宪法论争与联邦体制解释权的战场，这两个战场密切相关,既相互奥援,互为支撑,又都各自秉有自己的演变过程及其传统。[1] 历史地看,这两个线索在独立战争前后的国家构建中就非常清晰地表现出来,例如,费城制宪所试图创建的美利坚合众国体制,就是基于当时的邦联体制在军事、经济、外交等诸多方面的不够统一,软弱无力,新的政治共同体难以维系,所以才引发费城会议的主题改为塑造一个新的联邦制国家,由此才有了美利坚合众国的创生。但是,即便是在这个新型国家的发轫之际,关于这个联邦制国家的宪法性质就充满着争议,革命时期(独立战争)的邦联制为什么要转变为联邦制,新的联邦制究竟是何种意义上的联邦制,宪法序言第一个出现的词汇——"我们美国人民",究竟意味着什么,新的联邦制国家秉有何种权力,参与制宪的各州秉有何种权力,以及每一个美国公民所秉有的权利究竟如何确立,还有联邦国家、州政府以及美国公民三者处于何种关系,上述种种问题便构成了制宪时期(从费城制宪到十三个州的批准)的主要问题。我们从已有的资料中可以看出,上述这些问题并非轻而易举地就获得解决,而是充满了激烈的论战,且各派力量均做出了很大的妥协。即便是最终达成了宪法文本,而且紧接着就又通过了十条修正案,即所谓的《权利法案》,但这些问题并没有从根本性上获得解决,因此才有了美国立宪史中的"联邦党人"与"反联邦党人"的宪法分歧。[2]

---

[1] 有关这场战争的历史描述,可参见玛格丽特·利奇:《华盛顿的起床号:1860—1865》,秦传安译,东方出版中心 2014 年版。

[2] 参见亚历山大·汉密尔顿等:《联邦党人文集》,程逢如等译,商务印书馆 1980 年版;赫伯特·斯托林:《反联邦党人赞成什么——宪法反（转下页）

当然，初始的美国宪制并不是所谓的"联邦党人"或"反联邦党人"任何一方的宪法观的体现，而是一种平衡和妥协的产物，即最大化地吸收了论战双方各自的观点并达到了一种可以付诸制度实践的平衡点，即新生的美利坚合众国是一种崭新的联邦制，不是欧陆传统国家中的单一民族国家形态，而是合众国，它由十三个独立的州赋权予一个联邦制国家，联邦是形式，力量在各州。这样一个美国宪制，其结构是复合多元的，联邦国家具有混合政体的性质，中央政府像是一个联合政府，其宪法功能是为各州提供一个统一形式的制度平台，并以此团结起十三个州的人民，形成一致的美国人民，并在必要时保护国家的安全，促进公共福祉，捍卫个人的自由权利，但相比之下，各州才是美利坚合众国的力量与架构之所在，它们不但是民主政体，而且拥有国家权力（被授予为列举的若干权力）之外的各种开放性的权力，是美国宪制中富有生机的机制。① 正

（接上页）对者的政治思想》，汪庆华译，北京大学出版社 2006 年版；约瑟夫·斯托里：《美国宪法评注》第三编第一、二、三章，毛国权译，上海三联书店 2006 年版。

① 依照美国宪法第十修正案，宪法未曾授予合众国的，属于"各州或人民"。故此，联邦的权力是授予性的（granted），州权力则是保留性的（reserved），即除非联邦权力被联邦宪法明确授权，其权力的行使都是无效的，而州政府的权力除非被联邦宪法或本州宪法明确限制，则其权力的行使均是有效的。参见约瑟夫·斯托里：《美国宪法评注》，在第三编第四十四章站在维护美国宪法的角度对于这个问题的论述，毛国权译，上海三联书店 2006 年版；相反的论述在《反联邦党人文集》中有众多的辩护，尤其是接续反联邦党人的思想精神的卡尔霍恩更是强调了这一点。参见约翰·C.卡尔霍恩：《卡尔霍恩文集》，林国荣译，广西师范大学出版社 2015 年版。另可比较 Harry N. Scheiber, Federalism and the Constitution: The Original Understanding, in Lawrence M. Friedman & Harry N. Scheiber ed., *American Law and the Constitutional Order: Historical Perspectives*, Harvard University Press, 1978.

如学者所指出的："一直到 1850 年代，全国政府都只是在极其偶尔的情况下才在海外事务上发挥一些作用；而除了追捕逃奴之外，绝大多数的个人民权（civilrights）以及政治实践都与它没什么相干。"[①]

这样的一个美利坚合众国宪制在六十余年的历程中，缓慢而有效地运行着，但体制上的矛盾与张力也在累积着，并且随着南北两个地方的社会结构、经济方式和民情习俗等各个方面的分化越来越严重，到了内战前期，以准州归属和关税征收问题为导火索，南北双方在政治、经济、社会等诸多方面的对立均到了冲突的临界点，一场决定生死的战争摆到了双方的领导者面前。对于双方来说，何去何从，就不仅仅是一场军事战争问题，而首先是一个宪法问题，战争危机表现为宪法危机，军事战争不过是宪法之争的延续。宪法之争的关键点在于：究竟美国的宪法体制是何种结构性的体制，美利坚合众国的宪制根基究竟立于何处，一个简化而扼要的表述就是：联邦主权与州主权何者才是美国宪制的根本？[②] 正是在这个宪法危机的关键时刻，卡尔霍恩阐发了他的系统性的州人民主权理论，从

---

① Harold M. Hyman, *A More Perfect Union: The Impact of the Civil War and Reconstruction on the Constitution*, New York: Alfred·A·Knopf, 1973, p.8.

② 集中从政治哲学的角度揭示这个问题的是雅法，参见其两本重要的著述：《分裂之家危机：对林肯-道格拉斯论辩中诸问题的阐释》与《自由的新生：林肯与内战的来临》，前者的论辩中心是林肯与道格拉斯，后者则是林肯与卡尔霍恩。相比之下，卡尔霍恩的思想理论具有更为犀利的系统性，呈现着一种政治哲学与宪法学的厚度，因此也是林肯一脉思想家们的真正论辩对手，参见约翰·C.卡尔霍恩：《卡尔霍恩文集》，林国荣译，广西师范大学出版社 2015 年版。另可参见 Daniel Elazar, *Federal-State Collaboration in the 19th Century United States*, 79 Pol. Sci. Q.248 (1964); Guy Story Brown, *Calhoun's Philosophy of Politics: A Study of A Disquisition on Government*, Mercer University Press, 2000.

而代表南方宣布了它们持守的美国宪制观,为内战中的南方各州人民以及州政府,提供了一个强有力的合法性辩护。尽管内战中的南方一方失败了,卡尔霍恩倡导的州人民主权论被联邦主权论取代了,此后美国宪制的复合主权结构从州权主导转变为联邦权主导,美利坚合众国的宪制发生了根本性的变革,但卡尔霍恩的思想理论并没有被消除,而是作为一个富有生命力的要素融汇于美国宪制的内在结构之中,尤其是其保守式的自由理念、反抗专制体制的宪政设计以及复合多数的民主政制观,都作为美国宪制的原创性精神,一直灌注于美国宪法体制的扩展之中,成为警戒其沦为国家主义和专制主义政制的解毒剂。

正像古代的罗马一定会从共和国演变为独裁制的帝国,美利坚合众国也会从十三州"合众为一"的小型共和国演变为一个巨型的新罗马帝国,但为什么它没有蜕变为一个专制、独裁的帝国,而是依然保持着一个民主、联邦制的共和国的自由宪制?一个主要原因就是其宪法结构中葆有着卡尔霍恩倡导的那种保守性的自由因子。虽然美洲过往的小国寡民式的邦联制不复存在了,但小加图的共和自由精神永存,卡尔霍恩就是美国宪制史中的伟大的小加图。限于篇幅,本文不可能详尽论述卡尔霍恩的整个思想理论,下面我仅从美国宪制结构的视角,选择他的几个核心观点予以探讨,进而使我们进一步理解美国构建之际的联邦制宪法的本来面目、卡尔霍恩不识时务的州人民主权观念、内战时期林肯所重建的美国宪制的新形态以及此次宪制变革的要津和宪政意义。

（1）州人民主权的建国之根基

卡尔霍恩宪法思想的核心在于州人民主权，他的全部系统而富有抗辩力的理论之精髓也在于此，因而把握卡尔霍恩的理论体系关键在于理解他的"州人民主权"。在我看来，这个州人民主权具有内外两个层面的分析维度，并且据此而确立了其作为核心支撑点的宪制本质特性。

首先，从内在的宪制视角来看。州人民作为一个独立自主的政治单元，其本质属性是一种民主制的政制形态，即州人民的参与政治是平等而自主的，每个公民都具有平等参与州政治的权利，由此组成的州政府是一个民主政府。自由而平等是州人民享有的民主政治的基本性质。正是这个民主政制的州人民构成了州人民主权的实质，州人民主权是州政府的建制基础，也是美利坚合众国的建国基础。卡尔霍恩指出："合众国政府由合众国宪法塑造而成，我们的政府是一个民主的、联邦制的共和体制。说它民主，是相对于贵族制和君主制而言的。它破除了阶级、阶层以及其他所有的人为区分。……人民是全部权力的源泉；各州政府以及合众国政府乃由人民创造，并且是为了人民而创造的。"①

关于这个州政制与合众国的民主体制，卡尔霍恩提出了一个重要的理论概念，即"数量多数"与"复合多数"的区别，前者指的是"数量上的或者绝对的多数（the numerical or absolute majority）"，后者指的是"复合的或者宪政的多数（the concurrent or constitutional

① 约翰·C.卡尔霍恩：《卡尔霍恩文集》（上），林国荣译，广西师范大学出版社 2015 年版，第 92—93 页。

majority）"。① 卡尔霍恩认为，作为一种共和体制的主权共同体，其民主的本质不在于数量上的多数决，而在于复合性的多数决，他写道："之所以称之为宪政的多数，是因为此种多数在任何宪政政府中都是一项本质性的要素，无论宪政政府的具体形式为何。""倘若人们仍然不能辨识上述区别并予以更好地理解，已经构筑起来的宪政政府仍然会有极大的可能性首先堕落成专制多数的统治，最终则会蜕化成某种形式上的专制政府。"② 正是这个复合多数的民主体制，才构成了抵御专制体制，尤其是基于数量上的多数决定的"民主专制"的有力武器。在他看来，一种真正的民主体制或民治政府，必然是一种基于复合多数而不是基于数量多数的体制，这个体制因而也就必然是一种共和制度，只有基于民主共和的政府体制才是真正的自由政体，才能维系和保障个人的自由权利，促进每个人的福祉。美国的州政府体制也就是这样的自由、共和与民主的政制。

基于上述观点，卡尔霍恩所揭示的州人民的主权共同体，其人民的主权本质也恰恰是系于这种共同体的政制结构中，作为主权的州人民，只有在这样一个基于复合多数的共同体或政府体制中，才享有真正的实质性的主权，而这个主权体制也才能保证州人民的自由与民主。我们看到，这种关于人民主权的共和与自由精神的界定，是卡尔霍恩政治思想的一个突出的理论贡献，此前的思想家们，诸如霍布斯、卢梭等人虽然都对人民的主权有所界定，但他们并没有

---

① 约翰·C.卡尔霍恩：《卡尔霍恩文集》（上），林国荣译，广西师范大学出版社 2015 年版，第 25 页。

② 同上书，第 25—26 页。

清晰地区分民主与共和之间的关系，致使所谓的和平与自由的价值难以落到实处，至于康德虽然指出了民主与共和的区别，并强调共和体制的自由属性，但并没有通过数量多数与复合多数的区别来规定民主与共和体制的不同，[①]并且也缺乏像美国的州政府那样的实践形态予以论证。卡尔霍恩的一个最大理论贡献，就是通过对于美国州人民主权的独创性分析，梳理了民主、共和与自由三者之间的政制结构性关系，并且通过两种多数的区分，赋予了州人民主权以捍卫自由、抗拒专制的立宪创制的首要意义。

依据卡尔霍恩的上述分析，州人民主权既然具有共和、民主与自由的政制属性，那么由这个州人民主权构成的联邦政府以及美利坚合众国，其宪制就由此具有了如下几个方面的特性。

其一，美利坚合众国是一个联邦性的宪制，这个合众国是由诸州通过宪法构建的，州人民主权以及民主、自由的州政府，是美国的政治主体，它们是真正的组建美国的政治单元，具有不可剥夺的独立自主的性质。从法权上说，州人民主权是唯一的主权主体，它们在权能上是不可分割的单一体，美利坚合众国经由州人民的制宪权的行使而建立，州人民主权是至高的、不可分割的，也是不可转让的，美国宪制的实质在于州人民主权，而不是在联邦政府，这个

① 康德：《永久和平论》，载《历史理性批判文集》，何兆武译，商务印书馆1997年版，第104—110页。萧高彦教授敏锐地指出了康德与卢梭两人有关共和制度的重大歧见，并由此认为近代的共和主义分为民主共和主义与宪政共和主义两支，康德属于宪政共和的自由主义理论系统，卢梭则开辟了另外一条民主共和主义的路径。参见萧高彦：《西方共和主义思想史论》，台湾联经出版社2013年版。

联邦政府无论是狭义的总统还是广义的国会（参议两院），都不享有州人民主权的至上性，都不具有主权的直接属性。具体一点说，联邦政府只是具有形式上的主权象征，实质上只是享有治权，实施国家的统治权或治理权，并不真正享有国家的主权，主权在州人民，联邦政府属于一种各州政府的"结合"机制。对此，卡尔霍恩多次指出："各州政府先于联邦政府，联邦政府经由各州政府创造而出。各个政府由成文宪法塑造而成；各州政府则是由各自的人民塑造而出，单独行动，并赋有主权性质；联邦政府也是由人民塑造而出，依据同样的主权性质采取行动，不过联邦政府的行动实际由各州集合而成，而非独自行动。""宪法是由各州作为单立的、主权式的各种制定和确立的，各州为着'他们自己'制定并确立宪法，也就是说，为着作为单立且主权式的共同体的共同福祉和安全制定并确立了宪法。""各州在批准宪法之后当然保有其单立、独立且主权性质，各州也正是据此来批准宪法的。"[①]

由此可见，卡尔霍恩的州人民主权理论从正反两个方面受到了博丹与洛克的影响，从形式上看，他接受了博丹关于主权至上性、唯一性与不可分割的定位，但是就实质来说，他又不赞同博丹主权论所赋予国家乃至君主的那种可能导致独断专制的主权权力，而是吸收了洛克关于人民主权的自由本位的理论，即通过复合多数的概念分析进一步确立了州人民主权的自由、共和与民主的宪制内涵，从而赋予了美利坚合众国以自由的联邦宪制的本质属性。这样一来，

---

① 约翰·C.卡尔霍恩：《卡尔霍恩文集》（上），林国荣译，广西师范大学出版社 2015 年版，第 92、107、100 页。

作为美国建国之根基的州人民主权，就不再具有可能导致权力集中乃至专制的弊端，而是尽管具有不可分割的至上性，但其实质在于保证自由的宪政属性，州人民主权作为一个稳固的堡垒，对外可以抵御国家权力的恣意干涉，对内则可以抵御数量多数的侵袭，从而维护一个自由的人民群体健康成长。这也正是一个保守的或古典的自由主义的价值之所在。

其二，作为不可分割的州人民主权行使着创制美利坚合众国的制宪权。美国政制虽然受到盎格鲁·撒克逊民族的法治思想的重大影响，分享着英国政治传统的余绪，但在创制建国问题上，美国经验却是具有独创性的，属于全新的构建，对此卡尔霍恩提出了一个关于州人民的制宪权理论。他形式上接受了法国思想家卢梭、西耶斯等人的制宪权概念，认为美国联邦政制存在着一个关于现代国家的制宪权问题，就此来看这个制宪权概念的提出是与英国的政治传统相违背的，在英国传统思想家们那里，基于英国的不成文宪法的宪政体制是一个逐渐演变的过程，很少有人提出制宪权问题，卡尔霍恩基于美国的立宪建国的经验事实，没有照搬英国宪制理论，而是吸收了法国思想。但是需要特别提出的是，卡尔霍恩的制宪权理论在知识形式上接受了法国的概念，而实质上还依然是英国的，即他没有像卢梭、西耶斯那样把国家构建视为一次性的人民主权的意志总决断，把制宪权归结于所谓的"公意"或某种神秘的整体性的人民意志，像后来的德国思想家卡尔·施米特所发挥的那种政治神学意义上的人民出场式的意志决断，而是赋予"州人民主权"，卡尔霍恩认为美利坚合众国的制宪权在于州人民，州人民是这个现代美国的制宪权主体，而不是抽象的美国人民，也不是原子化的个体公民。

　　他写道："'我们，人民'，意思是指个体意义上的人民，这样的人民构造出的是一个单一的共同体，并认为，'美利坚合众国'这一用法乃呈现为一种集合意义，也就是所谓的美国人民。"对此，卡尔霍恩是持否定态度的，认为那是把合众国导入一种"全国体制"，而非联邦体制，把各州纳入全国性政权的附属或依附性分支，对于这种把美国定义为全国体制的国家主义，卡尔霍恩坚决反对，他指出："宪法之制定和确立是为着各州的人民，也正是各州人民制定并确立了宪法。""从政治上讲，实际上并不存在合众国人民这样的共同体，只不过仿佛这个政府真的构造出了一个集体的人民或者国家，并且真的可以从这个角度来看待似的。在各州存在的任何阶段，都不曾有过这样的人民。因此，很自然地，所谓合众国人民，既不能也永远都不会参与到我们政府的塑造和管理当中，在其中也不会有任何的权重。就政府的所有组成成分而言，包括联邦政府和各州政府在内，都出自同样的源泉，那就是各州人民。各个部分加总起来成为一个整体，这个整体也就塑造出了一个联邦制的共同体，这是一个各州经由一项政治契约而联合起来的共同体，而不是一个由个体凭借所谓的社会契约而构造起来的国家。"①既不把美国全体人民，也不把孤立的个人视为美利坚合众国的制宪主体，而是把州人民视为一个独一无二的制宪权主体，这是卡尔霍恩最为独特的宪法思想，也是其被视为州权理论的代言者之所在。

---

① 约翰·C.卡尔霍恩：《卡尔霍恩文集》（上），林国荣译，广西师范大学出版社 2015 年版，第 110、106、106、133 页。

　　为什么卡尔霍恩要如此重视州人民主权呢？因为卡尔霍恩认为美国不是欧陆那样的单一制的民族国家，而是由自由而独立的各州所组成的联邦制合众国，如果把这个国家的决定权或制宪权交由所谓的人民，尤其是全体一致的整全性人民，就极有可能导致联邦政府的中央集权，导致集权专制，法国等国家之所以摆脱不了专制主义的桎梏，就是因为那种国家权力高度集中的大一统所造成的。卢梭意义上的人民在哪里呢？全体一致的人民公意的制宪权在哪里呢？他们是不存在的，只是存在于思想家们的想象中，现实存在的只是打着人民主权的暴政。但孤立的散沙一样的个人也是不行的，霍布斯预设的自然状态下的孤零零的个人，他们没有相互信任、不能相互团结，只能是以他人为敌，最终还是难以逃脱利维坦的专制魔掌，受缚于国家暴力的宰制。在卡尔霍恩看来，美利坚合众国的制宪建国并非如此，而是另有渊源，那就是基于美国立宪史的经验，美利坚合众国来自十三个州的州人民的契约，州人民主权才是美利坚合众国的制宪权的根本，美国的主权在于州人民手中，州人民才是真正的主权者，通过州人民的制宪权，才创立了美利坚合众国。"宪法的全部权力和权威都源自各州人民，而各州是单立、独立且主权式的实体"[①]。

　　基于州人民主权的立国之根基，并经由上述对内对外两个维度的分析，我们看到，卡尔霍恩对于美国宪制的认识就与主流的宪法学说有着重大的乃至根本性的区别，他的宪法观是具有独创性的，

---

① 约翰·C.卡尔霍恩：《卡尔霍恩文集》（上），林国荣译，广西师范大学出版社 2015 年版，第 126 页。

而且体现着古老的自由和民主的共和制特性，这一点集中体现在他对于美国宪法结构的阐释之中，或者说，他的州人民主权的理论只有置于美国宪法结构的分析中，才能获得更为丰富而真实的理解和证成。

（2）卡尔霍恩视野下的美国宪法结构

从政治宪法学的理论关切点来说，一部宪法的关键不在公民权利保障，尤其是不在司法宪政主义的宪法机制，而是在宪法的结构。宪法结构的性质决定了其公民权利保障的程度以及方式，一个自由而民主的共和制宪法结构，必然导致权利保障的实施机制，并逐渐演化为司法中心主义的日常宪制的法治形态。所以，在卡尔霍恩那里，司法中心主义并不是他维系自由的宪制问题中心议题，而是聚焦于美利坚合众国的宪法结构，以及相关的立法权、行政权的宪法规定，他要寻找和确定的是美国宪法的制宪权以及联邦制国家的治权（总统）、立法权（参众两院），尤其是州权的主权性质，以及上述各种权力之间的结构性关系。

首先，卡尔霍恩从宪法结构上认同美国宪法是一种二元复合的联邦制结构，他也承认联邦不同于邦联，是一个比邦联更为紧密的政治共同体，这个共同体是通过宪法连接在一起的，其中存在着联邦政府和州政府两个政治单元。从形式上说，联邦政府作为中央政府拥有全国性的政治权力，州政府只拥有一州的政治权力，属于地方政府。此外，卡尔霍恩也赞同或承认联邦政府作为国家权力的分权制衡，即美利坚合众国从横向来看，分为立法权、行政权和司法权，这些属于美国宪法的老生常谈，卡尔霍恩并没有提出异议。与此相关，形式上看，这个联邦制国家也预设有"美国人民"，美国人民是由各州人民组成的，他们属于一种广泛的政治共同体的组织形式。总统由人民选举，参众两院依据美国宪法分别由各州的人口数量和各州的州代表构成（众议院议员名额根据州的人口数量按照比例组成，参议院名额按照每州二名组成），并且行使立法权乃至修宪权，联邦法院大法官根据总统提名由议会确认通过等。

但是，由于卡尔霍恩对于合众国的州人民主权具有全新的定位与认识，从而使得他对于美国宪法结构的认识就完全不同于一般的宪法观，而是从根本上颠覆了主流的观点。这不仅体现在他对于美国宪法结构的纵向分权的论述中，而且还导致了横向分权结构的理解，并从纵横两个方面彻底改变了流俗的宪法观，这样就形成了一整套全新的卡尔霍恩的宪法结构理论，正是这套理论为南北战争的南方提供了强有力的合法性依据。

在宪法结构上，由于卡尔霍恩认为州人民是一个逻辑起点（不是单独的个人，也不是民族国家的总体人民），州人民是一个单立、独立且主权式的实体，那么，直接的结果就是联邦政府或联邦国家不再具有主权，所谓主权在民，这里的人民不是指美国人民，而是指州人民。这样一来，国家主权都不复存在了，或者虚化了，如果有所谓国家主权的话，那也只是一个象征性的拟制，其根本性的载体在于州人民以及州政府，州人民主权才是美国宪法的制宪权主体，它不仅是动力因，而且是目的因。既然联邦政府不再拥有国家主权，总统、国会等联邦机制也同样不再拥有主权，那么，他们究竟在美利坚合众国的宪法结构中处于什么地位并发挥什么作用呢？卡尔霍恩认为，联邦政府以及总统、国会等联邦机制，只是拥有治权，它们不是美国宪法的最终权源，而是一种授权性的权力机构，来自州人民主权的授权，行使国家的治权，依据宪法管理、统治这个国家。联邦政府或国家不是最终的主权者，因此也就不可能拥有绝对的或专制的权力，其权力的行使是有边界的，受制于州人民的授权，关于这些授权的具体内容，美国宪法均有明确的规定。这样一来，所谓的美国宪法的二元复合的联邦制结构，就发生了根本性的变革，或具有了另一种全新的意义。

主流的宪法观虽然也承认美国政府的国家权力来自宪法的授权，即国家权力（联邦政府权力）是授权性的权力，州政府权力是本源性权力，但就美国宪制结构来说，他们仍然主张国家权力的中枢在中央体制，联邦政府具有主导性的地位，宪制结构的二元分权系统是国家主导的复合联邦制，国家权力在联邦政府和州政府的纵向维度上具有优先或重要的意义，各州政府的权力尽管是独立的，但要依据宪法的规定服从于国家权力，因此，美利坚合众国的主权在宪制结构中不是单一不可分的，而是分割为二元结构，即国家主权与州主权，国家主权处于主导性的地位。例如，《联邦党人文集》中的主要思想就是这样一个倾向于强化国家体制的思想汇编，他们用宪法序言的"美国人民"来支撑美国的全国体制，认为美国宪制的二元复合联邦制的中心机制在于美国人民以及国家体制上。为了"更完善的联邦"，卡尔霍恩认为："'我们，美利坚合众国的人民'，即指作为一个整体的集合意义上的各州人口，由此，各州便丧失了用以构造单立政治共同体的那种分立特性。""他们坚持认为政府部分是联邦体制，部分则是全国体制。"① 为此，美国最高法院大法官约瑟夫·斯托里在《美国宪法评注》一书中的第三编"合众国宪法"的第一、二、三章，参照制宪会议着重探讨了上述关于美国宪法结构的国家体制与联邦体制的二元属性，他指出："他们认为，在宪法的性质和权力分配上，宪法的一部分是联邦的（federal）、一部分是国家的（national）。在起源和组建方面，它是联邦的。在它的一些关系中，它是联邦的；在另外一些关系中，它是国家的。在参议院，它是联邦的；在众议院，它是国家的；在行政部门，它具有混合性质；在权力的运作中，它是国家的；而在它的权力范围内，它是联邦的。它作用于个人，而非仅仅作用于各州。但是，它的权力是有限的，将大量主权留给了各州。在修正案制定方面，它也是混合性质的，要求存在多数的同意，并不要求所有州的全体同意。因此，总而言之，他们的结论是，'严格说来，宪法既不是国家的、也不是联邦的宪法，而是二者的合成。'"②

应该指出，斯托里大法官的考察属于相对温和的二元复合联邦制的观点，相比之下，雅法在《自由的新生：林肯与内战的来临》以及乔治·P.弗莱切在《隐匿的宪法》中，通过林肯对于《独立宣

---

① 约翰·C.卡尔霍恩：《卡尔霍恩文集》（上），林国荣译，广西师范大学出版社 2015 年版，第 110、123 页。另外参考《联邦党人文集》第 39 篇，关于"联邦的"和"国家的"区分："前者对以政治资格组成联盟的各政治团体行使权力；后者对以个人身份组成国家的各个公民行使权力。"另可参见 Martin Diamond, *The Federalist on Federalism: Neither a National Nor a Federal Constitution, but a Composition of Both*. 86 Yale. L. J. 1237 (1977).

② 约瑟夫·斯托里：《美国宪法评注》，毛国权译，上海三联书店 2006 年版，第 124 页。

言》之"人人生而平等原则"和《合众国宪法》之于一个强大的民族国家的诉求的揭示，其观点则就要激进和猛烈得多。在雅法看来，卡尔霍恩的政治学遗产成为赞同州权以及南方各州脱离联邦的理论支撑，他们颠覆了《独立宣言》和《联邦党人文集》的政治学要旨，而林肯的事业就是要拨乱反正，构建一种美国的契约论和实践"人人生而平等"的自然权利的有效性学说，诚如他在《葛底斯堡演说》中所宣誓的为美国人民建造一个"民有、民治、民享"的新国家——这才是"自由的真正福祉"。① 而弗莱切则进一步认为林肯的这个新国家符合《美国宪法》序言的"原初意图"，这个国家就是当时欧洲兴起并蓬勃发展的民族国家—政治国家，弗莱切反对那种认为美国政治不同于欧洲民族国家的观点："我认为林肯的演说中所表达的观念，正是当时欧洲人的同一种观念。每一个拥有共同历史和语言的民族构成的国家，其民族国家存在的自然形式存在于政治国家结构之中。美国构成一个有机民族国家单位的观念，隐含地解释了南方十一州为什么不能自行其道分裂出去。""在美国的政治理想中，葛底斯堡演说标志着道德精神上的一个重大突破。它为我们内战后努力实现平等公民权价值观做了准备。它开启了这一运动：扩大选举权，并将美国转变成一个大众民主国家和'民治'政府。'美国的二次革命'——詹姆斯·麦克弗森准确传神的说法——确立了重要的政治三部曲：民族国家、平等和民主。尽管这个三部曲不如法国大革命时期的自由、平等、博爱被人铭记，但它们仍成为美国

---

① 雅法：《自由的新生：林肯与内战的来临》，谭安奎译，华东师范大学出版社 2008 年版，第 4—5 页。

政治中的引导力量。它们为第十三、十四、十五条修正案所确立的宪政新秩序，奠定了基础。""在最高法院作为一个全国性法庭能够约束各州的意义上，美利坚合众国也是一个民族国家。正如最高法院在 1793 年判决道：'这个国家的主权存在于这个国家的人民之中，各州的剩余主权存在于各州人民之中……'要点在于：美利坚合众国人民是主权者，在各州之上。"①

对于上述言论，卡尔霍恩肯定是不赞同的，他不仅难以接受诸如斯托里那样的温和二元论的主权复合宪制观，而且更是不能接受像雅法、弗莱切等人所挖掘和倡导的林肯法理学，他顽固地认为主权不可分割，这个主权只有各州拥有，各州人民具有美利坚合众国的制宪权。就美国宪制结构来说，州权才是这个国家权力的中枢和核心，在二元结构中，州权处于主导性的地位，其宪法地位来自其拥有的不可分的主权，国家权力是从属于或服务于州权的，它们在法理上只是拥有治权。卡尔霍恩写道："依据我国体制的根本原则，主权在人民，而非政府；假如主权在人民，那么这里的人民必定是各州的人民，因为从政治角度讲，我国体制当中并不存在其他意义上的人民。主权不仅在民，而且完全在民，且是完整的、不可分割的。"②

通过卡尔霍恩的分析，我们看到，美利坚合众国的宪制结构发生了逆转，从国家主导的二元复合体制转变为州权主导的二元复合

---

① 乔治·弗莱切：《隐藏的宪法：林肯如何重新铸定美国民主》，陈绪纲译，北京大学出版社 2009 年版，第 40、56、60 页。
② 约翰·C.卡尔霍恩：《卡尔霍恩文集》（上），林国荣译，广西师范大学出版社 2015 年版，第 219 页。

体制，州人民成为美国宪法的中心和精神的聚焦点，所谓的美国人民以及美国政府，它们都从属于州人民的主权。在此，卡尔霍恩细致论述了美国费城制宪的过程，他并不赞同那种赋予美国宪法以根本性变革的主流观点，在他看来，原先的邦联体制固然有各种缺陷，但新创的美国宪法并没有从根本意义上改变这部邦联条约的内在结构，即基于州人民主权的宪制结构，而只是变革了联邦政府的运作形式，赋予了中央政府以更大的治权。美国宪法只是更为确切地规定了各种权力机关的宪制关系，诸如联邦政府的分权制衡以及确定了与各州之间的宪制关系，但美国宪法并没有剥夺州人民在主权方面的主导性地位，仍然是建立在各州人民的同意之上的，美国政治以及各种国家权力最终都要受缚于州人民的同意与授权。例如，美国宪法的批准程序需要通过各州（超过三分之二的州议会）的同意才能生效，美国总统的选举要由各州人民（通过选举团制度）来选举，美国国会（参众两院）的构成以及议员名额也都来自各州人民的决定，还有美国宪法的修改也需要通过两院议会三分之二多数的通过才能启动，等等，所有这些都显示出州人民主权在美国宪制结构中的举足轻重的地位，而这些都是从邦联体制中传承过来的，只不过是美国宪法赋予其更加坚实的结构性意义。

为什么州人民在美国宪法结构中占据如此重要的权重，在卡尔霍恩看来，这来自美国的历史经验，来自美国独特的制宪建国的道路。早在美国革命之前，在英王的管辖之下，北美各殖民地就分别建立起相对独立自治的政制组织，并通过自治条例凝聚起各州人民的政治认同。在从英国争取独立的革命期间，十三州的人民通过各种方式，尤其是通过宪章的方式，进一步锻造与冶炼了各州人民对于州主权的认同，邦联体制就是基于十三州人民主权的同意而构建起来的联合体。只是在革命前后，由于邦联体制不能有效地达成各州之间的协调，以及统一行使这个联合体的军事、行政与税收的权力，并且面临内政与外交的重重困难，才促使当时的那群卓越的建国者在费城召开制宪会议，从而制定了一部美国宪法，确立了美国的复合联邦体制。但是，这一体制在宪制结构上并没有改变州人民主权的建国根基，依然把制宪权的主体交由各州人民来行使，只是在治权方面强化了联邦政府的权能，并且实施了复合二元的分权制衡结构。因此，卡尔霍恩认为，无论是从美国革命与建国的经验，还是从美利坚合众国的宪制结构来看，州人民主权都是美国宪法的动力因和目的因，州人民作为制宪权主体塑造了美国的宪制。

（3）州人民主权的否决权以及宪制意义

虽然美国在建国六十余年的发展演变中，其联邦政府的国家治权日益强大，尤其是随着北方各州的经济扩张以及它们在宪法结构中的权重的加强，但是卡尔霍恩认为，只要遵循美国宪法的精神，坚持美国宪法的州人民主权的主导地位，就可以抵御国家权力的扩张，抑制北方势力对于宪法结构的变革，保持美国宪法的自由与共和的宪政民主体制。卡尔霍恩把这种信心建立在州人民依据宪法所拥有的否决权上，在他看来，否决权是美国宪制的保护神，是州人民主权的最后一道堤坝，只要坚守美国宪制结构中的这项州人民拥有的否决权，美国宪制就不可能发生根本性的改变，美国的自由精神就能保持下来。

卡尔霍恩所说的否决权究竟是什么呢？为什么他如此看重这项

否决权呢？要回答上述问题，还是要追溯美国的宪法结构以及美国行宪六十余年的社会政治与经济状况。

我们知道，北美殖民地时期，南北两大区域在生产方式以及使用黑人奴隶等方面就有差别，虽然在独立革命时期，南北双方在共同抵御英国统治问题上找到共同点，并通过合作达成了邦联体制，甚至最终达成了复合联邦宪制，但是，美利坚合众国的制宪建国在南北两方相关的一系列问题上均是通过各自的妥协而得以实现的。例如，其中两个重大的宪法举措就是采取了州人民主权为主导的二元复合联邦制，以及关于参众两院议会的组成方式，即参议院以每州两个名额由州议会指派，众议院按照各州人口的比例选派，在各州人口数量的统计中，黑人奴隶按照五分之三的额度计算。正是上述两点，实现了宪法结构的均衡点，南北两方据此达成了妥协，于是南北方人民同意联合，美国得以制宪完成，一个美利坚合众国建立起来。

但是，南北双方在宪法结构上的矛盾并没有得到彻底的消除，而是保持在上述的均衡点上。问题在于随着美国社会的经济与政治的演变，情况逐渐发生了新的变化，与此相关，美国宪制日益面临结构性的危机。按照卡尔霍恩的观察与分析，这种危机表现在如下几个方面：

第一，北方各州的市场经济方式与南方各州的种植园不同，偏重于资本主义工业贸易以及商品生产，加上北方在国家权力体系上的权重，致使联邦政府制定通过了一系列不公正的偏袒北方经济发展、抵制与剥削南方农业种植园经济的关税和财政政策，导致北方市场经济大肆扩张，而南方农业经济日渐萎缩，从而引发南北双方在联邦政府的治权方面展开争斗，并且日益白热化。

第二，北方的废奴思想由于某些党派的大肆倡导，在全国掀起一股又一股解放黑奴的浪潮，使得南方各州的政府权力以及法治受到极大的挑战，这些民权平等主义思想固然有意识形态的权利意识在发酵，但更多的是隐含着北方各州的经济利益，它们试图搞垮南方的种植园经济，实现资本主义的全国扩张，而这是与宪法结构中的基本条款以及制宪时期的南北共识相违背的。

第三，还有最直接的准州问题，即随着美国的西部大开发以及与墨西哥战争所取得的大片土地而逐渐建立的各准州在准备期结束后的归属问题，这个问题是南北方宪制矛盾的聚焦点，卡尔霍恩以及南方各州均给予了高度的重视，他们认为准州问题将迫使南方各州处于生死关头，也正是基于此，卡尔霍恩提出了否决权理论。[①]

在卡尔霍恩看来，美利坚合众国长此以往的一个基本政治原理是："没有分权，就没有宪法；没有宪法，就没有自由。""所谓分权，必定意味着分权各方对自身的权利份额享有平等权利，无论份额本身是大是小。同时，分权也意味着评定自身的权力范围并针对分权各方捍卫自身的决定权。正是这些构成了所谓的分权格局，也是分

---

① 相关论述，参见约翰·C.卡尔霍恩：《卡尔霍恩文集》（下），林国荣译，广西师范大学出版社 2015 年版；另外，参见王希：《原则与妥协：美国宪法的精神与实践》第四章"奴隶制、内战与美国宪法"，北京大学出版社 2000年版；雅法：《分裂之家危机：对林肯-道格拉斯论辩中诸问题的阐释》，韩锐译，华东师范大学出版社 2007 年版；Don E.Fehrenbacher, *Slavery, Law, and Politics: The Dred Scott Case in Historical Perspective*, New York: Oxford UniversityPress, 1981.

权的含义所在。"①由此卡尔霍恩分别分析了美国宪法所赋予的联邦政府与各州以及政府各个机构如总统、议会两院、司法机关等具有的捍卫自身权力的决定权或否决权。他写道："所谓的自保权力，就是依据宪法可以阻止其他部门进行权力侵夺并能够吸纳自身所得权力的权力。若没有这样的权力，最强大的部门最终将会吸纳并集中其他部门的权力于一身。这是不可避免的。"②而这又极其可能导致一个专制政府，无论是议会专制，总统专制，还是司法专制，没有有效的分权制衡的抵抗权，任何一个部门或大权在握的个人，都可能实施专制统治。而当时美国的情况是联邦政府的各部门，从总统到议会以及司法等，基本上是由北方势力占据，他们不仅具有人口的多数，而且还有权能上的优势地位，南方各州唯一可以抗拒的地方就是在参议院，基于联邦宪法，参议院的名额构成是每州指派二位，这样南方各州通过在参议院的微弱多数，可以行使其捍卫南方权力的抵抗权或否决权。"首先要考量的问题就是，州政府拥有怎样的手段可以阻止合众国政府对保留权力实施侵夺呢？""州政府手中若没有否决权，无论是绝对的否决权还是实际效果上的否决权，就不可能保护自己免受合众国政府的侵夺，只要两个政府之间的权力陷入冲突。"③

南方各州在合众国的六十余年的演变历程，一直遵守着美国宪法的精神，奉行宪法，在北方各州的挤压以及联邦政府的各种不公

---

① 约翰·C.卡尔霍恩:《卡尔霍恩文集》（上），林国荣译，广西师范大学出版社 2015 年版，第 189、193 页。
② 同上书，第 193 页。
③ 同上书，第 192 页。

正政策情势下，被迫处于守势，一退再退，到了准州问题上已经无法再退，再退就是承认死亡，承认美利坚合众国的宪制失败。为此，为了捍卫南方各州的宪法权利，为了捍卫美利坚合众国宪法，为了源自美国历史的自由精神，抵御北方对于宪法结构的侵袭，南方各州人民要行使自己的宪法创制权，这个作为主权的宪法权力就是否决权。由于北方势力对于联邦政府的权力控制，南方各州人民已经在总统的权力行使中早就失去了主动权，在议会的众议院由于北方各州的人口数量，南方也已经失去了主动权，只有在参议院，南方各州在参议院的总议员票数尚可达到行使否决权的额度，从而挫败美国议会立法通过损坏南方各州的方案（例如把准州划拨给北方势力范围，改变南北双方在参议院议员名额上数量对比和已经达到的平衡点，致使南方各州达不到行使否决权的法定票数），直至挫败北方各州试图通过宪法修正案以改变美国宪法。因此，否决权是南方各州人民维护自己的自由权的最后一道屏障，是维护美国宪制的最后一道堡垒。所谓美国宪制的州人民主权最后所能体现的就是这个否决权的行使。

为什么否决权具有担负州人民主权的宪法功能，并具有正当性呢？在此，卡尔霍恩再一次使用了他的有关数量多数与复合多数之概念区分的理论，在他看来，宪制事务的法理不在于数量上的人数众多，所谓的美国人民，乃至州人民，其所以能够成为一个政治的共同体，不是仅仅依据他们是由众多的个人组成的，因此多数就具有决定这个事务性质的决定权，如此的做法显然把宪制事务的本质归于激情或意志的决断，只能导致政治的盲动或非理性，导致多数人的暴政或专制主义。这或许是法国、德国等欧陆国家的政治狂热主义所为，并非属于美利坚合众国的宪制特性，美国的制宪建国是一种理性的深思熟虑的人民意志的表达，在其中理性高于意志，历史传统重于思想创建。所以，美国的制宪建国不是简单地来自人民数量上的公意，而是审慎地来自州人民的深切参与，州人民作为一个复合多数而不是数量多数，就决定了美国的宪制结构的根基在于各州的独立与自治，在于它们的主权创制，州人民作为制宪权充分说明了这个人民主体是经过考验的自主性的主体，是一种复合多数的主权共同体。

因此，把这个逻辑引申到合众国的美国人民，以及美国参众两院议会体制，那么显然也就不能简单地以数量上的多数来决定其合法性与正当性，而是要考问其是否复合多数，只有复合性的多数才是真正的政治共同体，才能决定宪制结构的自由民主性质以及各种法律议案的正当性与合法性。"宪法和政府，即便两者分开来看，也全然是建基于复合多数原则之上的。这当然就是一种共和体制，一种相对于绝对民主制的宪政民主体制；而那种视之为一种纯粹数量多数政府的理论，其基础则是粗陋且没有根据的错误观念。宪法和政府绝不是依托于数量多数的，非但如此，数量多数在塑造和批准宪法的整个过程中，都作为一项要素而遭遇完全的排斥。"①从这个关键点来看，笼统的美国人民，就不具有复合多数的意义，在此要回复到制宪建国时期的州人民的立足点上，只有州人民才是得到检验的复合多数，正是凭借这个州人民的主权行使才达成了美利坚合

---

① 约翰·C.卡尔霍恩：《卡尔霍恩文集》（上），林国荣译，广西师范大学出版社2015年版，第152页。

众国的宪制。同样，在参众两院议会中，其议员的票决也不能仅仅依据数量上的多数，而是要依据复合多数，卡尔霍恩之所以提出参议院的南方否决权，其法理基础也正是根据这种有关多数的划分上。表面上看，无论是笼统的美国人民，还是参众两院的议员票决，北方似乎占据数量多数的优势，但是，这个数量上的优势并不必然地具有决定权上的合法性与正当性，关键在于它们是否复合性的多数，显然并非如此，相反，南方虽然在数量上不一定完全占据多数，但它们可以构成复合多数，这个多数才是人民与议会的精髓。所以，卡尔霍恩的否决权不仅来自州人民主权的制宪权，而且具有法理的正当性依据。"在构建宪政政府之时，应当将如下原则奉为一项根本原则：政府若要强有力，就必须拥有同样强有力的否决体制，以将政府权能限制在恰当的范围；政府越强有力，若否决体制也相应地趋于强大，则这样的政府就越好。除非能够使否决体制随同政府权能一同增强，否则便无法在积极权力和否决权力之间建立平衡。"①

　　卡尔霍恩提出的上述这个强有力的否决权，尽管可以有效维护南方的宪法权利不被侵犯，但也面临一个进一步的追问：州人民行使的议会制否决权是否为州脱离联美利坚邦合众国打开了一道合法性的口子，也就是说，否决权是否意味着脱离权，是否各州有脱离美国的自由权呢？这确实是一个严峻的问题。对此，卡尔霍恩指出，既然否决权来自州人民的主权决断，且这个州人民主权还是唯一的美利坚合众国的制宪权，那么，否决权当然隐含着自由退出联邦的

---

① 约翰·C.卡尔霍恩：《卡尔霍恩文集》（上），林国荣译，广西师范大学出版社 2015 年版，第 215 页。

权力，或者说，否决权确实包含着各州脱离美利坚合众国的自由权。

不过，卡尔霍恩进一步写道：所谓否决权隐含着脱离美国的退出权从宪法学的严格意义上说，并不准确，也是不真切的，"冲撞与冲突在权力分化体制中是必然之事，这是应当承认的，不过，要说两个协作式政府之间的相互否决权必然会推动冲撞与冲突，或者必然会导致解体，这一点则是完全站不住脚的。这样的相互否决体制，其效果恰恰是相反的。它并不必然导向冲撞或者冲突，相反，它是不可或缺的手段，否则便无法遏制让渡权力和保留权力之间势必会发生的冲撞和冲突，这样的冲撞和冲突若不加以遏制，势必会导致联邦的强化或者解体，并最终摧毁整个体制。相互否决体制的目标和目的所在，就是阻止协作式政府体制中的任何一方对对方实施权力侵夺。为此，相互否决体制是行之有效的，而且也是人们能够设计出来的唯一有效的手段。"①卡尔霍恩特别以罗马共和制时期的保民官制度为例，"我们各州的否决权的力度比不上罗马保民官体制所拥有的否决权的力度。"但保民官的否决权不但没有导致罗马共和国的解体，反而使得这个共和国更加自由、和谐、强大而富有生机。既然美国的制宪建国的本源权力来自州人民主权，那么，作为州人民行使否决权就是否定或阻止了那些可能瓦解联邦政府乃至合众国的各种不合法决议案，从而保持了这个合众国的宪法体制的完整，因此也就不存在什么退出合众国的宪法权力问题。州人民的否决权可谓维护美利坚合众国的最后一道屏障，否决权有效也就保护了联邦，

---

① 约翰·C.卡尔霍恩：《卡尔霍恩文集》（上），林国荣译，广西师范大学出版社 2015 年版，第 214 页。

就没有各州的退出或脱离问题，如果否决权无效，那么也就意味着这个联邦共同体的宪制失效，与此同时，从宪制意义上说，美利坚合众国业已瓦解或遭到颠覆，不复存在。合众国先行失序或崩溃，当然也就没有退出或脱离的事情发生，所谓脱离或退出权的讨论是预设这个共同体还存在，各州是否有从这个共同体退出的权力，其实这个问题本质上是一个虚假的问题，因为州人民作为合众国的制宪主体，其否决权的无效也就意味着这个共同体业已解体，因此也就不存在退出或脱离的事情发生。

也正是在上述意义上，卡尔霍恩非常强调州人民主权所秉有的否决权，不仅把它视为南方各州的生死抉择，而且视为美利坚合众国宪政体制的生死抉择。在他看来，美国的宪法危机，南北两方基于社会经济与政治状况下的对决，集中体现在南方各州人民在参议院票决的否决权上面，如果这个否决权不能有效的行使，那么合众国的宪制就会遭到破坏，自由、民主与共和的美利坚合众国反而会面临着分裂与解体的危险。

3. 南北内战后美国宪制结构的转型

关于美国南北内战以及由此导致的美国宪制结构的转型，在各种宪法学和立宪史的著作中均有广泛的论述，本文不再赘述。我在此想探讨的是从卡尔霍恩以及南方法理学的视角，如何看待南北战争以及随后的美国宪法体制的变迁。当然，成王败寇系人类历史的某种宿命，南方各州在这场战争中被北方打败了，美国宪制的法理解释权自然由北方所把持，这也没有什么好说的。但是，如果我们超越当时的法政语境，客观地审视这场南北双方的宪法辩论，还是可以挖掘出很多富有教益的东西的。

首先应该指出，主流观点基本上是依据胜利者的逻辑来解释美国宪制，尤其是解释美国宪制的主权结构的。这一点可以追溯到林肯的宪法观，其集中体现在他的《葛底斯堡演说》以及后世宪法学家的深度阐释，[①]在那篇气贯长虹的简短演说中，林肯确立了美利坚合众国的人民以及合众国的新主权形态，即以美国人民作为美利坚合众国的立国之根基，从而颠覆了卡尔霍恩所主张的州人民主权的宪制思想。在林肯、北方以及后来的宪法主流学说那里，美利坚从制宪建国之日起，就是一个美国人民作为主权主体的共和国，美国人民以及美国联邦政府享有制宪权以及主权的权能，因此这个国家主权是至上的，不可挑战的，至于州人民以及各种政府不过是分享着美国的主权，处于美国宪法结构的纵向分权的结构之一部分，并不处于主导性的地位。美国的宪制结构是二元复合的联邦体制，在二元可分割的主权结构中，国家主权是决定性的，州主权则是从属性的。因此，各州虽然具有制衡联邦政府以及国家主权的分权功能，但并不是决定性的，最终要从属于美国人民这个主权主体的共同意志，以及联邦政府的决定，各州行使的否决权不仅可以被剥夺，而且各州并不具有脱离或退出美国的自由权。否决权以及退出权就意味着与合众国为敌，意味着分裂国家，由此导致的战争就是必然的，

---

① 参见亚伯拉罕·林肯：《林肯选集》，朱曾汶译，商务印书馆2010年版，第277—278页；雅法：《自由的新生：林肯与内战的来临》，谭安奎译，华东师范大学出版社2008年版；乔治·弗莱切：《隐藏的宪法：林肯如何重新铸定美国民主》，陈绪纲译，北京大学出版社2009年版；布鲁斯·阿克曼：《我们人民：奠基》，汪庆华译，中国政法大学出版社2013年版。

北方以及北方所代表的国家政权，就可以而且必须展开与南方各州以及它们新成立的政治共同体的战争，把它们视为叛逆予以惩罚，由此南北战争所引发的宪法之争，意味着北方以国家主权和联邦政府的名义征伐南方的叛乱与分裂，从而恢复美利坚合众国的完整与宪制统一。

由此可见，南北战争的核心在于主权之争，究竟是否存在着一个美国人民的主权主体，还是仅仅存在着一个不可分的州人民主权主体，究竟何种主权具有主导性的宪制地位，这个问题才是南北战争的根本问题。南方各州的观点是很明确的，即不承认联邦主权或国家主权，只承认州人民主权，联邦政府只是拥有治权，美国人民不具有宪法意义上的实体性，州人民才是美利坚合众国的制宪主体，行使制宪权，所谓的二元复合宪制只是形式意义上的，最终处于主导地位的是州人民以及各州政府，它们为了维护自己的主权地位，可以行使否决权以及脱离权。而林肯所代表的北方则以联邦政府的名义驳斥上述卡尔霍恩倡导的州权理论，认为美国人民才是根本性的主权主体，各州不过是分享着美国人民的主权权能，在二元复合宪制中联邦政府处于主导地位，美国人民是美利坚合众国的制宪建国的根基。我们看到，林肯之所以要颁布《土地法案》《解放黑人奴隶宣言》，在《葛底斯堡演说》中高调许诺一个"民有、民治、民享"的美国宪制目标，就是为了从根本上摧毁南方各州的州人民主权的宪法法理学，构建一个基于美国人民的新型国家以及新型联邦政府。

这样一来，我们看到，林肯他们所指陈的美国以及美国人民，与其说是美国立宪时刻的美国，不如说是重新塑造的美国，是美利

坚合众国的"新生"。^① 这个新生的美国确实诚如林肯以及主流法学
家们所言，它是基于美国人民的主权赋权，是一个由实体化的美国
人民打造的二元复合联邦制的现代共和国，并且从宪法的角度看，
这个新美国通过内战后的修正案予以坐实。从此之后，美国的宪制
演进步入另一条道路，延续着上述国家主导的复合联邦制的路径一
路走下去，此后又进而激活了司法体制的分权制衡，逐渐实施了法
院主导的违宪审查制度。一战尤其是二战之后，美国作为一个世界
性的大国或"新罗马帝国"，在全球政治舞台不断崛起，成就了时至
今日依然富有生机的美国梦，而战争失败方的南方州人民主权理论
则成为明日黄花，他们关于美国的宪法叙事以及法理学则被翻篇，
惨遭遗忘。按照主流宪法学的观点，似乎美利坚合众国从一开始就
是遵循着美国人民的制宪权原则，建立起一个人民主导的二元分权
制衡的联邦制国家，南方法理学以及州人民主权理论本质上就是美
国宪政史的支流和歧出，其实，如果我们深入美国独立革命与制宪
建国的原始因缘，并且辨析南北战争前后的宪法解释权之争，就不
会得出上述如此简单偏颇的论断。

　　应该指出，如果就历史的客观性来看，卡尔霍恩所代表的南方
诸州的观点更为恰切地揭示了美利坚合众国宪制的真实结构，当时
初建的美国确实是一个州人民主权至上的共同体，联邦政府只不过
是作为代理者行使国家的治权，合众国的核心权能在于州人民秉有

---

① 故此雅法把南北战争以及林肯所代表的北方胜利，制定第十三、十四、
　十五三个修正案，称为美国作为一个国家的"自由的新生"，参见雅法：
　《自由的新生：林肯与内战的来临》，谭安奎译，华东师范大学出版社 2008
　年版。

的主权。这样一个宪制结构是制宪时期南北方妥协的产物，是美国从殖民地自治政府经邦联体制最后到制宪创建美利坚合众国的历史经验之总结。①南方各州的问题在于它们只是看到并坚守这个原初宪制的基本结构，并以此抵御国家主义所可能导致的权力集中的专制体制，捍卫各州政府以及州人民的自由生活，而忽视或忘记了宪法的生命在于经验，即经过六十余年的演变，当时的美国早已不再是昔日的美国，北方的经济生活方式已经日益资本主义化，且美国的国土和地域有了重大的扩展，人民不再仅仅局限于州政府的宪制范围，基于黑奴劳动的种植园经济严重阻碍了美国资本主义市场经济的扩张，黑奴合法化的宪法短板也越来越不为主张权利平等的民权思想所接受，一个全新的美国人民正在被煅造出来，成为美国宪法的权力之源。总之，南方各州的宪制理论不能与时俱进，还是墨守成规，这就势必引发一场涉及美国社会全方位的经济、军事与政治的斗争，其宪法论战不过是这场全面战争的集中反映而已。

南北战争的结果已经很明确，胜利者通过赋予美国人民以实体性的主权地位，从而颠覆了州人民主权的合法性辩护，并进而重新

---

① 需要指出的是，我们认为卡尔霍恩的理念更为恰切地揭示了当时美国宪制的真实结构，但这并不意味着那是唯一"正确"或"可能"的理解。恰恰相反，美国自制宪完成后，就一直存在着两条脉络，联邦党人与反联邦党人之争——无论怎样改头换面——也从未停止过。联邦党人这一方面表现为汉密尔顿、马歇尔首席大法官、韦伯斯特、亨利·克莱、林肯这一显明的谱系。而卡尔霍恩所接续的同样也是一个十分强大的理念传统，表现为《肯塔基决议》和《弗吉尼亚决议》中的杰斐逊和麦迪逊、约翰·泰勒（John Taylor of Caroline）、杰克逊民主党人、坦尼首席大法官等。只不过传统主流的理论通常都过于凸显前一条线索，甚至将之作为唯一正确的解释，而这显然就是十分偏颇的了。

塑造了美利坚合众国的宪制结构，即把一个原初的虚化的二元复合联邦制或州人民主权主导的二元复合联邦制，改造为一个实体性的美国人民主导的二元复合联邦制，这从宪制结构的角度来说，无疑是一场重大的宪法革命。从美国立宪史的角度看，这场革命是继美国费城制宪建国之后美利坚合众国所经历的又一次伟大的宪法变革，这场变革决定了美国的新生。[①] 历史就是这样被造就出来的，我们应该为林肯所代表的新生的美国宪制鼓掌，他们开辟了一个新型的美国道路，主流宪法学为此背书当然无可厚非。[②] 但本文要提醒的是，我们也不能单方面的以成败论英雄，在赞美林肯一派新国父论的同时，不要遗忘甚至贬抑卡尔霍恩以及南方州人民主权的宪制贡献，正是他们从另外一个方面恢复了美国宪法的原初面目，他们所誓言捍卫的自由价值以及反对专制集权的思想，不仅是弥足珍贵的，而且也为后来的新生美国宪制所吸纳，成为美国宪法自由精神的一部分，并且内化在此后美国宪政体制的结构之中。[③] 从这个意义上说，

---

① 参见埃里克·方纳，《给我自由！一部美国的历史》，王希译，商务印书馆 2010 年版，第十三至十五章。另可参见 Harold M. Hyman, *A More Perfect Union: The Impact of the Civil War and Reconstruction on the Constitution*, New York: Alfred · A · Knopf, 1973.

② 理查德·霍夫施塔特：《美国政治传统及其缔造者》，第五章"亚伯拉罕·林肯与自我奋斗的神话"，崔永禄、王忠和译，商务印书馆 2012 年版，第 110—160 页。

③ 例如，卡尔霍恩将复合民主或宪政民主的共和国理想寄希望于地域式的"州人民主权论"，或许已经不太可能了，但其内在的价值蕴含却是富有启发性的，尤其是对政治历史中缺乏联邦制传统的中国等后发国家来说就更是如此。我们研究和借鉴卡尔霍恩的思想理论，关注的不应该仅仅是他的"州人民主权论"的具体概念，而应该是"复合民主"或"宪政民主"的一般原理。其实，卡尔霍恩的上述思想对于美国的政治架构以及（转下页）

卡尔霍恩的理论并没有死亡，而是以新的结构形式在美国漫长的宪政实践中不断出现，成为抗衡国家专制主义的一个强有力的武器。

（接上页）政治理论是影响深远的，罗伯特·达尔（Dahl）在《民主理论的前言》一书关于将民主的基础建立于多元的复合利益团体之上的观点，便与卡尔霍恩的地域团体（州人民）有若合符契之处，将民主基于作为利益的结合，应该比地域的结合，更有社会基础的意义。达尔认为美国政治家们往往重视多数人的暴政，"无论是立宪会议，还是《联邦党人文集》，对少数人施加暴政所引起的危险，并未给予过多的担忧"，实际上，"多数人极少控制特定的政策事务"。因此，达尔指出："选举和政治竞争并不以任何颇具重要意义的方式造成多数人的统治，但是却极大地增加了少数人的规模、数量和多样性，领导人在做出决策选择时必须考虑它们的偏好。我倾向于认为，正是在选举的这一特征——即不是多数人的统治，而是多重少数人的统治——中，我们一定会找到专制和民主之间的某种基本差异。"参见罗伯特·达尔：《民主理论的前言》，三联书店1999年版，第9、171、183页。我们应该把达尔等人的民主新论的理路视为对卡尔霍恩思想的某种呼应，其要点在于对现代民主政治提出一种警告，以避免出现萨托利（Sartori）所讲的那种"民主走向自己的反面：多数专制"的可悲局面。

（1806—1873）

个人的自由，以不侵犯他人的自由为自由。

穆勒的自由论说

　　最近几年我一直在强调一种关于中国问题的看法，那就是自鸦片战争以来，中国社会依然处在一个古今之变的转型时期，即从古典王朝社会到现代自由民主社会的转型远没有彻底完成，尽管这种转型是在遭受西方列强的压迫并且伴随着深刻而又剧烈的中西文明之争的背景下展开的。从大的历史视野来看，中国的近现代历史，仍然处在一个以现代性为主导的现代政治、经济、文化的演进或构建之中。这样一个古今之变的历史过程，非常类似于西方的17、18直到19世纪，也就是说，我们这一百多年的历史，大致经历着西方社会历经三百多年才完成的古今之变的现代社会的形成过程。

　　我们看到，西方文明的这个时期产生了一大批思想家，细数起来，这个名单可以从马基雅维利、博丹、格劳秀斯、霍布斯、洛克、卢梭、伏尔泰、孟德斯鸠、亚当·斯密，一直数到边沁、约翰·穆勒。如果再予以深究的话，西方现代性的历史演变又可以细分为早期现代与中晚期现代两个阶段，从某种意义上说，以约翰·穆勒为代表的19世纪的英国思想家们，恰好是处于从早期现代到成熟的西方现代文明的转折时期。穆勒的思想为英国乃至欧洲社会从早期现代向现代社会的迈进，提供了一个承上启下的典范性的理论依据，他的政治哲学、政治经济学和伦理学著作，尤其是在当时的英国乃至日后在世界影响深远的这篇名为《论自由》的小册子，均是应对西方社会的这个时代之转型问题，勾画未来社会的健康发展。击水中流，匡正时弊，发前人之所未发，穆勒蔚然开辟出西方现代社会思想中的一大理论路径。

穆勒所面临的时代问题的迫切性在哪里？为什么说穆勒的思想在 19 世纪的英国具有承前启后的意义？这就要回到穆勒这部经典之作的文本上来。颇有意思的是，通过近期的一番阅读，我有一个惊喜的发现，我感到穆勒的《论自由》不失为一个 19 世纪版本的洛克《政府论》。关于洛克之于英国早期现代的关系，我们早已熟知，他是英国光荣革命的理论辩护士，其《政府论》旨在为新生的英国政治提供理论的证成。穆勒的《论自由》明明是讨论自由问题，尤其是思想言论自由与个性自由问题，我为什么要把它视为洛克《政府论》的 19 世纪英国之新版呢？我的这个观点的理据是什么，洛克与穆勒的共同点与不同点又是什么呢？

洛克的《政府论》着重探讨的是政府权力的正当性来源，虽然洛克在《政府论》中非常强调生命权、财产权和自由权等基本的个人权利，但他作为早期现代的思想家，所面临或针对的真正的理论对手主要是霍布斯的绝对国家主权，因此《政府论》的中心内容在于构建一个人民同意的有限政府，个人的基本权利只是作为政府权力的正当性而被表述出来的。所以，洛克的《政府论》是一个基于个人权利的政治契约论的政府论。洛克的政治理论是与其时代密切相关的，作为 17 世纪英国光荣革命的产物，他要为光荣革命所建立起来的现代政府及其正当性辩护。我们看到，随着其后英国社会一百多年的演变发展，到了约翰·穆勒时代，早期现代所奠定的宪政政体制度已经得到富有成效的实施，人民的基本政治与公民权利在这个体制下均已获得较为妥当的保障，个人的财产权、生命权和自由权少有受到政府权力恣意的侵犯。有限政府、宪政框架以及法治主义，在思想意识上毋庸置疑地为英国公众所广泛接受，作为政府之正当性来源的自然权利学说，业已扎根于英国一百年来的制度实践之中，成为英国自由主义传统的一个重要组成部分。这表明英国社会已经走出了早期现代的历史阶段，这个国家的政体稳定，法制昌明，人民安居乐业，步入一个成熟的现代社会的关键点上。在这个时期，英国社会并不是没有问题了，而是旧的问题已经解决，新的问题大量涌现，如何界定处在成熟社会的政府权力，就需要一种新的"政府论"，这种新的政府论，在我看来恰是由约翰·穆勒的这本《论自由》来完成的。

在洛克的《政府论》中有两层逻辑，一层逻辑是构建政府，另一层逻辑是彰显个人权利。洛克的真正企图是通过构建一个具有人民授权的合法而有限的政府，以此强化个人权利的重要价值，即它们是政府权力的正当性来源。所以，洛克的《政府论》又可以视之为权利论或自由论，right（权利）在洛克的语境中实质上就是一种绝对的自由，即自然权利论的自由。但是，经由光荣革命所建立的政权需要一种理论上的证成，致使洛克笔触的落脚点就落到了政府论上，他要为这个新生的政府提供理论上的辩护，然而，由于洛克的主旨在人民的自然权利上，所以他的政府论就难免具有激进主义的色彩。由此，我们也可以明确地指出，洛克并不是所谓的御用文人，他对于光荣革命的政府论证成，不是为了捍卫这个特定的英国政府，而是对现代政府提出自己的警示，即政府的建立要基于人民的同意，其正当性的根源在于公民的自然权利之保障，这才是当时欧洲思想界泛起的"国家理由"之前提。人民有服从政府的义务，但这个政府必须是得到人民授权同意的政府，是能够保障人民的生命权、财产权与自由权的政府，一旦人民的上述权利受到政府的严重侵害，忍无可忍时，人民就有反抗的权利。如此看来，与其说洛克是为革命之后的英国政府辩护，还不如说洛克是在借辩护之口来宣扬他的自然权利论和现代自由论。究竟是谁在利用谁，还真说不清楚。

　　穆勒这本名为《论自由》的 19 世纪之新版"政府论"，从表面上看与洛克恰恰是相反的，《论自由》的大部分篇幅讨论的都是个人思想言论自由以及个性自由的重要性，而洛克《政府论》的大部分内容讨论的则是政府权力以及立法权、执行权与对外权等政府的职权功能。所以，从这个层面上看，穆勒的《论自由》与洛克的《政府论》，其各自的论述主题都很鲜明，相互之间的关系并不是直接对应的。但是，我为什么要把穆勒的《论自由》视为新版或 19 世纪版的"政府论"呢？因为，在我看来，穆勒看上去在滔滔不绝地谈自由，但其核心思想和隐含的重要目的实际上是在论政府，在于限制政府以及与政府相关联的"多数的暴政"。正是在这里，我们看到穆勒恰恰展现出了与洛克的激进主义相反的某种保守主义倾向，符合所谓保守自由主义的消极自由观念，而洛克的自由观念中则具有某种积极自由主义的色彩。换句话说，洛克谈的是（构建）政府，核心却是（保卫）权利（权利即是被视为绝对 right 的那部分自由），穆勒谈的是（捍卫）自由，核心却是（限制）政府（在穆勒那里社会即是广义的政府）。这样，穆勒就从与洛克相反的逻辑方向上，深化乃至完善了洛克的"政府—权利"学说，形成了一种新的"自由—社会"学说，大大丰富了自由主义思想的理论内涵与解释力度，更重要的是更好地应对了时代问题——限制政府权力，哪怕是具备基于权利论的正当性基础的政府亦不例外。

我们知道，现代社会所要处理的一个关键问题，是严复所说的"群己权界"问题，严复将穆勒的"自由"（liberty）翻译为"群己权界"，是以中国自己的语言非常准确且实质性地把自由的精义表现出来了。因为中文的"自由"一词，在传统意义中并没有"群己权界"的意思，英文的 liberty 一词，作为现代社会的核心意涵，关涉个人与他人尤其是个人与社会的关系，或者说关涉个人与"群"的权利（及权力）边界问题。两人以上就形成了群，群即社会，有了社会，就有了社会的 power（权力），政治也就出现了。所谓的"群己权界"指的就是 right 与 power 之间的 rule（规则）问题，这个群己权界就构成了自由的核心原则：一个社会的权力应该是一种基于规则的（具有正当性来源的）权力，其要义是通过划分政府权界，尊重并保障每个个体之人的 right。但是，如何表述与处理 right、power、rule三者之间的关系，联系到从古典社会向现代社会的演变过程，不同历史时期的思想家又有着基于不同逻辑向度的展示和论证。穆勒《论自由》的中心之论，不在基于个人权利构建政府（洛克意义上的"政府构建与个人权利"），而在讨论社会状态下的自由（穆勒意义上的"民主社会与个人自由"），但其实质上仍是通过个人自由来界定政府（尽管这个"政府"在穆勒那里已经因民主政体的有序运作而大大地等同于社会），因此，相比于洛克基于论证政府权力来源的正当性来阐释个人权利，穆勒论证的逻辑路向恰恰是相反的。

此外，穆勒所采用的逻辑方法论也跟洛克的自然权利论不同，是一种基于知识真理论的功利论。因为英国经验主义不承认绝对真理，所以就主张没有谁能够垄断真理，即便是具有正当合法性基础的政府乃至社会本身，也都不例外。这就要求在追求真理的过程中，为思想言论自由提供广阔的社会空间，进而在生活方式的选择上也是如此，要为个性自由发展保留出可供伸展的领地。《论自由》的前三章主要是正面论述思想言论自由、个性自由的原理，在第四、第五两章，穆勒进入了对于自由原理的应用的分析，在我看来，这两章才是全书的真正落脚点——为捍卫个人自由而划定"群己权界"，其实也就是新版的"政府论"，要旨就是限制政府和社会权力，限制权力行使的方式、范围及强度，给那些可能是谬误也可能是真理的思想言论和个性拓展留下自由的空间，为人性的内涵向更丰富化的发展创造条件，为英国社会保持其活的生命力。穆勒的这个自由论显然是一种典型的否定性自由的论证：免于……强制的自由。由此，我们可以说，穆勒从思想史上拓展了自由的内涵，liberty 在他那里，不再仅仅等同于 right，甚至也不仅仅是复数的 rights，他的自由概念要比权利概念包含更多的内容。在群己权界的范围内，每个人都有自由活动的空间，自由是否定性的，消极意义上的自由，这与洛克自然权利论意义上的积极自由是不同的，是洛克之后更深入的自由概念的发展。基于这样一种新的自由观，对于政府以及社会权力的性质与功能，就需要一种新的认识与界定，这是与洛克的《政府论》所不同的，而这也正是穆勒新版政府论的理论价值之所在。

　　穆勒的思想表现方式之所以与洛克不同，主要是因为任何思想理论的发展都是与其时代相关联的，穆勒所处的时代与洛克的时代相比已经发生了重大变化。在洛克时代，由于政治动荡，建立一个良性政府并为其寻找正当性基础，是当时的普遍诉求，虽然权利思想在英国传统中源远流长，但如何将权利思想用于支持政府构建并完成其理论表述，在当时并不明朗。所以，洛克担当起这一历史的重任，《政府论》的中心思想虽然是强调个人权利，但论述却偏重于政府构建。而在穆勒时代，政府的构建已不需要论证，具有正当性基础的政府已经成为事实，这样一来，在人们习以为常的政府状态下，英国传统思想中甚至洛克思想中的那些权利内涵，在沿着自由的方向向着更有生命力的、更具朝气的前景拓展时（尤其是个人的思想言论自由）反而受到了轻视、压制乃至惩罚。从洛克时代到穆勒时代，英国社会在经过一百多年的演变后，生命权、财产权、自由权等基本权利，毋庸置疑地被视为政府权力的正当性来源，然而，在这样的一种情势下，个人思想言论的自由权、个性多样性发展的自由权，乃至在本书中未得展开但在穆勒后来著作中有所阐述的个人经济的自由权，等等，它们虽都凸显出来了，但却受到政府、社会以及公共舆论等方面的压制甚至打击。而在穆勒看来，这些自由（liberty）恰恰是让一个民族富有朝气、永远保持青春的最核心的东西，他为日渐僵硬的英国政治法律制度感到忧虑，认为它们有碍民族的健康发展，尤其是扼杀了民族的内在生命力。正是在这里，穆勒更深一步地拓展了关于人的社会本性的学说，大大丰富了个人自由的内涵，穆勒笔下的自由已经与洛克笔下的财产权有了相当大的不同，他更为强调思想言论乃至个性上的自由权。

穆勒在这本小册子里通篇大谈思想言论自由，以及与思想言论自由有着密切关系的个性自由，强调社会权力之于个人自由的限度。但是，我们不能因此就把穆勒关于个人自由的学说跟洛克关于个人权利的论述对立起来，实际上它是洛克思想在经过百余年社会演变之后的深化和拓展，是与新的社会形势直接相关的新版"政府论"，洛克的"权利"（right）是穆勒"自由"（liberty）的前提，这一点毋庸置疑。在承认洛克理论的前提下，穆勒的问题是：建立在个人权利正当性基础上的政府就可以限制个人的自由发展？这是洛克之后的新问题。跟洛克一样，穆勒的论证也有两层逻辑，一层是自由论，另外一层是政府论，他的主旨要通过论证个人自由指向限制政府权力。他针对现代政府，即哪怕是基于洛克权利论的现代政府，提出了新的政府论，即划清政府（以及作为政府后盾的社会）权力的边界，这是他与洛克最大的不同。洛克的《政府论》是17世纪英国早期现代的政府论，穆勒的《论自由》是19世纪英国成熟现代时期的政府论。从约翰·洛克到约翰·穆勒，英国的自由主义思想大致经历了一个从早期现代到成熟现代的转折，穆勒结束了古典自由主义，开启了现代自由主义的先河。

前面我只是从西方社会转型尤其是英国社会及英国政治思想发展演变的脉络，谈了从洛克《政府论》到穆勒《论自由》因问题转换导致思想传承发展的一些相关问题，大体上围绕着个人权利、个人自由、政府及社会权力边界（规则）这些内容展开。

在一个基本权利问题未得根本解决的社会情况下，如何捍卫已经凸显出来的个人自由，尤其是思想言论的自由，从而保持这个民族的生命力，为个人自由留出向纵深拓展的足够的社会空间（这些东西正是穆勒所揭示出来的不同于洛克 right 的 liberty 的核心意涵所在）？在穆勒看来，最关键的就是限制政府权力，划定它的界限，他反对政府乃至社会的舆论一律，要求尊重个性自由，反对政府垄断工业、垄断人才。

穆勒在《论自由》一书中说：

> 如果公路、铁路、银行、保险、大型股份公司、大学以及公共慈善事业等等，所有这些都成了政府的分支；又如果城市自治会和地方议事会，连同目前所有交付它们管理的事务，都成了中央行政系统的附属；如果所有这些不同事业的雇员都要由政府任命和支付薪酬，乃至终其一生每一升迁都需仰赖政府；那么，纵有再多的出版自由和民主的立法机关，都不足以使英国和其他国家变得真正自由，除了徒具自由之名而已。并且行政机器的构建越是科学有效，即其网罗最优秀人才来操纵这架机器的办法越是巧妙娴熟，其为患也就越大。
>
> ……一切自由民族都应如是；而能够如是的民族也必是无往而不自由的；这样的人民，永远不会因任何人或任何团体能够控御其中央政府，就甘心让自己受他们的奴役。也没有任何一个官僚机构能够指望，可以让这样的人民去做或遭受任何他们所不愿意的事。然而，在各种事务都要由官府包揽的地方，任何为官府所决意反对的事情都根本不可能做成。此类国家的体制，不过就是将通国的能人才士，都组织进一个纪律森严的团体，以此来统御其余

人众；其组织本身愈是完善，其从社会各界吸纳和规训最优秀人才的做法愈是成功，其对包括官府成员在内的所有人众的束缚就愈是彻底。因为统治者自己也成为其自身组织和纪律的奴隶，就像被统治者是统治者的奴隶一样。

从长远来看，国家的价值，归根结底还是组成这个国家的个人的价值；一个国家为了在各项具体事务中使管理更加得心应手，或为了从这种具体实践中获取更多类似技能，而把国民智力拓展和精神提升的利益放在一旁；一个国家为了要使它的人民成为它手中更为驯服的工具，哪怕是为了有益的目的，而使人民渺小，终将会发现，弱小的国民毕竟不能成就任何伟业；它为了达到机器的完善而不惜牺牲一切，到头来却将一无所获，因为它缺少活力，那活力已然为了机器更加顺利地运转而宁可扼杀掉了。

就穆勒这部《论自由》来说，它所确立的有关自由的论述，它对于政府职权的界定，已经远远超出了19世纪的英国，而为任何一个走向现代社会的文明国家和公民个体所认同，并由此激发他们追求自由的心声。

作为读者，我们依然有必要读洛克，读穆勒，因为他们的著作不仅仅是学问之作，而且是思想之作；不仅仅是历史之作，而且是现实之作。一个能够思考自由与政府的民族才可能成为一个真正成熟的政治民族。

（1864—1920）

政治也许是一种可能的艺术。当然，恰恰是因为人们追求不可能之事，可能的才得以可能。

韦伯的思想方法论问题

应该说，韦伯的思想是极为复杂的，他的思想中充满了德国式的多重悖论和最终的"混乱"（也可以说是"审慎"），很难把握，甚至任何一个问题的头绪都可能把我们引入"歧途"（也可以说是引入思想的无休止的高远幽深之境）。更为关键的是，韦伯的所谓政治成熟的呼吁，并没有取得任何现实意义的成果，历史证明德国直到第二次世界大战结束，依然还是在政治实践与思想观念上不成熟。[1]由此，就不得不使我们有所警醒：韦伯关于政治成熟的论述究竟有多少思想的效力？——注意，我强调的是思想的效力，而不是学术的效力。这个思想的效力，指向的是一种实践的力量，或古典传统的实践理性，或中国的知行观；并进而思考，关于政治成熟，是否必然要通过韦伯这条思想路径，——即便韦伯有着浓重的英美情结？再进而，是否一种社会理论的方法论，是否是我们处理一个国家的政治成熟这个问题的核心方法？

---

[1] 参见哈耶克：《通往奴役之路》，王明毅、冯兴元等译，中国社会科学出版社 1997 年版。

韦伯对于政治的界定，从方法上来说是什么呢？是政治学还是政治社会学呢？我觉得这个问题应该有所澄清，否则进一步的讨论便会出现路线上的分歧。韦伯相关的论述有很多，我在此摘录一二：

> 德国人如果竟被完全剥去了官僚统治的甲壳，就会丧失所有的方向感和安全感——因为德国人已经习惯于在国内仅仅把自己看作被安排妥当的生活方式的客体，而不是认为应当亲自对它承担责任……德国人在政治上的"不成熟"便从不受控制的官员统治和被统治者习惯于服从那种统治中产生了，因为被统治者并不分担责任，也不关心官员的工作状况和程序。只有一个政治上成熟的民族才能成为"主宰者民族"，这意味着人民控制着对自身事务的行政管理，通过自己选举产生的代表果断地共同选择自己的政治领袖。①

> 政治经济学是一门政治的科学。它是政治的仆人，而这里所说的政治并不是某些人、某些阶级碰巧在某一时期进行统治的日常政治，而是整个民族的永久性权力政治的利益……民族国家就是民族权力的世俗组织。在这种民族国家中，经济政策的终极价值就是我们眼中的"国家理由"。②

---

① 韦伯：《韦伯政治著作选》，阎克文译，东方出版社 2009 年版。
② 同上书。

　　首先，韦伯的定义是政治学的，即把政治理解为一种权力的科学，这无疑是政治学的首要原则。但是，我们要看到，韦伯这里又插入了另外两个重大的变量，从而改变了传统或古典政治学的实质。这两个变量，一个是民族国家，一个是社会及其阶级结构。所以韦伯是一个古典政治学转入现代政治学的中介者，是政治学转入政治社会学的中介者。

　　为了说明这个转变，需要交代一下背景。第一，古典政治学是一种有关公民德性和权利的政治学，但都有一个前提，那就是建立在城邦国家的权力基础之上。古典的美德是有一种德性的力量或权势为支撑的（见罗马元老院的各种檄文体现的积极共和主义），中世纪的权利以及延伸到早期现代的权利是有力量或权势的。[1]第二，早期现代的政治学是一个现代政治的孕育和发达的武库，值得高度重视，[2]我认为这个时期的政治学是最为丰富的政治学，或称之为真正的政治科学之典范，以马基雅维利、霍布斯、洛克、卢梭、《联邦党人文集》为代表。相比之下，德国的康德、黑格尔的政治学理论并不更凸显，只是系统化了，但也消解了众多问题的原创性。

　　我认为，韦伯并没有高度重视、彻底吃透古典政治尤其是早期现代的"政治科学"，就很快地落脚于德国的现实处境以及当时欧洲社会的分析，把政治学转化为一种政治社会学，试图通过社会理论来解决德国问题的困境，尽管他仍然沿用了诸如"国家理性""自然

---

① 王利：《从政治哲学视角看自然权利的力量》，载《中国人民大学学报》2011 年第 1 期。
② 高全喜：《西方早期现代的思想史背景以及中国问题》，载《读书》2010 年第 4 期。

权利""民主议会制""司法理性"等词汇，但是其含义与地道的英美思想及其制度运作，多有隔膜。在这一点上，古今的德国思想家是一脉相承的，他们总是不愿彻底做个小学生，老老实实地学习英美那一套，而是自以为不但搞懂了英美的思想家，而且从思想文化上超越了他们。黑格尔的普鲁士国家哲学是一例，韦伯的政治社会学又是一例，至于卡尔·施米特、哈贝马斯等人，也同样如此。

还是回到政治问题上来。早期现代的政治学（当时叫"政治科学"）尽管处理的是政治权力这个政治学的"金冠"问题，而且思想流派也是莫衷一是的，但其主流却是限定在一个高度浓缩的范围内，即权力与权利的关系问题。也就是说，虽然他们也涉及诸如政治经济学（由此发育出众多经济学派，诸如重商主义、重农主义、苏格兰经济学等）、社会问题（关于选民资格、社区治理、谷物法、济贫法等诸多社会问题的讨论）、国际关系问题（三十年战争、《威斯特伐利亚和约》、殖民地问题等），但就政治来说，其政治科学集中于政治权力以及个人权利的关系问题，由此，展开了施米特后来所总结概括的两个原则：组织原则和分配原则。

应该指出，韦伯提出的很多问题，确实是德国当时的一些迫切而攸关的问题，它们本来是可以在早期现代的思想框架内予以思考的，因为当时的德国并没有走出早期现代的藩篱，可以与英美乃至法国并驾齐驱，但是，韦伯却硬是把它们导入一个政治社会学的路径上来考察，在我看来，他谈政治成熟，他自己乃是最大的政治不成熟。其实，德国当时根本没有现实的基础（政治的、经济的、军事的和社会的）来与英国（以及美国和法国）平行地处理自己的政治成熟问题，相比之下，英国经过 19 世纪的社会改革，已经进入所谓的政治社会学可以处理的阶段，所以在美国后来才有帕森斯社会理论的雄霸一时，但德国根本没有这个社会基础，它所能也应该做的，则是老老实实从早期现代的政治学开始，一点一点积累关于政治的权力与权利的政治学，关于英国的国家建设和政体经验，关于人民主权、个人权利的公民建设，关于市场经济的法治秩序的塑造，关于有限政府的政治学，关于代议制民主的零碎工程，关于政治统治的合法性的权利哲学，关于治理的程序主义和繁文缛节。尽管这些东西，在当时的德国并不显著，或乱七八糟，但正因为如此，才格外需要慢慢培育，小心呵护，而不是另寻道路，绕过这些本来需要建设的事物，倡导什么"主宰者民族""永久性权力政治"，要破除什么"铁笼""技术理性""恺撒制"。不去总结俾斯麦优良的传统或可能的遗产，而是痛斥俾斯麦之后的溃败，我认为这才是最大的政治不成熟。

当然，韦伯与那些彻底敌视英美的德国思想家是不同的（这些人在当时的德国是主导性的），他心仪英美，这令人敬佩，但如何使德国拥有英美那样的良制，韦伯无疑是失败的。

韦伯把德国问题的关键放在了资产阶级意识的觉醒上，并为此捶胸顿足，痛惜德国当时的政治不成熟。在他眼里，德国的各个阶级鼠目寸光，蝇营狗苟，难以担当历史的大任。

> 当今的德国中产阶级是否已成熟为民族的政治领导阶级，那么此时此刻，我对这个问题的回答只能是否定的。这个中产阶级并不是靠自身的努力建立了德意志国家的，而造就了这个国家建立之时位居民族之首的那位恺撒式人

物，完全是非中产阶级的要素。民族统一之后就再也没有提出什么伟大的权力政治任务；只是很久以后才有了羞羞答答、半心半意的海外"权力政治"，但也纯粹是徒有其名。①

德国工人阶级的最上层远比自命不凡的有产阶级愿意承认的更成熟，但在政治上，德国工人阶级却绝对不如一小撮打算垄断对它的领导权的报纸撰稿人竭力让他们相信的那么成熟……他们实在是无关大局，因为他们既没有半点喀提林式的行动魄力，更没有丝毫强烈的民族主义激情，他们只是一些小有政治才具的可怜虫，根本缺乏一个有志于政治领导权的阶级所必须具备的强烈权力本能。②

由于韦伯的政治学是政治社会学，所以，对于政治成熟这个政治问题最终只能归结于社会经济——阶级的划分。通过阶级来区分现代政治，尤其是敌友政治，并不是韦伯的独创，早在法国思想家西耶斯在法国大革命之前关于第三等级的论述中，就有阶级专政的观点。尽管韦伯没有走得那么远，但是一旦把阶级意识与政治成熟联系在一起，关于国家的政治学说，就难以逃避历史唯物主义的罗网。

对于像德国那样一个相对于英国和法国的早期现代的后发国家来说，如果过早地鼓吹从社会的经济结构中挖掘政治成熟的有效因子，那么情形无疑就是一幕悲剧。韦伯当然不可能从资产阶级那里

---

① 韦伯：《民族国家与经济政策》，甘阳等译，三联书店1997年版，第102页。
② 同上书，第104页。

发现这支政治成熟的力量，但是，他没有意料到，其他人完全可以从其他阶级那里挖掘到这个政治成熟的力量，当然，不是建设性的力量，而是毁灭性的力量，是摧毁整个社会（马克思所说的"旧世界""锁链"）的革命力量。看看马克思的《共产党宣言》、列宁的《国家与革命》吧，看看李朴克内西、红色罗莎的党章吧，看看卢卡奇的《历史与阶级意识》吧。至于中国，看看毛泽东的《中国社会各阶级的分析》《湖南农民运动考察报告》吧。这些优秀绝伦的共产主义者，他们从被压迫的阶级那里发现了真正的政治成熟的力量。他们是这个阶级的先知，政治上也最成熟，因此，他们没有韦伯的失落和多愁善感，无产阶级专政赋予了他们克里斯玛的魔力。

这个就是后发国家诉求政治成熟的基于阶级分析的必然归宿。韦伯连这个都看不到，有什么资格来谈政治成熟？在这一点上，阿克顿、哈耶克比他强多了。

那么问题就出来了：首先，是否除了基于阶级的分析之外，就没有关于政治成熟的其他方法论吗？其次，在什么情况下，阶级分析才是有效的？

关于这两个问题，我是这样看待的。第一，从政治学尤其是政治科学的角度看，阶级分析是次要的。实际上，一个国家的政治成熟，首要的是这个国家的公民的政治成熟。至于公民的政治成熟，就离不开早期现代的关于现代国家构建中的人民主权以及公民主权这两个互为因果的权利意识的觉醒问题。这一点，英美国家的思想理论尤其是制度实践，做得最为成功。不过，需要补充的是，这个所谓的自由主义，在早期现代并没有被发明，而且也不是那种哈耶克所痛斥的"伪个人主义"和教条主义化的"小政府"，而是古典保守的自由主义和权威的自由主义，其中蕴含着积极共和主义的因子和精英主义的传统。正是在上述的公民权利和国家理性的核心价值的理念和制度实践中，在英美乃至法国长达三百年的历史发育中，一种现代的政治成熟被培育出来。

这种政治成熟是属于所有人的，即一切公民（政治上的权利所有者）都分享（作为权利与义务）这种政治成熟性，而不是单单属于某个阶级。由此，这个公民国家的领导者，无论是世袭国王、还是民选总统（或首相），都是作为人民的委托者进行政治统治，这个领导者及其阶级（或阶层）的政治成熟固然十分重要，但王国在议会，王在法下，所以人民和法律更为重要，他们的政治成熟和领导国家的能力，系于他们与人民和法律的关系，其最大的成熟体现为捍卫法律，保卫人民。为此，可以进行一切的政治行为（甚至是马基雅维利所谓的恶行），道德和宗教并不具有核心的约束力，这是现代政治与古典政治的区别。但是，这个关系也正是考验领导者（阶级）政治成熟的试金石，真正的政治成熟则是能够处理好这个关系，把强权包裹在高级法的外衣之下，而人民也不是奴仆，他们是现代政治的主人，具有反抗权和重塑政治的权利。关于这些所谓的自由主义的陈词滥调，虽然不新鲜，但在早期现代却是振聋发聩，闻所未闻的。这里有一个现代的自然权利的力量，有一个现代国家的政治成熟性。德国的早期现代性很贫乏，韦伯据说是心仪英美，可连这个自然权利的现代政治之成熟性的玄机都没看透。对于德国来说，最为成熟的政治，是继续它的法治国，而且是英美意义上的法治国（见哈耶克的教诲），呼唤公民意识，而不是阶级意识。

那么，是否不能讲阶级意识呢？或者说，在公民与国家互动的政治中，是否就没有阶级意识了呢？不是的。阶级、阶级意识与阶级斗争从来就是存在的，一天也没有停止过。例如，古希腊、罗马时代就有阶级斗争，而且是两种类型的，一种是奴隶主与奴隶之间的，一种是公民城邦国家中平民与贵族之间的，两种阶级斗争的性质是截然不同的。但是，当时的统治者却对于第一种阶级斗争置若罔闻，只是看着第二种，这是为什么呢？我认为这是当时公民阶级（统治阶级）最大的政治成熟。早期现代的正在兴起的各个民族国家，当然其内部也有阶级斗争，但是，当时主导的思想意识却从来没有表现出这种阶级斗争的内容，而是以所谓个人权利、国家理由、人民主权、世界公民等核心价值以及观念意识为基础，从而构建起一个现代政治文明秩序。这也是那个时代的统治者的最大的政治成熟。

所以，对待阶级、阶级意识以及阶级斗争的问题，不是有没有的问题，而是如何看、怎样说的问题，这里有一个政治成熟的考量。例如，英国在19世纪业已走过早期现代的立国立民阶段，所谓阶级分化、阶级斗争问题被提了出来，但此时放出来的已经不再是魔鬼，而是社会改革的促进力量，所以，英国历史上的这个阶段就成为一个社会变革的进步时期，而不是法国大革命或俄国革命的景观。因此，阶级问题，是一个在现代政治体制稳固奠基之后、社会秩序和经济发展能够承受的时期才可以提出的问题，显然，韦伯时代的德国还不处于这个时期。

回到韦伯的问题上来，我认为在魏玛时期，谈阶级意识，谈基于资产阶级意识的政治成熟是不明智的、愚蠢的，那时要谈的则是继续早期现代、启蒙主义的话语，谈民国意识、个人权利、人类命运、世界和平，等等，而不是谈阶级担当、民族抱负，质疑民主制、恺撒制、个人权利等。一旦德国渡过了历史的这个困难时期，到了诸如第二次世界大战之后，谈阶级意识问题就无妨了。此时的政治逻辑颠倒了过来，谈阶级意识、民族担当，其实是最大的人类担当。德国作为欧盟的火车头，它的兴衰从某种意义上说，就是欧洲的兴衰，德国资产阶级要摆脱侏儒化，要有大作为。

（1888—1985）

浪漫主义是以讽刺庸人起家的。它在庸俗中看到乏味卑鄙的实在，即它所追求的真实的、更高的实在的反题。浪漫派痛恨庸人。但是庸人却喜欢浪漫派，在这种关系中，占上风的显然是庸人。

一、中国语境下的卡尔·施米特问题

卡尔·施米特在汉语学界的崭露头角已经有一段时间了，围绕着施米特的政治法学，中国政法思想领域的各种阐释、比附乃至论争，在我看来，都不是空穴来风，实际上有着真实的社会背景，是历史演变中的现实问题的一种理论表述，尽管不无歪曲和扭变。本文无意探讨所谓施米特的"纯学问"，而是试图考察中国语境下的施米特问题，在各种繁难歧变的思想扭结处梳理一下自己的思路。

1. 卡尔·施米特的毒刺

关于卡尔·施米特其人，人云亦云，见仁见智，其实事情大致是清楚的，并没有多少迷雾疑团。目前各派的论述大多包含着意识形态的意气之争，[①]尽管施米特一生的政治立场这个问题是重要的，但对于

---

① 参见刘小枫：《现代人及其敌人》，华夏出版社 2005 年版；香港《21 世纪》杂志 2006 年第 4 期"施米特专题"中季卫东、徐贲、刘擎、贝十川、郭建等学者的一组文章。

一个思想家来说，我认为最重要的还是他的理论本身。毋庸置疑，施米特是一个充满毒刺的思想家，与那些自由主义的"善意的"批判者（如阿伦特、沃格林，乃至当今的斯金纳等）不同，甚至与施特劳斯对于自由主义政治哲学的"居高临下的"鄙视不同，施米特穷其一生对自由主义的批判是不遗余力和充满恶意的，或者说，他的理论对手就是自由主义的政治法学。①

我们知道，无论是从理论上还是从实践上，17世纪以来的世界史，特别是20世纪的历史，是自由主义的"凯旋史"。对于何谓自由主义的政治与政治哲学，不说别的，即便是在自由主义内部，就出现了一次又一次争论，变换了一种又一种形式，而且时至今日也不能说自由主义的制度与理论已经定于一尊。传统的老保守主义、共产主义（社会主义乃至社会民主主义），以及20世纪以来的各种新保守主义和新马克思主义，以及晚近几十年来产生的各种后现代理论、施特劳斯学派、社群主义和剑桥学派的共和主义，它们从左右、前后两个方面不遗余力地夹击自由主义。但是，无可争议的是，自由主义的民主制度在20世纪的世界政治舞台占据着主导地位，②而

---

① 施米特的这个理论姿态，被施特劳斯视为仍没有脱离现代性的窠臼。施特劳斯开出的药方是回到古典主义的前现代德性政治，参见施特劳斯的《〈政治的概念〉评注》，不过，尽管两人存在上述分歧，但在反对自由主义这一点上，他们又有着共同的语言。

② 尽管随着苏联的解体和冷战的结束，福山的"历史终结论"过于乐观地宣告了自由主义民主政治的胜利，伊斯兰文明与基督教文明的对垒，以及各民族国家间之地缘政治的斗争，还有经济全球化所带来的新问题，等等，这些都使得自由民主政治的国际间"同质性"状态成为棘手的问题，但是，在今日世界，自由主义的政治秩序占据主导地位是毋庸置疑的，关键的是如何实现一种基于自由主义而非新帝国主义的全球治理，这是自（转下页）

且上述各种理论本身也都是在自由主义政治秩序所提供的言论自由的平台上各领风骚的，它们之间或许存在着这样那样的分歧，但在攻击自由主义的基本原则方面却是高度一致的，可以说它们共同的理论对手即是自由主义。这从一个方面说明了自由主义在理论和实践上的优势地位，当然也从另一个方面说明了自由主义在理论和实践上的不完善，甚至存在着重大的问题。

自由主义很少标榜自己是一种整全性的理论，可以包医百病，特别是 20 世纪的现代自由主义，如罗尔斯的理论，更是把自己降到了十分有限的公共制度领域，以至于成为"薄的"自由主义，只是诉求基本的"重叠共识"。即便如此，自由主义还是强有力的，在实践上取得了长足的发展，在理论上也是长盛不衰，这是为什么呢？在我看来，一个主要原因就是其自身的自发建构性。

首先，就理论层面来说，自由主义的政治理论尽管有各种形态，但主导的是英美主流经验主义和形式主义法学、宪政与政治理论，虽然其理论建构的形而上学不强，但也并非完全自生自发，而是随着时代问题的不同而调整自己的思想体系。例如，古典的苏格兰启蒙思想和以哈耶克为代表的自由至上主义就包含着保守主义的诸多因素，英国思想家 T. H. 格林、霍布豪斯等人的新黑格尔主义、奥地利法学家汉斯·凯尔森的规范法学和凯恩斯的福利国家的经济学就包含着诸多国家主义的色彩。从边沁、穆勒的功利主义到现代的英美实证主义法学与政治哲学则一直保持着自由主义的传统特性，而现

（接上页）由主义的新问题。参见高全喜：《论国家利益》，载高全喜主编《大国》第 2 期，北京大学出版社 2005 年版。

代北美的罗尔斯主义，既吸收了一些社会主义的平等价值趋向，又维系着洛克和康德的自由主义基本原则。上述这些自由主义的理论形态，虽然观点各异，但都是对应于西方社会各个特定历史时期的现实问题而产生出来的理论，在基本的法治社会、权利保障、民主制度和自由市场经济等自由主义的核心理念方面，则是大体一致的，并没有什么根本性的区别，从总的精神来说，它们是现代西方社会政治与经济之主导性的理论支撑。

其次，就实践层面来说，西方社会自17世纪以来，虽然出现过各种殖民主义、帝国主义、福利国家和所谓新帝国主义与后殖民主义，但就各个民族国家的国内政治来说，基本上落实了法治、宪制和民主的政治制度，两次世界大战和冷战对峙以及现代的国际秩序，并没有从根本上改变西方国家的自由主义的基本政治架构。自由主义在政法制度层面和政治正当性方面，总是能够平衡各种内外因素引发的巨大震荡，在保守主义和国家主义的攻击下，保持着顽强的生命力和宽宏的包容性。

勾勒上述简单的政治常识或宏观叙事，只是为了能够从世界历史的现代真实图景方面来审视一下施米特的思想。在某些人眼中，自由主义不过是些肤浅的经验之谈，平庸乏味，毫无新意，而施特劳斯和施米特有着非凡的远见卓识，识古察今，不是洞彻了人类五千年历史演变的隐秘教诲，就是揭橥了高于常态政治之上的决断国家命脉的内在机缘。但在我看来，真所谓"播下的是龙种，收获的是跳蚤"。面对人类政治事实的全貌，他们的高论华而不实，忽视乃至有意遮蔽了基本的道理。其实，政治之道往往是些历史的经验和简单的常识，是审慎而宽容的世俗智慧，在此各种各样的神秘主义和教条主义都是害人的。应该指出，施米特对于自由主义的批判虽然并不是什么了不得的大事，但"施米特"能够死而复活，在当今引起学术思想界的震荡，成为老右派和新左派共同的新宠，其中必有深层的原因，而把他放在中国的语境中来考察，就更有耐人琢磨之处。究竟什么东西使得西方的老右派和新左派在施米特那里找到了共同的兴奋点，并不谋而合地夹击现代以北美为代表的自由主义政治理论乃至现实的政治制度呢？

就现实社会层面来看，西方社会 20 世纪以来的自由主义政治、法律与经济方面的实践并非毫无问题，而是弊端百出。民主政治上的"公法化扩张"和"讨价还价"的民主的庸俗堕落，法律形式主义的冷酷无情和价值中立主义的不讲道德，经济个人主义的极端自私和全球经济过程的国际掠夺，这些都滋生于自由主义制度的机制之内，构成了资本主义的深刻危机。就理论形态来看，20 世纪以来的各种新自由主义在继承古典思想和解决新问题方面虽不乏创新，如伯林、凯恩斯、弗里德曼、哈耶克、罗尔斯等人的各种理论，但并没有彻底地解决上述诸多的现实问题，而且自由主义理论内部又不断产生分裂，一种普世的自由主义政治哲学理念是否还存在也成了一个有待回答的问题。因此，晚近以来，西方思想界对于自由主义政治理论与实践的质疑日益凸显，一个典型的例证就是福山。冷战之后，他提出的以自由民主政治为归宿的历史终结理论非但没有引起人们的普遍认同，反而招致了来自各个方面的严厉批评，由此可见，在今日世界，自由主义的政治理念和基本价值并没有取得广泛的认同。从上述背景来审视施米特思想的复活就不难理解了，这颗毒刺为左右两派理论提供了解剖、批判自由主义政治理论的新资源，从某种意义上说，它确实刺中了自由主义的软肋。

2. 自由主义政治法学的软肋

英美自由主义的政治理论一直隐蔽着一个重大的主题（hidden agenda），[①]那就是国家问题，在这方面，恰恰是传统的大陆法德国家的政治法权思想给出了深入的理论阐释。此外，英美的民主政治在 20 世纪也受到各个方面的挑战，现代的大众民主无论在实质上还是在程序上都出现了很多的弊端。如果说现代自由主义政治理论存在着所谓软肋的话，那就是国家主权和民主制度问题，实际上施米特对于自由主义挞伐最着力的也正是这两个问题。在施米特眼里，上述两个问题其实是合为一体的，都是"政治"国家问题，即自由主义的民主政治无法为国家提供正当性的基础，国家的实质在于超越大众民主的非常态的主权决断。

施米特首先是一位宪法学家，他对于国家问题的看法，是从政治法学—政治神学的角度展开的。通观他的几部代表性著作，如《政治的概念》《宪法学说》《宪法的守护者》《政治的神学》等，我们可以看到，他对于国家问题的思考展现为如下三个层面：

---

① 参见高全喜：《论国家利益》，载高全喜主编《大国》第 2 期，北京大学出版社 2005 年版；李强：《宪政自由主义与国家建构》，载王焱主编《宪政主义与现代国家》，三联书店 2003 年版；李强：《国家能力与国家权力的悖论》，载邓正来主编《中国书评》，香港 1998 年 2 月号；另参见 Stephen Holmes, *Passions and Constraint: on the Theory of Liberal Democracy*, Chicago: University of Chicago Press, 1995. John A.Hall and John Ikenbery, *The State, Minneapolis*: University of Minnesota Press, 1989. Edwand Shils, *The Constitution of Society*, University of Chicago Press, 1972.

第一，围绕着《魏玛宪法》文本的批判性考察。施米特通过剖析制定这部宪法的自由主义宪法理论基调以及当时各派政治势力之间的较量与妥协的情势分析，论述了他对于魏玛政治的认识。在他看来，魏玛政治的平庸乏味与最终失败在于自由民主的妥协性、价值中立和非政治化，问题的要害在于宪法第 48 条，即是否赋予了总统制以守护宪法的超越权限，对于自由民主的敌人实施专政。按照施米特的理解，魏玛自由主义政治法学的失误在于教条性地固守立宪政治的根本就是保护公民的基本自由不受公权力的侵犯，而不知市民法治国的基础在于政治国家，当宪法的自由民主实质本身受到侵犯时，需要一种国家的权威力量来保护宪法。

第二，构建了一套非常政治的宪法学说体系。施米特对于《魏玛宪法》的批判是基于他的一整套系统的宪法学理论，他首先区分了两种宪法概念或理论，即绝对的宪法与相对的宪法，并据此划分了非常政治与常态政治两种形态。在他看来，相对的常态政治的宪法秩序是个别性的，非本质的，真正的宪法是非常态的宪法，在此，他提出了区分敌友的政治决断这个关系国家主权的根本问题。围绕着敌友政治的主权决断论，施米特集中对以凯尔森为代表的实证主义的规范宪法学展开了猛烈的批判，并把他自己的宪法学体系纳入欧洲博丹以降的政治法学的宏大思想脉络之中来加以阐释。

第三，为了确立自己的政治法学的正当性基础，施米特并没有步传统的人民民主（直接民主）之后尘，而是返归罗马天主教大公主义的神学渊源，由此他与各种左派思想相揖别，表现出右派保守

主义的底色。①也正是在这个问题上，施米特对于自由主义的议会民
主制展开了猛烈的抨击，在他看来，自由主义民主制的平等原则是
一种虚假的理想，既不能防止不同利益团体的讨价还价的堕落，更
不能为政治国家的主权本质给出正当性的论证，"现代国家学说的概
念是从神学转换而来的"，从政治法学上升到政治神学，这是施米特
法权学说的归宿，在那里，敌友政治的非常状态下的主权决断获得
了最终的证明。

　　毋庸置疑，施米特的学说是庞大的、繁复的和"深刻的"，显示
着一种德国思想的"政治成熟"。现在的问题是，施米特学说对于自
由主义意味着什么？他是一个极端的保守主义者？一个权威的自由
主义者？一个现代的极权主义者？在我看来，尽管施米特问题是说
不尽的，但他的思想确实刺中了自由主义的一个软肋，即国家主权
问题。关于这个问题，有必要提及两个著名的自由主义法政理论家：
凯尔森与哈耶克。②

　　施米特与凯尔森是直接的理论对手，施米特的很多著作对于后
者是持猛烈的批判态度的，他们的法律观，尤其是宪法理论是尖锐
对立的。在施米特看来，凯尔森的形式法学仅仅指出了常态政治的

---

① 参见 McCormick, Carl Schmitt, *Critique of Liberalism: Against Politics as Technology*, Cambridge University Press, 1997.
② 关于施米特、凯尔森与哈耶克三人之间的理论关系，除了他们各自的代表性著作外，参见 Dan Diner\Michael Stolleis 编，Hans Kelsen and Carl Schmitt: *A Juxtaposition*, Bleicher 1999. 刘小枫：《施米特论政治的正当性》，载舒炜编：《施米特：政治的剩余价值》，上海人民出版社 2002 年版；高全喜：《法律秩序与自由正义——哈耶克的法律与宪政思想》，第六章"哈耶克与现代自由主义"，北京大学出版社 2004 年版。

法律规范，其最大的问题是所谓纯粹的价值中立，即不愿就法律的政治内容给出实质性的判断，这样的法律尽管以维护个人的自然权利为出发点，但国家的主权实质性的缺位，民族国家的政治正义在凯尔森炮制的从国际法到国内法的规范层级体系中无法有效地行使自己的决断。

如果说在凯尔森的法律体系中国家主权还有一个纯粹的形式，那么在哈耶克的法律思想中，主权本身也被抛弃了，哈耶克在他的《法律、立法与自由》一书中就明确指出"国家主权"是一个臆想出来的怪物。[①]有意思的是，哈耶克在国家主权问题上的观点虽然是凯尔森形式主义国家理论的进一步弱化，但他并不认同后者，反而在书中对凯尔森为代表的法律实证主义给予了激烈的批判，认为这种立法的法律观凸显了国家主义的公法意志，对真正的自由构成了威胁。相比之下，哈耶克对于施米特明确鼓吹国家主权决断的宪法理论却未曾置喙。这是为什么呢？[②]

[①] 关于哈耶克对于主权问题的看法，以及笔者对此的质疑，参见高全喜：《宪法、民主与国家——哈耶克宪法理论中的几个问题》，载2005年北京香山《华人哈耶克学会第一届学术会议论文集》（未刊稿）和《清华大学学报（哲学社会科学版）》2006年第5期。

[②] 施米特以及施特劳斯都属于保守主义右派，他们对于社会政治问题的看法，与左派社会民主主义大不相同，哈耶克在某些论者眼中也具有浓厚的保守主义色彩，所以，他们之间的关系十分暧昧。克里斯提（Renato Cristi）在《施米特与权威的自由主义》一书中指出，如果认真审察，哈耶克的主张与施米特在魏玛后期的立场完全一致：把自由主义价值与权威的法治民主论结合起来。施米特协调民主论与权威论的对立、自由主义与极权主义的对立，开启了哈耶克探索自由市场的社会与权威国家的协调，克里斯提断定，哈耶克实际上受益于施米特甚多，只是他不承认而已，其实施米特的权威自由主义与哈耶克的自由主义没有什么差别。不过，在我看来，（转下页）

在我看来，这个问题的实质在于现代形态的自由主义政治法学所着力构建的是一种内政的宪政法治理论，对对外主权的国家问题缺乏深层的思考，不是把国家视为一个既定的法律拟制（凯尔森）就是视为无用的累赘（哈耶克），国家法律的价值中立和个人主义的优先地位成为自由主义的基本原则。哈耶克对于施米特的些许好感并非他的政治中心主义，哈耶克恰恰是要"政治的去中心化"（the dethronement of politics）的，而是后者的政治保守主义，即他们在反对实证主义的形式法学以及由此导致的大众民主的堕落方面，找到了共同点，只不过施米特诉求的是超越法律的非常政治的实质性决断，而哈耶克诉求的是自发演进的作为正当行为规则的自由秩序。但是哈耶克的问题在于，当自生秩序扩展到一个国家的边界时，国家之间的法权对垒是否可以抵御自由秩序的演进呢？对此，哈耶克并没有从宪法政治的角度给出明确的说明，当然人们可以从他的自由经济理论中推演出经济规则的世界主义，但国家宪法的主权原则仍然被遮蔽了。从这个意义上说，凯尔森的法律层级理论却是补充了这个国家主权的缺位。由此可以说，他们在大的方面，都属于自由主义的理论谱系，但问题在于凯尔森的国际法高于国内法的纯粹法学尽管逻辑上是自洽的，可在现实中从来就是不存在的，自由主义的政治法学一旦走出国界（政治法权意义上的），就面临着言不

（接上页）尽管哈耶克在某些方面与施米特有关联，甚至在对于英美现代民主制的批判方面有一致之处，但他们仍然存在着实质性的差别，哈耶克毕竟是纯粹意义上的古典自由主义，他持守的是自由主义的否定性价值，主张的是政治的去中心化，而施米特与之相反，他的权威自由主义不属于哈耶克的自由主义谱系，是一种强势的政治中心主义。

符实的困难，这个困难在罗尔斯的万民法理论中也同样是尖锐存在的，① 因此，这不能不说是自由主义的软肋。

问题在于刺中了自由主义政治法学的软肋是否就一定证成了施米特理论的胜利呢？我看并非如此，这是本文所要着力阐发的，下面分三个方面来论述。

第一，按照前面的论述，自由主义政治法学的软肋在于国际间的国家主权缺位，其内政的宪制理论和规范法学无法化约国家外部的敌对关系，所谓永久和平只能是自由主义的一厢情愿，民族国家的利益冲突和价值纷争决定了非常时刻的主权决断的必要性。但是，这是否就意味着国家主权在国内法权关系中的绝对优先性呢？应该指出的是，施米特的理论从一个极端走向了另外一个极端，即他把国家间的政治或民族国家的对外主权转换为一个超越于一切形式法学之上的绝对力量，把它的本质赤裸裸地界定为区分敌友，并一马平川地将其推行于国内政治。在他看来，近代法治国的两个法治原则——分配原则和组织原则，忽视了法治的政治要素，自由主义试图通过国家的分权制衡来维护个人自由的宪政制度是无效的，因为国家理由先于个人权利，国家不是为了个人而存在的。

显然，施米特的这个国家理由论与自由主义的国家学说有着根本区别，在后者看来，国家是由个人构建的，国家理由存在于个人权利的保障之中，固然国家具有法律的拟制人格，但它毕竟是虚拟

---

① 罗尔斯也承认他的万民法是一种"理想理论"，考虑的是"一个秩序良好的民族社会的理想观念的哲学和道德根据，以及适用于其法律及实践的诸种原则"。其与具有制裁能力的国内法是有着重大差别的。参见罗尔斯的《万民法》，中文译本载汪晖主编《文化与公共性》，三联书店1998年版。

的，而非实质性的实体，国家的对外主权不能转换为对内主权的绝
对至上性，更不能以此来化约宪政的核心原则，即通过分权制衡来
保障个人权利。自由主义的政治法学认为国内政治高于国际政治，
内政的宪政原则高于外交的主权原则，人权高于主权。这是两者之
间的根本性区别。

第二，随着前面有关内政与外交的辩驳，其实已经涉及另外一
个相关的重大问题，即究竟何谓真正的政治。在施米特看来，政治
就是区分敌友，就是有关主权的实质性决断，因此，自由主义法治
国的两个政治原则——同一性原则和代表制原则，只是表述了常态
政治的扁平状况，无法揭示政治的非常状态，而后者才是真正的政
治，在那里平时隐而不彰的主权作为一个极限概念彰显出来，呼唤
着主权者的决断。一切政治说到底就是区分敌友的非常态的决断，
政治的实质就是非常政治。自由主义的政治法学与施米特相反，认
为真正的政治不是非常态的，而是常态政治，政治最终要转换为法
律规范问题，只有通过法治与民主，才能实现政治的和解。政治不
是区分敌友，更不是你死我活的斗争，而是法律上的权利平等和利
益博弈。所谓政治，在自由主义看来，不过是通过民主的程序在法
律的统治下实现个人的自由、幸福与其他诉求，政治需要树立权威，
但那是法律的权威，国家需要一个主权者，但它最终要从属于人民，
维护个人的正当权利。当然，政治并不总是常态政治，在特殊的情
况下也会出现非常态的时期，或者说也有非常政治，也有危急时刻，
也需要统治者或主权者的决断，但那是特殊的，例外的，必须把非
常政治转化为常态政治，宪政制度和民主制度就是防止非常态政治

绝对化和永恒化的政治机制。①

　　施米特的问题是把非常态政治绝对化了，把所有的政治都视为主权决断的非常时刻，并且把这种决断的正当性付诸神义论，因此排斥了自由民主的正当性根源。当然，自由主义政治法学无视非常态时期，遮蔽主权问题，否认政治决断的宪法学意义，也是教条主义的和形式主义的，这样也就把自己的软肋暴露出来了。其实，成熟的自由主义政治法学是完全可以把常规政治与宪法政治、规范政治与决断政治、法律自由与政治权威、个人主义与国家主义有效地结合在一起的，例如，休谟政治哲学中的自由与权威相互平衡的政体理论，孟德斯鸠的市民法与政治法互动的法意思想，黑格尔法哲学中的市民社会的法律与政治国家的法律的统一理论，乃至当代宪法学家阿克曼提出的宪法政治与二元民主理论，以及自由派共和主义的商议民主理论，等等，都为应对施米特的非常政治理论提供了可资借鉴的资源。

　　第三，应该指出，施米特对于现代民族国家在 15 世纪以来的欧洲乃至北美的生成发育机制是带着德国思想的有色眼镜来考察的，这导致了两个方面的问题：一方面，他清醒地把握到欧洲大陆国家，特别是德国，在走向自由、民主、宪政的民族国家所历经的艰难，甚至歧路，由此一脉相承地延续了所谓"德国问题"的经验和教训，并因此质疑自由民主的法治国在德国实现的可能前景，为此，他提

---

① 关于这个方面的详细论辩，参见高全喜：《休谟的政治哲学》，北京大学出版社 2005 年版，以及高全喜：《论宪法政治》，载《北大法律评论》第 6 卷第 2 辑，北京大学出版社 2005 年版。

出了自己的政治法学理论，以唤起民族意识的觉醒与成熟。另一方面，他又囿于自己的本土资源而缺乏真正的审视世界的宏大眼界，他没有实质性地认识到英美国家在走向自由、民主的民族国家所遵循的自由主义政治实践之正道。

也就是说，宪政国家并非真的都像施米特眼中的魏玛共和国那样软弱不堪和不讲政治，如果说他对于自由主义政治法学的指责在魏玛宪法那里是深刻的和正确的，击中了德国自由主义的要害，但这种指责对于英美国家的政治却是无的放矢，英美等国家在政治上远非如此幼稚和无力。尽管英美谱系的自由主义理论家们大多遮蔽了国家这个主题，以致成为"隐蔽的主题"或软肋，但在自由主义实践中，英美国家却从来都是强有力的，它们的政治从来没有软弱过，它们的国家在历史的进程中通过殖民主义、帝国主义和两次世界大战以及冷战的胜利，充分验证了西方民主国家完全可能是政治强大的、经济繁荣的和人民自由的。那里的常态政治何尝缺乏政治的决断呢？那里的规范宪法何尝消解了自由民主的实质呢？那里的人权何尝与主权颉颃对立呢？

由此可见，无论就内政还是外交来说，一个有限度的强有力的主权在握的宪政国家是存在的，一个以法律特别是以宪法区分守法者（友）与非法者（敌）而不是以政治特别是非常政治区分敌友的法治国家是存在的。施米特以德国魏玛共和国宪制的特殊个例来指陈自由主义的整个宪制实践，实在是蒙昧于世界潮流的浩荡。至于他投靠纳粹政权，则是误把杭州作汴州，不过是考量了他的政治智慧并不高明，而他晚年所炮制的所谓的大地法，尤其是游击队理论，则把自己降低到滑稽可笑的地步，通过边缘的游击队战略来颠覆民主的世界共和之大势，其左派先锋队的游魂已经瓦解了右派保守主义的风骨，难怪连施特劳斯也为之慨叹。

3. 吊诡的施米特问题

一般所说的"德国问题"是指 18 世纪以来德国数代思想家们痛感英国政治社会的成功并基于本国政治文化传统而提取出的一个普遍问题，尽管从早期的德国政治浪漫派、19 世纪古典政治哲学到新旧历史学派的经济学，再到马克斯·韦伯的社会学、施米特的宪法学，直至希特勒的国家社会主义，乃至当今欧盟的德国火车头作用，尽管二百年来其中的思想路径以及观点各种各样，迥然有别，甚至相互对立，但有一条主线却是显然的，那就是融入以英美为主体的世界文明的德国自己的道路，它标志着一个民族的政治成熟与否。至于"中国问题"则是一种比附"德国问题"的说法，指的是中国融入世界文明中的自己的道路问题。

我认为这个问题是客观存在的，所谓"中国国情论""中国特殊论"甚至"中国例外论"都是基于相关的预设，特殊是在融入世界潮流中的特殊，不是相隔绝。因此这个问题还需要为中国理论界所自觉，并进一步提升为一个涉及政治、经济、法律、历史、文化等多个领域的问题。

综观 20 世纪 80 年代以来的中国社会政治思想史，我们发现，伴随着我国改革开放的开展，各种各样的西方思想潮流纷纷被引介到中国。先是人道主义、人文主义和西方马克思主义，它们为中国当时的思想解放和启蒙，人性复归和确立人的主体性地位，作出了应有的贡献。90 年代，各种社会理论、经济理论和法律理论被系统地引介过来，进一步推进了中国社会的全面转型，尤其为经济改革的深入和法治社会的构建提供了强有力的理论支持。不过，随着中国社会的日趋多元化，与此同时，各种各样的后现代思想也大规模地传入中国，并且与中国传统的虚无思想形成了某种形式的合流。21 世纪初始，伴随着中国社会的内在要求，西方社会的各种政治理论和法政思想也开始大规模地译介过来，并且引起了广泛的影响。总的来说，上述思想理论的大批量引介，对于中国社会来说是非常有益的，我们需要吸收国外各种各样的理论资源，以加强我们的理论建设，激发、培育和促进中国自己的学术文化和文明精神。

但是，我们也必须清醒地看到，在学术思想界，对于中国当今社会本质的认识，对于中国向何处去的看法，出现了很大的分歧，甚至产生了激烈的纷争，所谓自由主义、新左派的论战，以及民族主义、民主社会主义、新儒学等思潮的蜂起，都是基于上述背景而产生的。因此，落实到西方思想的引介，其情况就与 20 世纪后 20 年相比出现了很大的不同，如果说前者更多的是拿来主义的被动性的吸收，并且伴随着知识学的冲动与欢乐，那么现在就必须面对如下三个方面的考量：第一，引介什么？第二，为什么要引介？第三，与中国问题的关联性是什么？当然，如果作为一种纯粹的学术研究，上述问题大可不必考虑。但是，远的不说，就近些年的中国思想界来看，作为某种显学的西方经济、法律与政治思想，如哈耶克的政治法律理论、新自由主义经济学、后殖民地理论、施特劳斯的古典哲学、施米特的政治法学以及共和主义思想，等等，它们被引介到中国，显然并非仅仅是作为纯学术思想，而是具有多方面的意义。

我们知道，中国现在处于一个重大的社会转型时期，这个时期从本质上是 1840 年中国开始新的重建这个伟大而又艰难的历史使命的继续，因为我国经过一百多年的努力并没有通过自己的"历史三峡"，建设一个自由、民主的民族国家这个任务还没有完成。说到这个问题，我感到有必要把握我们的周遭世界以便确立我们的定位。从外部环境来看，我们融入的世界到目前为止仍然是一个以主权国家为主体的国际秩序，尽管不时有去国家化的呼声，但今日的世界依然是由民族国家构成的世界，这个世界从 1648 年《威斯特伐利亚和约》演变至今已经有 300 多年的历史。在这个历史阶段，西方各主要国家无论主动还是被动都相继完成了民族国家的国家建设，而且实现了自由民主的政体制度。但是，对于中国来说，民族国家的国家建设还只有一百多年的时间，在此之前，我们属于王朝政治。真切地说，从鸦片战争开始，我们才开始这个新的政治形态的进程，而且屡受挫折，也就是说，我们是在与西方列强（民族国家）的碰撞中，在血与火的洗礼中开始我们的国家建设的。而且，与欧美国家乃至日本不同，中国的现代化之路具有我们的独特性，在我看来，它构成了所谓"中国问题"的实质。

从政治逻辑来看，我们一百多年来所亟待解决的问题，对应的是西方 17—19 世纪各民族国家曾经面临的问题，而我们现在所应对的却是 20 世纪和 21 世纪的世界秩序。因此，在时间上乃是不对应的，这就使我们的任务面临着两难困境。即一方面我们要建设一个民族国家，这是西方各现代国家用了 300 多年的时间才完成的；但是另一方面，西方现代的政治状况却逐渐出现了去国家化的趋势，自由民主的现代国家的弊端以及国际秩序的不合理、不公正弊端日渐显示出来，也就是说，我们的国家建设遭遇后现代政治的阻击。

我们又是一个文明古国，五千年来的政治文化传统使得我们建设国家的任务必须解决好与传统的关系问题。王朝政治的传统看上去虽然断绝了多年，但历史的余绪不绝如缕。

正是在上述这样一个背景之下，施米特的政治法学在中国 21 世纪初叶的学术思想界出场了，这里我们暂且不问引介者为什么选择了施米特，而是集中关注这个施米特究竟与中国政治与法律的现实状况有哪些契合之处。令人感到困惑的是，中国语境下的施米特问题呈现出一种高度的吊诡，在貌似深刻的背后隐藏着的乃是最不着边际的贫乏，在击中要害的症结处实质上包含着重大的欺骗，在独创性的法政话语中实施的乃是最险恶的解构。为什么这样说呢？下面给予具体的分析。

前述所言，施米特政治法学的要点大致有三个方面：一是通过剖析《魏玛宪法》，指出了德国自由主义政治法学的幼稚病；二是刺中了教条式自由主义政治理论遮蔽国家主权的软肋，祭起了权威自由主义的大旗；三是承前启后，深化了德国问题的思想传统，为后来者提供了正反两个方面的借鉴。无论怎么说，上述三个方面都是基于这样一个历史的现实状况：《魏玛宪法》是一部自由主义为本色的宪法，十年魏玛民主的宪政是一个市民阶级的现代法治国。施米特所不满的是这部宪法不够成熟，缺乏政治的决断，主权者丧失了捍卫这部自由民主宪法的权威力量，因此，他要在民主宪政之上树立起专政的大旗，为自由主义的常态政治注入非常政治的魂魄。在他看来，只有用绝对的宪法取代相对的宪法，用血和火的洗礼，才能真正锻造出一个自由民主的魏玛共和国，虽然正像我们前述的，施米特并没有真正读懂英美宪制的真实本质，英美国家的宪制民主在柔和的外表之下是装备着宪法的铮铮铁牙的，但就德国的特殊境况来说，或许施米特的主张不无道理，尽管他的理论走过了头。

应该指出，国家这种组织形态并不是古来就有的，它是政治民族主义的产物，在西方它是在古典城邦制和封建制之后逐渐形成的，而在中国则是在鸦片战争之后催生的。政治民族是国家的载体，但是，单纯的民族国家并不是一个优良的政治制度，这一点已经为世界历史所证实。有关一个民族一个国家的政治诉求，或单方面以民族国家的利益为最高目的的政治实践，在历史上曾经导致了无数的灾难，特别是法国、德国、意大利、俄国和日本，它们都有惨痛的教训。所以，民族国家的建设还需要吸收另外一种更为普遍的制度设施，那就是产生于市民社会的法治，英美的国家建设为我们提供了一条成功的经验。一提到英美经验，人们往往就想到自由主义，想到自由经济、个人权利、法治主义和有限政府，应该说，这些都没有说错，它们是自由主义的基本原理，也是英美国家在社会政治制度和价值理念方面向世人显示的东西。但是，我在这里所要强调指出的却是另外一个方面，即自由主义政治的另外一个面相，它们隐蔽起来的国家主题，而这个国家主题在我看来，对于当前我们建设自己的优良的政治制度具有重要的意义。

现在已经没有人指责德国学者弗里德里希·李斯特的政治经济学不属于自由主义，但是新旧历史学派主张国家权威，主张关税同盟，其目的是为了培育德国的自由市场经济，为了国家发展之后更好地进行国际自由贸易。其实，自由主义的鼻祖亚当·斯密当时也支持英国的《航海条例》，休谟也赞赏法治主义的国家权威，至于美国的联邦党人也一直都把建设一个强大的中央政府视为基本的政治纲领。总之，自由经济、法治主义和个人权利与国家能力是不矛盾的，而且，英美等西方主流国家的经验告诉我们，当它们的公民权利得到充分保障、个人自由和私人财富得到充分尊重的时候，也恰恰是它们的政治国家日益强大和国际地位日益隆显的时候。

这样，我们就不得不认真地而非教条地思考宪制对于我们中国究竟意味着什么，难道它仅仅指的是对于国家权力的限制和约束？难道它只是意味着破除政治权威？当然，我在此绝对无意否认宪制所具有的这些基本的意义，它确实是要限制政府和国家的权力，保障人权，这些在今日中国仍然是绝对必要的。但是，限权不等于不要权力，宪制国家的权力在边界上是有限的，但在职能上却是强有力的，一个有限度而又有能力的国家制度是宪制国家的实质，对此，联邦党人曾经明确指出："政府的力量是保障自由不可缺少的东西。"如此看来，宪制对于我们就不再单纯是教条式的个人主义，它也强调国家能力，就不再单纯是普世主义的一般原理，它也讲求国家利益。当然，值得特别指出的是，宪制国家的国家能力和国家利益又不是极权主义的，并不敌视个人权利和个人自由，它是建立在法治主义与民主政治之上的国家能力，对内是法治政府，司法独立，议会制度；对外是主权国家，独立自主，和平主义，等等。简单地说，宪制国家包括两个层面：其一是个人权利，其二是国家建设，这正好也是自由主义政治的两条线索。

我们从上述角度来看世界历史的大格局，就不难发现，任何一个优良的宪制国家，比如说英国、美国，它们从来就有两张皮，一个是高度发达的市民社会，以及其中的经济繁荣和个人自由；另一个是职能强大的政治国家，对外捍卫主权，维护国家利益，甚至走向殖民主义和帝国主义。对于现时代的中国来说，我们目前的迫切任务是对内建设强大的国家，对外反对国际霸权主义，最大限度地现实人民的自由、幸福和国家的安全与利益。我认为，在上述两个方面都需要借助于国家的权威。当然，应该看到，理解这个问题的复杂性在于，中国在历史上长期遭受专制政治之苦，一说起国家权威就心有余悸。其实，在理论上这个问题是不难澄清的，我们所谓的国家权威是法治之下的国家权威。

从宪制国家的意义我们再回到本文的议题，就可以得出这样的结论：所谓中国语境下的施米特问题，如果从积极的建设性的方面来说，就是促进我们思考有效国家权威之下的改革，对于我们来说，宪法政治意味着通过国家的法治权威保障个人的权利、自由和幸福不受侵犯，促进市场经济的持续公正的发展，意味着政府职能的高效运作和依法执政，意味着在国际关系中捍卫国家利益，保卫公正的作为现代民族国家的生存空间，等等。总之，只有有效合理合法的国家权威才会保障个人利益和市场经济的运作，而反过来个人权利和市场经济也为宪制国家的国家权威提供了道义的和经济的基础。把人民幸福和国家力量结合起来，这是宪制国家的一种优良形式。宪制与威权政治的差别，在于它不滥用权力，既有能力保障市民社会的发展，又有足够强大的国家能力，同时又促进了个人的自由、安全与幸福。

当然，这是我们的理想，也是改革的方向，并不是既定的事实，但是，任何事物的演进都有一个过程，政治事务也是如此。如果我们回顾中国改革四十多年的历程，就会惊叹，今日的中国与过去的中国已经发生了天翻地覆的变化，而这一切又都是在悄悄地缓慢地进行着的，大地的惊雷总是响于无声之处。

二、宪法国家与二元政治观

从 19 世纪黑格尔的国家法到 20 世纪施米特的宪法，时间上的距离是无关宏旨的，关键是理论上的传续，在这个问题上，施米特一直是把黑格尔视为他的一个重要的理论来源。确实如此，至少在如下几个方面，施米特继承了黑格尔的思想：一是国家法或宪法高于市民法的优势地位，二是有关主权作为国家最高统治权的理论，三是有关政治决断的思想。上述三个方面总的来说体现了从黑格尔到施米特国家理论的一致性方面，但究其实质两人的理论又存在着很大的差别，黑格尔基本上是一个中庸的自由主义思想家，而施米特则更多地表现出极端右派的保守主义色彩。显然，黑格尔与孟德斯鸠有着很多相同的方面，甚至我认为他们在自由主义政治理论的实质方面是大体一致的，而施米特与孟德斯鸠则没有什么可比性，他们在政治理论上的实质差别是显然的，而黑格尔与施米特的理论关联却是复杂的，下面我们来简单分析一下他们在国家与政治、国家法与宪法等问题上的异同。

西方的宪法理论大致有两个不同的渊源，一个是大陆—罗马法系的公法理论，一个是普通法的宪制理论。从某种意义上说，古典的公法就是古代的宪法，只是进入现代国家的形态之后，古代宪法得到了实质性的改造，主权问题成为现代国家必须面对的首要问题。因此，古典政制的城邦国家论转变成现代的国家主权论。在古代政制中是没有主权概念的，主权是现代国家的一个核心概念，在对于国家主权问题的看法上，黑格尔与施米特是一致的，都接受了博丹的理论，认为主权是国家的最高权力形式。但是，两人的差别在于对主权的本质认识是不同的，黑格尔强调的是主权国家的中立的超然性，他接受了孟德斯鸠对于政治的理解，认为政治就是统治与被统治的关系，政治法作为国家法是从属于国家主权的，国家的立法、行政等治理社会的政治内容被统辖在主权的形式之下。由此可见，重视国家法的形式特征，这使得黑格尔的法哲学呈现出自由主义的本性，从黑格尔那里可以开辟出一条到凯尔森形式法学的路径。①但是，施米特却强烈反对对于主权国家的现实主义理解，他强调的是主权的实质，而这个实质就在于政治，即划分敌友。显然，施米特的政治概念就完全不同于孟德斯鸠、黑格尔的传统定义，而是把政治视为高于国家法的实质概念，认为"国家的概念以政治的概念为前提""划分敌友是政治的标准""所有政治活动和政治动机所能归结成的具体政治性划分便是敌人与朋友的划分"。②

这样一来，主权就从黑格尔意义上的超然的法律形式转变为实质性的内容，即划分敌友，至于如何划分敌友呢？施米特认为就是一种基于政治概念的决断，为此他多次指出："主权就是决定非常状态。""主权问题就是对非常状态做出决断。""非常状态的首要特征就是不受限制的权威，它意味着终止整个现有秩序。显然，在这种

① 在这个问题上，哈耶克只是指出了他们在理性建构主义方面的一致之处，忽视了他们在法律形式方面的一致，而在这一点上，又与哈耶克的理论是不矛盾的，从大的方面看，他们三人都属于自由主义的谱系。
② 卡尔·施米特：《政治的概念》，上海人民出版社 2018 年版，第 128、138 页。

秩序下，国家仍然存在，而法律则黯然隐退。"① 我们看到，在黑格尔国家学说中并不重要的君主意志的决断概念，在施米特那里被提升到一个极端的高度，成为国家政治的核心之核心，形式主义的国家法被转变为划分敌友的实质决断问题。在《政治的神学：主权学说四论》中的继"主权的定义"之后的第二论就是"主权问题作为法律形式和决断问题"，施米特的理论对手是当时著名的法学家凯尔森。

凯尔森的形式法学在国家问题上采取了规范主义的方法，认为国家就是法律秩序的整体形式，在国家法律秩序之外或之上，并不存在什么政治决断问题，因此在他的理论中，政治是没有地位的，国家法就是宪法，属于国内法律体系中的最高等级的法律规范。在施米特看来，凯尔森规范法学的一个主要的理论问题，在于忽视了国家的实质，即把人格性因素从国家概念中消除了，主权受到了法律形式的限制，国家变成了一种没有生命的僵硬的法律躯体。对于这种新康德主义的形式法学，施米特表达了他的轻蔑，他写道："尽管自由主义并没有激进到否定国家，但从另一方面看，它既没有提出一种实际的国家理论，也没有靠自己找到改革国家的途径，它只是试图把政治限制在伦理领域并使之服从于经济。自由主义创造了一套'权力'分割和平衡的学说，即一套监督和制约国家与政府的体制。这既不能被看作一套国家理论，也不能被看作一套基本的政治原理。"②

---

① 卡尔·施米特：《政治的概念》，上海人民出版社 2018 年版，第 6、9、11 页。
② 同上书，第 182 页。

在施米特看来，国家法的关键不在主权的形式法律上，而在实质决断上，而这就超出了一般法律领域，进入政治领域，或者说，施米特认为国家法的实质在于作为政治法（当然不是孟德斯鸠意义上的政治法）的宪法，这样一来，宪法政治就成为施米特思想的一个中心问题。国家的问题是主权问题，主权问题是政治问题，政治问题的关键是实质决断问题，而决定一个国家之非常时期的又是宪法，这就是施米特的政治法学的逻辑。除了上述理论上的逻辑演绎之外，施米特作为一个宪法学家置身于魏玛风云激荡的时期，痛感《魏玛宪法》之软弱无力，缺乏一个民族的政治决断能力，因此，他在《宪法学说》《宪法论文集》等著述中陈述了自己的宪法观。在他看来，国家是一个由人民组成的政治共同体，其本质在于一种政治性的决断状态，国家的具体类型与形态，诸如不同的政体形式，以及国家具体的统治行为所应有的秩序等可以由宪法来规定，但国家的主权本质，其政治性的敌友决断，却不能由宪法来规定。也就是说，国家作为一个政治统一体，不是宪法的产物，反而是宪法有效性的前提。按照当时凯尔森等人的宪法观，国家是由宪法建构出来的，没有宪法也就没有国家，国家的政治治理是在宪法的规范下实施的，真正的宪法应该是超越政治的纯粹形式的法律规范。施米特的宪法观与之相反，他认为正是形式法学那一套宪法思想的盛行，才导致了《魏玛宪法》的羸弱空洞，毫无生机，致使国家一盘散沙，面对各种危机无所作为。形式法学的条文主义宪法观是注定要误国殃民的，真正的宪法乃是敢于决断的宪法，宪法以国家政治为依据，是政治性之非常状态下的法律显现。

通过上述的分析，我们可以看到，施米特在法律问题上虽然沿袭了黑格尔的国家法概念，并把它转变为一个宪法问题，但他对于国家的认识却是与黑格尔大不相同的，黑格尔强调的是国家的形式超然性和中立性，政治以国家为依据，而施米特相反，他强调的是国家的敌友划分，国家以政治的决断为前提。在这个问题上，施米特并没有与黑格尔展开争论，而是集中以凯尔森的规范主义宪法理论为靶子，此外再加上历史法学中的社会法学派。在施米特看来，无论是实证主义的国家观还是社会法学的国家观，都忽视了一个重要的国家主权问题，都把国家主权看成了日常政治中的法律拟制，取消了其中的实质性的政治决断意义。在他们那里，法律是均质性的，法律关注于形式，在法律之下没有敌人和朋友之分野，没有战斗、角力之行动，法律属于纯粹的程序机器。而实际上，国家政治远不是他们所说的那样，国家是一个政治统一体，划分敌友是这个政治统一体中最根本性的活动，为此，施米特一再指出："政治统一体乃是关键，它是决定着敌—友阵营划分的关键统一体；在这个意义上，政治统一体即主权。否则的话，政治统一体将不复存在。"①为了彻底的清除法律实证主义或形式主义的理论，施米特在一系列著作中提出了一个有关日常状态与非常状态两分的法律政治观，他的有关政治、国家与宪法的思想主要是通过这种区分表达出来的。

正如前面所指出的，施米特是在对形式法学的批判中建立他的两种法律政治观的，在他看来，以凯尔森为代表的形式法学以及各种形形色色的法律理论，都属于日常政治的法律观，他们均以常规政治状况作为法律规范的对象，而忽视了法律的真正对象乃是国家，

---

① 卡尔·施米特：《政治的概念》，上海人民出版社 2018 年版，第 155 页。

是国家政治的非常状态。他写道："国家的存在确凿无疑地证明了国家高于法律规范的有效性。决断不受任何规范的束缚，并变成真正意义上的绝对的东西。人们可以说，在非常状态下国家是根据自我保存的权利终止法律。从而法律秩序这个概念中的两种因素分解成两个独立的观念，并由此证明了它们在概念上的独立性。与在规范状态下不同的是，当自主决断的机会降至最低时，非常状态就会摧毁规范。不过，非常状态仍然可以进入法学，因为规范和决断两种因素均处于法学的框架之内。"[①]

按照施米特的看法，政治有两种，一种是由规范法学处理的日常政治，另一种是由政治法学处理的非常政治。前者属于形式法律加以规范的内容，此时法律表现为国家颁布的一系列法律条文，这些法律规范要求同质的中介，构建的是日常生活的规范框架，其有效性在于使得日常生活呈现出应有的秩序。新康德主义的法律、凯尔森的实证主义法律、边沁的功利主义法律以及历史学派的社会学法律等等，都属于这种类型的日常法律规范，它们都只是强调了政治生活的常规状态，都把社会中的人视为一个没有生命与激情的符号，认为可以通过一种形式的法律程序和规范就能够塑造出一个正常的国家秩序。为此，施米特考察了法律思想史，在他看来，洛克的法律观以及政府论开辟了现代形式主义法学之先河，他回避了霍布斯的国家决断的政治问题，从而把国家纳入了常规法律治理的路线上，此后的康德是这种规范法学的集大成者，康德完全忽视了国家政治的非常状态的实质性问题，"就康德而言，紧急法令根本就不

---

① 卡尔·施米特：《政治的概念》，上海人民出版社 2018 年版，第 11—12 页。

是法律。"①德国的法治国理论,在康德主义的影响下,基本上是沿着社会常规政治的路径一路走下来的,在新康德主义凯尔森的纯粹法学中,日常政治的法学观走到了尽头,可以说凯尔森炮制了一个系统的有关国家的日常政治的法律体系。在《关于法律与国家的一般理论》《主权问题与国际法理论》《社会学与法学的国家概念》等著作中,他从国内法开始,一步一步地构造出一个上至国际法下到民商法的形式主义法学体系。

但是,施米特认为,上述关于日常政治的法律规范不过是一种"肤浅的假定",因为他们严重忽视了非常状态,不懂得政治的本质乃是非常状态的决断问题,"显然,像凯尔森这样的新康德主义者并不知道如何处理非常状态",而"一种关注现实生活的哲学不能逃避非常状态和极端处境,而是必须在最大程度上关注它们。……规范证明不了什么,而非常状态却能证明一切:它不仅确认规范,而且确认规范的存在,因为规范只能来自非常状态。在非常状态下,现实生活的力量打破了那种经过无数次重复而变得麻木的机械硬壳"②。由此看来,施米特意义上的另一种政治便是非常政治,此时的法律显然不是规范性的法律,而是决断性的法律,是关系一个国家存亡的政治法。关于日常政治与非常政治的划分,并不单纯是法律类型的划分,而是法律本质的划分。按照法学上的一般观点,似乎也承认这样一种基于不同法律类型的对象之划分,在这种观点看来,可以根据公法与私法的对象之不同,特别是根据宪法与其他法律之对

---

① 卡尔·施米特:《政治的概念》,上海人民出版社 2018 年版,第 13 页。
② 同上书,第 13—14 页。

象的不同，而区分不同的政治类型。例如，宪法规范的是有关国家行为的法律，民法规范的是公民个人之间的行为规则。显然，这种形式规范意义上的法律分类不是施米特的二元政治观，特别不是他所要彰显的非常政治与日常政治的区别。

为了详细清晰地论述自己的观点，施米特着重以《魏玛宪法》为批评的蓝本，在《宪法学说》一书中集中阐释了他的实质性的宪法政治观。《宪法学说》一书主要由四个部分组成，第一部分论述宪法的概念，第二部分是现代宪法的法治国内容，第三部分是现代宪法的政治性分析，最后部分是联邦宪法学。在这部重要的著作中，施米特系统地提出了独创性的宪法概念，从实质上区分了"绝对的"宪法概念与"相对的"宪法概念，并在此基础上批判性地研究了实证主义的宪法理论，进而提出了用政治性宪法调整市民法治国宪法的矛盾，最终克服自由主义宪法理论的方案。施米特认为当时的宪法学研究存在着一种概念的混乱，有关市民法治国的宪法观念、民主代议制的宪法观念以及主权国家的政治性宪法观念混淆在一起，使得有关宪法的本质隐晦不明。之所以出现这种情况，主要是实证主义法学作怪，它以形式规范代替了非常时期的宪法，把非常政治还原为日常政治，以为可以通过正常的法律规范就可以制定国家行为的准则，建立国家的政治秩序。其实，在施米特看来，国家从来就不是日常的政治秩序，而是非常政治，以国家为对象的宪法必须打破日常政治的束缚，进入实质性的内容，构建非常宪法，这个非常政治的宪法，施米特称之为绝对的宪法，以与实证主义法学的相对的宪法有别。

关于绝对宪法，施米特从如下三个方面作了分析：

第一，绝对的宪法以国家的政治状况为内在的依据，它针对的是一个政治国家的统一体，具有不可分割的统一性。因此，绝对宪法是"法律的法律"，即它是一切法律的来源，是国家政治秩序的法律依据。

第二，绝对宪法等同于国家，它的本源却不是由法律自身的形式组成，而是来自政治国家的概念，来自有关区分敌友的政治决断。也就是说，宪法虽然在法律系统中具有终极的意义，但在国家问题上，却是以非常政治以及决断这种状态为基础的，因此，施米特指出，宪法代表的是政治统一体与政治秩序的"总体状态"，这个状态的法律形式就是绝对的宪法，其内容就是主权，或者说就是决定非常状态的主权。

第三，从形式上说，绝对宪法是国家的形式，它指涉的是有关国家类型的法律规定，所以，它又是国家形态的构成原则，是政治统一体的能动的建构过程。施米特认为，国家不是静止的、既存的，而是能动的、发展的，各种相互对立的利益、意见和努力在宪法的形式之下熔铸为一个整体，其中存在着一个由低到高位阶递进的演变层次。①

上述三个方面基本上构成了施米特有关政治性宪法或绝对宪法的主要内容。以施米特之见，非常政治与日常政治的区别，并不在于法律类型的对象之不同，并非宪法处理的是非常政治，民法处理的日常政治，同样是宪法，也存在日常政治与非常政治之区别，关键在于法律的实质。绝对宪法指涉的是非常政治，它针对的是宪法

---

① 卡尔·施米特：《宪法学说》，Verfassungslehre, Munchen/Leipzig, 1928。

的政治性内容，它表征着一个国家不可分割的统一性整体，透过政治性概念的敌友划分，绝对宪法表达了一种非常政治的状态。

相比之下，相对宪法概念在施米特眼里则是一个个别性的概念，指的是一种个别性的宪法法律或宪律。[①]宪律是一种由外在的或次要的形式性特征所决定的法律概念，它们的主要特性与国家意志之建构无关，与非常政治的本质性决断无关。从这个意义上说，法律实证主义的法律条文，凯尔森所谓的国家立法，乃至一些成文宪法文本，都属于上述的宪律，它们只是一些相对性的宪法法律，属于日常的政治规范。例如，魏玛宪法第 1 条第 1 项"德意志帝国为共和国"之规定涉及的只是国家的基本形式，而与国家的政治本性无关，在施米特看来就属于宪律，再如魏玛宪法第 129 条第 3 项第 3 段"公务员有权检查其个人身份证"之规定，不过一些技术性、细节性的法律规定，显然也属于宪律的范畴。总之，宪律关涉的是一些日常的法律规范，有些是纯粹形式性的，有些是技术性的，都与政治的本质没有关系。在施米特看来，绝对宪法与相对宪法是有重大区别的，它们的不同不是量的不同，而是质的不同，可是法律实证主义却无视这一点，它们往往把两种宪法混淆在一起，用个别性法律代替整体性法律，用形式性法律代替决断性法律，用日常政治代替非常政治，把一个国家的政治命运交付给一种没有内容的程序机器，并美其名为"法典"，例如《魏玛宪法》就是如此，它是形式主义法

---

① 台湾地区的学者蔡宗珍将其 verfassungsgesetz 翻译为"宪律"，以别于绝对的宪法法律（absoluter Verfassungsbegriff）。见蔡宗珍的论文：《卡尔·施米特之宪法概念析论》，载《政治与社会哲学评论》第 5 期，台湾巨流图书公司 2003 年版。

学的典型的牺牲品。

施米特之所以划分绝对宪法与相对宪法，并不单纯在于学理之辩，而是有着现实的政治关怀，具体地说，是为他批判性解读资产阶级魏玛宪法提供理论的前提。通过上述两种宪法的区分，使得施米特能够在理论上深入剖析宪法的本质，从而维护宪法的绝对性。在施米特看来，实证宪法概念是由制宪权的作用而形成的关于政治统一体之种类与形式的总决定，对于实证宪法可以从绝对宪法与相对宪法两个角度来理解，《魏玛宪法》作为一种实证宪法，它的特征表现为一种"拖延性的宪法"，是一种妥协的产物。按照施米特的分析，实证宪法包含三个关键的要素：一个是既存的政治统一体，一个是制宪权的作用，一个是"决定"。就政治统一体的地位来看，形式法学派的观点往往把政治统一体视为宪法的结果，没有制宪权及其决定也就组成不了政治体，组成不了国家。施米特与这种观点不同，他认为政治统一体是制宪权的前提，而非其结果。由于每一部宪法都隶属于一个具体的政治统一体，所以宪法仅能是一个实存的政治统一体的宪法，宪法无法为政治统一体提供根本的正当性基础，只能表述其存在的形式与种类。因此，施米特指出，一部实证宪法总不是凭空产生出来的规范，而是由一个强有力的主体制定出来的，它是政治统一体的制宪权拥有者为自己所做出的一个政治性的决定。所以，任何一部宪法都是制宪权主体意志的产物，是一种实然性的政治决定，它们建构了现已存在的政治统一体的形式与种类，是所有法律规范的前提和依据。

就《魏玛宪法》而言，德国人民作为政治统一体之制宪权者，作出了民主制、共和制（而非君主制）、联邦架构、立法与行政的代议制，以及市民法治国及其所属原则（如基本权利和三权分立等）的决定，使得《魏玛宪法》的德意志国家显示出一个宪制民主的国家形态，从实证宪法的角度看，《魏玛宪法》属于一部宪法，而非只是一系列的宪律。但是，施米特指出，对于《魏玛宪法》，人们并非能够清醒地从政治宪法的角度来理解，总是有人把它降低为一部宪律，至少形式主义法学就不理解《魏玛宪法》的政治意义。为此，施米特就《魏玛宪法》中的几个关键问题提出了自己的看法。

首先，在有关修宪权客体的限定方面，施米特就主张体现政治性决定的绝对的宪法不能修改，只有宪律可以通过立法程序加以修改，制宪与修宪存在着本质的不同。例如，修宪者不能通过单纯的修宪程序把魏玛宪法中的民主制修改为君主制。其次，关于非常状态下的宪法问题，施米特认为，宪法不能受到侵犯，但一些具体的宪律条款可以在非常状态下予以冻结并被有关特殊规定所代替，但宪法实质上的完整性不能因此受到破坏。再次，关于基本权利的保障问题，施米特主张属于宪法保障的基本权利，应该在制度上予以实施，不能以任何理由加以阻碍，而属于宪律规范的权利条款，则允许一定的干预，但这种干预不能构成对于绝对宪法的侵犯。最后，关于宪法争论的客体以及宪法守护的资格问题，施米特认为宪法争论应该仅限于作为基本的政治性决定而产生的争论，不包括一些具体的宪律之争。但宪法的政治性争论，应由有关的政治性机构来解决，而不能交付去政治的、中立的司法权来解决。这个问题实际上与魏玛时期有关帝国法律合宪性之决定权的归属问题有关，在这个问题上，施米特显然反对帝国法院以司法形式介入种种政治性纠纷之解决，在他看来，法院的介入很可能导致一种可怕的"全面性中央监控机制"。他主张应由一个超越对立性立场的国家机制来行使"中立权",以即时有效地化解国家统一体内各种由于敌友分类所导致的利益对立与潜在冲突。具体地说,施米特的观点是,《魏玛宪法》的守护者应由一个权威的勇于决断的帝国总统来担当,据此,施米特对于《魏玛宪法》第 48 条赋予总统以非常时期的专政权给予了他的阐释与发挥,在他看来,魏玛政治失败的一个主要原因是总统没有能够有效地行使第 48 条赋予他的权力。[①]

　　总之,施米特对《魏玛宪法》的态度是复杂的,他从中挖掘出了绝对的宪法概念,但是,《魏玛宪法》的妥协特征也为形式主义法学的阐释开了方便之门,他所批判的《魏玛宪法》实际上是那种形式主义化了的《魏玛宪法》。深入地考量施米特关于《魏玛宪法》的观点,从中不难发现施米特的二元政治观以及内涵的困难。施米特坚持以政治性概念为前提而构建他的绝对的宪法理论,所继承的是博丹以降欧洲大陆的国家主义政治传统,他以国家作为一个完整不可分的人民(民族)之政治统一体的基本立场,使得有关日常政治与非常政治、国家宪法与一般宪律等方面的区分最终归结为一个纯粹的"政治性秩序"。但是,在施米特的宪法思想中,形式主义的宪法,以及日常政治、相对的宪法规范也不是没有任何位置的,自由主义的国家多元主义、代议制民主和市民法治国的内容在他的宪法理论中也是或明或隐地表述出来。需要指出的是,上述两种因素在施米特那里并没有像在黑格尔那里被有机地整合在一起,而是激烈地冲突的,表现出难以调解的张力:"一端是由完整、统一的政治性

---

① 参见卡尔·施米特:《宪法学说》, *Verfassungslehre*, Munchen/Leipzig, 1928.

宪法、政治性法律（决定）、必要时由主权者所指定的独裁者所护卫的国家与政治统一体，另一端则是由自由主义、多元主义思想所支配的社会及实质上是由政党所把持的国会代表机制。其结果，施米特认为由不具政治性之宪法所主导的国家，终将因堕落地成为社会的一种组织形式而丧失其政治性，而使得国家沦丧，其所设想的挽救之道，则是正视代议制度的内在矛盾与异化发展而终结代议制度，去除市民法治国思想的弊障，以重建政治性宪法，展现国家统一性。"①

　　正是基于上述思想及其内在的困境，施米特在纳粹党人掌权之前的魏玛时期，痛斥魏玛政治的混乱与羸弱，鼓吹一个强权总统以宪法守护者的身份对抗由政党所主导的代议制度，以期望重建濒于瓦解的国家统一体；在纳粹掌权时期，他写下了臭名昭著的《领袖护卫法》，主张领袖就是法官，拥有最高的司法权且不受任何司法权节制，其用意看来并不是彰显领袖个人的独裁，而是赋予领袖建立一个新的政治国家的权力。当然，雾里看花，这只不过是施米特的一厢情愿，希特勒的所作所为并没有按照施米特的政治逻辑进行，这是后话。不过，即便是在战后蛰居于他的家乡小镇，与现实的政治性无缘，施米特仍然毫不悔改，自比马基雅维利，把家乡小镇命名为马氏寄居的 San Casciano。看来，政治的诱惑力对于他仍然威力不减，对于联邦德国的宪法，施米特嗤之以鼻，在他眼中"国家性的时代已经结束了。对此已经毋庸置疑"。

---

① 参见蔡宗珍：《卡尔·施米特之宪法概念析论》，载《政治与社会哲学评论》第 5 期，台湾巨流图书公司 2003 年版。

（1899—1992）

如果从长远考虑，我们是自己命运的创造者，那么，从短期着眼，我们就是我们所创造的观念或思想的俘虏。我们只有及时认识到这种危险，才能指望去避免它。

哈耶克的社会演进理论

一、正当行为规则

　　规则问题一直是西方法理学中的一个重要问题，哈耶克作为一个经济学家，早在维也纳时期就关注规则在市场经济中的作用，随着他的研究转向，规则问题日益成为其社会、法律与政治思想的核心问题。在哈耶克看来，人不仅是一种追求目的的动物，而且在很大程度上是一种遵循规则的动物。遵循规则使个人结成群体，并在群体生活中形成秩序，从小群体到大社会，其内在的演变是一个人们遵循规则、趋于繁荣的扩展过程，这个过程使得个人的群体生活成为开放性的，从几个人或一群人结成的小社会逐渐发展为一个更多的人结成一体的大社会，所谓进化，就其文明的内涵来说便是人类从部落群体自生演化为法治下的自由社会的过程。这种使人遵循它便得以获得成功的规则究竟是什么呢？或者说，人类社会秩序下的个人自由所依据的规则究竟是什么呢？对此，哈耶克在他的几部主要著作中分别给予了不同论述，其中最具有意义的是在《法律、立法与自由》一书中有关正当行为规则的论述，在我看来，哈耶克所论述的正当行为规则可以说是自由主义法律和政治理论的一个基石。

正当行为规则作为一个哈耶克特有的独创性术语，它至少包含如下三个层面的含义。

第一，它是一种普遍规则或抽象规则。正当行为规则担负的用于区分你我界线的功能，表明它不是一项具体内容，而是一种抽象形式，普遍性和抽象性是这种规则的基本特征。抽象规则是描述的，同时又是规范的，作为一种中立的形式或工具，服务于社会的整体进化以及社会成员之间的相互合作，并成为解决他们之间纠纷的一种客观的标准或准则。

第二，它是一种行为规则或客观规则。由于人类社会不同于自然界，是由人的行为活动构成的社会形态，因此规则只能是行为规则。不过，哈耶克强调指出的是，人的行为并不直接产生规则，而是社会中的各个成员在他们的行为中所共同形成的一种复杂的、抽象的行为结构，并由这个结构自生出行为规则，因此行为规则既来自人的行为，又并不完全是人的行为的直接产物，而是经过一个抽象的行为结构转换出来的。从这个意义上来看，行为规则既不同于自然界的规律，也不同于一般所谓的道德规则，它是一种客观规则，它调适的不是人的动机、良知等主观方面的内容，而是社会成员的客观性的、社会化的行为活动。

第三，它是一种正义规则。单纯就规则的普遍性和客观性来说，哈耶克的规则理论与实证法学的规则理论并没有实质性的区别，它们之间最大的不同是涉及有关规则的正当性与否，在实证法学者看来，规则就是规则，它是纯粹的形式规范，并不存在所谓的正义还是非正义。而哈耶克却不然，他认为规则问题从根本上来说必然涉及正当性问题，存在着正义的规则与非正义的规则两种形式，或者说只有正义的规则才是真正的规则，不正义的规则就不是规则，即所谓良法才是法，恶法不是法。

正是基于古典自由主义的价值观，哈耶克才把正当行为规则而不是行为规则视为他的社会自生秩序理论的核心支点，视为他的法律秩序与政治制度的支点。在他看来，支撑整个人类文明大厦的并非不分正义的规则，而是正当性的行为规则，正义规则决定了社会运行及其自生演化的本质。从这个角度来看，以正当行为规则为核心的所谓普通法或内部规则，它们之所以是自由的规则，之所以能够有效地保障人们免于强制和损害，之所以构成一个自由社会，其关键是因为并不在于自由的不受限制，也不在于法律下的自由，而在于自由与正义的实质性关系，或者说只有为正义的法律所限制的自由的才是真正的自由。

现在的问题在于，正当行为规则在哈耶克思想体系中究竟占有何种地位？有的学者认为自由问题是哈耶克的核心问题，自由理论占据哈耶克思想的主导地位，这种看法似乎是理所当然的，而且也有案可稽，哈耶克自己就多次说过自由问题是他的理论中的核心内容，作为一个坚定且顽固的古典自由主义者，哈耶克一生所捍卫的就是自由主义的自由价值。也有学者认为自生秩序是哈耶克理论的精髓，他们认为哈耶克的最大贡献并不是他的自由学说，而是他提出的自生秩序理论，哈耶克在他的著作中虽一再指出曼德维尔、斯密和休谟等人都曾揭示过社会自生演化的内在机制，但把这一潜伏在古典自由主义思想之中的观点，系统地提升到一种理论的高度，并且提出一个有关社会进化的自生秩序的系统理论，却是哈耶克所为。

我们看到，哈耶克的自由主义有别于洛克、穆勒、杜威、罗尔斯等人的自由主义，关键之处仍然与他的自生秩序理论相关。在哈耶克看来，他所认同的古典自由主义的最突出特征在于自由价值是与抽象规则和自生秩序相关联的，社会的文明进化不是理性的主动设计，而是自生秩序的扩展，因此自生秩序理论是哈耶克理论的核心。如此看来，这一看法似乎也有充足的理由。还有的学者认为，无知的知识论是哈耶克理论的重心，以他们之见，哈耶克之所以能够提出他的自由观和自生秩序理论，并不是因为哈耶克从某个核心观念中提取了别人没有发现的新东西，而是因为哈耶克的方法论与他人有别，是他的无知的知识论的方法而不是诸如否定性自由、自生秩序等某些核心概念，决定了哈耶克整个理论的独创性。

我认为哈耶克理论的基石是他的正当行为规则理论。就内容来看，正当行为规则不仅涉及法律问题，而且涉及政治问题、经济问题、社会问题和价值问题，也就是说，无论是否定性自由，还是自生秩序乃至知识社会学所面临的问题，都与正当行为规则有关。哈耶克早在《自由秩序原理》一书中论述法治问题时，就提出了有关"元法律原则"（a meta-legal doctrine）的思想。在他看来，所谓"元法律原则"指的是规则赖以存在的依据。我认为从哈耶克在《自由秩序原理》时期提出的"元法律原则"到他后来提出的"正当行为规则"之间，有着一种内在的关联，或者说，"正当行为规则"是"元法律原则"的进一步深入的表述。哈耶克看来，他所提出的一系列有关社会、经济、法律和政治生活中的规则，乃至社会秩序所遵循的整个规则体系都是建立在正当行为规则这个"元法律原则"之上的，后者是这些规则中的规则，具有原初性的、示范和指导意义。

二、普通法的法治国

在一个自生的社会秩序中，如果每个人都能够自觉遵循着正当行为规则，那么这个社会就不需要法律制度，或者说，就不需要强制实施正当行为规则，作为内部规则的法律在自发地调适人们之间的行为关系。问题在于，不仅人们并非总是能够自觉遵循抽象的规则，而且更严重的是在社会自生秩序的演进中，一种不同于个人耦合关系的组织形态不期而然地出现，与此相应，作为外部秩序的国家制度也就必然衍生出来，而且在人类社会的文明进化过程中越来越占据主导地位。于是，法律就承担了另外一种职责，它不仅要调整人们之间的关系，还要调整个人与国家的关系，而且随着社会的演进，如何处理后一个方面的关系，具体地说，如何规范和限制政府与国家的权力，就变成了法律的主要功能，为此在西方社会形成了一整套法律制度。近现代以来的民主政治，在 20 世纪中叶处于一个历史的转型时期，与此相应，西方的法律秩序也面临着重大的危机，正是在这样一种背景之下，哈耶克提出了他的法治与宪制的思想。

英国当代思想家约翰·格雷在其著名的《哈耶克论自由》一书中，对于哈耶克的法治思想，提出了"普通法的法治国"这一概括性论断，我认为这个概括是非常精辟的。哈耶克是在一个宏观的维度上考察西方法律观念与制度的演变的，它涉及英美与大陆两个法系的内容，就法治与宪制来看，可以说它们是近现代民主政治的一个核心内容，对此，哈耶克在他的几部著作中均给予了足够的重视，并集中论述了法律至上主义在历史中的起源与作用。在哈耶克看来，近代的立宪民主所遵循的实质上乃是一种法治的原则，民主政制无论在技术上多么完善，但终归不能解决民主本身所产生的问题，因此，要解决无限民主可能导致的极权问题，就必须通过新的途径，即通过法治来解决。

我们知道，以法治来制衡民主，这是西方政治中的一条主要途径，正像民主在西方有着悠久的历史一样，法治也同样在西方有着悠久的历史，且不说早在古希腊和罗马的政治中，法治就作为一项基本的原则而对国家的治理起着规范的作用，就是在中世纪这一漫长的"黑暗"时代，法治也曾得到了进一步的提升。在中世纪伴随着神法的凸显，第一次出现了法律至上的观念，固然此时的法律主要是指神法，但即便是神法的法律至上，也能够为抗衡个人的专断意志和独断行为提供一种制约的规则，应该看到神法除了它的超验性之外，其形式与"人法"（有别于"神法"和"自然法"）没有什么不同，它同样具有法律的抽象性、普遍性和确定性特征。因此，中世纪的法律至上观念在历史的演变中随着神意的逐渐隐退，其法律本身的形式性却沉淀到世俗人法的形态之中，这一从神法向人法的过渡，具有两个方面的情势，而这两个方面都对于近代的法治与宪制起到了决定性的影响。

第一，神法的超验性维度在近代的世俗法律中逐渐丧失了，近代以来的各种法律，无论是宪法性法律还是由立法机构颁布的各种法律规章，乃至哈耶克意义上的自生演化的内部规则，就内容上来看它们都显然不同于中世纪的神法，也不同于教会法。这种从神法向人法的转移符合近代世俗化的进程，自文艺复兴以来整个近代社会就是一个世俗化的进程，无论是民间生活还是世俗政治，都体现着这种世俗化的精神，用韦伯的话来说这是一种祛魔的过程。

第二，应该看到，这种世俗化的祛魔并不是与神法完全隔离，从某种意义上来说，这是一种创造性的转换，也就是说，神法的独立意义虽然在这个过程中已经逐渐消解，乃至被祛除干净，然而它所内含的超验性并没有完全消失，而是以一种新的方式成为构成近现代法治社会的一种不可或缺的力量。对此，韦伯曾指出过新教伦理对于近代资本主义的兴起所起到的重要作用，而哈耶克也发现早在 16 世纪末的西班牙经院派学者那里就产生了一些有关属于自由主义政治体系的新看法，他们的很多观点在 18 世纪的苏格兰哲学家笔下得到了复活。由此可见，近代以来的法治原则，显然是中世纪的法律至上观念在近代情势下的自生演变。

哈耶克沿着法治主义的路径考察近现代的社会制度，实际上从一开始就面临着问题，即法治主义遵循的法律究竟是什么，这已不仅是理论的问题，而且是现实的问题，在欧洲近现代的法治历程中，法律形态或法律本性的不同，已经决定了社会秩序的不同。西方近现代社会的制度变迁是与其法律规则密切相关的，依照哈耶克自生秩序的理论，遵循不同的法律规则势必构成不同的社会秩序。

在《法律、立法与自由》一书中，哈耶克讨论的第一卷就是"规则与秩序"，在他看来两种法律规则构成了两种社会秩序，相比之下，《自由秩序原理》一书虽然没有明确区分私法与公法，但哈耶克当时仍然对此有所觉察，在书中有六章讨论法治与宪制问题，其中有两章论述英美的法治与宪制形态，有两章论述大陆尤其是德国的"法治国"，还有两章论述法治的一般原则及其与经济政策的关系。《自由秩序原理》上述六章的排列实际上已经大致表明了英美的普通法和欧陆的大陆法两种法律制度的特征。

依照《自由秩序原理》的考察，法治从总体上说是法的统治而非人的统治，这一法治主义的中心思想观念贯穿着英美与欧洲大陆诸国的法治进程。不过仔细分析，它又呈现出两条历史的线索：一条是英美的以普通法为核心的法治主义路线，另一条是大陆的以法治国为核心的法治主义路线。前一条路线表现出法治的自生性，强调法律规则的一般性与抽象性本质，法治的目的在于保障个人自由与基本权利，不过，英美的法治主义在后来的演变中不断出现了立法与行政法的扩张趋势，哈耶克将其称之为普通法的"公法化"。后一条路线表现出法治的建构性，对此哈耶克又区分了前后期，认为前期基本上是以自然法的法典化为特征的法治主义，含有自由主义的限制国家权力、保护个人自由的法治理想，但法治国的后期，其精神旨趣发生了重大变化，法治的理想最早也是在德国被抽离掉了实质内容变成了一个空洞之词。

比较上述两条路线可以清晰地发现，普通法的法律之治与法治国的法律之治既有区别，又有一致之处，它们都把法律视为国家治理所遵循的规则，也都把普遍性与抽象性视为法律规则的基本属性，甚至把某种超越一般法律的元规则视为衡量法律之治的尺度，但由于近现代社会秩序演进的复杂性与多样性，特别是社会组织形态的必然出现，国家立法及其行政职能的膨胀，就使得法律之治必须面对公法问题，显然，单纯的私法之治在一个现实的社会是不可能实行的。但如何区分两种法律，如何处理法治中的私法与公法的关系，这在哈耶克的《自由秩序原理》一书中并没有阐述，他只是揭示了近代以来西方诸国包括英美在法治进程中出现的问题。从某种意义上说，"法治的衰微"并不是单纯由于公法造成的，公法是社会自生秩序的一个部分。从哈耶克后期思想看来，它是由于极端的公法之治造成的，所谓极端的公法之治是指没有协调好私法与公法在法治主义中的关系，使得公法能够不受限制地命令与规导社会。因此，为了克服和限制公法的无限扩张，哈耶克改变了他在《自由秩序原理》时期的混合不清的法律观，而在《法律、立法与自由》一书中提出了两种规则与秩序的分类，它表现在法治理论上，就不再是单方面的私法之治或公法之治，而是私法与公法相结合的法律之治，即格雷所说的"普通法的法治国"之治。

法律的国家化不仅在大陆国家的法学中凸显，在英美世界也多有表述。凯尔森、边沁、H.L.A.哈特①等人分属于不同的法学派别，但他们都讲法治，都强调国家在法律之治中的主导地位。应该看到，国家的法律之治毕竟使得欧洲的君主专制主义转变为国家的依法之治，基于此，君主的个人统治变成法律的统治，国家的治理不再依靠统治者个人的命令，而是依靠法律，依法行政集中地体现出法治国的治理之道，而国家行政法院则被视为法治国的一项伟大成就，承担起对一切行政行为实行严格司法控制的职责。然而，问题在于法治国尽管实施了法律之治，但却日益显示出一个致命的弱点或弊

---

① H.L.A.哈特（1907—1992），英国著名的法理学家，新分析法学派首创人，20世纪最重要的法律哲学家之一。

端，即它有法而没有自由，有法治而没有权利保障。本来法律与自
由有着密不可分的联系，法律下的自由是法律之治的基本目的，可
是，大陆的法治国却在它的实行中遗弃了这一根本性的要点，这不
能不说法治出了问题，还不能称之为法治，最多只能说是法制。

　　所以，法律之治不能是单方面的公法之治或国家的立法之治，
法治国如果基于这种法治理念其结果必然导致法治的衰微乃至毁灭，
有法制而无法治，意味着有国家法而无个人自由，有宪法而无宪制，
欧洲大陆国家尤其是德国和苏联的政制史充分地说明了这一点。在
哈耶克看来，法治的根子乃在于私法之治，必须从法治国回到普通
法，因为普通法所代表的法律精神才是法治的真实精神。现在让我
们重新审视一下英美普通法的法治情况。在哈耶克眼中普通法等同
于私法或内部规则，其关键在于正当行为规则。哈耶克认为普通法
对于社会自生秩序的形成是至关重要的，就这个方面来看，英美国
家的法治历史基本上是成功的，因此，法律之治首先是要吸取英美
的政制经验。哈耶克在他的著述中多次指出了普通法的重要作用，
指出法治之法从根本性上说就是普通法，说得再精确些，就是正当
行为规则，法治即普通法之治或私法之治。

　　本来，作为私法的普通法的一个基本特征便是自生自发地形成，
并自生自发地形塑着一个有序的社会，这一点是哈耶克自生秩序理
论的要义所在。从这个意义上看，似乎无须公法，无须社会组织性
的职权行使，就可以自生出一个法律秩序，乃至一个抽象的整体社
会秩序，对此，我们在前面的章节中已经多次论述。但是，问题在
于哈耶克似乎又并非一贯如此地看待他的自生社会理论，他又不时
地指出组织规则和政制秩序对于一个社会又是必不可少的，甚至是

一个自生社会的不期而然的产物，特别是在有关法治与宪制的问题上。我们将看到，哈耶克不但不否认公法的作用，而且认为法治乃是需要通过公法来实施的，公法或政府的组织行为规则对于法治具有重要的意义。这种看似矛盾的观点是否表明哈耶克的思想不一致乃至混乱呢？从某种意义上说，哈耶克的上述观点确实是前后矛盾的，也正因为此，很多人指责他的观点是企图把两种不同的法律体系强行扭合在一起，是行不通的。不过，我们从另外一个方面来看，就会发现在哈耶克看似矛盾的观点背后隐藏着他的一种努力，即他确实企图把普通法与大陆法两种法律体系整合在一种自由规则与组织规则的新的分类形式之下，并以自由的法律之治或格雷所谓的"普通法的法治国"来解决它们各自的问题，从而构成一个自由的政制社会。

哈耶克的上述努力从理论上也是说得通的，因为有关私法与公法、自生秩序与组织秩序的分类只是一种理想模式的分类方法，并不与现实直接对应，而在现实社会与法律制度的演进中，纯粹的自生秩序是很难孤立存在的，或者说，自生秩序的元规则只是一种用来衡量的最终标准。应该指出，在自生秩序的演进中，各种各样的组织自然地产生出来，并建构起各自的组织规则，特别是诸如政府这样的政制组织，在人类社会生活中不管人们愿意与否，都是不可排除的，甚至也是不可或缺的。因此，哈耶克在论述他的法治与宪制理论时，无法忽视公法在社会秩序中的作用，认为单方面的私法已不能够有效地对个人的行为活动划分界限并实施保护。在一个文明社会，特别是在现代这样一个日益庞大与复杂的社会，政府的行政管理职能是至关重要的，这也就说明了现代社会治理的公法化不仅在大陆国家而且在英美世界日趋严重的原因。显然，单方面的私法就其自身来说，似乎没有足够的力量实施自己的正义规则，例如刑法，就必须借助于国家权力机构的强制加以实施。考察英美国家法治主义的起源，可以看出公法在其中扮演了重要的作用，如英国议会制度的产生，就与国家税收及税法的实施有关，至于在近现代社会政制的建立与发展过程中具有举足轻重地位的宪制也无疑是一种公法制度。

在哈耶克看来，法律作为一种公共性的工具或公器，尽管每个人可以通过它实现多种目的与预期，但是法治作为一种制度，它的目的只有一个，那就是实施私法，更确切地说，实施正当行为规则。确立法治的这一唯一的目的，是哈耶克法治思想的首要特性，也是他有别于其他法治观的要点所在。我们知道，与他不同的关于法律之治的观点大致说来有两种：一种观点是强调法治的目的在于直接实现权利诉求，这是自然法的路径，但哈耶克与之不同，他认为法律之治的目的在于实施抽象规则，而不在于直接实现权利。因为抽象规则的职责本身就包含了保障个人的权利，只不过它们是以否定性的方式，保障的也是否定性权利，即个人权利不受侵害。另一种观点是强调法治的目的在于实现国家目标，这是实证法学的观点，至于社会法学，功利主义法学等，也都把某种具体的社会内容，诸如社会的公共利益、最大多数人的最大幸福、社会历史的进步等视为法律之治的目的，但在哈耶克看来，它们都不是法治，而是法制，政府行政之治，其后果并非如其所愿的那样可取。因此，哈耶克认为，法治的目的是唯一的，只在于实施正当行为规则，至于结果如何则既不是法治所应该关注的，也不是它能够管得了的。显然，对于法律之治的道德的或功利的考察，都与法治的实质无关。

如此看来，在确立了实施正当行为规则的法治目的之后，关键是如何运用公法。因此，哈耶克法治理论的问题，就进一步深化为一个宪制问题，一个自由政制问题，一个在法治框架下调整私法与公法的关系问题。具体地说，就是调整、分配与安排国家权力与划分与保护个人行为的自由空间问题，或公域与私域之分界问题。这既是一个有关自由制度或秩序的方法、程序与技术问题，也是一个有关它的制度正义问题。

三、宪法新模式

哈耶克后期思想的一个中心课题便是致力于宪法设计，在他看来，为了解决近现代以来西方立宪民主所出现的一系列问题，特别是为防止那种全权性体制的灾难性后果，有必要进行宪法制度的创新工作。他在后期的一系列著述，特别是在《法律、立法与自由》一书中所提出的宪法新模式，便是这一努力的结果。我认为，哈耶克的这个制度创新又可以概括为一个三权五层的宪制模式。

第一，哈耶克并没有完全推翻近代以来有关宪制的三权分立思想。总的来说，他的宪法模式依然是一种三权分立的模式，立法权、行政权和司法权在他的宪法模式中首先是作为三种分立的权力而相互独立并存的。在哈耶克看来，有关三种权力的分权理论及其实践是西方宪制的核心思想之所在，没有分权也就不可能产生近现代以来的宪法体制，对此哈耶克并无疑义，他在很多著述中都曾揭示过这种三权分立的宪法性安排对构成一个自由的政制秩序所具有的重要意义。当他在《法律、立法与自由》一书中致力于一种新的宪制设计时，依然把三种权力的分立作为基本的宪法框架，在他的新模式中，立法权、行政权和司法权三种权力的相互分立仍是一个基本的前提，哈耶克认为这已是西方宪政思想的一个不可动摇的共识，因此，他并没有给予太多的论述。但是，当我们分析研究哈耶克的宪法模式时，却不能只关注哈耶克创新的部分，而忽视了他作为前提接受下来的这个宪制的基本出发点，如果没有三种权力的分立，那么哈耶克也就无法致力于他的创新。在前面的分析中我们已经看到，他有关两种立法权的制度设置所预设的一个基本条件便是承认和接受立法权与行政权和司法权在大的宪法性框架内的分权制衡。所以，我认为哈耶克的宪法模式从结构上来说，依然是一种三权分立的宪制结构。

第二，哈耶克的宪法模式创新的关键之处并不在于笼统地认同和延续过去那种三权分立的分权理论，而在于他对分权，特别是对立法权的分权制度有了新的建树。本来在旧的宪法模式中，司法权是由一个职责单一的议会来享有的，所谓的立法权也就是现行代议制的立法权，而这种立法权越来越凸显出政府治理的行政性色彩，用哈耶克的话来说，现行的旧的宪法模式是一种"二层机构安排的方案"，而他的创新乃是在于通过用一种"五层机构安排"的方案。我们看到，在哈耶克的宪法模式中其权力的总体结构呈现出这样一个五层的层级系列。

其一，前三层是哈耶克宪法模式中所集中体现出来的创新部分，在旧模式中它们是作为两层结构即宪法与议会立法的形式表现的，但在哈耶克那里，议会立法由于其特殊的性质又被分为两个层次或两种职权不同的议会,即纯粹立法议会与政府治理议会。以哈耶克之见,权力总体结构的前三个层级是这样构成的:第一层是宪法层次,哈耶克认为宪法就其职能来说,是分配权力并制约权力的上层架构性法律,这部法律虽然是一种公法形态上的外部组织规则,但它本身却不得用肯定性的方式对人们应当如何使用这些权力的问题进行规定。这种宪法所代表的乃是一种旨在实现下述两个目的的保护性上层建筑(a protective superstructure)。哈耶克赋予宪法的乃是一种工具性职能,即确保法律和秩序,具体点说在于实施正当行为规则,但宪法本身并不是一项正当行为规则,而只是对正当行为规则作出界定,而这种界定的方式又不是以肯定性的方式,而是以否定性的方式即通过对立法议会对政府的权力加以限制表现出来的,因此就这个意义上来说,哈耶克认为所谓宪制也就是有限政府。

其二,本来在旧宪法模式中作为单一一个层级的立法权,被哈耶克依照新宪法的基本原则而分为两个层级,即纯粹立法议会和政府治理议会。关于这两种议会的分类及其职权我们在前面已经作了论述,在哈耶克看来,两种议会与宪法及其相互之间的关系是这样的:一方面,正当行为规则意义上的实体法由立法议会发展,但是立法议会的权力却必须受到宪法有关规定约束;另一方面,政府治理议会以及作为其执行机构的政府,既要受宪法规则的约束,又要受立法议会所制定或认可的正当行为规则的限制。

上述三个层级在哈耶克的宪法模式中构成了所谓"法律下的政府"(government under the law)这一核心概念中的"法律"之所在,在哈耶克看来,宪制模式又是一种法治模式。但何为法治中的法律呢?依照哈耶克的理论,这种法律当然有两种形态,一种是内部规则，一种是外部规则，就一个自由的自生秩序来说，内部规则或私法在构成一个社会的过程中起到了关键性的作用，然而，这样的一个社会秩序就其扩展的方式来看，又自发产生出一个政制秩序，如何使这个政制秩序成为一种自由的政制秩序，以哈耶克之见就需要一个宪法性的制度安排。单纯的私法对于自生秩序中的个人来说，是十分重要的，在每个人追求预期的最大化实现的活动中，特别是在一个市场的耦合秩序中，自由的内部规则显然是每个人所要遵循的法律，它们作为正当行为规则调整着人们的现实生活。然而，一旦当一系列组织形态，特别是一些重要的政治性组织如政府出现之后，那么如何规范这类组织性的行为，如何调整政府与个人的关系，划分它们各自的活动范围，界定它们各自遵循的规则，特别是界定政府这类组织所应遵循的政制规则，从而形成一个自由的政制秩序，显然单纯的私法也就力所不逮了，因此就必须产生一种新的法律，那就是宪法性法律以及相关的政府行为规则。但是，问题在于政府遵循的行为规则，往往是一些肯定性的组织性规则，这类规则就它们自身来说，恰恰是与内部规则相对立的，因此，为了真正划分个人与政府的界限，使得政府的行为和权力行使不再侵犯个人的私域，就需要一种特殊的法律及其相应的制度来承担这一关键性的工作。在哈耶克看来，这种工作便是宪法性法律安排，因此所谓的宪制便是从根本上来解决个人与政府的相互关系。

宪制的旨意在于限制政府的权力或有限政府，因此上述三层组织架构所产生出来的法律，其目的只是为了建立一个法律下的政府。在哈耶克看来，在上述三个层级之下，便形成了他的宪法模式另外的两个层级，一个是作为第四层的政府机构，另一个是则是作为第五层的行政官僚机构。哈耶克的宪法新模式关键在于一种法律制度的创新，由宪法、纯粹立法与政府立法所形成的三层法律架构是这个宪法模式的核心，至于在此之下的政府及其下属的行政机构，只要是确立了宪法的法治原则，它们也就不再具有宪法制度上的核心性意义，因此，哈耶克在他的理论中有关政府的论述并没有展开，在他看来这些已经属于政府职能和行政法的范围，不属于宪法的范围，至少在宪法模式中处于次要地位。哈耶克在此所强调的是法律下的政府，即政府的职权是在上述法律为它们所划定的范围内行使，在这个法律划定的范围内，政府及其下属的行政机构完全可以依照组织规则以肯定性的方式实施它们的具有具体目的的政府治理活动，在此并不排除这些活动依据的是某种权宜之计或临时性的政策法规。

　　总的来说，就权力的总体结构，哈耶克提出了一个五层的层级系列，它们分别是：第一层宪法层级，第二层纯粹立法议会层级，第三层政府治理议会层级，第四层有限政府层级，第五层行政官僚机构层级。不过，应该指出这五个层级只是表述了权力结构的层级系列，但它并不是哈耶克宪法新模式的整体结构。在我看来，哈耶克宪法新模式的整体结构乃是一个分权的三权五层结构，上述的五个层级又分别归属于立法权、行政权与司法权的三权分立架构。其中，宪法是一种整体性的有关权力分配与制约的上层建筑，它既可以说是一种特殊的立法（宪法作为成文宪法乃是由相应的机构制定的），但更属于一种三权五层结构安排的宪法性规定，因此称之为宪法模式，此外，第二层和第三层则属于立法权，第四层和第五层属于行政权，在五层之外的宪法法院以及哈耶克在他的宪法模式中并没有展开论述的一般性法院（诸如各种形式的法院），则属于司法权。如此看来，哈耶克的宪法新模式如果将其内含的潜在部分包括进去并视为一个整体的法律模式，那么可以说是一种三权五层的宪法模式，在我看来，这一模式才是真正的完整意义上的哈耶克有关宪法的制度创新。

四、社会理论中的一些问题

任何一种理论都是时代的产物，哈耶克的思想亦是如此，他的法律与政治思想深受他所处的 20 世纪上半叶那个时代的影响，从大的方面来看有两个背景，一个是以苏联为代表的社会主义的计划经济国家的政治形态，一个是二战后西方福利国家的盛行以及现代民主政治的流弊，前者是哈耶克前期思想所致力于应对的问题，后者则是他晚年思想所面临的挑战。对于哈耶克来说，从一个经济学家转向一个政治法学家，贯穿其中的思想主脉是一致的，那就是寻求一个人类的开放的大社会的秩序，他晚年的《法律、立法与自由》这部皇皇巨著可谓这个夙愿的经典表述，而在其中，法治，尤其是宪法新模式占据中心位置。但是，哈耶克晚年的这个呕心之功，正像他已经预见到的，并没有获得西方主流法学界的广泛认可。哈耶克的宪法理论触及法治、民主与国家诸多方面的重大问题，他的观点有些具有突出的原创性贡献，有些则也存在着误区和盲点，需要予以讨论。

哈耶克的社会理论大体上可以概括为两个要点：一是通过确立正当行为规则的核心地位，为自由社会提供一个原初的基本规则；二是通过一种新的宪法制度模式来解决西方社会的现代民主之病，即用三权五层的法律制度来化解现代民族国家这个巨大的"利维坦"。总的来说,上述两个方面又都可以集中归结为一个路径,即把政治问题转化为法律问题。在哈耶克看来,民主政治和国家政治都能够而且应该化约为法律之治,他精心揭示的宪法新模式即可以解决现代民主之病和国家之迷雾。

应该指出,哈耶克的这种把政治转化为法律的理论路径具有重大的意义,它确实为解决现代社会的一系列重大的问题提供了指导性的意见。哈耶克如此强调法律之治的重要性,这一点无疑抓住了社会秩序的核心。任何一个开放的社会形态,如果要维持稳定和持续扩展下去,必须首先建立在一个法律规则的基础之上,否则,就不可能是一个健康、公正、充满活力的社会,就会注定要衰落和崩溃。对此,哈耶克在他的一系列著作中,尤其是《致命的自负》一书中曾经给予过全面的论述,他的宪法理论,不过是把他的社会自生秩序理论所内在的法律观展示出来。其中最具有原创性的是他提出了一个双层的法律之治,即私法的公法之治或"普通法的法治国",这个理论把一个社会形态的自由(法律下的自由)、秩序(法律的权威)和正义(正当行为规则)三个最核心的要素结合在一起。哈耶克顽强地认为,现代社会中的任何问题,民主政治催生的所谓社会正义的诉求也好,国家主权的神圣要求也罢,它们都不能损坏这个基本的法律秩序,都不能以牺牲正当行为规则为前提。我们看到,这是哈耶克宪法思想的最后的堡垒,也是他的自由主义政治理论的底线。对此,本文并没有什么疑义。但是,哈耶克的宪法理论也存在着一些问题,按照哈耶克的制度设置果真能够解决现代社会的积弊吗?为此,我们在如下两个方面提出质疑,一个是民主问题,一个是国家问题。

先看第一个问题，即现代民主政治。哈耶克试图通过一个双层议会制度的设想，特别是建立一个纯粹的立法议会，来克服现代民主政治的弊端。哈耶克的这个设想应该说是大胆的，尽管对于纯粹立法议会的职责、功能乃至议员的年龄、选举程序与资格等，哈耶克都有所论述，但他的这个设想无论在理论方面还是在现实方面都没有得到积极的回应。为什么呢？因为时代变了，现代社会已经是一个日趋平等化的社会，哈耶克的精英主义的社会政治观即便是触及现代社会的病症，但也很难为广大的民众所接受。本文所要质疑的并非哈耶克的双层议会制度之现实的不可行，而是理论本身的问题，即是否需要这样一个纯粹的立法议会，这个议会存在的理据是审核大量的正当行为规则，并且协调它们与政府立法议会所制定的大量法案的关系。问题在于，在没有出现司法纠纷特别是行政诉讼的情况下，单纯就法律条文，如何能够搞清楚哪些是属于正当行为规则的，以及政府立法与它们的关系是如何的呢？从这个意义来看，还是现行的由法院的司法制度来解决这个问题可能更可行一些。

哈耶克搞出一个双层的议会制度，希望在议会内部来解决问题，理论上是可以成立的，操作起来不但非常困难，而且效果未必可欲，从理论乃至西方国家的实践上看，强化司法对于公法泛滥和民主政治的制约作用，可能是目前较为可取的，也是行之有效的。哈耶克的宪法新模式的基本倾向是以立法为中心的，虽然这个立法的焦点在于纯粹立法议会对于正当行为规则的"过滤"，但仍然是立法中心主义的。然而实际上，西方的法治主义一直是以司法为中心的，通过司法中的法官来"过滤"正当行为规则，是否要比纯粹立法议会的议员更有效呢？如果前者已经在议会内部承担了法官的职责，那么后者还有存在的必要吗？看来，用纯粹立法议会这座墙来防范政府立法的肆虐是不牢靠的。

哈耶克有关纯粹立法议会的设想是否就没有什么价值了？我并不这样认为。应该指出，大量的政府立法，其动因在于民主政治的利益机制，现代议会民主为各种各样的利益群体谋求私利提供了广阔的空间，单纯通过司法是很难防范得了的。哈耶克不是不知道司法的重要性，但他仍然坚持设立一个纯粹立法议会，其目的也是为了减轻司法抵抗民主政治之利益博弈中的压力，在司法之外再建立一道屏障。纯粹立法议会的制度设想虽然有些想当然，但如何在现代大众民主的浪潮中竖起精英主义的旗帜，在私利主义的政治市场中加强公共利益的声音，呼吁一个忠诚于公共利益的群体，并在宪法制度中安排这样一个公共利益代言者的设置，是哈耶克议会理论中蕴含的问题。因为现代的多元民主政治，已经对传统的代议制理论产生了冲击，现代的议会很难说是公共利益的维护者，而沦为选票的奴隶，成为各种群体、部门、阶层等特殊利益的代表者。那么，由谁来充当公共利益的代言人呢？如何能够沟通各个特殊利益群体的诉求并达到一种共同的利益共识呢？现今出现的审议性民主理论试图在这个方面提出新的设想。我认为，哈耶克的纯粹立法议会的理论对于审议性民主具有建设性的启发作用。

下面谈第二个问题，即哈耶克的国家理论。显然，哈耶克对于国家问题是回避的，或者说是国家问题化约为法律问题，通过他的宪法模式抽空了国家的实体内容，国家变成了一具空壳，甚至连空壳他都不愿意保留，认为国家连同主权等仅仅是一些理论家臆想出来的词汇，是空虚的迷雾。对于哈耶克上述简单的、不负责任乃至无视现实的言论，学术界持有重大的歧见。

首先，哈耶克极力回避历史和现实中的国家形态这个真实的东西，简单地把它视为理论家们的臆想，这样的态度是不可取的，也是没有意义的。谁都知道，国家形态或国家的制度架构是客观存在的事实，在西方存在了相当长的时间，尽管国家有不同的形式，有古典的城邦国家、现代的民族国家，专制君主国家、自由共和国，单一制国家、联邦制国家，等等，显然，国家、国家主权、国家间关系、世界秩序、帝国、帝国主义、资本主义、全球经济秩序，等等，这些都与国家问题相关。哈耶克如此简单地论断国家以及国家主权问题，尽管是矫枉过正，但作为一个严肃的理论体系，不能不说是一个重大的遗憾。一种法律政治理论可以不把国家问题视为中心问题，但不能遮蔽、消除乃至诋毁这个问题。

其次，也是理论上十分重要的，那就是国家是否就一定与宪制、法治乃至宪法新模式对立呢？是否一个宪制主义的政治体就一定要采取非国家的形态出现呢？是否国家权威、国家主权就一定与专制、极权捆绑在一起呢？实际上，在人类历史特别是西方政治历史中，从来就没有一个非国家形态的宪制制度，难道普通法系的政治体，如英国、美国等不首先是一个政治上的国家吗？我认为，哈耶克在对于国家问题上，是犯了简单化和教条主义的错误。它表现在如下几个方面：

第一，一个社会的政治与法律的问题是互动的。把政治问题转化为法律问题，这固然是哈耶克的理论贡献，但这个转化并不意味着全部政治问题都可以转化为法律问题，同样在有些时候，法律问题也可能转化为政治问题，例如国家问题、国家主权、对外关系乃至一个社会的中立的法律权威的确立、实施等，都是政治问题，都依赖于国家。即便是司法，如果没有国家权威，能够运作起来吗？

第二，是日常政治与非常政治的关系问题。其实哈耶克也多次指出，他的法律理论是在宪法之下的理论，也就是说属于日常政治的法律秩序安排，但是，他没有指出立宪政治的法律理论，或者说，是否存在着一种非常政治时期即创建宪法的时期呢？在这样一个时期内的国家政治是无法消解的，甚至相反是要强调的。哈耶克显然是遮蔽了这个问题，他的宪法理论，他的去政治中心主义和去国家主义，都是基于一个常态的政治形态，在这个日常状态下，哈耶克的理论是可以接受的，在此确实需要减弱国家权力对于正常的法律秩序与程序运行的干预和损害，即便如此，国家这样一个权力形态仍然是必要的，如果没有国家，谁来保证法律的强制执行？只不过这个国家必须是中立的、形式性的，权力受到严格约束的。但是，自由主义的宪法政治是否排斥非常政治呢？是否无视宪法创建时期乃至宪法危机时期的政治性呢？当然，像施米特那样把任何政治都归结为非常政治，把政治决断永远抬高在法律乃至宪法之上，认为政治就是区分敌友无疑是错误的，但是，像哈耶克那样完全无视非常时期的政治，无视国家因素也是片面的。在这个问题上，本文认为美国宪法学家阿克曼的有关两种政治的二元民主理论是富有建设性的，也是属于自由主义的路径。他从日常法治政治的基本模式出发，在认同对社会采取法律治理的同时，也承认非常政治，承认在宪法危机时期通过政治精英与广大人民的二元互动，从而实现一个国家的政治转型，在国家的凝聚力之下，重新恢复日常政治，即弱化国家对社会的法治治理。

第三，如此看来，国家政治与法律秩序并非是绝对对立的，自由主义或立宪民主理论，并不需要彻底排斥国家形态，遮蔽国家问题，关键是如何理解国家。在这个问题上，哈耶克显然是幼稚的，他犯了一个严重的错误，即把国家的至高无上的权力或权威与无限制、无约束的权力混淆起来了，这样就曲解了国家的本性。其实，国家权力是可以既至高无上又受到限制和约束的。一个无所限制的高高在上的国家主权无疑是专制主义的，甚至是极权主义的，但是，一个高高在上的受到限制的强有力的国家权力却是可欲的，也是自由主义的国家制度，实际上英美国家就是这样一类强大的主权完整但权力受到限制的国家。如此看来，国家作为一种中立的形式化的强有力的政治形态，与宪法制度，与法治主义的秩序架构并非水火不容，哈耶克的宪法模式中的宪法第一层级，是可以容纳国家这个主权形态的，而且在日常的宪法秩序面临危机的时候，国家这个宪法第一层级中的政治机制可以超越宪法的程序约束，启动非常政治的运作，与人民（而非政党）一起重建新的国家。

第四，哈耶克在陈述中一再回避国家问题，视为一个虚假的问题，要去国家化，但是，他的宪法理论果真如他所说的那样，完全没有一星半点的国家色彩，没有政治的因素在起作用吗？本文的回答是否定的。哈耶克的法治理论中一直强调私法的公法之治，也就是说，通过公法来强制实施私法规则，所以说是普通法的法治国，但强制实施正当行为规则的公法之强制力，显然不可能单纯从私法或普通法自身产生出来，必须是出自一个政治和宪法上拟制的实体，即国家，是法治国而不是市民社会。关于这一点，自由主义的古典理论，如洛克、斯密、休谟、孟德斯鸠、黑格尔等理论家们早就指出了国家权威对于市民社会的法律保障作用，没有一个垄断权力的法治的国家，市民社会的规则体系是不可能自身形成一个良性的社会的。古典自由主义从来没有排斥国家，只是诉求对于国家权力的约束，一个强大的法治的国家是市民社会和法律秩序的后盾。哈耶克的三权五层的宪法模式也显示出了这个法治国家的必要性。但奇怪的是，一贯自我标榜古典自由主义者的哈耶克却得出了一个国家虚无主义的结论，这与他的法治理论是不一致的。所以我们只能说，他的理论要祛除的不是国家乃至主权，而是不受限制的国家权力，但一个强有力的且职责明确、有限度的国家乃是哈耶克的宪法理论所必不可少的要素。

（1902—1968）

历史的终结不是在未来，而是在过去。

科耶夫：现代世界的现代性问题

科耶夫的思想大体可以分为前期和后期两个部分。以 1941 年的《法权现象学》为界限，科耶夫前期在"黑格尔宗教哲学"研讨班中阐发的思想，大体是围绕着青年黑格尔的《精神现象学》展开的，重点关注"自我意识"一章中的欲望内容，他试图用否定性的主奴辩证法来刻画整个人类历史进程，从生死搏斗到主人奴隶关系的产生，再到主人的堕落、奴隶通过劳动导致的自我意识觉醒，最后到达主奴关系的消解，也即历史的终结。人类将永远生活在一个伊甸园般的普遍同质性国家之中。"外部没有战争，内部没有争斗，也就是没有了循环往复的革命，这样的国家应该可以无限地保持与自身的同一"。不过在后期即 1941 年的《法权现象学》中，尽管科耶夫继续延续了普遍同质性国家的历史终结论，但他不再重视黑格尔《精神现象学》中的否定性原则，转而阐发晚年黑格尔的《法哲学原理》里肯定性的中介原则。历史不再被视为主人和奴隶之间的血腥角斗场，扬弃概念中的肯定、保存的一面应该要比否定、毁灭的另一面具有更高的地位。这样一来，关于古代国家向现代国家的过渡将会变得连续而不是断裂，现代国家赖以存在和确立的正义原则、妥协原则将被以肯定的方式保存下来。

20世纪三四十年代科耶夫在法国产生了极大影响，关于其人其事，演绎得神乎其神。此人绝顶聪慧，十几岁的时候倒卖过烟草之类的东西，被警察抓进监狱，出狱后跑到了法国。我发现，在思想领域，一些俄国人很类似犹太人，他们的思想非常深邃而偏激，科耶夫就属于这类俄国人，20世纪有一批犹太、俄国籍的思想大家，如阿伦特、伯林、施特劳斯，等等，他们的大脑所刮起的智慧风暴震惊了世界的心智。

科耶夫在法国开设了"黑格尔导读"这么一门课，影响了一大批法国的思想家，后来这些人都成为现代与后现代思想的代表人物，像萨特、梅洛·庞蒂、巴塔耶，还有一大批文学家、艺术家。据说科耶夫也是欧盟这个伟大计划的推动者，我觉得这个说法有些拔高科耶夫了，真正的推动者还是政治家、经济学家、法学家那些人，思想家没有这么大的分量，他作为法国政府的代表，只是参与过欧盟创建的活动。再后来，科耶夫到过日本，和日本的一个女孩子谈上了恋爱，东方日本的歌舞伎、茶道、武士道所体现出来的精神征服了这位俄裔法籍思想家，他发现了一个新日本，导致他的核心观点发生了一些变化。本来他认为普遍同质国家是一种很糟糕的状况，现在他对普遍同质国家有了全新的理解。

科耶夫早期在巴黎高等师范学院开设的"黑格尔导读"这门课的主要内容就是从黑格尔的《精神现象学》中单独抽出主奴辩证法部分，加以发挥，使之成为贯穿精神现象学历程，乃至整个人类历史的核心逻辑。可以说，人类历史中一直存在着两种形态的阶级斗争，其中一种一直延续当今，称之为国家公民之间的阶级或等级、阶层之间的斗争，它们是围绕着利益、权利以及法权资格等问题展开的。例如在古希腊、罗马的城邦国家，无论是在元老院还是在各种人民大会中，甚至当时发生的社会暴乱，等等，它们表现的都是此类的阶级斗争，属于公民之间的权利、利益冲突，这在西方社会是很正常的现象，构成了西方古典、近代、现代不同历史时期有关政治、法律、经济、文化等方面的主要内容，是大家看得见的历史。这种阶级斗争从某种意义上说塑造着古今西方社会中的国家政体、法权体系与经济制度的基本形态。

但是，还有另外一种形态的阶级斗争，就是你死我活的、敌友决裂的革命性的阶级斗争。科耶夫从《精神现象学》中挖掘出来的主奴辩证法，主人与奴隶之间的冲突就是这种斗争的深层逻辑表述，再后来，主奴斗争被马克思发展为无产阶级与资产阶级的阶级斗争。科耶夫抓住了这个主题并加以发挥。比如我们谈古代历史，有关古希腊罗马的历史大多谈的是城邦国家之间、各个等级的公民之间如何如何，思想家、历史学家们很少去说奴隶。奴隶有什么意义呢？奴隶只是会说话的工具，古代的历史是公民国家的历史。但是，黑格尔、马克思、科耶夫，以及后来各种左派激进主义者，他们把这个历史叙事给推翻了。公民之间的一窝斗他们不感兴趣，他们感兴趣的是那些被视为没有资格进入历史的奴隶，是奴隶与奴隶主之间的阶级斗争。近代以降的第一等级、第二等级、第三等级都是一个等级：统治阶级。而古代的奴隶到了近代社会就演变为无产阶级，无产阶级与资产阶级的斗争不是前述的第一种形态的阶级斗争，而是第二种形态的阶级斗争，这种斗争的阶级本性在传统的历史著作中很少叙述。

主奴之间的阶级斗争与公民社会的阶级斗争是有重大差别的，这里面有生存的欲望，欲望的欲望，然后是对死亡的恐惧，劳动的作用，相互承认的法权，主奴之间地位的变化等。这个主奴演变的内在的政法逻辑非常复杂，对此科耶夫论述得非常精彩，很能征服人。按照他的叙述，世界本来是由主人统治的，但主人要享受这个世界，又不愿意创造，只是依靠奴隶劳动来支撑这个世界的物质生活需要，而奴隶通过劳动反而获得了自由和为人的尊严。主人们不去劳动，只是发动战争，此外就是享受生活，诸如看戏、讨论哲学，等等。如果没有奴隶提供物质消费性产品，整个古典社会的政治、文化等公共生活是难以存续的。但是奴隶们也没有什么可抱怨的，因为社会之初的个人就像霍布斯所说的，相互之间发生冲突，打起来，一方冒死取胜，另一方怕死就输了，胜利者成为主人，失败者就成为奴隶。人类历史就这样开始了。打过之后，奴隶在劳动中战胜了自己，获得了自由，主人耽于享受，反而被淘汰了，这样一来历史逻辑发生了逆转，古希腊社会就这样被颠覆了。

近代以来的异化世界或当今所谓的现代性问题，在黑格尔看来，是以罗马法为标志出现的，罗马法从本性上说是奴隶的法律。在黑格尔的历史观中，中世纪、近代社会并不具有转折性的意义，人类历史的古今大转折是从罗马开始的，当然不是共和国时期，而是恺撒之后。在恺撒之后，西方社会就进入了另外一个世界，这个世界的最终代表阶层就是资产阶级，他们是现代社会的奴隶，现代性问题由此产生。按照科耶夫的过度阐释，第一个世界由于恺撒的暴政逆转了，古希腊罗马公民的美好城邦消失了，一帮奴隶被放出来，他们翻了天，构建罗马法、市民社会、民族国家、资本主义贸易，由此也造就出一个异质社会。之后，要靠拿破仑、斯大林这样的人，或者无产阶级革命这样的事件，再把这个世界全部颠倒过来，最后达到一个普遍同质化国家，或者叫共产主义、全球化之类的大同世界。

在科耶夫看来，无论是苏联那样的政治一体化国家，还是美国那样的经济一体化国家，它们本质上都是一样的，没有差别，都是通过拿破仑、斯大林的统治而催生出来的普遍同质化国家。科耶夫的这番分析对于马克思主义的左派思想是很有影响力的，卢卡奇的《历史与阶级意识》谈的便是此类的问题。资产阶级的历史理论，像大卫·休谟虽然也谈阶级斗争，但这些阶级斗争在他们看来只是小打小闹，不过是资产阶级内部的折腾，而宏大叙事的阶级斗争史观才是人类历史的本质，正像《共产党宣言》中所说的："至今一切社会的历史都是阶级斗争的历史。"

现在的学界一说到科耶夫，就会想到普遍同质化国家，这个观念确实是科耶夫的创见，尤其是经过福山在《历史的终结及最后之人》一书的渲染，成为大家耳熟能详的东西。福山的历史终结和最后的人的一套说辞，基本上都是从科耶夫那里搞来的，没有什么新鲜的货色。科耶夫在《黑格尔导读》中早就指出过了，这个现代暴政之后的时代是一个极其平庸乏味的时代，没有高贵、悲剧与崇高，没有古典公民的美德和多样性生活的灿烂，正像现代文化、现代艺术、现代技术、现代食品所反映的，用阿拉伯数字称呼它们就可以了。

关于这个普遍同质化的社会，前面已经说过了，没有必要重复，在此想谈另外一个问题，即异质化世界问题。关于异质性问题，科耶夫在他的名著《黑格尔导读》里并没有多谈，他关注的问题是暴政和普遍同质化社会，但是，黑格尔的《精神现象学》却是把异化世界视为现代社会的一个根本性问题来对待的，异化社会其实就是科耶夫意义上的异质化社会，科耶夫用拿破仑暴政高度凝缩了这个问题的复杂性，这一点是从马克思的异化理论过来的，马克思把整个资本主义社会视为人性的异化，并诉求无产阶级革命，通过无产阶级专政来消灭人吃人的旧社会，重新塑造一个没有国家的共产主义新社会。科耶夫发挥了马克思的革命理论，但有所变化，他不再诉求无产阶级，而是诉诸以拿破仑、斯大林为代表的现代政治，他展望的社会也不是共产主义新世界，而是普遍同质化的王国。

按照黑格尔—科耶夫的《精神现象学》路径，主奴关系在人类社会政治史中起着重要的作用，且不说古代的贵族制城邦国家是以奴隶的劳作为物质生活的基础的，现代的教化世界依然也是奴隶制的一种表现形式，在其中活动的主体仍然是没有奴隶称号的现代奴隶——资产阶级，科耶夫把它视为特殊异质国家（现代市民社会）的关键。在这样一个教化世界或马克思所谓的异化社会，尽管也曾出现了市民社会的一些基本原则，如利益、有用性、权利、正义等，但它们的作用只是为革命的现代奴隶提供一种反抗现实社会或异质国家的政治理由，所以，《精神现象学》对于这种奴隶制的市民社会不可能提供一个真正有效的辩护，采取的反而是一种否定的批判原则。

我们看到，《精神现象学》对于市民社会或资本主义的否定性批判，为马克思所看重，并且做了延伸，如此一路下来，从《精神现象学》的否定的辩证法到马克思的一系列批判著作，①直到20世纪以来的各种新马克思主义或左派的批判理论，如法兰克福学派的批判理论、昂格尔的批判法学、后现代的批判理论，等等，它们无一不与《精神现象学》的否定辩证法有着内在的渊源。科耶夫对于《精神现象学》的解读无疑属于新马克思主义的左派理论，他对于教化世界的分析当然是建立在"批判"之上的，他与马克思一样看重黑格尔在《精神现象学》中对于教化世界的批判。

后期的科耶夫（《法权现象学》时期）认为暴政之后的普遍同质性国家不是一瞬间达成的，而是需要一个中介性的历史阶段，就是社会主义（既不是共产主义，也不是资本主义）。他所理解的社会主义，当然不是我们中国的社会主义，也不是苏联的社会主义，而是欧共体那样的社会主义，他的《法权现象学》探讨的便是这个作为暴政—普遍同质化之中介过程中的法权关系，因此也可以称之为"准同质化国家"。在这个"准同质化国家"，他的法权理论强调的是

① 例如，马克思多次指出黑格尔《精神现象学》的最后成果是"作为推动原则和创造原则的否定的辩证法"，"因此，《精神现象学》是一种暗含着的、自身还模糊不清的、带有神秘色彩的批判；但是，既然《精神现象学》紧紧抓住人的异化，——虽然在《精神现象学》中人是以精神的形式出现的，——那么，在它里面就潜藏着批判的一切要素，并且这些要素往往已经具有了远远超过黑格尔观点的完善的和成熟的形式。关于'不幸的意识'、'诚实的意识'、'高尚的意识和卑贱的意识'的斗争等等、等等的各节，包含着——尽管还是以异化的形式——对宗教、国家、市民生活等等整个领域的批判的要素。"见马克思的《1844年经济学—哲学手稿》，人民出版社1981年版，第115页。这种"批判"精神显然为马克思所继承，对此我们可以从马克思一系列著名文章的篇名略见一斑：《对黑格尔辩证法和一般哲学的批判》《黑格尔法哲学批判》《哥达纲领批判》《政治经济学批判大纲》等。

去主权，构建专属性的国际司法统一体。

黑格尔也有类似的转变。青年黑格尔在《精神现象学》中把异化世界视为中心内容，早期科耶夫从中总结出一个拿破仑的暴政和暴政之后的普遍同质化国家，由此异化世界被超越了。但是，晚期黑格尔的《法哲学原理》变了，过去的异化世界被黑格尔从法权上给予了实证性的证成，《精神现象学》的异化世界成为一个合理合法的市民社会以及宪制国家，拿破仑暴政、否定性辩证法被法权的中介原则克服了，由此，一个正常的异质性社会成为黑格尔意义上的历史终结的主体内容，这就从根本性上拒斥了早期科耶夫的暴政之后的普遍同质化国家的政法逻辑。《法权现象学》中的科耶夫部分地接受了黑格尔《法哲学原理》的观点，他修正了《黑格尔导读》中有关普遍同质化国家的思想，不再主张从暴政直接就进入普遍同质化国家，而是留下了一个历史演变的空间，这个空间就是社会主义和国际司法一体化的政法经济制度，这些成为《法权现象学》所要构建的内容。当然，科耶夫的社会主义包含了苏联、中国的社会主义模式，也包括欧洲的民主社会主义，甚至包括北美的福利国家等。

后期科耶夫关于普遍同质性国家看法的转变鲜为人知，并没有产生很大影响，人们一直以来都只关注他早期的主奴辩证法和有关现代政治的思想叙事。这一叙事完全是基于现象学的主奴法权的否定性之上的，而且把这个否定性推到了极端。

总而言之，早期科耶夫通过现象学主奴法权的历史叙事所反映出来的他对于现代政治的颠覆性看法。这种叙事对于现代政治没有什么建设性，而是在否定古典政治的看似合法性的现代法权的追求中，否定了现代法权的存在依据，或颠覆了现代政治本身。这与黑格尔法哲学关于法与国家的学说，甚至与科耶夫自己后来的法权现象学中的观点，都是相抵牾的，[①]在黑格尔的法哲学中，国家法权构成了现代政治的实在的王国，在此之下存在着一个个人、市民和伦理的现实结构，并且对应着现代政治社会；[②]科耶夫自己的法权现象学也对于现代世界的法权构建了一个司法性的一体化法权秩序。上述所论都是现代政治的基本内容和结构形态，但是，在早期科耶夫的现象学解读中，这些反而都成为没有依据的东西，真正的现代政治只能是否定性的走向虚无，现代政治就是"最后之人"，[③]就是走

---

① 关于科耶夫的思想，我曾经指出在他的现象学解读与《法权现象学》之间是有明显区别的，实际上，科耶夫从《黑格尔导读》到《法权现象学》的路径，与黑格尔从《精神现象学》到《法哲学原理》的路径具有某种惊人的相似性，因为困扰他们两人的理论问题似乎是一致的。参见高全喜：《论相互承认的法权——〈精神现象学〉研究两篇》，北京大学出版社 2004 年版，第 68—100 页。此外，《法权现象学》英文版的"导言论文"作者 Bryan-Paul Frost and Robert Howse 也基于《法权现象学》阐释科耶夫的思想，遗憾的是他们没有考虑到科耶夫现象学解读的观点与此是有矛盾的，正像 Drury 只是通过科耶夫现象学解读的观点来评点科耶夫对于自由主义所构成的威胁，而没有注意到《法权现象学》中的观点。

② 参见高全喜：《论相互承认的法权——〈精神现象学〉研究两篇》，北京大学出版社 2004 年版，第 48—68 页。

③ 参见福山：《历史的终结及最后之人》，黄胜强等译，中国社会科学出版社 2003 年版。也有论者认为福山误读了科耶夫，福山所谓历史终结于自由民主的资本主义制度最终战胜社会主义的极权制度的观点，显然不符合科耶夫的历史终结理论。例如，施特劳斯的一位弟子塔马斯就批判了福山对于科耶夫的误读，他认为"不像福山先生那样，我认为'历史终结'是自由主义乌托邦的一个部分，这既是自由主义的乌托邦，也是社会主义的乌托邦，尽管社会主义已经被打败了。我相信恰恰是'历史终结'的观念本身已经走向了终结，这是一个对自由主义和社会主义来说共同的概念。"参见《驯服欲望》，华夏出版社 2002 年版，第 121 页。Drury 指出，人们有理由认为科耶夫的普遍同质国家所对应的现实既可能是苏联的古拉格（转下页）

向去国家的所谓"普遍同质化"的现代动物，就是现代政治的死亡，就是历史的终结。这就是科耶夫现代政治的现代性。对此，施特劳斯一针见血地指出："终极国家不可能出现伟大的事件，这一事实恰恰会最好不过地导向终极国家的虚无主义式的否定。"①

应该指出，早期科耶夫的这个现代叙事版本有着重大的影响力，它一方面直接激发和培育了 20 世纪法国的存在主义一代思想家，另一方面是对于西方马克思主义的一次重大的推进和理论换血，进一步强化了左派的现代政治批判理论。②此外，它还从另一个侧面刺激了右派的保守主义政治思想，共同组成了对于现代政治的现代性之解构。在揭发和摧毁现代政治的现实存在依据方面，在驳斥和质疑现代政治的法权正当性和现实合理性方面，左、右两派具有异曲同工之妙。显然，在科耶夫看来，现代政治之现代性问题是一个真问题，而且是现代政治的必然宿命，这个毁灭的种子就在古典政治的主奴政治之中，就在现代人的法权分裂之中，就在现代政治的虚伪的法权之中。现代政治就是批判政治，就是去政治，去国家，去法权，就是在打碎一个旧世界中毁灭一个新世界（当然这个新的无政

（接上页）群岛，也可能是经济繁荣、科技发达的美国资本主义，它们在政治形态的本质方面具有同构性。
① 施特劳斯、科耶夫：《论僭政》（包含施特劳斯—科耶夫通信集），何地译，华夏出版社 2006 年版，第 266 页。
② 科耶夫 1933 年至 1939 年在法国巴黎高等师范学院的《精神现象学》讲座，影响了一大批法国思想家，如 Raymond Queneau、Georges Bataille、Merleau-Ponty、Andre Breton、Jacqes Lacan、Raymond Aron、Nichel Foucault、Jacques Derrida 等。至于科耶夫在美国的影响，则是通过他对施特劳斯的美国弟子们产生的，特别是 Allan Bloom 和 Francis Fukuyama 对于科耶夫思想的解释与传播。

治、无国家、无法权的世界也可以称之为一个美丽新世界）。依照这个逻辑，马基雅维利的共和国、霍布斯的主权国家、黑格尔的伦理实体，等等，所有这些有关现代政治的实证性阐释都是虚伪的谎言，至于自由主义的所谓宪政、法治、人权、民主、共和等，就更是破碎之物了，它们有关现代政治的证成不过是毁灭的硫黄之火里的沉渣余屑。

（1927—2008）

首要问题不是自由，而是建立合法的公共秩序。人类可以无自由而有秩序，但不能无秩序而有自由。

亨廷顿的文明冲突论

　　以萨缪尔·亨廷顿的文明冲突论为蓝本思考当今世界的大格局，是一个非常好的切入点，有助于我们重新理解世界秩序的内在结构以及蕴含的机理。我想从历史演变的视角梳理一下世界格局的发生史及其相关的理论谱系，考察亨廷顿思想理论的来龙去脉，认识这个理论的得失，从而使我们严峻地思考人类未来的走向及其面临的困境。

　　我们先梳理一下萨缪尔·亨廷顿的思想轨迹。亨廷顿是一个奇才，十六岁考入耶鲁大学，十八岁大学毕业，在芝加哥大学获得硕士学位，二十三岁时，哈佛大学博士毕业。大学毕业后，曾在美国军界服役，参与过越南战争的战略制定，也参与美苏冷战的战略研究，后来一直在哈佛大学担任教授，从事国家安全战略的研究，直到退休。他与基辛格、布热津斯基等人大致处于同一个时代，是同代的国际关系专家，相比之下，他当然没有基辛格那么显赫。基辛格除了作为政治家之外，在理论上也是现实主义学派的代表人物，学术著作很多，在学院派中影响也很大。基辛格的很多作品在今天看来，显然有些过气了，属于传统现实主义的思维框架，他对于世界秩序和国际格局的认识以国家利益以及势力均势为主。亨廷顿与之不同，他在短暂地服膺现实主义理论之后，随着冷战的结束，很快就敏锐地接续保守主义的传统，对于文明、宗教问题给予了重大的关注，由此提出的文明冲突论，开启了第三波保守主义的大门。亨廷顿思想理论的生命力直到今天，依然非常强劲，甚至更为凸显，从这个角度来看，他要胜出基辛格这位同时代的翘楚。

亨廷顿一辈子主要是在大学教书育人，著作等身，属于经世致用的学者，其思想理路也有一个逐渐演变的过程，这个演变的轨迹恰好表达了一位深谙国际政治的思想家富有实践性的理论品质，也深得英美精英主义的精髓。他的思想集中体现在四部著作中，第一部是《变化社会中的政治秩序》，此书大体属于现实主义的传统理论著作，奠定了亨廷顿国际政治学家的地位。第二部是《第三波：20 世纪后期民主化浪潮》，该书影响也很大，其基本倾向已经从现实主义转为自由主义，但不属于左翼自由主义，而是偏保守的自由主义，主要研究后发国家民主化进程中的政治转型问题。第三部是《文明的冲突与世界秩序的重建》，此书是亨廷顿最有创见性的思想理论著作，著名的文明冲突论便是在这本书中提出来的，由此亨廷顿确立了他的保守主义政治思想家的理论地位，刷新了传统保守主义的思想观念，开启了第三波保守主义之先河。第四部是《我们是谁？——美国国家特性面临的挑战》，该书延续着文明冲突论的主体，主要聚焦于当今西方政治和世界秩序霸主的美国，分析其国家特性和文化认同所面临的新挑战，进一步展示了他关于基督教文明世界的忧虑，这部著作充分体现着他的兼容现实主义和自由主义的保守主义右翼理论家的特色，并把保守主义国家理论和世界秩序的重心落脚在文明认同的基础之上，对于西方世界尤其是美国社会提出了严重的警示。

下面我大致勾勒一下亨廷顿上述四部著作相关的问题，并重点讲解他提出的影响深远的文明冲突论以及美国的国家认同问题。

一、社会变革、民主化与政治秩序

第二次世界大战之后，整个世界就处于巨大的社会变革之中，不仅是西方资本主义国家如此，苏联所形成的社会主义国家阵营如此，其他后发的第三世界国家也是如此，尤其是对广大的拉美和亚洲国家来说。这种社会变革，实际上又面临着经济发展、民主化与政治秩序的构建问题，这些问题不但存在于一国之内部，而且还影响着整个世界格局的构成状态。关于这些第三世界后发诸国中的社会变革、民主化和政治秩序的关系问题，是亨廷顿在《变化社会中的政治秩序》和《第三波》这两部著作中所要集中处理的。

在亨廷顿眼里，第三世界后发国家要像第一、二波的欧洲国家那样进入现代世界，其首要的问题是如何找到一条现代化的发展道路。这个道路当然不可能照抄西方已经走过的，也是抄不来的，它们的发展和变革势必要根据各自国家的实际情况来搞，这样就很可能面临着一种两难的困境：一方面，这些国家的发展往往不是自发的，而是国家主导的，政治凝聚力以及强势政府的作用非常关键，所以，这些国家的现代化道路采取的不是西方小政府的做法，而是强势政府的管控与治理，是通过打造一种稳固的政治秩序权威从而达到现代化的目标。另一方面，现代化又是民主化，民主化是现代社会的普遍诉求，民主化的过程又是去除政府强势管制的过程，是大众参与和分享的个人化释放的过程，无论是在政治层面还是在经济层面，民主意味着去权威主义，排除强势政府，实现个人的自由发展。这样一来，后发国家的现代化的两个维度就处于矛盾的状态，社会转型需要强势政府的推动，需要构建一种权威的政治秩序，民主化又需要发挥个人主义的政治参与，破除威权主义的政治秩序，促进小政府大社会，实现个人的自由发展。上述问题实际上是政治学中一个经典的老问题——政治权威与个人自由的关系问题，它们在后发国家的现代化变革中又以一种新的方式表现出来。

亨廷顿分别在自己的两本著作中，具体考察、分析了不同时间阶段的几个著名国家的案例，诸如西班牙、阿根廷、印度和韩国等一些国家的社会、经济与政治的变革内容，探讨它们是如何在现代化国家转型中应对相关的一系列问题的。在《变化社会中的政治秩序》一书中，亨廷顿审视了那些后发的新兴国家走向现代化的制度前提问题，提出了一种第三世界国家走向现代化的"强政府理论"。在他看来，第二次世界大战后亚非拉一大批国家纷纷摆脱原有的殖民地、半殖民地地位而独立，开始了现代化的社会进程，但到20世纪60年代，除少数国家以外，大多数国家不仅没有摆脱贫苦和落后状态，反而陷入了政治动荡和暴力冲突。这种状况说明了一个问题，那就是后发国家的现代化进程遭遇了一系列的困难，不是单纯靠经济社会的发展就可以解决的。因为在这些国家，经济社会的发展往往会导致各种各样的政治动荡，而政治动荡反过来又会严重阻碍经济社会的发展，甚至使一个社会崩溃。

一个国家如何避免政治动荡，实现政治稳定中的经济社会发展，才是实现现代化变革成功的关键，建立一种强政府的政治秩序，才是保障社会经济发展的基础条件。亨廷顿提出的这一强政府的社会发展理论，显然与现代社会普遍适用的小政府理论是相违背的。为什么会是如此呢？亨廷顿认为业已实现现代化的国家，小政府作为一种政治秩序的基本形态是可以接受的，并且能够保证国家的政治稳定，但是，对于那些还在变革中的后发新兴国家来说，情况却是相反的，在那里政治不稳定的根源就在于现代化过程本身。从理论上来说，现代化导致的结果是政治稳定，但现代化的变革过程却滋生着动乱和不稳定，由此，从不稳定到稳定，需要一个强有力的政府来把控政治秩序的基本动向，这是实现现代化的政治基础。

亨廷顿指出，经济相当发达的国家和经济比较落后的国家在政治上都比较稳定，易于发生政治动荡的大多是经济上有一定程度发展的国家。主要原因是经济的发展、集团的分化、利益的冲突、价值观的转变以及民众参与期望的提高，都远远超过了政治体制的承受能力，进而导致了社会紊乱。要根除国内政治的动荡和衰败，这些国家就必须建立起强大的政府，所谓强大的政府也就是有能力制衡政治参与和政治制度化的政府。通过考察，亨廷顿把第三世界发展中国家大致分为传统君主制政体、军人左右局势的普力夺政体和革命政体，并对这几种政治体制在进行现代化改革过程中如何克服不同的困难、利用各自的有利条件进行社会变革的经验与教训、成功与失败等案例，做了客观充分的研究，从而得出了强政府有益于后发国家实现现代化的结论。

问题在于强政府与民主化往往是不兼容的，甚至是对立的，而民主化也是现代化的一个重要指标，后发国家或第三世界发展中国家要实现现代化的同时又实现民主化，这就是一个难题。实际的情况是，那些从传统君主制、军人威权体制、普力夺体制和革命夺权体制中通过强权政府而走向现代化的国家，大多是一些民主化程度很低的国家，它们如何实现民主化？这是亨廷顿在《第三波》一书中所要解决的问题，这个问题与《变化社会中的政治秩序》一书中的问题密切相关。亨廷顿首先还是从一个历史的大视野来考察 20 世纪的民主化浪潮，依照他的看法，现代世界大致经历了三波民主化的进程。第一波是一个长波期，始于 1829 年终于 1926 年，从法国大革命和美国革命（独立战争）开始，民主化在西方国家首先兴起，大致用了一百年的时间。第二波是一个短波期，从 1943 年到 1962 年，始于第二次世界大战，这是第三世界民主化蓬勃发展的时期，但好景不长，很快便面临一系列问题而告结束。第三波从 1974 年开始，标志是葡萄牙通过军事政变推翻独裁政权，由此开启了新一波发展中国家的民主化进程，这个进程直至今日也还没有结束。

与第二波相比，第三波的民主化浪潮出现了新的情况，民主化进程面临着优劣势参半的复杂情况，其结果并非一帆风顺，目前仅有三十多个国家大致实现了民主化的政治体制。为什么会如此呢？这就又回到上述的老问题上来，也就是说，强政府虽然在一个国家走向现代化过程中是有效的，但这类强权政府大多是威权的专制政体，政府权力过于强大，就会阻碍民主化的进程，抑制经济社会的进一步发展。虽然经济全球化趋势的增长和科技革命的发展，一方面推动和促进了这些国家内部的民主化呼声，形成了世界范围的民主化浪潮，但另一方面，这种民主化浪潮能否有效地迫使强权政府接受民主体制，并避免政治动荡和国家崩溃，就成为一个非常困难的问题，它们考验着这些国家的政治家或铁腕人物的政治成熟，也考验着这些国家人民广泛参与民主化的政治素质，还可以检验这些国家经济发展的质量。

亨廷顿在《第三波》中指出，虽然民主化浪潮势不可当，民主政治成为普世价值，但民主也不是一句空话，总要与一个社会的经济发展相互匹配，而经济发展与民主政治之间的关系又是复杂的，因时因地有所不同。经济因素对民主化有着重大的影响，但并不是决定性的。经济发展与民主化转型之间存在相关性，却不存在因果性关系。一般说来，一个国家在经济发展程度达到人均 GDP1000 美元到 3000 美元之间，民主化转型最容易，人均 GDP 低于 1000 美元的国家则很难实现民主化转型，至于达到 3000 美元之后的国家，虽然实现民主化转型的概率会增加，但并不必然实现民主化政治体制。经济发展与政治民主并非是一种线性相关，而是 N 形曲线关系。亨廷顿认为，经济的发展只是影响民主化转型的一个重要因素，但绝对不是决定性因素，经济因素只有与其他因素相结合的时候才会发挥促进民主化转型的效果。

就第三波发展中国家民主化转型的实际情况来看，经济发展的实质程度与短期的经济危机或失败相结合，才是最有利于威权政权向民主政府过渡的经济公式，但这种多元因素正向结合的比例并不是很高，许多国家难有这样的好运气。或者经济发展的程度很低，质量欠佳，或者强权势力过于强大，不愿放权接受民主体制，一旦民众的激进民主与强横的政权直接对峙甚至付诸暴力革命时，就有可能导致剧烈的政治动荡乃至国家崩溃，出现重大的倒退。总的来看，第三波国家的民主化进程时至今日，依然举步维艰。

二、文明冲突与美国的国家认同

前面两部书亨廷顿主要是以西方为中心的现代秩序和国际格局为坐标，来分析第三世界后发国家在现代化和民主化的进程中所面临的问题，或者说，还是现代世界和现代文明的外部问题。在此时期，亨廷顿采取的主要是现实主义和自由主义的偏右的思想理论和方法论，保守主义还隐藏在其背后。但是，随着世界格局的变化，尤其冷战结束后所出现的多元格局的新情况，亨廷顿不像他的学生弗朗西斯·福山那样乐观，反而是越发显得忧心忡忡，他的思考开始有所转向，甚至发生了重大的变化，主要表现在如下三个方面。

第一，他研究的问题直接面对西方的现代政治体制，尤其是以美国为代表的现代民主自由体制，发现这个体制乃至由此担当的整个世界秩序和国际格局面临着重大的冲击和挑战，甚至处于重重危机之中。

第二，为什么在冷战结束之后，不是自由世界的历史终结，反而是异己的非民主自由的体制和势力甚嚣尘上呢？这就促使亨廷顿不再关注过去主流国际政治学所看重的政治与经济问题，而是转向文化、宗教和文明问题。在他看来，现代的世界秩序和国际格局在政治、经济背后，还有一个更为深远的文明和文化认同的根基问题，西方世界要面对挑战完成世界秩序的重铸，以及这个世界秩序的领导国家——美国要担负起历史的责任，就必须重新确定基督教文明的价值以及美国国家特性的文化认同。

第三，为此，西方世界各国就不能仅仅还是继续强化政治、经济乃至军事科技方面的领先地位，这一套不过是现实主义和自由主义的老调子，没有必要重弹。这就促使亨廷顿开始大力倡导保守主义，尤其是张扬文化、宗教和文明意义上的保守主义，他试图通过开启保守主义的第三波思想议程，为陷入迷雾的西方世界和美国朝野精英，提供一种创建价值观和国家认同的方案，从某种意义上说，这个思想方案是超越政治、经济和军事科技之上的世界秩序重建的升级版。亨廷顿的上述想法集中体现在《文明的冲突与世界秩序的重建》和《我们是谁？》这两部重要的著作之中，并被浓缩为"文明冲突论"闻名于世，产生了持久而重大的影响。

在亨廷顿看来，冷战之后的世界格局，不再是民主政治与经济发展的程度和质量，甚至不再是意识形态的分歧，而是文化和宗教的差异将导致世界几大文明之间的竞争和冲突，并且主导着世界秩序和国际格局的基本结构。为此，他在《文明的冲突与世界秩序的重建》这本书中，从历史的大视野中，分析总结出人类历史的七大或八大文明，即中华文明、日本文明、印度文明、伊斯兰文明、西方文明、东正教文明、拉美文明，还有可能存在的非洲文明，认为它们才是决定世界秩序的最为本质性的力量。由于不同文明尤其是宗教之间的不可化约的分歧，当今的世界格局必然陷入国际化的纷争和冲突，这些突出的根源既不是政治经济也不是意识形态，而是宗教文明的形态，今后主宰世界格局乃至全球化时代的将会是文明之间的冲突和斗争。

西方世界历来被视为基督教文明，基督教在现代世界格局中扮演着举足轻重的主导地位，但是，这个地位时至今日越来越受到其他文明的挑战和冲击。亨廷顿不无惊醒地指出，当今西方文明以及这个文明所支撑的世界秩序，其最大的敌人是伊斯兰文明的扩张，以伊斯兰教为主导的国家，很可能是基督教文明世界的最大冲击者和破坏者。其次就是中华文明，以儒家为代表的中国势力，也被亨廷顿视为异于基督教文明的力量，也对现代的世界秩序造成了很大的冲击，其他的文明国家，虽然与基督教文明也有分歧，但其构成的异己性冲击并不大。所以，通过对历史与现实的分析，亨廷顿认为，西方的基督教文明所面临的两个最主要的对手，一个是伊斯兰文明，一个是中华文明，具体的表现形式，一个是伊斯兰教的国家，一个就是正在崛起的中国。

应该指出，亨廷顿的文明冲突论是有一定的前瞻性的，"9·11"事件对于美国、西方世界和基督教文明国家的刺激是非常强烈的，美国和国际社会的反恐斗争就与亨廷顿的文明冲突论不无关系。但是，亨廷顿的观点也引发了诸多争论，例如，他没有区分一般的伊斯兰国家与伊斯兰原教旨主义国家，把俄罗斯视为东正教国家并与基督教国家做了切割，把中国视为儒教国家而无视中国的马克思主义意识形态特性，等等，这些都未必在理论上说得通并与实际情况不相符合。尽管如此，亨廷顿毕竟在原则上把不同宗教和文明的分野提高到世界秩序之根基的位置，取代了传统国际关系理论所赖以依据的诸如国家政体制度、经济发展规模和军事科技水准的标准，把宗教和文明形态视为最为根本性的划分标准，这在当今思想理论界无疑是无出其右的，所以才显得别有新创，不同凡响。

其实追溯起来，亨廷顿的文明冲突论并非什么独创的东西，不过是古典思想在当代语境下的一种明目张胆的复归或复辟，是近五百年来国际法和国际关系理论中的一直被悄悄隐藏着的思想观念的重新登场和大胆亮相。现代世界秩序有两个预设，一个是基督教文明问题，一个是现代主权国家问题。这两个预设在五百年来的思想演变中，第一个问题被搁置起来或被逐渐消解，第二个问题日益放大，逐渐膨胀，最后演变为诸如联合国机制和普世的《世界人权宣言》。但是，亨廷顿一语戳破了这个假象，他公开且大声地指出，当今的世界格局及其价值基础不是这样的，而是正在被撕开和颠覆，冷战之后的世界秩序面临着巨大的危机，其根源在于文明和宗教之间的分歧、冲突和对垒日益严重，要重新塑造新的世界秩序和国际格局，就不能把宗教文明之争的问题继续隐藏起来，这也是做不到的，而是要公开和鲜明地昭示出来，把古典时代的文明与野蛮、城邦人与异邦人、基督徒与异教徒的区分公开地挑明，并且正视它们之间的分歧、冲突和斗争，这才是亨廷顿眼里的真正的保守主义，这才是保守主义的敌友政治论。

这种古典主义的文化逻辑，也不是西方的保守主义一家独有，在伊斯兰宗教国家早就有信奉真主与异教徒的圣战，在中国文化经典中也有文野之别华夷之辨，说白了，关于宗教文明的敌友冲突在人类历史中从来没有消除。基督教世界的现代思想理路试图把这场文明之争的问题搁置乃至消除掉，这是不可能的，也是没有必要的，因为西方世界的对手从来就没有放弃过，他们正在摩拳擦掌，跃跃欲试，亨廷顿所代表的这一轮保守主义不过是把假象戳破，在新的语境下重新说出来而已。

站在西方基督教文明的立场上，亨廷顿感到有必要向自己人，尤其是向这个文明世界的领导者——美国人民及其政治领袖们喊话，这就是他的另外一本书《我们是谁？——美国国家特性面临的挑战》所要传达的内容。在亨廷顿看来，现代的保守主义不能仅仅是重复传统保守主义的那种文明或文化忧伤主义的慨叹，而是要遵循着早期现代世界秩序的两个预设，从基督教文明和现代主权国家两个维度的结合方面，提供新的思想资源和理论论证。为此他找到了一个重大的视角，那就是基督教文明的国家认同，尤其是美国作为一个山巅之国和自由帝国的国家认同。亨廷顿忧心忡忡地感到，欧洲国家的基督教文明的底色正在蜕化，甚至欧洲大陆已经迷失在开放大量移民、基督教信仰倒塌、自由左派的多元文化的泥潭之中，当今世界最能代表基督教文明的国家是美国，而美国虽然在冷战之后成为全球巨无霸，俨然一个新的罗马帝国，但也并非高枕无忧，而是恰恰相反，美国的国家特性当今也面临着严峻的挑战。这个挑战不是政治上的，也不是经济上的，更不是高新科技上的，而是国家认同方面的，以至于美国都搞不清楚自己是谁，也就是何谓美国，何谓美国人，这些最为根本性的问题，美国和美国人并不清楚，或者处于茫然状态，在亨廷顿看来，这才是美国当今面临的最大危机。

亨廷顿所谓的国家认同，对于西方世界乃至美国来说，就是基督教文明的认同，就是把上述的两个预设公开明了地叠合在一起的文明政治决断，即美国要清楚地把自己国家的基督教立国的本性呈现出来，美国是一个基督教文明国家，美国人民认同的或者说把美国人民结合为一个现代主权国家的，不是别的，只是基督教信仰和基督教文明。因此，美国才是美国，美国人民才不至于迷失，美国的政治领导者才清楚自己的国家担当以及作为山巅之国的世界秩序的责任所在。所以，有关当今世界的文明冲突，以及世界秩序的重建，还有国际格局的重新打造，全都系于美国的国家认同的觉醒，系于美国作为基督教文明国家的发扬光大。唯有这样，美国才有资格和能力，调动全部的力量，包括西方国家以及从属于基督教文明的其他国家的资源与力量，来与信奉伊斯兰教的伊斯兰国家和崇尚中华文明的社会主义中国等国家，展开各种各样的竞争与对抗，从经济到政治乃至军事与高新科技，等等，直到文明与宗教之间的对决。

三、文明冲突论

我们大致勾勒与讨论了亨廷顿四本著作的主要内容和核心议题，那么结合第一部分的历史叙述，我们就可以基本了解亨廷顿的理论特性及其在思想史上的地位。当然，他是一位保守主义的思想理论家，这一点尤其在后两部著作中表现得十分明显，无可争议，或者可以进一步说，亨廷顿所代表的当今美国的保守主义属于第三波的保守主义，即文明和宗教意义上的保守主义，这与前一波国际关系理论中的基于现实主义或国家主义的保守主义是有明显不同的，他强调的是文明与宗教维度上的保守主义。不过，如果考察一下亨廷顿的思想演变路径，我们又发现，他的保守主义也不是凭空出现的，而是逐渐演变出来的，亨廷顿也是经历着一个从现实主义到自由主义最后回到保守主义的理论历程，而且他似乎又把前面的思想串联起来了，致使他的保守主义回归，就不是简单地重复古典保守主义的议题，而是两个预设叠加在一起的新时期的保守主义。

这样一来，亨廷顿的保守主义就显得十分厚重与复杂，虽然他的论点简单、干脆与明了。那么，究竟如何在理论上对亨廷顿的保守主义予以定位呢？在我看来，这个定位还是要放在大历史的背景下，并且结合当今国际社会的现实语境才能说得清楚。对于这类保守主义，如果站在一个较为客观的角度来看的话，我认为它具有如下三个维度上的理论特性：第一，自由主义＋保守主义；第二，西方中心主义＋世界多元主义；第三，文明价值论＋历史悲观论。

第一，亨廷顿的保守主义，属于自由主义的大谱系，尤其属于基督教文明的盎格鲁－撒克逊一脉的自由主义谱系，其保守或维护的是一个自由的传统，所以，保守主义与自由主义的结合对他是不言而喻的，或者说，这个保守主义本身就是自由主义的。说到此，就有必要讨论一下自由主义的发生史，按照哈耶克等人的说法，真正的自由主义传统，其实就是保守主义的传统，就是古典的早期现代的自由主义，这个自由主义是与保守主义合为一体的，例如在思想家埃德蒙·伯克那里，就是两者合一的典范，其实整个英美思想传统中的自由主义大体都是这种保守的或古典的自由主义。

如果再进一步探究这种保守自由主义的源头，就进入宗教信仰领域，这个保守的自由主义与基督教新教密切相关，亨廷顿所继承的也就是这个保守的自由主义传统，并且直接把自由奠基在基督教的信仰之上，没有基督教信仰，也就无所谓自由政治与自由生活方式。但为什么仍然是保守主义而不是自由主义呢，这是为了与现代自由主义尤其是自由主义左翼相区别，当今的自由主义已经丧失了保守主义那套基督教信仰的文明基础以及自由至上的价值理念，变成一种平等至上的多元文化共享的普世主义教条。所以，这波保守主义者要恢复基督教文明的根基，尽管吸收或兼容了自由主义，但他们比哈耶克这派不谈信仰的保守的自由主义要走得更远，直接公开表述基督教信仰的文明基石。不仅如此，他们还强化基于基督教文明的国家认同，主张通过使用国家力量来与其他非基督教文明的国家相对抗和斗争，以此捍卫自己的文明和宗教的生活方式。所以，他们就不是依靠自生自发的演进秩序，而是强调国家间的较量和斗争，强调国际政治的纵横捭阖，经略筹划，在此就又表现出国际关系理论中的现实主义特性。

也就是说，亨廷顿他们主张的保守主义所维系的自由制度和自由生活方式，不但是有信仰的，而且还是有力量的，区分敌友论的，能够进行各种各样斗争的保守主义，在从经济、科技到军事、法律再到政治制度等当代世界的几乎所有领域，这个保守主义都可以与各种非基督教文明国家的敌手进行不妥协的强有力斗争。所以，亨廷顿所继承的这个思想传统最终是一种保守主义，或者说是一种当代升级版的保守主义，只不过这种保守主义吸收了自由主义甚至现实主义的内容，但把它们凝聚在一起的还是保守主义的精神实质。

第二，如果站在客观中立的角度来看，亨廷顿的思想理论其实并不新鲜，仍然是传统一贯的西方中心主义之现代升级版，即西方中心主义的主体论加上世界多元主义的附庸论。追溯起来，现代西方中心主义有两个源头，一个是基督教文明的优越论，一个是世界秩序的大国领导论，前者属于宗教学，后者属于政治学，按照现行的学科分类，它们分属两个不同的学术领域，其概念体系与方法论是大为不同的。亨廷顿的理论打破了这个学科分界，把它们结合为一个东西，那就是宗教文明国家论，他试图在世界秩序中重新定义何为基督教国家，并以此来支撑传统的基督教文化优越论。也就是说，他不仅从宗教文化学的意义上来定义世界秩序的文明属性，而且从作为一种国家实体形式的国际政治学来定义世界政治的文明属性。这样一来，他的理论就把西方中心主义强化了，这个西方中心，尤其是美国，不再仅是宗教学意义上的，还是宪法国家意义上的，即基于基督教文明的美利坚合众国理应担负着世界秩序和国际格局的领导者的大任。

本来政教分离是现代政治学的一个基本原则，国家必须与宗教（教会）分离，才是世界秩序的出发点，亨廷顿的保守主义不管这一套，他反而促使它们结为一体，把前述的两个预设前提公开地叠加起来，明确区分了基于不同宗教信仰的国家形态体系，并为基督教文明国家的优势论做理论背书，这当然是西方中心主义的现代升级版，因为此前的国际法和国际关系理论一直是淡化国家的宗教属性的，而亨廷顿与此相反，他公开强调国家的宗教属性，不讲形式平等，只讲文明优劣以及强弱斗争。

依照亨廷顿的理论，在当今世界秩序中，存在着七八种宗教文明国家，根据它们与基督教国家的关系程度，又分为两大类，一类是西方基督教文明国家，并以美国为核心大国，构成了一个体系；另外一类则是与基督教国家相互对立的、也可能是敌对势力的其他宗教文明的国家，这些国家又分两种，一个是没有核心大国的伊斯兰国家，一个便是以中国为核心大国的中华文明国家，而且两个非基督教文明的异己文明国家正在联合起来，共同对抗以美国为中心的西方基督教文明国家，这样就构成了冷战之后的新的宗教文明国家的严重冲突。在此之外的其他文明国家，例如日本、印度、俄罗斯以及其他亚非拉第三世界的众多国家，它们独自构不成核心国家，只能成为两个对立的文明国家体系的附庸，最终被纳入两个对立的大的文明国家的家族谱系之中。这就是亨廷顿心目中的世界秩序的基本格局以及他的理想，即重新定义的西方基督教国家的中心主义及其附庸国家理论。

第三，面对正在蓬勃发展的非基督教文明国家的挑战，亨廷顿理论的第三个特征在他的后两部著作中日益表现出来，那就是基督教价值的悲观论，或者说，基督教价值论加上文明悲观论。一般说来，保守主义总是具有某种悲天悯人的悲观色彩，亨廷顿也同样如此，他晚年的著述不无忧心忡忡的悲观气质，与那些自由主义的乐观主义大不相同，他属于基督教文明的悲观主义。为什么会这样呢？主要是两个方面的因素使然，一方面，他清醒地看到了当今世界上的其他非基督教文明的宗教与国家正在文化复兴和大国崛起，例如，伊斯兰教国家的原教旨主义复辟和人口的大规模扩张以及对外移民，还有中国加入WTO之后的大国崛起和对外国家战略，这些都是与基督教文明相互对立的国家力量，它们在经济、军事和科技等方面的扩展不可抑制，相比之下，欧洲老牌的基督教文明国家越来越世俗化，国家能力也相对蜕化，各个方面都显得软弱无力，基督教文明的信仰难以强有力地维系，这种状况令人担忧。

不过，最让亨廷顿悲观的还不是非基督教国家的日渐强大以及老欧洲的退化，亨廷顿悲观主义的核心忧虑还是来自基督教文明国家内部，尤其是来自美国这个核心国家的迷失，这才是纠结所在。他在《我们是谁？》这部书中所针对的是美国，美国人连自己是谁都迷失了，也就是说，作为基督教文明国家的核心领导者，美国已经丧失了它的宗教精神，那么，即便在物理层面上还能维持一定的优势，但这种优势没有了基督教精神的支撑，还能维持多久呢，又有什么意义呢？一个非认同或信仰基督教文明的美国，与一个世俗的罗马帝国，或者一个正在崛起的中国，有什么区别呢？

美国作为新罗马帝国，其新就在于它的山巅之国的基督教精神和基督教价值信仰，这才是亨廷顿意义上的世界秩序之文明根基所在。而当今之时，面对着非基督教文明国家的发展，美国如果连自己是谁，即自己的精神归宿和信仰所系都不清楚，岂不是最大的悲哀吗？所以，亨廷顿的悲观主义固然是一种保守主义的悲观论，更是基督教价值的悲观论，是基督教文明的悲观论，他对未来世界秩序的前景并不看好。为此，他要著书立说，他要发出警醒。他是一个清醒的悲观论者，虽然英美世界当今的情况未必如此，伊斯兰国家与中国的情况也未必如此，但西方世界和美国，需要这份警醒与鞭策。综上所述，我认为，尽管亨廷顿的思想是复杂的，言辞是明确的，作为一种理论，至少它具有保守主义加自由主义、西方中心论加世界多元论、基督教价值论加文明悲观论等基本特性，这些特性结合在一起，构成了亨廷顿在思想史上的地位。

四、世界秩序问题

亨廷顿斯人已逝，留下了一个文明冲突论的世界秩序观，在今天我们如何看待这个亨廷顿版的世界秩序观呢？首先，自第二次世界大战以来，国际关系理论一直使用的研究范式是基于国家间理论的政治学与经济学，即所谓的使用国际政治学与国际经济学方式来看待世界秩序和国际格局，即便是有关冷战的两极对立的研究，也是这种方式的延续，再加上一个意识形态论，亨廷顿保守主义的文明冲突论，确实打破了这套传统的研究范式和研究方法，把基于不同宗教文明及其相互之间的冲突作为一个重要的乃至核心的要素，纳入世界秩序和国际格局的研究中，这不能不说是一个重大的理论创新，具有划时代的意义。应该指出，亨廷顿的这个理论不是一般的宗教文化学，而是宗教文明政治学，他把人类历史自古以来的深层基因揭示出来，尤其是把近现代世界秩序的根基问题揭示出来，在冷战结束之后，国际社会的这个层面的问题日益凸显，变成改变乃至颠覆现有世界秩序的动力源泉。传统的国际关系理论，各家各派大多不是回避或消解这个宗教政治学的问题，就是把它们泛泛地划归为一般宗教文化学问题，这样就不能对症下药，导致误判频繁。亨廷顿大笔如椽，纲举目张，一下子把文明冲突视为现代国际关系各种势力较量的根本要素，就厘清了当今世界秩序的问题所在及其变化过程中的动力和形式，这不能不说是重振了保守主义的雄风。

现今的世界格局以及纷争确实如此，无论是国际恐怖事件，还是中美之间的最新关系，还有其他地域的各种纷争，固然有经济、政治的缘由，但不同宗教与文明的差异所导致的国家间乃至国家群体之间的冲突，确实是起着越来越重大的作用，甚至成为根本性的原因。伊斯兰教国家的情况我们无须多说，伊斯兰教与基督教的分歧致使他们与西方国家尤其是美国的紧张关系，早就是一个老问题，那种用前现代与现代的国家性质的分析方式回应这个问题，固然有一定的意义，但还是不能解决现代化的伊斯兰教国家和大量的已经移民到西方国家的伊斯兰教徒仍然对基督教文明持有敌对关系的问题。再比如中美关系，如果从经济上看两者已经发展到你中有我、我中有你的不可脱离的互补关系，但中美关系的紧张，显然另有更为根本性的原因。这些问题都需要引入一种新的研究范式和方法论。

亨廷顿的文明冲突论之所以产生如此广泛的影响，就在于他提出了一种以宗教文明为蓝图的正在演变的当今国际关系理论，重新构建了一套自己的基于宗教文明差异的世界秩序论，这个理论有助于我们换一副眼镜看世界。

当然，任何一种理论都是时代的产物，不可能解决所有问题，甚至还有很多的理论短板，对于亨廷顿的文明冲突论以及奠基于此上的世界秩序观，我们也要如此看待。应该指出，宗教纷争和文明形态的差异，固然在今天的世界上发挥着越来越重要的作用，但像亨廷顿那样把它视为现代世界唯一而绝对的秩序构成要素，显然有点言过其实，无限制地夸大了宗教的政治功效。当今的国际格局并不是早期现代史中的宗教战争状态，十字军东征的历史故事不会在今天的世界格局中重演，因为和平与宽容以及国际法的逐渐落实，全球化的社会进程，还有宗教主义的世俗化浪潮，普世价值的全面展开，都不可能使宗教形态的差异演变为绝对的文明冲突。人类文明的共享内容还是越来越多的，这是世界的大潮流，不单单是基督教文明面临着衰落，其他宗教文明也都面临着同样的衰落问题，这是整个古典时代的宗教文明的现代境况。所以，过分强调宗教文明形态在现代世界秩序中的作用，显示出亨廷顿思想考量中的矫枉过正的理论短板。

亨廷顿的价值立场也是值得探讨的，作为一位社会科学家，秉持一般的价值中立还是需要的，对此马克斯·韦伯已有相关的论述，但亨廷顿的研究明显暴露出自己的价值倾向性。他所有的理论主张都是为了重振基督教文明的精神，唤醒美国的基督教国家的价值认同，甚至不惜强化当今世界格局中的宗教文明国家之间的冲突和对立，从而激发基督教国家的文明再造之信心。如是观之，亨廷顿很难说是一位称职的社会科学理论家，但唯其如此，反而成就了他作为一位思想家的地位，他对于非基督教文明国家的兴盛及其它们对于基督教文明充满敌意的挑战格外清醒，他对于西方世界的精神衰落和美国基督教文明的迷失倍感忧虑，这些都赋予了他作为思想家的历史洞察力和保守主义的现实感，以此，他对于当今世界秩序的认识和美国未来引领基督教文明国家的目标规划，都是其他的国际关系学家所难以承担的。对于这样一位思想家，我们无论赞同他的理论观点与否，都应该给予相当的敬意与高度的重视。

附录　早期现代思想

一、早期现代的思想传统

在我看来，要理解西方现代社会，搞清楚早期现代这样一个特殊的历史时期中的思想原创性，具有重要的理论与现实意义。因为早期现代所面对的社会现实，是西方历史进程中客观存在着的古今之变的关键当口所呈现的问题，所以是全新的、富有挑战性的。对于古典时代来说，早期现代是以面临的新的社会塑造而具有另开新章的意义，而对于当今所谓现代性问题来说，早期现代又具有矫正纠偏的意义。为什么这样说呢，因为我不认为 20 世纪所面临的人类现代性问题是早期现代必然的逻辑结果，也不认为人类的古今之变就必然会导致当今这样一种状况。如果我们认真检视早期现代思想家们的原创思想，就会发现现代性的很多问题并不是从早期现代那里来的，而是后来附加的。那么如何矫正现代性问题的困惑和难点？回归古典固然是一条路径，从头开始固然是另外一条路径，但是返回早期现代，也不失为一条路径，因为在早期现代那里，有着多种演变的可能性。发展到当今这种现代性，只是其中的一个结果。

我们也还可以从早期现代那里看到另外的一种或多种可能的结果，只不过是由于偶然或人类理性的任性而打破了或改变了早期现代多种路径的可能性而已。因此，早期现代给我们提供的可能的、多元的现代社会的发展路径，也许比回归古典或从头新来更具有现实意义。

此外，就中国的现代性问题来说，早期现代就更具有启发性的意义。因为，我们现在所面临的问题，从某种意义上来说，更像是早期现代西方思想家所面临的问题。我们所面对的现代转型，与早期现代的西方的变化，更有相似性。所谓三千年未有之变局，西方的早期现代，也可说是千年未有之变局。那么中国的变局如何改变，如何避免当今的西方现代性之结局，如何实现创造性的转换，从而为中国的文明注入一种新的活力，那么与其研究西方的现代性问题，不如研究西方早期现代问题，研究后者更有建设性意义。正是在这一维度下，我们研究格劳秀斯，研究与此相关的那个时代的其他思想家，才具有重大的意义。

为什么要研究格劳秀斯以及相关联的 17 世纪欧洲思想问题，这是有着一个理论的背景的，那就是当前中国的现代性问题让我感到非常困惑。而之所以出现这种困惑，是因为关于现代性问题，理论界存在一个盲点，即把现代性问题一股脑儿看成 20 世纪盛行的问题，并以这些 20 世纪思想家的言辞作为理论的标示。其实，即便是在西方，也远不是如此。或者说，西方的现代性问题，也并非是西方现代问题，至少不是"早期现代"问题的唯一逻辑归宿。

那么"早期现代"在西方的理论谱系中究竟是怎样一种情况，对西方五百年的历史进程以及西方的现代思想具有怎样的意义，其中发生了何种畸变，这就使我们抛开那些当今现代性问题的一些显学、大师所编制的重重"迷雾"，而回到早期现代的思想语境之中，去看看在那个充满思想张力与原创性的两百年间，当时的思想家们是如何看待社会政治文化宗教，看待人性历史与未来等诸多根本性问题的。

关于早期现代问题，下面我将从如下几个方面来加以探讨，并由此而导向一个中心问题——格劳秀斯传统。在我看来，格劳秀斯的思想只有在早期现代这样的一个背景中，才能得到富有成效的展示。或者说，格劳秀斯的思想是早期现代问题中的一个核心思想。通过研究格劳秀斯，我们才会对早期现代有一个较为全面而又深刻的理解，并以此来看待所谓的现代性问题。

1. 现代性与现代化

现代性问题并不等同现代化问题。尽管现代化与现代性具有非常密切的联系，但是，两者之间也有很大的甚至是本质性的区别。一般说来，现代化是一个现代社会理论的基本术语，它揭示的是西方自中世纪以来，尤其是民族国家的体系建立以来，人类所面临的一种制度性的生长发育与演变过程。这其中，现代科技发展、经济社会结构、政法制度乃至文明形态，都出现了与古典时代甚至是中世纪时代所完全不同的一种人类存在的方式，甚至是个人存在的样态。这其中，现代自然科学的兴起，市场经济秩序的建立，法治民主制度的完善以及国际法所塑造的世界格局的确立等方面，是现代化过程中所呈现的基本的框架。而在其中，个人物质生活的提高，个体权利的保障，公共社会的开放，私人自治的自足，以及文化与精神的自主性，国民财富的增长，是这个现代化过程的基本成果。也就是说，从社会制度层面和个体生活层面两个方面来看，现代化所意味的是一个现代社会全面丰富和发展的一种历史进程。它包含物质层面、制度层面和精神层面三个层次的展开，包含着个体自由与法治社会两个维度的消长，包含着现代国际秩序与民族国家相互关系的丰富等。

因此，现代化是一个有别于古典社会的新的社会形态。这种社会形态在西方经历了五百年的时间，到 20 世纪，尤其是第二次世界大战之后，随着高新科技的兴起和全球化的进程，这种现代化的过程进入一个新的层面，或者说，原先意义的现代化在西方已经完成，而进入一个后工业时代，或者后现代化时代。当然，关于现代化的标准以及西方世界在 20 世纪下半叶所面临的社会转型是否意味着现代化已经完成，是否意味着一个不同于现代化的新的时代已经到来，以及所谓的后工业化时代、信息化时代、虚拟时代，等等，是否已经不属于现代化的进程，在西方也还有诸多争论，甚至有完全不同的看法。

无论怎么说，发轫于 15 世纪以来的西方现代进程，其中的工业革命所导致的社会演变，确实是在当今世界已经走到了它的尽头。人类在 20 世纪，确实进入了一个新的社会形态。那么西方当今思想理论界对于现代化进程的思考以及当今社会所处的新的转型等问题，都摆到了桌面上。由此对于所谓的现代化，给予一种新的反省。但是究竟这样一个新时代是不是反现代化的，是不是可以被容纳到现代化的一种新形式，目前都无定论。

总的来说，五百年的现代化进程，对当今的西方来说，确实已经在制度和物质生活层面上固化了。至于未来的世界究竟向哪个方面演变，以及对于人的生存处境、人的精神和人性，以及生活方式产生怎样的影响，也作为一系列重要的问题而日益凸显出来。那么正是在这样的一种背景下，所谓现代性问题也就出现了。

在我看来，现代性问题与现代化的关系是这样一种矛盾的关系：既共生又截然对立。一方面，现代性问题与现代化相共生，它是西方现代化五百年的进程快要达到终结的时候而产生的一种反思性的甚至是批判性的现代化理论。也就是说，没有现代化的文明进程，没有现代化这样一种五百年来的制度与物质、制度与文化的进程，也就不可能有所谓的现代性问题。现代性问题是上述三个层面在它的终结之时所产生的问题意识，就这个意义来说，现代性与现代化是相共生的。但是现代性又不同于现代化问题，它是一种反思，批判乃至否定现代化的文明逻辑而出现的思想理论。这个理论也同样触及物质生产方面、政法制度方面和精神文化方面三个层次。也就是说，现代性问题从上述三个层面对于西方已经走过的现代化过程给予了富有冲击性的反省，并由此导致出对于这样一种现代化进程的颠覆性认识。因此，现代性又是与现代化截然对立的一种理论。

关于现代性的理论，其富有张力的探讨往往是把现代性的问题追溯到早期的现代化进程中，像一些著名思想家所提出的现代性的三波潮流。但是，应该指出的是，这种语境下的对于现代化早期思想的反思，并不是一种客观历史逻辑的反思，而是一种基于当今现代性的背景下对于早期现代性的批判性反思。在这些思想家笔下的那些早期现代的思想家们的思想及其文本，已经脱离了早期现代所处的客观时代，而是被只放到现代性当今的语境之下来解读而已。

它们与真正的早期现代是无关的。

2. 早期现代的两种研究视角

因此，如何看待早期现代，实际上是有两个不同层面和视角的。

首先，第一重视角即在现代性问题包裹之下的早期现代问题。我们知道，当今现代性的一些主流思想家都很重视现代性思想的源头，重视 15 到 17 世纪这一时间段中的西方经典思想家的作品，也都纷纷把解读这些作品视为他们提出现代性理论的一种关键点和核心点所在。但是应该指出，这些思想家的理论实际上存在一个前提性的预设，那就是他们对于现代性有了一个基本的结论之后，由此来反推早期思想家的作品，从中梳理出一种从早期思想到现代性演变的内在逻辑，并由此证成现代性的一些核心问题不过是早期思想家的诸多理论中的一种必然结果，是他们的滥觞而已。例如，施特劳斯和科耶夫等人对于诸多思想家的经典解读，实际上就隐含着这样一种倒推的理论逻辑。他们关于现代性的虚无主义的认识，关于现代性的三波潮流的认识，所依据的不过是现代性的既有结论，并由此挖掘早期思想家的一些相关的理论，并进而质疑甚至否定整个现代化五百年的历史本身。

对于上述他们的这种解读，我是有不同看法的。我认为，这种对现代性的理解，尤其是对早期思想家的理解，是有很大片面性与先入之见的。他们没有看到，或者不愿意看到五百年来的西方现代化进程的正面历史，不愿意看到早期现代思想所可能开辟的多种思想路径的可能性，而仅仅以他们所认为的那种现代性的既有现状，由此反推早期现代思想。他们这样做，实际上颠覆了西方文明进程中的正常历史演变的逻辑，否定了五百年的历史成果。当然，我这样说并不意味着对于西方这五百年的现代化进程完全是一种礼赞和接受的态度。我也承认这五百年来，甚至到今天这样一种地步，其中有诸多问题，甚至一些重大问题。但是这五百年来，人类文明所取得的成果，我们应该给予足够的重视和尊重。无论是科技层面、制度层面和精神层面，五百年来的现代化进程，改变了人类文明的基本形态，塑造了全新的现代人。我们思考任何问题，首先要基于这样一个现代文明成果与现代人的基点之上。另外，我们也不可能完全推倒重来，应该在这样一种现代的既有基础上，重新寻找新的前景，也就是说，对于五百年生成演化的现代文明，我们没有理由指责其已经病入膏肓，或许它可能是遍体鳞伤，但绝不是奄奄一息。

也就是在这样一个基本认知之下，我曾经主张用英美经验主义的态度来看待现代性问题，也就是说将它转化为一个现代化的经验问题，不去探究古今裂变的起点，也不去探讨其终结点，既抛弃那种关于现代化的盲目乐观，又抛弃那种极端悲观和末世论。人的理性是有限度的，人不可能通过自己的理性或本性去把握所谓的前生末世，人所把握的只能是经验。我们也许并不是非要回答人是什么，从哪里来，到哪里去这样的终极性的问题，而是应对自己时代所面临的问题。有限的历史主义，改良的经验主义，这也许是英美思想的智慧。

当然，这是从一般层面来说的。如果回到早期现代的问题，我们看到，关于早期现代，还有另外一种研究或分析的切入点或视角。这个视角就是，对于早期现代的研究，我们没有必要把它放到现代性的终极关切之中，而是在一个有限的历史主义演进中，客观地探讨早期现代这样一种时间经验里，那些伟大的思想家是如何面对他们时代的问题，从而提出相关的应对方案的。也就是说，我们重新回到客观的历史本身之中，去看一下在早期现代这样一个历史阶段，思想家们所考察问题的方式，所集中处理的核心问题，以及对后来者所具有的开启性的意义。

这样一种对早期现代的研究方式，是有别于施特劳斯等人的。从某种意义来说，这种研究更接近于剑桥学派的方法，即在当时的语境中考察思想家们的著述。当然，剑桥学派的方法是卓有成效的，但其理论观点本身，本文并不将其视为指导。在我看来，剑桥学派的最大问题在于他们过于沉迷语境中的阐释，而忽略了从语境中提炼出普遍性的能力，甚至他们也具有某种抵制自由主义的理论预设。在我看来，抵御教条主义的自由主义是合理的，但是，一种活的现代思想，或者一种活的语境，是应该与五百年来的现实进程相联系的，是活在五百年历史进程之中的。如果抛开教条主义的理解，我们可以看到，这样一种现代早期思想，是融进自由主义的框架之内，并富有生机的。而在这方面，剑桥学派的共和主义与晚近的自由主义是有着某种共生性的关系。在这样一种共生的思想谱系下，借鉴剑桥学派的方法来研究早期现代的问题，不失为一种富有成效的研究方法。

关于早期现代的两种研究视角，一种是施特劳斯的方法，一种是剑桥语境论的方法。在我看来，这两种研究方法可以借由中庸之道加以打通。可以先扬弃施特劳斯的历史虚无主义以及对于早期现代的现代预设，但是又吸收它寻求普遍性的努力；对于剑桥学派，则吸收它的语境方法，但又能够超越它的沉迷于具体性以及对普遍性抱有偏见的弊端。在这中间寻求早期现代的一种富有生命力的解释。这里就会面临一个问题：到底什么是早期现代？或者说，早期现代所面临的基本问题是什么？

二、早期现代的思想进程

关于早期现代，按照学术界的一般理解，从时间段上来说，主要是指15世纪到17世纪，尤其是16、17世纪在欧洲思想史中所出现的一批重要的思想家所形成的有关现代社会之构建的一般理论。

1. 从古典社会向现代社会演变：文明的演化逻辑

早期现代是一个从古典社会尤其中世纪向现代社会演变的理论叙述。我们知道，西方的历史，或者说人类历史发展到今天，大致经过了三个历史形态：一个是古典社会，它以古希腊、古罗马为代表；第二个是中世纪的封建社会，它在西方演变了近千年，从西罗马帝国的覆灭，蛮族入侵，一直到文艺复兴，持续了近一千年，而其中12世纪前后可以说是其发展到的一个鼎盛阶段；第三个是现代社会。

早期现代在西方的语境中主要是指从中世纪的神权与政权二元分立的社会形态向以民族国家为单元所构建的现代世界秩序演变过程中的一种社会转型时代以及思想理论。那么就非欧洲世界来说，早期现代具有独特的含义。例如，在中国的秦汉之际所形成的社会形态，就与西方多有迥异，西方意义上的封建社会，在中国就没有出现过。秦汉前的分封制与西方的封建制是有重大不同的。而直到鸦片战争之际的中国社会形态，既不是西方古典城邦国家的古典政治，也不是古典政治解体之后的封建制度，用我的话来说，它属于一种王朝政治，具有中国独特性。在王朝之后，伴随着与西方社会的冲撞而形成的中国特有的早期现代。与此相关的比如波斯、阿拉伯世界所呈现的社会结构及其演变，也与西方的社会演变截然不同。

这样一个曾在西方占主导的关于人类文明演变的逻辑，即欧洲中心主义的逻辑，在西方的启蒙思想、德国的古典哲学和马克思哲学中都有经典论述，这样的经典论述大致表现为人类曾经经历过野蛮时代，奴隶制，封建制，资本主义，再到未来的共产主义。按照这样的对应逻辑，非欧洲化的中国和波斯、阿拉伯世界，不是处于野蛮时代，就是处在早期的准封建化时代，至少没有进入以工商文明为主导的现代政治社会。当然，启蒙思想家尤其是法国的思想家对于中国文明还多有尊崇，但此后在黑格尔那里，中国文明从历史阶段论来说实际上是后发的、有待于文明化的一种阶段。到了 20 世纪之后，又有非西方中心主义的各种文明论出现。

从人类历史的发展演进来说，无论东西方都面临着现代社会的转型问题。这一问题在时间上也许并不是同步的，但是无论东西方文明曾经历过何种变迁，都有一种从古典时代向现代时代的演变。所谓早期现代问题，从逻辑上来说，就是这样一个演变的发轫时期所面临的问题。当然，不同民族与不同的历史中，这一发轫时期的表现方式不同。在西方，早期现代从时间上来说，最先表达出人类历史中的演变转型问题，早在 15 世纪前后即已经出现，而在后来作为社会理论代言，由诸多思想家以不同的理论经典的方式表达出来。

西方早期现代问题也有自己的特殊性，它所揭示的转型又包含着一个漫长的中世纪。或者说，它们的古典时代本身就包含着古典城邦政治和封建制度两种形态的叠合，它正是从这两种状态的叠合中完成这一转型的。因此它的早期现代问题所处理的直接问题是封建社会向现代社会的转型，而实际上是古典社会向现代社会的转型。

相比之下，东方历史，无论是中国还是阿拉伯世界，这种转型从时间上是相当后发的，要晚于西方四百年，而且从逻辑上来说，也没有封建社会的制度形态。东方历史从古典到现代的转型，有着自己的两个特殊性：一个是没有封建社会这样一种历史形态；一个是它是被动地由西方的现代社会碰撞或强制启动的。

从东方社会尤其是中国社会自身来说，是否有一个自发的从古典社会向现代社会的转型，理论界还有争论，但在我看来，这只是一个纯理论问题，现实是我们已经被动地进入了这一进程。我们的现代社会，已经在西方列强的冲击下开始了这一进程，并持续了一百多年。因此我们在思考中国的现代性问题，并不是去探讨自身能否的问题，而是去探讨这样一种转型究竟是什么的问题。当然，就学术研究来说，早期现代对于中国现代性问题的探讨还是一个空白。我们一谈中国的现代性问题，拿来的不是当今西方现代性问题，就是当今西方现代性问题视野下的早期现代问题。

2. 从封建社会向现代社会转变：建立现代民族国家

早期现代从时间性来说是指 15 世纪到 17 世纪，这里涉及的是西方的古今之变。我要进一步展开的是，古今之变的西方早期现代问题并不是平面直铺的，它也有一个在不同的民族国家逐渐递进展开的问题，有一个理论逐渐深化、多元化的问题。如果考察西方现代社会的历史，我们可以看到，西方封建社会的解体，从封建社会向现代社会的转变也有一个演变过程。

早期现代的思想发端于意大利。意大利的人文主义和新的罗马法释义学以及天主教会的思想在 15 世纪到 16 世纪可以说是早期现代思想的发轫。当时的意大利各个城邦，围绕着上述三个思想的主线，即天主教的教会思想、市民人文主义和罗马法的新释义学，相互激荡融合，哺育了意大利的文艺复兴。在意大利之后，早期现代的思想在西班牙、荷兰得到了进一步的深化，在这里特别需要指出的是，西班牙的神学自然法思想，其代表人物弗朗西斯科·苏亚雷斯、弗朗西斯科·维多利亚等人，他们通过对亚里士多德、阿奎那的自然法思想的改造，以及他们的反对教会改革的思想，重新为欧洲的自然法以及欧洲的政治与法律思想奠定了一个新的根基。这种思想对于荷兰、法国和英格兰的思想又有所冲击。所以在 16 世纪和 17 世纪之间，早期现代的思想在荷兰、法国和英国形成了三种不同的思想路径。

总的来说，早期现代的思想从理论路径来说大致包含三方面内容。

第一个是意大利 15 世纪到 16 世纪诸多邦国的思想，其中人文主义、教会思想和新罗马法构成了意大利文艺复兴前后的基本思想内容。

第二个是西班牙、荷兰，其基本的内容是阿奎那的新自然法，格劳秀斯与普芬道夫的国际法、自然法与主权思想，以及法国博丹的主权论等。上述思想基本上是欧陆思想的谱系，大致在 16 世纪到 17 世纪，这些思想的基本要素包括古典自然法思想，单一主权论与可分主权论的主权思想，以私人财产权为基础的民法思想，以民族国家为底色的有关世界秩序的战争与和平的思想，这些思想观点成为构建三十年战争前后的国际秩序的思想基础。

第三个谱系是英国光荣革命前的思想，大致包括普通法的法治主义、有限君主论的宪政思想、公民与政府论的思想，以及激进共和主义思想。这些思想理论构成了英国光荣革命所确立的立宪君主论的思想基础。

总之，上述三种大的思想形态，持续了近二百多年，虽然其中的思想观点、思想代表人物错综复杂，甚至相互影响又相互对立，但是它们都共同构成了早期现代西方思想的主要内容。伴随这样一个早期现代多种途径、多种思想的演变，我们看到在二百多年的历史阶段，西方大体完成了从封建社会到现代社会的逐步转型。一个以现代民族国家为依托的国际秩序建立起来，一个具有专制主义色彩的宪政国家的框架逐步完成，一种以个人财产权为支撑的公民社会逐步形成，一种政教关系上的政治分离逐渐出现。我们看到，一种建设性的社会力量——市民阶级，逐渐从教会和贵族的二元对峙中浮现出来，虽然还没有成为主导的力量，但已经展现出了他们的生命力。

此外，在二百多年的过程中，虽然国家间的战争仍然不断，新教改革和宗教迫害跌宕起伏，王权专制和个人自由两相对立，但一种现代的法治框架逐步奠基，新的科技所导致的工业革命改变了社会的物质生产形态，宗教宽容所开放的人类自由精神得到鼓舞，国家间的关系在国际法的背景中有所规范。这样的早期现代由于其转型所包含着历史的重负，虽然伟大的革命孕育于其中，但反革命的势力依然不可低估。

我们所看到的文艺复兴、新教改革、光荣革命乃至法国大革命，在早期现代中，有些已经出现，有些即将出场，但都没有彻底地解决问题。也正是在这样一种激荡的历史进程中，早期现代所包含的理论问题也由此更加丰富，所提供给后来的路径也更加多元。其后来所形成的所谓英美路线、法德路线乃至俄苏路线，在早期现代虽然并没有展现得如此清楚，但也能见端倪。当然，历史的挑战在于，从这种早期现代的历史进程中，也未必就一定能产生出后来那样一种现实的结果。可以说，后来几百年的现代化过程及其到目前的结果，一方面可以说是早期现代的一种必然演变的逻辑，但同时也可以说是包含着某种偶然的成因，偶然与必然都蕴含在早期现代之中，但一种历史的天命和决断究竟如何，只有留待进一步思考。无论如何，早期现代在这样一个剧变过程中所呈现的问题，是与所谓 20 世纪的现代性问题并不直接完全等同的。